Gakken

きめる! KIMERU SERIES

ER

[きめる! 共通テスト]

英語リーディング

English Reading

著＝福崎伍郎（代々木ゼミナール）／緒方 孝（島根県立安来高等学校）

introduction

はじめに

共通テストのリーディング試験について，みなさんはすでにいろんな情報を知っていることでしょう。「センター試験に出ていた発音・アクセント，文法，整序英作文などの問題がなくなって，読解問題だけになったから対策がしやすくなる」という情報があれば，「読解問題だけになったせいで，センター試験よりも語数が1000語以上増えて逆に大変になる」という正反対の情報も目にしたかもしれません。あるいは，「試験時間は変わらないのに，問題数がセンター試験よりも10問ほど減ったので解答時間に余裕ができる」という話があれば，「問題数が減ったのは，解答に求められる能力のレベルが上がったからで，甘く見ていると大失敗をする」という正反対の話も聞こえてきます。

一体，どの情報を信じればいいのでしょうか。どの情報もそれなりの事実にもとづいているので，どれが正しいとか間違っているとか，一概に決めつけることはできません。大切なことは，受験生であるあなたが，共通テストの本質をしっかりと理解して，然るべき対策をきちんととっていくということです。そうすれば，必然の結果として，自分が目指す得点が確実にとれるようになるはずです。

頑張るのは，他の誰でもないあなた自身ですが，ただやみくもに頑張るのではなく，正しい方向へ頑張らないと期待どおりの結果は得られません。私たちは，あなたを最短距離でゴールへと導く『信頼のできるナビゲーター』になることを目指して，本書を執筆しました。

第１章では，2018年に実施された試行調査（プレテスト）の問題を取り上げ，問題のねらいや解答のプロセスをていねいに解説しました。熟読すれば，リーディング問題の本質がはっきりと見えてくることでしょう。第２章では，共通テストのリーディング問題を解くために有効な20のスキルを提示しました。ひとつずつスキルを身につけていけば，あなたの解答力は飛躍的にアップすることでしょう。第3章では，試験本番を想定した模擬試験に挑戦します。問題の本質を理解し，解答に必要なスキルも手に入れたあなたは，本番さながらの模試に挑戦することで，実戦力に磨きをかけることができるでしょう。

もう一度，繰り返します。頑張るのは，あなた自身です。でも，あなたは一人きりではありません。本書を通じて，私たちが全力でサポートします。私たちのナビゲーションを信じ，それぞれのゴールを目指して頑張ってください。

福崎 伍郎・緒方 孝

how to use this book

本書の特長と使い方

1 共通テストの傾向と対策をとことんていねいに解説！

本書の冒頭には，「共通テスト　英語リーディングの特徴と対策」がわかる特集ページを収録。共通テストの概要や出題形式，センター試験との違いなど気になるポイントをあらかじめ押さえた上で，効率よく共通テスト対策へと進めます。

2 共通テストの攻略法をひとつひとつわかりやすく！

プレテストを分析して編み出された「共通テストの攻略法」が，本書には散りばめられています。複雑な形式の問題でも，どこに着目すればよいかを福崎先生・緒方先生が話し言葉でやさしくていねいに教えてくれるから，心配はいりません。生徒の目線に立って間違えやすいポイントを解説するなど，様々なレベルの読者が陥るつまずきや疑問を解消できるように心がけました。

3 スキル・トレーニング＆模試で本番への備えはバッチリ！

本書ではまず，第１章で2018年度試行調査（プレテスト）の問題をていねいに解題し，共通テストで出題される問題の特徴やねらいを解き明かしていきます。続く第２章では演習問題を通じて，共通テストで高得点を獲得するために必要になってくる様々なスキルを１つずつ鍛え上げます。最後に第３章で共通テストの模試に挑戦し，試験本番に向けた総仕上げを行いましょう。

4 取り外しできる別冊で効果的な復習を！

本書の巻末には，本冊から取り外しできる別冊「全訳＆語彙ハンドブック」がついています。別冊には，英文の全訳や語注がコンパクトにまとめられています。本冊に収録された問題を解いているときに，うまく意味がとれない英文や，知らない単語が登場したら，きっと役に立つはずです。復習時には本冊のとなりに別冊を広げることで，効果的な学習ができるようになります。

contents

もくじ

CHAPTER 3　共通テスト対策模試にチャレンジしよう

共通テスト
特徴と対策はこれだ！

ねえ，知ってる？　**思考力・判断力・表現力**が試されるんだって。

え，なに？

大学入学共通テストの英語リーディングのこと。知らないの？

共通テスト？　ああ，センター試験に代わる新傾向のテストらしいね。

「らしいね」って，私たちも受けることになる試験なのよ。

ふーん。まあ，フツーに英語勉強しとけば，なんとかなるでしょ。

私もはじめはそう思ってたんだけどね，ためしに**プレテスト**の問題を解いてみたの。

プレテストって？

共通テストに先立って実施された，試行調査のことよ。共通テストの本番でどんな問題が出題されるか，目安になるかと思って挑戦してみたんだけど……正直に言って，いままで受けた英語のリーディングテストの中でいちばん複雑で，いちばん難しかったかも。

ええっ！？　どんな問題だったの？

英語で書かれた手紙やレシピ，新聞記事やブログみたいな文章を読んで正しい選択肢を選ぶ問題なんだけど……

そんなにいろんな種類の英文を読まされるんだ。英語のレシピなんて，一度も読んだことないや。

そうなの。ただでさえ英文の形式がバラバラで読みづらいのに，設問までバラバラなの。計算問題みたいなのがあったり，意見と事実を見分ける問題とか，表現の意味や筆者の意図を推測する問題とか，登場人物の気持ちの移り変わりを問う問題とか，他にも英文とグラフを見比べないと解けない問題とか。

ちょ，ちょっと待ってよ。アタマが混乱してきた……

でしょ。それで，一人でプレテストを解いててもどうにもならないから，プロの英語の先生に**共通テスト攻略法**を教えてもらうことにしたの。

プロの英語の先生……？　共通テスト攻略法……？？　あの，もしお邪魔でなければ，ボクもご一緒させてもらえませんかっ！！

共通テストのねらいって？

福崎先生！

やあ，よく来たね。その子は友達かな？

そうなんです。共通テストについて先生に教えてもらう話をしたら，どうしても一緒に来たいって。

よろしくお願いします！　どちらかというと英語はニガテ科目ですが，やる気だけはあります！！

ふふ，やる気さえあれば誰でも大歓迎だよ。じゃあ早速はじめようか。

先生，そもそも共通テストってどんな試験なんですか？

共通テストがセンター試験に代わって実施される新しい試験のことだということは，君たちも当然知っているね。

はい，知っています。でも，センター試験とどこが同じで，どこが違うのかとか，まだよくわかっていないんです。まずはそのあたりを詳しく教えてもらえますか？

いい質問だね。共通テストの問題を作成するのは，センター試験のときと同じ大学入試センターということは知っているかな？　その大学入試センターによると，共通テストは「**高校教育を通じて，大学教育の基礎力となる知識及び技能や思考力・判断力・表現力がどの程度身についたかを問う**」ことを目的とした試験になるということなんだ。

言い方が難しくて，ちょっとよくわかりません。噛みくだいて言うと，どういうことですか？

つまりね，「**高校で学んだことが，大学で勉強するための基礎としてちゃんと身についているかどうかを問う試験**」ということだよ。共通テストは，センター試験の延長線上にあるんだけど，センター試験で求められていた知識や技能に加えて，**共通テストでは思考力や判断力や表現力が問われる**ことになる。これがポイントの１つだね。

自分で考えて判断する力や，自分の意見を表現する力が重視される試験ということなんですね。

そうなんだ。これからの社会のニーズに合わせてセンター試験を進化させたのが共通テストなんだよ。

センター試験と共通テストの違いって？

ところで，宿題にしていたプレテストは解いてみたかな？

はい！　先生の言ったとおり，ちゃんと時間を測って解きました。

どうだった？　なかなか難しかったんじゃないかな。

はい，たくさん間違えてしまいました。それに，後ろの方の問題は時間が足りなくなってしまって……

なるほど。時間が足りなかったのは，センター試験と同じ80分で解かなきゃいけないのに，**読むべき英文の量が増えた**からだろうね。

えっ，そうなんですか！？

うん，センター試験と比べると，プレテストの総語数は約1,000語も増えているんだ。その分，英文の難易度はすこし易しくなっているけどね。他の違いには気づいたかな？

そうですね……センター試験の筆記問題と比べると，出題内容がかなり変わっていました。

よく言われるのは，センター試験で出題されていた**発音・アクセント問題，文法・語彙問題，整序英作文などの問題が姿を消して，いわゆるリー**

ディング問題が中心に出題されるようになったということだね。

なくなった文法問題って，英文中の空所に入る正しい選択肢を選ぶ問題のことですよね。ラッキー！　ボク，文法問題がニガテなんです。

誤解してもらっては困るな。たしかに文法問題は出ないけど，文法の知識が必要でなくなるわけではないんだよ。むしろ，文法の知識を活用する力が求められるようになるんだ。

どういうことですか？

たとえば仮定法を使ったIf I were rich, I could buy this car. という英文があるとしよう。この文はどんなことを言っているかな？

「もし私がお金持ちなら，この車を買えるのに」ということですよね。

そうだね。では，この仮定法の英文から読み取れる「事実」はなんだろう？

えっと……「**実際はお金持ちじゃないから，この車は買えない**」ということでしょうか？

そのとおり。仮定法の文を見て，その文の表面的な意味だけでなく，その文の裏側にある事実を読み取るような能力がプレテストでは問われているんだ。これは文法的な知識を活用する問題の例だと言えるね。共通テストのリーディングでは，このような力も求められるんだよ。

そうか，やっぱり文法の勉強はしなきゃですね。

共通テストで出題される英文の種類って？

プレテストの問題を見て，他に気づいたことはあるかな？　たとえば，英文の種類とか。

英文の種類といえば，よく長文問題で見る説明文や物語文みたいな英文の他にも，料理のレシピとか，ウェブサイトとか，ブログの記事とか，いろんなタイプがありました。

さっきも話してたんですけど，英語のレシピなんて読んだことないから不安で不安で。

たしかに，いろんな種類の英文を読むことが求められるから，不安な気持ちはわかるよ。でも，英文自体は決して難しくないから，大切なのはそれらの形式にあらかじめ慣れておくことだ。たとえばレシピ問題なら，材料が書いてある場所とか，料理の手順が書いてある場所とか，一回解けば大体見当がつくようになるよね。本番でまったく同じような問題が出るとは限らないけど，**プレテストを解くことで対策になる**ことは断言できるよ。

なるほど，**出題が予想される様々な種類の英文に慣れておくことが大切**なんですね。

そのとおり。それから，共通テストでは英文の上に「次の授業で行うディベートの準備をするために，先生から配られた記事です」みたいな説明が置かれているんだ。**実際のコミュニケーションの場面を想定した出題がなされる**のも，共通テストの特徴と言えるね。これは，高等学校の新学習指導要領に「外国語の知識を，実際のコミュニケーションにおいて，目的や場面，状況などに応じて活用できる技能を身につける」とあることを先取りしたものとも考えられるよ。

プレテストの問題をチェック！

福崎先生のおかげで，すこしずつ共通テストのことがわかってきました。でも，具体的にどんな対策をすればいいのか，どんなことを考えながら問題を解けばいいのか，教えてほしいです。

読むべき英文の量が増えて，英文の種類もいろいろで，見たことないような問題がたくさん出て……一体どうすればいいんですか！？

大丈夫。初見で特殊な問題に出くわすと慌ててしまうかもしれないけど，きちんとプレテストの問題で予習しておけば，「ああ，あのタイプの問題か」って落ち着いて解くことができるはずだよね。まずは出題が予想される問題形式を１つ，試しに見てみようか。

第2問

A　You are a member of the cooking club at school, and you want to make something different. On a website, you found a recipe for a dish that looks good.

EASY OVEN RECIPES

Here is one of the top 10 oven-baked dishes as rated on our website. You will find this dish healthy and satisfying.

Meat and Potato Pie

Ingredients (serves about 4)

A	1 onion	2 carrots	500g minced beef
	×2 flour	×1 tomato paste	×1 Worcestershire sauce
	×1 vegetable oil	×2 soup stock	salt & pepper
B	3 boiled potatoes	40g butter	
C	sliced cheese		

Instructions

Step 1: Make A

1. Cut the vegetables into small pieces, heat the oil, and cook for 5 minutes.
2. Add the meat and cook until it changes color.
3. Add the flour and stir for 2 minutes.
4. Add the soup stock, Worcestershire sauce, and tomato paste. Cook for about 30 minutes.
5. Season with salt and pepper.

Step 2: Make B

1. Meanwhile, cut the potatoes into thin slices.
2. Heat the pan and melt the butter. Add the potatoes and cook for 3 minutes.

Step 3: Put A, B, and C together, and bake

1. Heat the oven to 200℃.
2. Put A into a baking dish, cover it with B, and top with C.
3. Bake for 10 minutes. Serve hot.

Enjoy!

REVIEW & COMMENTS

cooking@master *January 15, 2018 at 15:14*

This is really delicious! Perfect on a snowy day.

Seaside Kitchen *February 3, 2018 at 10:03*

My children love this dish. It's not at all difficult to make, and I have made it so many times for my kids.

(出典：平成30年度試行調査)

あっ，これが話題になっているレシピ問題ですか？

そうだよ。プレテストではこのレシピを読んで，「このレシピがどういう人向けのレシピか」を答えたり，「料理にかかる時間はどれくらいか」を答えたりする設問が出題されたんだ。

英文の量も少なくはないから全部読むのに時間がかかるし，イラストもあるし，下の方にはコメント欄みたいなのがあって複雑な構成になっているから，とまどいました。

そういう高校生は多いだろうね。なにも考えずに隅から隅までじっくり読んでしまうと，時間がかかってしまうのは当たり前。その積み重ねで，時間が足りなくなったんじゃないかな。

なるほど。でも，じゃあどうしたらいいんですか？

時間を短縮するために必要なのは，**設問で問われている情報を本文から素早く探し出すスキル**だ。たとえば料理にかかる時間を問う設問だったら，どうすればいいかな。

本文から時間を表す表現だけを拾ってくる……？

正解！　そのとおりだ。もう一歩踏み込むと，**手がかりが隠れていそうな箇所を見つけて，そこから必要な情報だけを拾ってくる**ことが大切なんだ。この問題でいうと，料理にかかる時間が書かれていそうなのは真ん中あたりのInstructions（作り方）だと推測できるよね。上の方のIngredients（材料）とか，下の方のREVIEW & COMMENTS（レビューとコメント）には，調理時間は書かれてなさそうだと読む前からある程度推測できる。こんな感じで目的意識を持って英文を読むことが共通テストの攻略法の１つだよ。

たしかに，設問のたびに本文全体を読み返していたら，いくら時間があっても足りませんね。

このような問題形式ごとの攻略法は，後から詳しく説明するよ。

共通テストとCEFRの関係って？

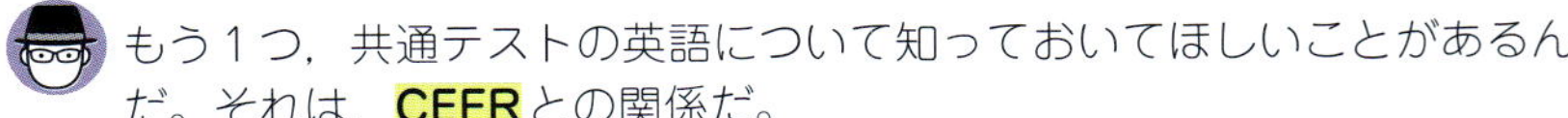

もう１つ，共通テストの英語について知っておいてほしいことがあるんだ。それは，**CEFR**との関係だ。

CEFRってなんですか？　聞いたこともないんですけど……

CEFRはCommon European Framework of Reference for Languages（ヨーロッパ言語共通参照枠）の略で，日本語では「セファール」と呼ばれるのが普通だよ。CEFRとは，多言語が混在するヨーロッパ諸国で広く活用されている「**外国語の習熟度を測る指標**」で，初級から上級までA1，A2，B1，B2，C1，C2の６段階評価になっているんだ。共通テストではそのうちA1，A2，B1に準じた問題が出題されることになっているよ。

この問題はCEFRのA1レベルで，この問題はA2レベル，みたいな問題の出し方になるんですか？

うん，大学入試センターが発表した資料などを見ていると，問題ごとにCEFRのレベルとの対応をしっかり決めて出題しているようだね。共通テストで出題されるCEFRのA1，A2，B1の各レベルで求められる能力を，簡単にチェックしてみよう。

A1レベル

❶日常生活に関連した身近な提示，カタログ，パンフレットを読んで，自分が必要とする情報を読み取れる。

❷身の回りの事柄に関して平易な英語で書かれたごく短い説明を読んで，イラストや写真などを参考にしながら，概要や要点を把握・推測することができる。また，情報を事実と意見に整理することができる。

❸平易な英語で書かれたごく短い物語を読んで，イラストや写真などを参考にしながら，概要を把握することができる。

A2レベル

❶平易な表現で書かれた広告，パンフレット，予定表を読んで，自分が必要とする情報を読み取れる。また，書き手の意図を把握できる。

❷身近な話題に関して，平易な英語で書かれた短い説明を読んで，概要や要点を把握することができる。また，情報を事実と意見に整理することができる。

❸平易な英語で書かれた短い物語を読んで，概要を把握することができる。

B1レベル

❶比較的短い記事，レポート，資料を読んで，自分が必要とする情報を読み取れる。また，書き手の意図を把握したり，論理の展開を把握できる。

❷身近な話題や馴染みのある社会的な話題に関する記事やレポート，資料を読んで，概要や要点を把握したり，情報を整理することができる。また，文章の論理展開を把握し，要約することができる。

❸短い物語を読んで，概要を把握することができる。

けっこう具体的に決められているんですね。共通テストの出題者は，このようなことを念頭において問題を作っているのね。

そのようだね。参考までに，2018年に実施された第２回プレテストを例にとって見てみよう。

第2回プレテストとCEFRの対応

第2回プレテスト		問題のねらい	難易度	配点
第1問	A	簡単な語句や単純な文で書かれている交換留学生のお別れ会に関する伝言メモの情報の探し読みを通じて，必要な情報を読み取る力を問う。	A1	4点
	B	市のウェブサイトに掲載された平易な表現で書かれている姉妹都市との交流イベントの告知記事からのイベント内容等に関する情報の探し読みを通じて，必要な情報を読み取り，書き手の意図を把握する力を問う。	A2	6点
第2問	A	インターネット上に掲載された料理レシピやその写真からの料理の特徴の読み取りや推測を通じて，平易な英語で書かれた短い説明文の概要や要点を捉える力や，情報を事実と意見に整理する力を問う。	A1	10点
	B	学校における生徒の携帯電話使用の是非についてディベートの準備をする場面で，平易な英語で書かれた短い説明文の読み取りを通じて，その概要や要点をとらえる力や，書き手の意見を把握する力を問う。	A2	10点
第3問	A	イラスト付きの平易な英語で書かれた学園祭に関するブログの読み取りを通じて，書かれている内容の概要を把握する力を問う。	A1	4点
	B	平易な英語で書かれた異文化体験に関する記事の読み取りを通じて，書かれている内容の概要を把握する力を問う。	A2	6点
第4問		生徒の読書習慣について書かれた複数の記事の読み取りを通じて，記事やグラフから，書き手の意図を把握する力や必要な情報を得る力を問う。	B1	16点
第5問		ポスタープレゼンテーションのための準備をする場面で，アメリカにおけるジャーナリズムに変革を起こした人物に関する物語の読み取りを通じて，物語の概要を把握する力を問う。	B1	20点
第6問	A	授業で行うグループプレゼンテーションのための準備をする場面で，アジアの女性パイロットに関する記事の読み取りを通じて，記事の概要・要点や論理展開を把握する力や，要約する力を問う。	B1	12点
	B	イエローストーン国立公園で起こった出来事に関する記事の読み取りを通じて，記事の概要・要点を把握する力，情報を整理しながら読んだりする力，要約する力を問う。	B1	12点

いろんなタイプの英文を読ませて，情報検索力や思考力・判断力などの多彩な能力を試す試験だということがよくわかりますね。

様々な角度からリーディング力を計測するために作りこまれた試験だということはよくわかりました。でも，センター試験と比べるといろんな意味で複雑になっていて，難易度も上がっているような気がして……ちゃんと対策できるか，心配です。

大丈夫。共通テストで出題される問題のねらいや難易度，それに英文の種類なんかは，プレテストであらかじめ公開されているんだ。だから，まずはこの本の第１章でプレテストを解いてみよう。問題ごとの着眼点や解き方を詳しく分析した解説を読めば，きっと**共通テストの問題形式に慣れる**ことができるはずだ。

はい，わかりました！

プレテストを解いた後は，第２章に進もう。この章では「**スキル・トレーニング**」と題して，共通テストで求められる様々なスキルを１つずつ鍛え上げていくよ。この章を解説してくれる緒方先生を紹介しよう。

緒方です。よろしくお願いします。

緒方先生は現役の高校の先生だから，みんながつまずきやすいポイントとか，普段どうやって勉強すれば共通テストの対策につながるかとか，高校生の目線に立って攻略法を教えてくれるはずだ。

よろしくお願いします！

最後の第３章では，**共通テストの本番を想定した模試**に挑戦してみよう。本番同様に80分一本勝負，時間を測って問題を解くこと。間違えてしまったら，きちんと解説に目を通したり，第２章に戻ってもう一度スキルを鍛え直すといいだろう。

第１章から第３章までしっかり取り組んで，共通テストで求められる読解力や思考力，判断力を着実に身につけていけば，本番の試験にもきっと対応できるようになるはずです。

大体の学習の流れはつかめました！

この本と自分を信じて，最後まで頑張ります！！

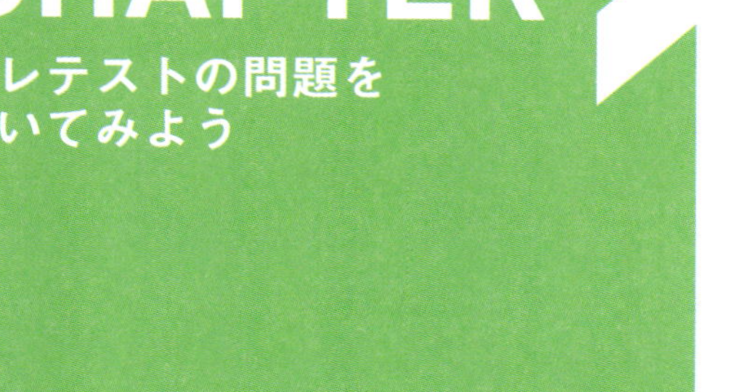

CHAPTER 1
プレテストの問題を解いてみよう

SECTION

SECTION 1

第1問

福崎先生，まずは第1問について教えてください。第1問は，全体の中で一番やさしいと考えていいんでしょうか？

そうだね。CEFRで言えば第1問AがA1レベル，第1問BがA2レベルということになっているので，やさしいと言っていいと思うよ。

どんな種類の英文が出るんですか？

伝言メモ，手紙，イベントの告知，掲示，カタログ，パンフレットなどといった身近な形式の英文が出題されると考えられるんだ。

英文自体は難しくないんですか？

A1レベルからA2レベルの英文ということになっているので，簡単な語句や表現が使われるはず。だから，「英文が難しくて読めない！」なんて苦労することは少ないだろう。むしろ，すらすら読めると思うよ。

でも，実際にプレテストを解いてみたら，間違ってしまった問題もありました。やさしいはずなのに，一体どうして……？

英文がやさしいからといって，問題もやさしいとは限らないよ。やさしい英文でも，どんなことを問うか，つまり設問の形式によって，やさしくも難しくもなるんだ。

どういうことですか？　英文がやさしければ，問題もやさしくなるんじゃないですか？

そうとは限らないんだよ。たとえば第1問では，必要な情報を探し出す問題や，書き手の意図や目的を読み取る問題などが出題されるんだ。

「必要な情報を探し出す」っていうのは，探し読みやスキャニングという読み方のことですか？

よく知ってるね。設問に出てくる表現を手がかりにして，それと同じ表現や言い換え表現，関連する表現を本文中から探し出して正解を割り出すという情報検索型の読み方だよ。

何となく読み流すんじゃなくて，目的意識を持って読むことが大切なんですね。もうひとつの「書き手の意図や目的を読み取る問題」の方は，どんな問題ですか？

私が間違ったのは，そのタイプの問題かも。設問文にThe purpose of this notice is ....（この告知の目的は…）とあるのを見て，本文からpurposeという単語を探してみたけど，どこにもないから適当に勘で答えちゃった。

イベントの告知文を例にとると，告知するからには何らかの目的があるはずだよね。その目的は，告知文のタイトルやそれに続く最初の数行にわかりやすく書かれているはず。このようにあらかじめ見当をつけて「目的」にあたる情報を読み取っていく力をつければいいんだよ。

どんなタイプの英文かによって，どの部分にどんな情報が出てくるかがある程度決まっているということですね。

そうそう。ただ英文を読み流すんじゃなくて，どこを見ればどんな情報が書かれているかを確認したり，予想したりして読むようにすることが大切なんだ。それでは，第１問の対策をまとめておこう。

対策

1. 設問文に含まれる手がかりに注目して，該当箇所を素早く見つけ出すための「探し読み」の力をつける。
2. カタログ，パンフレット，予定表などといった文章のタイプに応じて，どの部分にどんな情報が書かれているかを予測する力をつける。

第1問

（配点　10）

A　You are a member of the English club. You are going to have a farewell party for one of the members, Yasmin from Malaysia. You have received a note from Amelia, an Assistant Language Teacher（ALT）and the club advisor.

Dear members of the English club,

It's about time we decide when to have the English club farewell party for Yasmin. She's leaving Japan on December 15, so the club members should meet sometime next week. Can you ask Yasmin which day is convenient for her to come to the party and let me know? When the day is fixed, I'll help you by planning a few nice surprises. Also, is it all right if I invite other students? I know some students from the tennis team who want to take part because they really had a good time playing tennis with her over the past six months.

Best wishes,
Amelia

問1 The teacher wants you to ask Yasmin [1].

① what she would like to eat at the party
② when she can attend the party
③ where she would like to have the party
④ who she would like to invite to the party

問2 The teacher would also like to invite [2].

① a few students who don't belong to the English club
② all the members of the English club and the tennis team
③ some of Yasmin's other English teachers
④ students who want to study abroad in Malaysia

第1問A 解答のポイント

(全訳&語彙▶▶▶別冊p.002)

解答 1:② 2:①

日常生活でよく目にするメモやカタログ，パンフレットなどの文書から，必要な情報を素早く見つけだす力を試す問題だ。

まずは本文の上に置かれたリード文に目を通そう。リード文には，読み手の置かれた状況や場面設定が書かれているよ。これから読む英文の種類や内容のヒントになるから，見逃さないようにしよう。

You are a member of the English club. You are going to have a farewell party for one of the members, Yasmin from Malaysia. You have received a note from Amelia, an Assistant Language Teacher (ALT) and the club advisor.

和訳 あなたは英語部の部員です。部員の一人であるマレーシア出身のヤスミンのために送別会を開く予定です。外国語指導助手(ALT)で部の顧問でもあるアメリアからメモを受け取りました。

ヤスミン（＝英語部の部員）のための送別会についてアメリア（＝部の顧問）から届いたメモをこれから読む，ということがつかめたら十分だよ。

次に，それぞれの設問文の書き出しを読んで，どんな情報を探せばいいかをあらかじめ確認しよう。

問1 The teacher wants you to ask Yasmin [1].

先生はあなたたちに，ヤスミンに [1] を尋ねてほしいと思っている。

問１は，「先生がヤスミンに尋ねてほしいと望んでいること」が探すべき情報だ。やさしい英文だから速読して，先生が知りたがっていることが何かを探し出そう。該当箇所はメモの前半にあるよ。

It's about time we decide when to have the English club farewell party for Yasmin. She's leaving Japan on December 15, so the club members should meet sometime next week. Can you ask Yasmin which day is convenient for her to come to the party and let me know?

和訳 ヤスミンのための英語部による送別会をいつ行うかをそろそろ決めるときです。彼女は12月15日に日本を離れるので，部員は来週のどこかで集まった方がいいでしょう。パーティに来るのに都合のいいのがどの日かをヤスミンに聞いて，私に知らせてくれませんか。

which day is convenient for her to come to the party（彼女がパーティに来るのに都合がいいのはどの日か）が探している情報だ。後は選択肢をチェックして，最も近い選択肢を選べばいいね。

① what she would like to eat at the party
彼女がパーティで何を食べたいか

② when she can attend the party
彼女がいつパーティに出席できるか

③ where she would like to have the party
彼女がどこでパーティをしたいか

④ who she would like to invite to the party
彼女が誰をパーティに招待したいか

② when she can attend the party（彼女がいつパーティに出席できるか）が最も近いと判断できるから，これが正解だね。

本文のwhich day（どの日）が選択肢ではwhen（いつ）に，convenient for her to come to the party（彼女がパーティに来るのに都合がいい）がshe can attend the party（彼女がパーティに出席できる）と言い換えられていることに注意しよう。

ヤスミンが希望するパーティの食べ物や場所，招待客についてはどこにも書かれていないから，その他の選択肢は間違いだ。

問2 The teacher would also like to invite [2].
先生は [2] も招待したいと思っている。

問２で探すべき情報は，「先生が招待したいと思っている人」だ。設問の英文にalso（～も）という表現が含まれていることに注目しよう。このメモは英語部員にあてたものだから，「英語部以外の人も」ということだね。本文を速読して，先生が英語部員の他にも招待したがっている人を探し出そう。該当箇所はメモの後半にあるよ。

When the day is fixed, I'll help you by planning a few nice surprises. Also, is it all right if I invite other students? I know some students from the tennis team who want to take part because they really had a good time playing tennis with her over the past six months.
和訳 パーティの日が決まったら，いくつか素敵なサプライズを計画して皆さんのお手伝いをします。それから，他の生徒たちを招待してもいいでしょうか。この6カ月間，ヤスミンとテニスをしてとても楽しく過ごしたのでパーティに参加したがっているテニス部の部員を何人か知っているのです。

先生は，まず「other students（他の生徒たち）も招待していいか」と尋ねて，そのすぐ後でother studentsをsome students from the tennis team who want to take part（パーティに参加したがっているテニス部の部員の何人か）と言い換えていることがつかめたかな？　これが探している情報だ。いちばん近い選択肢は①だよ。

① a few students who don't belong to the English club
英語部に所属していない少数の生徒

本文のsome students（何人かの生徒）が選択肢ではa few students（少数の生徒）に，from tennis club（テニス部からの）がwho don't belong to the English club（英語部に所属していない）に言い換えられていることを見抜けたかな？

念のため，他の選択肢も確認しておこう。

② all the members of the English club and the tennis team
英語部とテニス部のすべての部員

「テニス部の部員」という一見すると正解になりそうな情報が含まれているけど，先生が招待したいと思っているのはテニス部の何人か（some）であって，全員（all）ではないから，②は間違いだと判断しよう。

③ some of Yasmin's other English teachers
ヤスミンを教えている他の英語の先生たちの何人か

「他の英語の先生」を招待したいということは本文のどこにも書かれていないから，③は間違いだ。

④ students who want to study abroad in Malaysia
マレーシアに留学したいと思っている生徒たち

たしかにマレーシアはヤスミンの出身国だけど，「マレーシアに留学したいと思っている生徒」を招待するということはどこにも書かれていないから，④も間違いだね。

B You visited your town's English website and found an interesting notice.

Call for Participants: Sister-City Youth Meeting

"Learning to Live Together"

Our town's three sister cities in Germany, Senegal, and Mexico will each send ten young people between the ages of 15 and 18 to our town next March. There will be an eight-day youth meeting called "Learning to Live Together." It will be our guests' first visit to Japan.

We are looking for people to participate: we need a host team of 30 students from our town's high schools, 30 home-stay families for the visiting young people, and 20 staff members to manage the event.

Program Schedule

March 20	Orientation, Welcome party
March 21	Sightseeing in small four-country mixed groups
March 22	Two presentations on traditional dance: (1) Senegalese students, (2) Japanese students
March 23	Two presentations on traditional food: (1) Mexican students, (2) Japanese students
March 24	Two presentations on traditional clothing: (1) German students, (2) Japanese students
March 25	Sightseeing in small four-country mixed groups
March 26	Free time with host families
March 27	Farewell party

- Parties and presentations will be held at the Community Center.
- The meeting language will be English. Our visitors are non-native speakers of English, but they have basic English-language skills.

To register, click **here** before 5 p.m. December 20.

▶▶International Affairs Division of the Town Hall

問1 The purpose of this notice is to find people from the host town to [3].

① decide the schedule of activities
② take part in the event
③ visit all of the sister cities
④ write a report about the meeting

問2 During the meeting the students are going to [4].

① have discussions about global issues
② make presentations on their own cultures
③ spend most of their time sightseeing
④ visit local high schools to teach languages

問3 The meeting will be a good communication opportunity because all of the students will [5].

① be divided into different age groups
② have Japanese and English lessons
③ speak with one another in English
④ stay with families from the three sister cities

第１問Ｂ　解答のポイント（全訳＆語彙▶▶▶別冊 pp.003〜004）

解答　3 :②　4 :②　5 :③

身近な内容のポスターやパンフレット，予定表などから，必要な情報を読み取る力と書き手の意図を把握する力を試す問題だ。

まずはリード文に目を通そう。これから読む英文の種類や内容を予測することができるよ。

You visited your town's English website and found an interesting notice.

和訳 あなたは自分の住む町の英語のウェブサイトにアクセスして，面白そうな告知を見つけました。

「町のウェブサイトに出ている告知」だということがつかめれば十分だ。

次に，この告知（notice）のタイトルを見て，どんな内容の告知になるかの手がかりをつかもう。

Call for Participants: Sister-City Youth Meeting

"Learning to Live Together"

和訳 参加者募集：姉妹都市若者ミーティング
「共生を学ぶ」

タイトルの１行目からは「姉妹都市の若者ミーティング（Sister-City Youth Meeting）の参加者（Participants）の募集（Call for）」を目的とした告知だということが，２行目からはミーティングのテーマが「共生を学ぶ（Learning to Live Together）」だということだとわかるね。

それでは，それぞれの設問文の書き出しを読んで，どんな情報を探せばいいかを確認しよう。

問1 The purpose of this notice is to find people from the host town to [3].

この告知の目的は，主催側の町から [3] 人を見つけることである。

「この告知の目的（purpose）」が探すべき情報だね。本文にさっと目を通して，どこにその情報が書いてあるかを探し出そう。

まずはもう一度タイトルを見てみよう。Call for Participants（参加者募集）に注目すると，「参加者を募集すること」がこの告知の目的ではないかと推測できるね。推測だけを根拠にして選択肢を選ぶのは不安かもしれないから，もう少し本文を読み進めてみよう。第２パラグラフの最初に，次のような具体的な説明が書かれているよ。

We are looking for people to participate: we need a host team of 30 students from our town's high schools, 30 home-stay families for the visiting young people, and 20 staff members to manage the event.

和訳 参加者を探しています：町内の高校の生徒30人からなるホストチーム，町を訪れる若者たちのための30のホームステイ・ファミリー，イベントを運営するための20人のスタッフが必要です。

ここにも，「参加者を探している」と書かれてあることから，この告知の目的は「主催側の町から参加する人を見つけること」であると考えて間違いないね。選択肢をチェックして，最も近い選択肢を選ぼう。

② take part in the event
イベントに参加する

②のtake part in the events（イベントに参加する）が最も近いと判断できるから，この選択肢が正解だね。participate（in～）＝take part（in～）という言い換えが見抜けるかどうかも大事なポイントだよ。このように共通テストでは，本文と合致する選択肢を選ぶときに，単語や熟語の言い換えの知識が必要になることが多いんだ。単語や熟語を覚えるときには，同じような意味の表現も一緒に覚えておこう。

念のため，他の選択肢もチェックしておくね。

① decide the schedule of activities
活動のスケジュールを決める

③ visit all of the sister cities
姉妹都市のすべてを訪問する

④ write a report about the meeting
ミーティングについてのレポートを書く

①の「活動スケジュールを決める人」，③の「姉妹都市を訪問する人」，④の「レポートを書く人」を募集するとは告知のどこにも書かれていないから，正解にはなりえないよ。

問2 During the meeting the students are going to [4].
ミーティング期間中，学生たちは [4] 予定である。

「ミーティング期間中に学生たちがする予定のこと」が探すべき情報だ。ミーティングの予定や詳しい活動内容は，英文のどこに書いてありそうか，見当をつけることができたかな。そう，Program Schedule（プログラムのスケジュール）という表になっている部分だね。

Program Schedule

March 20	Orientation, Welcome party
March 21	Sightseeing in small four-country mixed groups
March 22	Two presentations on traditional dance: (1) Senegalese students, (2) Japanese students
March 23	Two presentations on traditional food: (1) Mexican students, (2) Japanese students
March 24	Two presentations on traditional clothing: (1) German students, (2) Japanese students

March 25	Sightseeing in small four-country mixed groups
March 26	Free time with host families
March 27	Farewell party

和訳

	プログラムのスケジュール	
3月20日	オリエンテーション, 歓迎パーティ	
3月21日	4カ国混合の少人数グループでの観光	
3月22日	伝統的な舞踊についての2つのプレゼンテーション	
	(1) セネガルの学生	(2) 日本の学生
3月23日	伝統的な食べ物についての2つのプレゼンテーション	
	(1) メキシコの学生	(2) 日本の学生
3月24日	伝統的な衣装についての2つのプレゼンテーション	
	(1) ドイツの学生	(2) 日本の学生
3月25日	4カ国混合の少人数グループでの観光	
3月26日	ホストファミリーとの自由時間	
3月27日	お別れパーティ	

それぞれの選択肢に書かれている情報が表と合致するかどうかをチェックして，正解を割り出そう。

① have discussions about global issues
地球規模の問題について討論する

「地球規模の問題」については，どこにも書かれていないからダメだね。

② make presentations on their own cultures
自国の文化についてプレゼンテーションをする

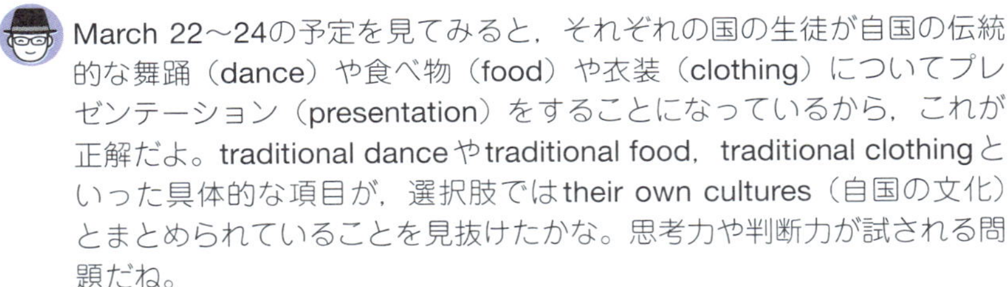

March 22～24の予定を見てみると，それぞれの国の生徒が自国の伝統的な舞踊（dance）や食べ物（food）や衣装（clothing）についてプレゼンテーション（presentation）をすることになっているから，これが正解だよ。traditional danceやtraditional food，traditional clothingといった具体的な項目が，選択肢ではtheir own cultures（自国の文化）とまとめられていることを見抜けたかな。思考力や判断力が試される問題だね。

CHAPTER 1 プレテスト

念のため，残りの選択肢もチェックしておこう。

③ spend most of their time sightseeing
大部分の時間を観光をして過ごす

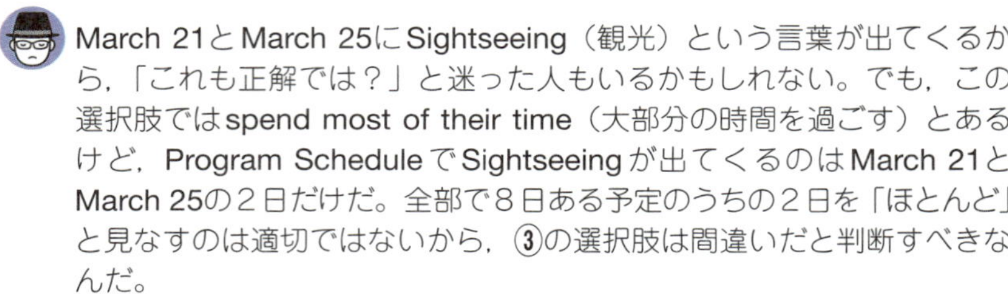
March 21とMarch 25にSightseeing（観光）という言葉が出てくるから，「これも正解では？」と迷った人もいるかもしれない。でも，この選択肢ではspend most of their time（大部分の時間を過ごす）とあるけど，Program ScheduleでSightseeingが出てくるのはMarch 21とMarch 25の２日だけだ。全部で８日ある予定のうちの２日を「ほとんど」と見なすのは適切ではないから，③の選択肢は間違いだと判断すべきなんだ。

④ visit local high schools to teach languages
言語を教えるために地域の高校を訪れる

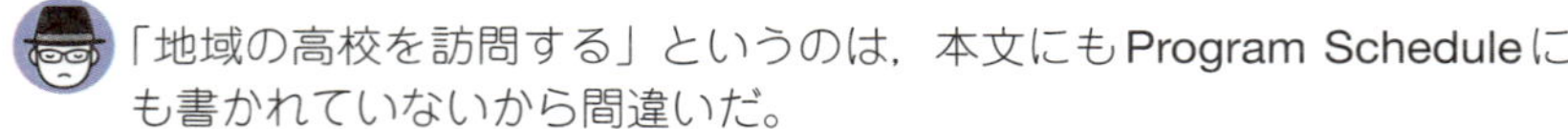
「地域の高校を訪問する」というのは，本文にもProgram Scheduleにも書かれていないから間違いだ。

問3 The meeting will be a good communication opportunity because all of the students will [5].

すべての学生が [5] ので，ミーティングは良いコミュニケーションの機会になるだろう。

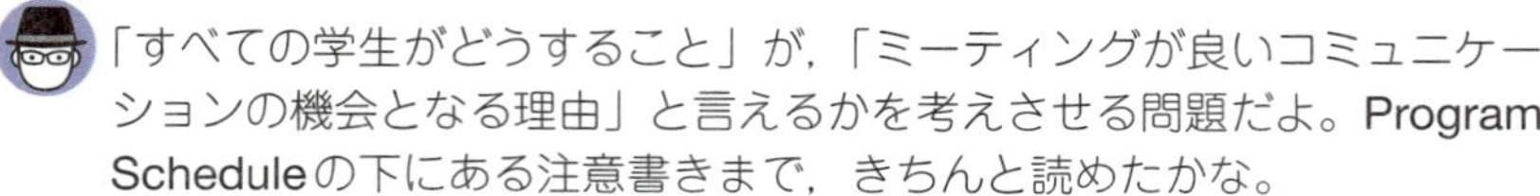
「すべての学生がどうすること」が，「ミーティングが良いコミュニケーションの機会となる理由」と言えるかを考えさせる問題だよ。Program Scheduleの下にある注意書きまで，きちんと読めたかな。

● The meeting language will be English. Our visitors are non-native speakers of English, but they have basic English-language skills.

和訳 ミーティングで使用される言語は英語となります。訪れる皆さんは英語を母国語とする人たちではありませんが，基本的な英語のスキルの持ち主です。

ミーティングに参加する生徒たちは英語のネイティブスピーカーではないけれど，英語の基本的なスキルは持っているという内容から，「ミーティングが英語で行われること」が，「良いコミュニケーションの機会になる」理由になると推測できればOKだ。

「ミーティングが英語で行われる」に最も近い選択肢は，③speak with one another in English（お互いに英語で話す）だね。

他の選択肢も一応チェックしておこう。

① be divided into different age groups
様々な年齢からなるグループに分けられる

第１パラグラフに，Our town's three sister cities in Germany, Senegal, and Mexico will each send ten young people between the ages of 15 and 18 to our town next March.（ドイツ，セネガル，メキシコにある私たちの町の３つの姉妹都市が，次の３月にそれぞれ15歳から18歳の若者10人を派遣してきます）とは説明があるけれど，その生徒たちが様々な年齢からなるグループに分けられるとはどこにも書かれていないから間違いだね。

② have Japanese and English lessons
日本語と英語のレッスンを受ける

「日本語や英語のレッスン」についての記述はないから間違いだよ。

④ stay with families from the three sister cities
３つの姉妹都市出身の家族のところに滞在する

生徒の滞在先については，第２パラグラフに情報が出てくるよ。

SECTION 1 第1問

We are looking for people to participate: we need a host team of 30 students from our town's high schools, 30 home-stay families for the visiting young people, and 20 staff members to manage the event.

和訳 参加者を探しています:町内の高校の生徒30人からなるホストチーム,町を訪れる若者たちのための30のホームステイ・ファミリー,イベントを運営するための20人のスタッフが必要です。

外国の生徒たちの滞在先は「この町に住むホームステイ・ファミリー」であって,「3つの姉都市出身の家族」ではないから④は間違いだ。本文で書かれている内容との細かなズレが判断の決め手になるので,ざっと流し読みして大体の印象や記憶で答えようとすると間違ってしまう可能性がある。解答の根拠になる箇所をしっかり確認してから答えることが大切だよ。

SECTION 2 第2問

福崎先生，次は第２問について教えてください。第２問は，第１問よりも難しい気がするんですが……。

第２問は，Ａの問題がCEFRで言えばA1レベル，ＢがA2レベルということになっているね。

ということは第１問と同じですね。第２問が第１問よりも難しいというのは思い過ごしじゃない？

ところが，そうとも限らないんだよ。第２問は，形式的にも内容的にも第１問よりも複雑で難しい問題が含まれるからね。問題形式の話は後でするとして，まずは，どんな英文が出題されるかを確認しよう。

CEFRのレベルがA1からA2ということは，そんなに難しい英文は出ないと考えていいんですよね。

そうだね。平易な英語で書かれた広告，パンフレット，予定表，料理のレシピや，学校生活などについての短い説明文や記事などが主に出題されるよ。説明文や記事になると，テーマによっては少し難しい語句が使われることもあるかな。

CEFRのレベルが同じでも，第１問よりは少し難しい英文が出題される可能性があるということですね。英文の次は，どんな問題が出題されるかを教えてください。

第１問でも出題された必要な情報を探し出す問題の他に，第２問では読み取った情報から推測する問題，発言の要点をとらえる問題，情報を事実と意見に整理する問題，賛成意見や反対意見を把握する問題，表現や文の意味を文脈から読み取る問題などが出題されるよ。

えーっ，難しそう……。要するに，読む力だけじゃなくて，考える力も同時に求められるということですよね。

そのとおり。思考力や判断力を試す問題というのは，共通テスト全体に共通する出題方針だからね。本文には直接書かれていなくても，書かれている内容から推測することで答えを導き出せる問題も出題されるということだね。

第２問にはイラストつきの問題もありますよね。

そうそう。イラストや写真もただの飾りじゃなくて，本文に書かれている情報とイラストを組み合わせて解くタイプの問題が出題されるかもしれないんだ。

第１問よりも複雑で，より高いレベルの英語力が求められるんですね。具体的にはどんな対策が必要になってくるのかしら。

第２問の対策をまとめておくから，今後の勉強の参考にしてね。

対策

1. 英文やイラストのどこを見れば手がかりとなる情報が見つかるかを予想して，解答に必要な情報を検索する力をつける。
2. 「事実」と「意見」を判別する問題では，「事実」を表す客観的な表現と「意見」を表す主観的な表現を見分ける力をつける。
3. 本文に直接書かれていないことが問われる問題では，本文に書かれている内容から正解を推測する思考力を鍛える。
4. 表現の意味を考える問題は，その箇所を直訳しただけでは答えられない。前後の文脈から何を言おうとしているかを推測して，正解を判断する力をつける。
5. 本文で引用されている意見について，その要点を見抜く力をつける。

第2問

（配点　20）

A　You are a member of the cooking club at school, and you want to make something different. On a website, you found a recipe for a dish that looks good.

EASY OVEN RECIPES

Here is one of the top 10 oven-baked dishes as rated on our website. You will find this dish healthy and satisfying.

Meat and Potato Pie

Ingredients (serves about 4)

A	1 onion	2 carrots	500g minced beef
	×2 flour	×1 tomato paste	×1 Worcestershire sauce
	×1 vegetable oil	×2 soup stock	salt & pepper
B	3 boiled potatoes	40g butter	
C	sliced cheese		

Instructions

Step 1: Make A

1. Cut the vegetables into small pieces, heat the oil, and cook for 5 minutes.
2. Add the meat and cook until it changes color.
3. Add the flour and stir for 2 minutes.
4. Add the soup stock, Worcestershire sauce, and tomato paste. Cook for about 30 minutes.
5. Season with salt and pepper.

Step 2: Make B

1. Meanwhile, cut the potatoes into thin slices.
2. Heat the pan and melt the butter. Add the potatoes and cook for 3 minutes.

Step 3: Put A, B, and C together, and bake

1. Heat the oven to 200℃.
2. Put A into a baking dish, cover it with B, and top with C.
3. Bake for 10 minutes. Serve hot.

REVIEW & COMMENTS

cooking@master *January 15, 2018 at 15:14*

This is really delicious! Perfect on a snowy day.

Seaside Kitchen *February 3, 2018 at 10:03*

My children love this dish. It's not at all difficult to make, and I have made it so many times for my kids.

問1　This recipe would be good if you want to [6].

① cook chicken for lunch
② eat something sweet
③ enjoy a hot dish on a cold day
④ prepare a quick meal without using heat

問2　If you follow the instructions, the dish should be ready to eat in about [7].

① half an hour
② one hour
③ twenty minutes
④ two to three hours

問3　Someone who does not like raw carrots may eat this dish because [8].

① carrots are not used
② many kinds of spices are used
③ the carrots are cooked
④ the carrots are very fresh

問4 According to the website, one **fact** (not an opinion) about this recipe is that it is [9].

① highly ranked on the website
② made for vegetarians
③ perfect for taking to parties
④ very delicious

問5 According to the website, one **opinion** (not a fact) about this recipe is that [10].

① a parent made this dish many times
② it is easy to cook
③ it is fun to cook with friends
④ the recipe was created by a famous cook

第2問A　解答のポイント　（全訳＆語彙▶▶▶別冊pp.005〜006）

解答　6：③　7：②　8：③　9：①　10：②

インターネット上に掲載された料理のレシピやレビューから，必要な情報を読み取ったり，意見や事実を整理したりする力を試す問題だ。

まずはリード文を読み，どんな文章なのかを大まかに押さえておこう。

You are a member of the cooking club at school, and you want to make something different. On a website, you found a recipe for a dish that looks good.

和訳　あなたは学校の料理部の部員で，いつもと違った料理を作りたいと思っています。ウェブサイトでおいしそうな料理のレシピを見つけました。

場面設定から，ウェブサイトに掲載された料理のレシピをこれから読むのだろうと予測ができるね。

その下にある本文を見ると，EASY OVEN RECIPESやMeat and Potato Pieなどの見出しから，予測が正しかったことがわかるよ。Ingredients（材料）やInstructions（作り方）などに続いて，いちばん下にあるREVIEW & COMMENTS（レビューとコメント）にも注目しよう。ここにはレシピについての意見などが書かれていそうだね。

それでは，問題を解いていこう。

問1　This recipe would be good if you want to [6].

このレシピは，あなたが [6] ことを望むなら，ちょうどよいだろう。

レシピに含まれる情報は，材料や味，調理の方法や時間など様々だ。どんな人向けのレシピかを知るには英文全体をすばやく検索して，それぞれの選択肢が正しいかどうかを判断しよう。

① cook chicken for lunch
昼食に鶏肉を料理する

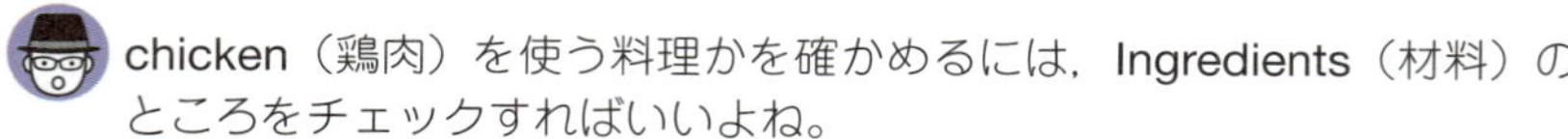

chicken（鶏肉）を使う料理かを確かめるには，Ingredients（材料）のところをチェックすればいいよね。

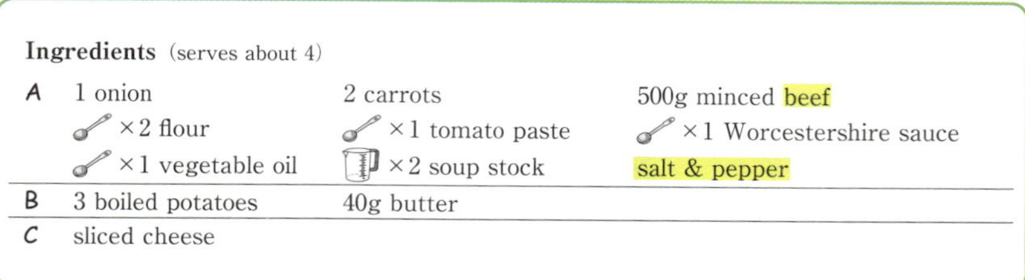

Ingredients (serves about 4)

A	1 onion	2 carrots	500g minced beef
	×2 flour	×1 tomato paste	×1 Worcestershire sauce
	×1 vegetable oil	×2 soup stock	salt & pepper
B	3 boiled potatoes	40g butter	
C	sliced cheese		

beef（牛肉）はあるけど，chickenはないから，①はダメだね。

② eat something sweet
甘いものを食べる

sweet（甘い）かどうかも同じく，Ingredientsを見ればわかるはずだ。

salt & pepper（塩・コショウ）とあるから，sweetではなさそうだね。

③ enjoy a hot dish on a cold day
寒い日に温かい料理を楽しむ

③については，２つの情報をチェックする必要があるよ。

❶ a cold day（寒い日）に楽しめる料理かどうか。
❷ a hot dish（温かい料理）かどうか。

❶は，最初のEASY OVEN RECIPESに続く料理の紹介の部分や，終わりの方のREVIEW & COMMENTSに書いてある可能性が高い。

EASY OVEN RECIPES

Here is one of the top 10 oven-baked dishes as rated on our website. You will find this dish healthy and satisfying.

和訳 簡単なオーブン料理のレシピ

ここでご紹介するのは，私たちのウェブサイトで上位10位に評価されたオーブンを使う焼き料理の1つです。この料理はヘルシーで満足のいくものになるでしょう。

REVIEW & COMMENTS

cooking@master *January 15, 2018 at 15:14*

This is really delicious! Perfect on a snowy day.

和訳 レビューとコメント

cooking@master 2018年1月15日 15:14

これは本当においしい！ 雪の日には最高。

Perfect on a snowy day.（雪の日には最高）というレビューから，寒い日に楽しめる料理だと言えそうだね。

❷の a hot dish（温かい料理）かどうかは，Instructions（作り方）を見ればわかるはずだ。

Instructions

Step 1: Make *A*

1. Cut the vegetables into small pieces, heat the oil, and cook for 5 minutes.
2. Add the meat and cook until it changes color.
3. Add the flour and stir for 2 minutes.
4. Add the soup stock, Worcestershire sauce, and tomato paste. Cook for about 30 minutes.
5. Season with salt and pepper.

Step 2: Make B

1. Meanwhile, cut the potatoes into thin slices.
2. Heat the pan and melt the butter. Add the potatoes and cook for 3 minutes.

Step 3: Put *A*, B, and *C* together, and bake

1. Heat the oven to 200℃.
2. Put *A* into a baking dish, cover it with B, and top with *C*.
3. Bake for 10 minutes. Serve hot.

CHAPTER 1 プレテスト

Step 3の最後にServe hot.（熱いうちに出す）とあるので，温かい料理という条件もクリアだ。この選択肢③が正解だね。

④ prepare a quick meal without using heat
火を使わずに手早く料理を作る

a quick meal（手早く作れる料理）かつ，without using heat（火を使わずに）作れる料理かどうかを調べよう。InstructionsのStep 1の4には，Cook for about 30 minutes.（約30分間加熱調理する）とあるから，「手早く作れる」とは言えないね。それに，heat（熱する）やbake（焼く）などの動詞から，「火を使わずに」というのも間違いだとわかるよ。

問2 If you follow the instructions, the dish should be ready to eat in about [7].
作り方に従えば，この料理は約[7]で食べられるようになるはずだ。

設問だけを見ると，「空所に何を入れればいいかわからない！」なんて人もいたんじゃないかな。そういうときは，選択肢をチェックしよう。時間に関係する表現が並んでいるね。つまりこの問題は，「料理が完成するまでにかかる時間」を尋ねていることがわかる。調理時間はどこに書かれているだろうか？　そう，Instructions（作り方）だね。時間を表す表現に注意しながら，もう一度Instructionsを読んでみよう。

Instructions
Step 1: Make *A*
1. Cut the vegetables into small pieces, heat the oil, and cook for 5 minutes.
2. Add the meat and cook until it changes color.
3. Add the flour and stir for 2 minutes.
4. Add the soup stock, Worcestershire sauce, and tomato paste. Cook for about 30 minutes.
5. Season with salt and pepper.

Step 2: Make *B*
1. Meanwhile, cut the potatoes into thin slices.
2. Heat the pan and melt the butter. Add the potatoes and cook for 3 minutes.

Step 3: Put *A*, *B*, and *C* together, and bake
1. Heat the oven to 200℃.
2. Put *A* into a baking dish, cover it with *B*, and top with *C*.
3. Bake for 10 minutes. Serve hot.

5分＋2分＋30分＋3分＋10分＝50分に加えて，他の細々した作業にかかる時間を考慮すると，最も近い選択肢は② one hour だね。

問3　Someone who does not like raw carrots may eat this dish because [8].

[8] ので，生のニンジンが好きではない人でも，この料理は食べるかもしれない。

ただの carrots（ニンジン）ではなく，raw carrots（生のニンジン）と書いてあることに注目しよう。生のニンジンが好きでない人でもこの料理なら食べるかもしれない理由は，Ingredients（材料）や Instructions（作り方）を見ればわかりそうだね。

それぞれの選択肢について，本文と合致するかを見ていこう。

① carrots are not used
ニンジンが使われていない

Ingredients の A に 2 carrots とあるから，ニンジンが使われていないというのは間違いだね。

② many kinds of spices are used
いろいろな種類のスパイスが使われている

Ingredients の A に salt & pepper（塩とコショウ）とあるけれど，この2つ以外にスパイスと言えそうなものは見当たらないから，many kinds of spices（多くの種類のスパイス）とは言えそうにないね。

③ the carrots are cooked
ニンジンに火を通して調理してある

Instructions の Step 1 の 1 に，Cut the vegetables into small pieces, heat the oil, and cook for 5 minutes.（野菜をみじん切りにして油を熱

し，５分間炒(いた)める）とある。ここに出てくるthe vegetables（野菜）には当然carrots（ニンジン）が含まれているはず。生のニンジンが苦手でも，調理したものは食べられるかもしれないから，この選択肢③が正解だね。

④ the carrots are very fresh
ニンジンがとても新鮮である

Ingredientsのcarrotsのところを見ても，そのニンジンがfresh（新鮮な）とは書いていないからダメだね。

問4 According to the website, one **fact** (not an opinion) about this recipe is that it is [9].

ウェブサイトによると，このレシピに関する事実（意見ではない）は，[9]ということである。

fact（事実）とopinion（意見）を見分ける問題では，まず選択肢が本文に合致するかどうかを１つずつ確認しよう。ただし，本文に合致するからといって必ずしもそれが正解になるとは限らない。それぞれの選択肢が「事実」か「意見」かを判別する必要があるんだ。

① highly ranked on the website
ウェブサイトで高く順位が付けられている

② made for vegetarians
ベジタリアン（菜食主義者）向けに作られている

③ perfect for taking to parties
パーティに持っていくのに最適である

④ very delicious
とてもおいしい

①の「ウェブサイトでの評価」は，最初の料理の紹介のところに書かれているよ。

SECTION 2 第2問

EASY OVEN RECIPES

Here is one of the top 10 oven-baked dishes as rated on our website. You will find this dish healthy and satisfying.

和訳 簡単なオーブン料理のレシピ

ここでご紹介するのは，私たちのウェブサイトで上位10位に評価されたオーブンを使う焼き料理の１つです。この料理はヘルシーで満足のいくものになるでしょう。

one of the top 10 oven-baked dishes as rated on our website（私たちのウェブサイトで上位10位に評価されたオーブンを使う焼き料理の１つ）とあるのに注目。「上位10位に評価された」は，highly ranked（高く順位が付けられている）と言えそうだから，内容的には本文と合致していると判断できるね。また，「ウェブサイトで高く順位が付けられている」というのは意見ではなく事実だから，この①が正解だね。

②は本文のどこにもvegetarians（菜食主義者）についての記述が見当たらないし，そもそも材料にbeef（牛肉）が含まれる時点で，ベジタリアン向けとは言えないから間違いだ。

③のように「パーティ向け」の料理かどうかは本文のどこにも書かれていないし，perfect（最適）と思うかどうかは意見だよね。

④については，たしかに１つ目のレビューにThis is really delicious!とあるけれど，料理がおいしいかどうかは人によって違うよね。この選択肢も意見だから間違いだと判断できるよ。

問5 According to the website, one **opinion** (not a fact) about this recipe is that [10].

ウェブサイトによると，このレシピに関する意見（事実ではない）は，[10] ということである。

問４と同様に，まずは選択肢が本文に合致するかどうかを１つずつ確認しよう。今度は「意見」を探すことにも注意。

CHAPTER 1 プレテスト

① a parent made this dish many times
ある親がこの料理を何度も作った

② it is easy to cook
作るのが簡単である

③ it is fun to cook with friends
友達と一緒に作るのが楽しい

④ the recipe was created by a famous cook
レシピを作ったのが有名な料理人だ

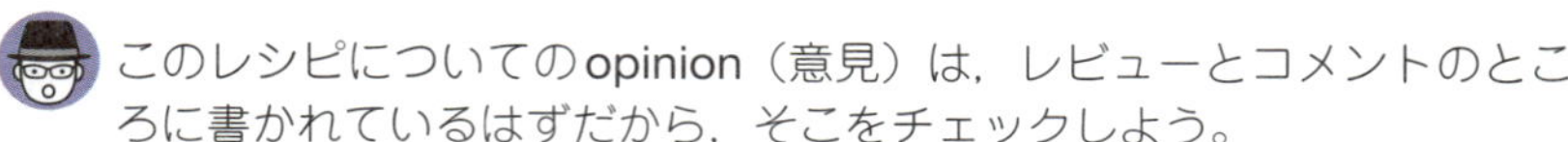

このレシピについてのopinion（意見）は，レビューとコメントのところに書かれているはずだから，そこをチェックしよう。

REVIEW & COMMENTS

cooking@master *January 15, 2018 at 15:14*
This is really delicious! Perfect on a snowy day.

Seaside Kitchen *February 3, 2018 at 10:03*
My children love this dish. **It's not at all difficult to make**, and I have made it so many times for my kids.

和訳 レビューとコメント

cooking@master 2018年1月15日 15:14
これは本当においしい！ 雪の日には最高。

Seaside Kitchen 2018年2月3日 10:03
うちの子どもたちは，この料理が大好きです。**作るのは全然難しくない**し，子どもたちにこれまで何度も作ってあげました。

２つ目のレビューから，①は内容的には正しそうだ。でも，「何度も料理を作った」というのは意見ではなく事実だから，正解にならないよ。

②については，２つ目のレビューが手がかりになる。It's not at all difficult to make（作るのが全然難しくない）というのは個人の感想，つまり意見だね。これは②it is easy to cook（作るのが簡単である）と同じことを言っているから，これが正解だね。

③it is fun to cook with friends（友達と一緒に作るのが楽しい）に該当する情報は，本文のどこにも出てこないから間違いだね。

④の「レシピの作者」については書かれていないし，これは意見ではなく事実だから間違いだ。

B Your English teacher gave you an article to help you prepare for the debate in the next class. A part of this article with one of the comments is shown below.

No Mobile Phones in French Schools

By Tracey Wolfe, Paris
11 DECEMBER 2017 • 4:07PM

The French government will prohibit students from using mobile phones in schools from September, 2018. Students will be allowed to bring their phones to school, but not allowed to use them at any time in school without special permission. This rule will apply to all students in the country's primary and middle schools.

Jean-Michel Blanquer, the French education minister, stated, "These days the students don't play at break time anymore. They are just all in front of their smartphones and from an educational point of view, that's a problem." He also said, "Phones may be needed in cases of emergency, but their use has to be somehow controlled."

However, not all parents are happy with this rule. Several parents said, "One must live with the times. It doesn't make sense to force children to have the same childhood that we had." Moreover, other parents added, "Who will collect the phones, and where will they be stored? How will they be returned to the owners? If all schools had to provide lockers for children to store their phones, a huge amount of money and space would be needed."

21 Comments

Newest

Daniel McCarthy 19 December 2017 • 6:11PM

Well done, France! School isn't just trying to get students to learn how to calculate things. There are a lot of other things they should learn in school. Young people need to develop social skills such as how to get along with other people.

問1 According to the rule explained in the article, students in primary and middle schools in France won't be allowed to [11].

① ask their parents to pay for their mobile phones
② bring their mobile phones to school
③ have their own mobile phones until after graduation
④ use their mobile phones at school except for special cases

問2 Your team will support the debate topic, "Mobile phone use in school should be limited." In the article, one opinion (not a fact) helpful for your team is that [12].

① it is necessary for students to be focused on studying during class
② students should play with their friends between classes
③ the government will introduce a new rule about phone use at school
④ using mobile phones too long may damage students' eyes

問3 The other team will oppose the debate topic. In the article, one opinion (not a fact) helpful for that team is that [13].

① it is better to teach students how to control their mobile phone use
② students should use their mobile phones for daily communication
③ the cost of storing students' mobile phones would be too high
④ the rule will be applied to all students at the country's primary and middle schools

問4 In the 3rd paragraph of the article, "One must live with the times" means that people should [14].

① change their lifestyles according to when they live
② live in their own ways regardless of popular trends
③ remember their childhood memories
④ try not to be late for school

問5 According to his comment, Daniel McCarthy [15] the rule stated in the article.

① has no particular opinion about
② partly agrees with
③ strongly agrees with
④ strongly disagrees with

第２問B 解答のポイント

（全訳＆語彙▶▶▶別冊pp.007〜009）

解答 [11]：④ [12]：② [13]：③ [14]：① [15]：③

まずはリード文を読んで，場面設定を確認しよう。

Your English teacher gave you an article to help you prepare for the debate in the next class. A part of this article with one of the comments is shown below.

和訳 あなたの英語の先生が，次の授業で行うディベートの準備に役立つように，ある記事をくれました。その記事の一部とコメントの１つが以下に示されています。

これから読む英文が，ディベートの準備をするための記事の一部とコメントであることがわかるね。続いて本文をざっとチェックしよう。新聞記事風の見出しの下にはまとまった量の英文が，さらにその下にはまた別の英文が置かれているね。それぞれの設問の答えがどこに書いてありそうか見当をつけるために，記事の全体像をおおまかに押さえておこう。まずは記事のタイトルに注目。

No Mobile Phones in French Schools

和訳 フランスの学校で携帯電話が禁止に

「学校での携帯電話の使用」に関する記事だろうと予測がつくね。

次に，３つのパラグラフの書き出しをそれぞれ軽く読んでおこう。実は英語では，段落の書き出しの部分に，その段落の要点が書かれている場合が多いんだ。

The French government will prohibit students from using mobile phones in schools from September, 2018.

和訳 フランス政府は2018年９月から，生徒が学校で携帯電話を使用することを禁止する。

第1パラグラフは，「フランス政府による学校内での携帯電話の使用禁止」について詳しく述べていると予想がつくね。

Jean-Michel Blanquer, the French education minister, stated, "..."
和訳 フランスの教育相であるジャン＝ミシェル・ブランケールは，「…」と述べた。

第2パラグラフは，フランスの教育相であるブランケールの意見を紹介しているみたいだ。

However, not all parents are happy with this rule. Several parents said, "..."
和訳 しかしながら，すべての親がこの規則を喜んでいるわけではない。「…」と言う親もいた。

第3パラグラフでは，親たちの意見が紹介されているね。このパラグラフの冒頭に，However, not all parents are happy with this rule.（しかしながら，すべての親がこの規則を喜んでいるわけではない）とあることから，第2パラグラフのブランケールの意見と，第3パラグラフの親たちの意見は対立していることが予想できるよ。

21 Commentsという見出しがついている，記事の下の英文は何か，わかるかな？　リード文で説明があった，「コメント」のことだね。上にある記事の内容に対する読者の個人的な意見が紹介されていると予想できるよ。

それでは，問題を解いていこう。

問1　According to the rule explained in the article, students in primary and middle schools in France won't be allowed to [11].

記事で説明されている規則によると，フランスの小中学校の生徒たちは [11] ことが許されなくなる。

「フランス政府による学校内での携帯電話の使用禁止」について書かれている第1パラグラフに手がかりがありそうだ。「生徒たちがすることを許されないこと」を述べている箇所を探せばいいね。

The French government will prohibit students from using mobile phones in schools from September, 2018. Students will be allowed to bring their phones to school, but not allowed to use them at any time in school without special permission. This rule will apply to all students in the country's primary and middle schools.

和訳 フランス政府は2018年9月から，生徒が学校で携帯電話を使用することを禁止する。生徒は学校に携帯電話を持ってくることは許されるが，特別の許可がなければ，いかなる場合でも校内で携帯電話を使用することが許されなくなる。この規則は，国内の小中学校のすべての生徒に適用されることになる。

生徒が許されないのは，use them at any time in school without special permission（特別の許可なしに，いかなる場合でも校内で携帯電話を使用する）ことだね。

この内容に一番近い選択肢は，④ use their mobile phones at school except for special cases（特別な場合を除いて学校で自分の携帯電話を使用する）だ。

本文…use them at any time in school without special permission
‖ ↕
④ …use their mobile phones at school except for special cases

本文のwithout special permission（特別な許可なしに）が，選択肢ではexcept for special cases（特別な場合を除いて）と言い換えられていることに注意しよう。

念のため，その他の選択肢もチェックしておくね。

① ask their parents to pay for their mobile phones
親に自分の携帯電話の料金を払ってくれるように頼む

「携帯電話の料金」のことはどこにも書かれていないからダメだね。

② bring their mobile phones to school
自分の携帯電話を学校に持っていく

使用ができないだけで，所持は規則によって許されているから不正解だよ。

③ have their own mobile phones until after graduation
卒業するまで自分の携帯電話を持つ

問2 Your team will support the debate topic, "Mobile phone use in school should be limited." In the article, one <u>opinion</u> (not a fact) helpful for your team is that [12].

あなたのチームは，「学校での携帯電話の使用は制限されるべきだ」というディベートの論題を支持する。記事の中で，あなたのチームにとって役立つ意見（事実ではない）は，[12]ということである。

① it is necessary for students to be focused on studying during class
生徒は，授業中は勉強に集中することが必要である

② students should play with their friends between classes
生徒は授業と授業の合間は，友達と遊ぶべきである

③ the government will introduce a new rule about phone use at school
政府は学校での携帯電話の使用についての新しい規則を導入するだろう

④ using mobile phones too long may damage students' eyes
長時間携帯電話を使いすぎると，生徒の視力が損なわれる可能性がある

正しい選択肢を選ぶには，"Mobile phone use in school should be limited."（学校での携帯電話の使用は制限されるべきだ）という主張を支持するopinion（意見）が書かれている箇所を本文から探せばいいね。

第２パラグラフにフランスの教育相の意見，第３パラグラフに親たちの意見が紹介されているから，どちらが「学校での携帯電話の使用制限」を支持する立場かをまず見抜く必要がある。

第３パラグラフの最初に，However, not all parents are happy with this rule.（しかしながら，すべての親がこの規則を喜んでいるわけではない）とあることから，親たちは「反対」の立場，逆に第２パラグラフの教育相が「支持」の立場だろうと予想できるね。第２パラグラフを詳しく見てみよう。

Jean-Michel Blanquer, the French education minister, stated, "These days the students don't play at break time anymore. They are just all in front of their smartphones and from an educational point of view, that's a problem." He also said, "Phones may be needed in cases of emergency, but their use has to be somehow controlled."

和訳 フランスの教育相であるジャン=ミシェル・ブランケールは，「最近ではもはや，生徒たちは休み時間に遊ばなくなっている。生徒たちは皆スマートフォンと向かい合ってばかりいて，教育的な観点からすれば，これは問題である」と述べた。彼はまた「携帯電話は緊急の場合には必要になるかもしれないが，その使用は何らかの形で制限されるべきだ」とも述べた。

最後の文からブランケールが「学校での携帯電話の使用を制限すべき」という立場であることが確認できる。そして「スマートフォンのせいで生徒たちが休み時間に遊ばないのは問題である」という内容から,「生徒たちは, 休み時間に携帯電話ばかり見るのをやめて, もっと友達と遊ぶべきだ」という主張を読み取れば, この内容に最も近い② **students should play with their friends between classes**（生徒は授業と授業の合間は, 友達と遊ぶべきである）が正解だとわかるよ。「授業と授業の合間」というのは「休み時間」のこと。本文の内容から何が言えるかを考えさせる, 思考力を問う問題だね。

①は,「授業中は勉強に集中すべき」という内容は記事のどこにも書かれていない。④の「視力への悪影響」も, 記事では述べられていないので間違いだね。③は第１パラグラフに書かれている内容だけど,「意見」ではなく「事実」だから, 正解にはならないよ。

問3 The other team will oppose the debate topic. In the article, one <u>opinion</u> (not a fact) helpful for that team is that [13].

もう一方のチームは, そのディベートの論題に反対する。記事の中で, そのチームにとって役立つ意見（事実ではない）は, [13] ということである。

① it is better to teach students how to control their mobile phone use
携帯電話の使用を制限する方法を生徒に教える方がよい

② students should use their mobile phones for daily communication
生徒は日々のコミュニケーションに携帯電話を使うべきである

③ the cost of storing students' mobile phones would be too high
生徒の携帯電話を保管する費用があまりにも高くなりすぎる

④ the rule will be applied to all students at the country's primary and middle schools
その規則は国内の小中学校のすべての生徒に適用されることになる

今度は「学校での携帯電話の使用は制限されるべきだ」という主張に反対する意見を探そう。反対の立場にある親たちの意見が書かれているのは, 第３パラグラフだったね。

However, not all parents are happy with this rule. Several parents said, "One must live with the times. It doesn't make sense to force children to have the same childhood that we had." Moreover, other parents added, "Who will collect the phones, and where will they be stored? How will they be returned to the owners? If all schools had to provide lockers for children to store their phones, a huge amount of money and space would be needed."

和訳 しかしながら，すべての親がこの規則を喜んでいるわけではない。「人は時代とともに生きなければなりません。私たちが過ごしたのと同じ子ども時代を過ごすように子どもたちに強いるのは筋の通らないことです」と言う親もいた。さらに，それに付け加えて「だれが携帯電話を回収し，どこに保管するのですか。どうやって持ち主に返すのですか。もしすべての学校が，携帯電話を保管するためのロッカーを子どもたちに提供しなければならなくなったら，巨額のお金と広大な場所が必要になるでしょう」と言う親もいた。

ここでは「反対」の根拠が２つ述べられているよ。

❶ 自分たち（親）と同じ生き方を子どもに押しつけるのは筋が通らない。
❷ 学校が子どもたちの携帯電話を保管するには，巨額のお金と広大な場所が必要になる。

この❷に当てはまる選択肢が，③ the cost of storing students' mobile phones would be too high（生徒の携帯電話を保管する費用があまりにも高くなりすぎる）だと判断できるから，これが正解だね。

①や②に該当する内容は，本文のどこにも書かれていない。④は第１パラグラフの最後の文 This rule will apply to all students in the country's primary and middle schools.（この規則は，国内の小中学校のすべての生徒に適用されることになる）に合致するけど，これは「意見」ではなく「事実」だからダメだね。

問4 In the 3rd paragraph of the article, "One must live with the times" means that people should [14].

記事の第３パラグラフで "One must live with the times" が意味するのは，人々は [14] べきだということだ。

One must live with the timesは「人は時代とともに生きなければならない」が文字通りの意味だけど，選択肢は時代や時間に関するものばかりで，どれも正解になりそうに見える。この問題の狙いは，複数の意味に解釈できる表現の正しい意味を文脈から読み取ることにあるんだ。すぐ次の文で補足説明されていることに気づけたかな。

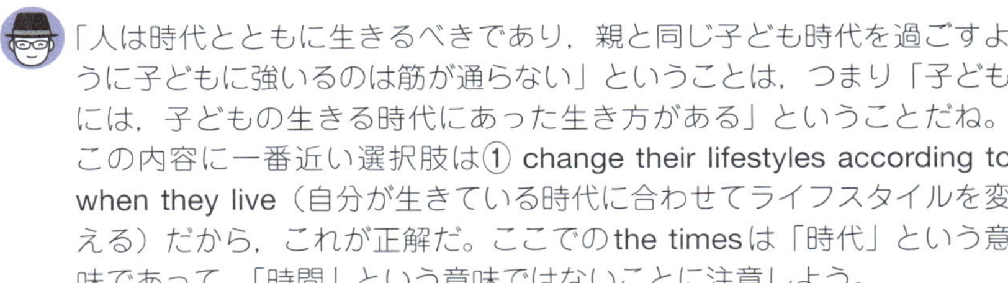

"One must live with the times. It doesn't make sense to force children to have the same childhood that we had."

和訳「人は時代とともに生きなければなりません。私たちが過ごしたのと同じ子ども時代を過ごすように子どもたちに強いるのは筋の通らないことです」

「人は時代とともに生きるべきであり，親と同じ子ども時代を過ごすように子どもに強いるのは筋が通らない」ということは，つまり「子どもには，子どもの生きる時代にあった生き方がある」ということだね。この内容に一番近い選択肢は① change their lifestyles according to when they live（自分が生きている時代に合わせてライフスタイルを変える）だから，これが正解だ。ここでのthe timesは「時代」という意味であって，「時間」という意味ではないことに注意しよう。

念のため，他の選択肢もチェックしておこう。

② live in their own ways regardless of popular trends
流行に関係なく自分のやり方で生きる

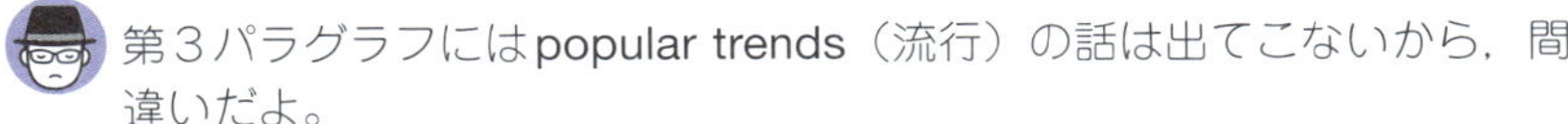

第３パラグラフにはpopular trends（流行）の話は出てこないから，間違いだよ。

③ remember their childhood memories
子どもの頃の思い出を覚えておく

childhood memories（子どもの頃の思い出）の話も見当たらないから，ダメだね。

SECTION 2 第2問

④ try not to be late for school
学校に遅刻しないようにする

late for school（学校に遅刻する）という話も見当たらないから間違いだ。

問5 According to his comment, Daniel McCarthy [15] the rule stated in the article.
ダニエル・マッカシーのコメントによると，彼は記事で述べられている規則に [15]。

設問に含まれるDaniel McCarthyという人名で探し読みをすると，この人物は記事の下にあるコメントの投稿者だとわかる。コメントの内容から，彼が「学校内での携帯電話の使用禁止」という規則についてどう考えているかを読み取ろう。

Daniel McCarthy 19 December 2017 • 6:11PM
Well done, France! School isn't just trying to get students to learn how to calculate things. There are a lot of other things they should learn in school. Young people need to develop social skills such as how to get along with other people.

和訳 ダニエル・マッカシー　2017年12月19日　午後6時11分
よくやった，フランス！ 学校は，ただ単に生徒たちに計算の仕方を学ばせようとしているだけではない。生徒たちが学校で学ぶべきことは他にもたくさんある。若者は，他人とうまくやっていく方法のような社会的なスキルを身につける必要がある。

Well done, France!（よくやった，フランス！）というコメントや，Young people need to develop social skills such as how to get along with other people.（若者は，他人とうまくやっていく方法のような社会的なスキルを身につける必要がある）というコメントから，「学校での携帯電話の使用を禁止することで，子どもたちが休み時間に友達ともっと遊ぶようにさせよう」という規則の狙いにダニエル・マッカーシーは賛成していると考えられるね。

「賛成」の立場を表す選択肢は②partly agrees with（～に対して部分的

に賛成している）と③strongly agrees with（〜に対して強く賛成している）の２つだから，彼のコメントがどちらに該当するかを判断する必要がある。partly agree（部分的に賛成している）というのは，「反対するところもあるが，賛成するところもある」ということ。一方，strongly agree（強く賛成している）は「全面的な賛成」を表すよ。

ここでダニエル・マッカーシーのコメントをもう一度読んでみよう。「規則に反対する」というような内容はまったく見当たらないから，彼が「部分的に賛成している」とは言えそうにないよね。彼のコメントはすべて「規則に賛成する」ものと考えられるから，正解は③strongly agrees with（〜に対して強く賛成している）だ。

SECTION 3

第3問

次は第３問について教えてください。第３問は，第２問よりも少し難しいくらいかな，という印象なんですけど。

第３問も，Ａの問題がCEFRで言えばA1レベル，ＢがA2レベルということになっているから，第１問や第２問とそんなに変わらないね。ただし，Ｂの英文は300語くらいあるから，これまで見てきた英文よりも長くなっているよ。

どんな種類の英文が出されるんですか？

ブログの記事や雑誌に掲載された体験談などの比較的平易な英語で書かれた文章が出題されると予想されるよ。ストーリー性がある，いわゆる「物語文」と呼ばれるタイプの英文だね。

読むこと自体はそんなに苦労しなさそうですね。じゃあ，どんな問題が出されるんですか？

注意してほしいのは，文法の知識を活用する問題が出題される可能性があることだね。

えっ！？　共通テストって，センター試験と違って文法問題は出ないんじゃないんですか……？

いわゆる文法問題は出ないけど，読解に絡んで文法の知識がきちんと身についているかどうかを確認する問題が出題される可能性があるんだ。たとえばプレテストでは，仮定法で書かれた英文から実際にどんな出来事があったかを読み取らせる問題が出題されているね。

文法の勉強を軽視してはダメなんですね。他にはどんな問題が出ますか？

物語文の場合，出来事の概要が把握できるかどうかを問う問題や，逆に細かな事実関係を確認する問題が出題されるよ。

物語の全体像を大づかみしたり，細かな点を確認したり……。いろんな読み方が求められるんですね。

そうだね。物語文では，登場人物の感情の変化を追わせる問題も出題されるよ。それにプレテストでは，イラストや写真を参考にして答える問題も出題されたんだ。対策をまとめておくから，参考にしてね。

対策

1. 本文で述べられている細かな事実関係に注意して，選択肢を吟味する力をつける。
2. 感情を表す表現を手がかりに，登場人物の気持ちの変化をたどる力をつける。
3. 文法の知識を，英文の読解や内容理解に応用する力をつける。
4. 本文の記述とイラストや写真から読み取れる情報を組み合わせて，何が言えるかを判断する力をつける。
5. 英文全体の大筋を把握して，そこからどんなことが読み取れるかを推測する力をつける。

感情を表す表現のリスト

- □ amazed　びっくりした
- □ anxious　心配した
- □ confident　自信のある
- □ disappointed　がっかりした
- □ eager　熱心な
- □ excited　わくわくした
- □ irritated　いらいらした
- □ nervous　不安な，神経質な
- □ proud　誇らしい
- □ relieved　ほっとした
- □ satisfied　満足した
- □ tense　緊張した
- □ uneasy　不安な
- □ worried　心配した
- □ annoyed　むっとした
- □ composed　落ち着いた
- □ content　満足した
- □ embarrassed　困った
- □ envious　ねたんで
- □ indifferent　無関心な
- □ jealous　嫉妬した
- □ prepared　覚悟ができた
- □ restless　落ち着きのない
- □ reluctant　気の進まない
- □ scared　こわがっている
- □ timid　臆病な
- □ unwilling　気の進まない

第3問

(配点 10)

A You found the following story in a blog written by a female exchange student in your school.

School Festival

Sunday, September 15

I went with my friend Takuya to his high school festival. I hadn't been to a Japanese school festival before. We first tried the ghost house. It was well-made, using projectors and a good sound system to create a frightening atmosphere.

Then we watched a dance show performed by students. They were cool and danced well. It's a pity that the weather was bad. If it had been sunny, they could have danced outside. At lunch time, we ate Hawaiian pancakes, Thai curry, and Mexican tacos at the food stalls. They were all good, but the Italian pizza had already sold out by the time we found the pizza stall.

In the afternoon, we participated in a karaoke competition together as both of us love singing. Surprisingly, we almost won, which was amazing as there were 20 entries in the competition. We were really happy that many people liked our performance. We also enjoyed the digital paintings and short movies students made.

I can't believe that students organized and prepared this big event by themselves. The school festival was pretty impressive.

問1 At the school festival, [16].

① most food at the stalls was sold out before lunch time
② the dance show was held inside due to poor weather
③ the ghost house was run without electronic devices
④ the karaoke competition was held in the morning

問2 You learned that the writer of this blog [17].

① enjoyed the ghost tour, the dance show, and the teachers' art works
② sang in the karaoke competition and won third prize
③ tried different dishes and took second place in the karaoke contest
④ was pleased with her dancing and her short movie about the festival

 第３問Ａ 解答のポイント
（全訳＆語彙▶▶▶別冊 pp.010〜011）

解答 16：② 17：③

イラストつきの物語を読んで，話の大筋をつかむ力と細かな事実関係を丁寧に確認する力を問う問題だ。

まずはリード文をさっと読んで，どんな文章を読むことになるかを予測しよう。

You found the following story in a blog written by a female exchange student in your school.

和訳 あなたは自分の学校に交換留学で来ている女子生徒が書いたブログで次の話を見つけました。

「交換留学生の書いたブログ」だね。記事のタイトルもチェックしておこう。

School Festival

和訳 学園祭

「学園祭」についての話を読むことがわかるね。

それでは，設問文の書き出しを読んで，どんな情報を探せばいいかを確認しよう。

問１ At the school festival, [16].

学園祭では，[16]。

タイトルからもわかるように，記事全体が「学園祭」について書かれているから，この書き出しだけでは手がかりにはならないね。それぞれの選択肢を見て，探すべき情報のヒントが隠れていないかをチェックしよ

う。ヒントを見つけたら，本文を流し読みしながら該当箇所を特定して，選択肢の内容が正しいかどうかを判断していこう。

① most food at the stalls was sold out before lunch time
屋台の食べ物のほとんどがランチタイムよりも前に売り切れていた

「食べ物」について書かれているところを探せばよさそうだ。第２パラグラフ後半に該当箇所があるね。

Then we watched a dance show performed by students. They were cool and danced well. It's a pity that the weather was bad. If it had been sunny, they could have danced outside. At lunch time, we ate Hawaiian pancakes, Thai curry, and Mexican tacos at the food stalls. They were all good, but the Italian pizza had already sold out by the time we found the pizza stall.

和訳 それから，私たちは生徒が演じるダンスショーを見ました。彼らはカッコよくてダンスが上手でした。天気が悪かったのが残念でした。もし晴れていたら，彼らは外で踊ることができたでしょうに。ランチタイムには，私たちは屋台でハワイアンパンケーキとタイカレーとメキシカンタコスを食べました。どれもおいしかったのですが，私たちがピザの屋台を見つけたときには，イタリアンピザはもう売り切れていました。

ランチタイムに屋台でHawaiian pancakes, Thai curry, and Mexican tacos（ハワイアンパンケーキとタイカレーとメキシカンタコス）を食べたと書いてあるね。次の文にthe Italian pizza（イタリアンピザ）がすでに売り切れていたとあるけど，ピザ以外の食べ物は食べられたのだから，「屋台の食べ物のほとんど（most）が，ランチタイムよりも前に売り切れていた」とは言えないね。選択肢①は間違いだ。

② the dance show was held inside due to poor weather
ダンスショーは悪天候のため屋内で行われた

「ダンスショー」に関する記述を探そう。第２パラグラフ前半に該当箇

CHAPTER 1 プレテスト

所があるよ。

Then we watched a dance show performed by students. They were cool and danced well. It's a pity that the weather was bad. If it had been sunny, they could have danced outside. At lunch time, we ate Hawaiian pancakes, Thai curry, and Mexican tacos at the food stalls. They were all good, but the Italian pizza had already sold out by the time we found the pizza stall.

和訳 それから，私たちは生徒が演じるダンスショーを見ました。彼らはカッコよくてダンスが上手でした。天気が悪かったのが残念でした。もし晴れていたら，彼らは外で踊ることができたでしょうに。ランチタイムには，私たちは屋台でハワイアンパンケーキとタイカレーとメキシカンタコスを食べました。どれもおいしかったのですが，私たちがピザの屋台を見つけたときには，イタリアンピザはもう売り切れていました。

「天気が悪かったのが残念でした」と書いた後で，**If it had been sunny, they could have danced outside.**（もし晴れていたら，彼らは外で踊ることができたでしょうに）と書いてあることに注目しよう。**If**から始まるこの文で，**had been**と**could have danced**という過去完了の形が使われていることから，仮定法過去完了の文だということに気がついたかな？　仮定法過去完了は「過去の事実に反する仮定」を述べるときに使うことは知っているね。「では，事実はどうだったのか？」と考えてみよう。

●過去の事実に反する仮定
…もし晴れていたら，彼らは外で踊ることができたでしょうに。
●過去の事実
…実際は晴れていなかったので，彼らは外で踊れなかった。

「晴れていなかったので外で踊れなかった」というのが「事実」だね。選択肢②の「ダンスショーは悪天候のため屋内で行われた」はこれと同じ内容と考えられるから，これが正解だ。

これが文法の知識がないと解けない問題だ。仮定法の基本については，次のページで確認しておいてね。

仮定法の基本

❶ 仮定法過去

・「現在の事実に反すること」を仮定するときに使う。

・動詞や助動詞の過去形が使われることに注意しよう。

If＋S＋動詞の過去形～，	S＋would＋動詞の原形….	…だろうに
もし(今)～なら	S＋could＋動詞の原形….	…できるだろうに
	S＋might＋動詞の原形….	…かもしれないのに

●現在の事実に反する仮定

…If I had enough money, I would go there by taxi.

もし十分なお金があれば，私はそこまでタクシーで行くでしょうに。

●現在の事実

…Since I don't have enough money, I won't go there by taxi.

十分なお金がないので，私はそこまでタクシーで行きません。

❷ 仮定法過去完了

・「過去の事実に反すること」を仮定するときに使う。

・この場合は，過去完了形が使われることに注意しよう。

If＋S＋had＋過去分詞～，	S＋would have＋過去分詞….	…しただろうに
もし(あのとき)～だったら	S＋could have＋過去分詞….	…できただろうに
	S＋might have＋過去分詞….	…したかもしれないのに

●過去の事実に反する仮定

…If I had had enough money, I would have gone there by taxi.

もし十分なお金があったら，私はそこまでタクシーで行ったでしょうに。

●過去の事実

…Since I didn't have enough money, I didn't go there by taxi.

十分なお金がなかったので，私はそこまでタクシーで行きませんでした。

③ the ghost house was run without electronic devices
お化け屋敷は電子機器を使わずに運営されていた

「お化け屋敷」については，第１パラグラフに該当箇所があるね。

I went with my friend Takuya to his high school festival. I hadn't been to a Japanese school festival before. We first tried **the ghost house**. It was well-made, **using projectors and a good sound system** to create a frightening atmosphere.

和訳 私は友達のタクヤと彼の高校の学園祭に行きました。私はそれまで日本の学校の学園祭に行ったことがありませんでした。最初に私たちは，**お化け屋敷**に行ってみました。お化け屋敷はよくできていて，**プロジェクターと良い音響システムを使って**怖い雰囲気を作り出していました。

using projectors and a good sound system（プロジェクターと良い音響システムを使って）と書いてあることから，お化け屋敷がrun without electronic devices（電子機器を使わずに運営されていた）とは言えない。③は不正解。

ちなみに，ここで使われているrunは「走る」という意味の自動詞ではなく，「～を経営する，運営する」という意味の他動詞だよ。

④ the karaoke competition was held in the morning
カラオケ大会は午前中に行われた

「カラオケ大会」については，第３パラグラフに該当箇所があるよ。

In the afternoon, we participated in a karaoke competition together as both of us love singing. Surprisingly, we almost won, which was amazing as there were 20 entries in the competition. We were really happy that many people liked our performance. We also enjoyed the digital paintings and short movies students made.

和訳 私たちはふたりとも歌うのが好きなので，午後にはカラオケ大会に参加しました。驚いたことに私たちはもう少しで優勝するところでしたが，大会には20組がエントリーしていたので，素晴らしい結果でした。多くの人が私たちのパフォーマンスを気に入ってくれてとてもうれしかったです。私たちは，生徒が作ったデジタル絵画や短編映画も楽しみました。

この第３パラグラフの最初に，In the afternoon, we participated in a karaoke competition（午後にはカラオケ大会に参加しました）とあることから，カラオケ大会が行われたのはin the morning（午前中）ではないことがわかる。選択肢④は間違いだね。

問2 You learned that the writer of this blog [17].
あなたは，このブログの書き手が [17] ことがわかった。

このブログを読んで，ブログの書き手について何がわかるかが問われているけど，この書き出しではどこを探せばいいかわからないね。

問１と同じようにそれぞれの選択肢を見て，探すべき情報のヒントを見つけたら，該当箇所を探しながら本文を読み進めよう。

① enjoyed the ghost tour, the dance show, and the teachers' art works
お化けツアーとダンスショーと教師による芸術作品を楽しんだ

the ghost tour（お化けツアー）については，第１パラグラフに該当箇所があったね。

I went with my friend Takuya to his high school festival. I hadn't been to a Japanese school festival before. We first tried the ghost house. It was well-made, using projectors and a good sound system to create a frightening atmosphere.

和訳 私は友達のタクヤと彼の高校の学園祭に行きました。私はそれまで日本の学校の学園祭に行ったことがありませんでした。最初に私たちは，お化け屋敷に行ってみました。お化け屋敷はよくできていて，プロジェクターと良い音響システムを使って怖い雰囲気を作り出していました。

選択肢にあるenjoyed（楽しんだ）という表現こそ使われていないけど，well-made（よくできていた）という表現から，友達と一緒にお化け屋敷ならではのa frightening atmosphere（怖い雰囲気）を楽しんだだろうと推測できるね。

the dance show（ダンスショー）については，第２パラグラフ前半に該当箇所があったね。

Then we watched a dance show performed by students. They were cool and danced well. It's a pity that the weather was bad. If it had been sunny, they could have danced outside.

和訳 それから，私たちは生徒が演じるダンスショーを見ました。彼らはカッコよくてダンスが上手でした。天気が悪かったのが残念でした。もし晴れていたら，彼らは外で踊ることができたでしょうに。

ダンスを踊っていた生徒たちについてcool（カッコいい）とかdanced well（ダンスが上手だった）と書いてあることから，ダンスショーも楽しんだと推測できるね。

art works（芸術作品）については，第３パラグラフの最後に該当箇所があるよ。

We also enjoyed the digital paintings and short movies students made.

和訳 私たちは，生徒が作ったデジタル絵画や短編映画も楽しみました。

本文のthe digital paintings and short movies（デジタル絵画や短編映画）が，この選択肢ではart worksと言い換えられているね。enjoyedという表現も含まれていることから「①が正解だ！」と考えた人は，ちょっと待ってほしい。

芸術作品を作ったのは誰かをしっかりとチェックしよう。本文では，the digital paintings and short movies students made（生徒が作ったデジタル絵画や短編映画）とあることから，作ったのは生徒だとわかるね。それに対して，選択肢ではthe teachers' art works（教師による芸術作品）とある。本文と選択肢で作品を作った人が食い違っているから，選択肢①は間違いだ。細かい点をチェックする正確さが求められているね。

② sang in the karaoke competition and won third prize
カラオケ大会で歌って３位になった

「カラオケ大会」については，第３パラグラフに該当箇所があるね。

In the afternoon, we participated in a karaoke competition together as both of us love singing. Surprisingly, we almost won, which was amazing as there were 20 entries in the competition.

和訳 私たちはふたりとも歌うのが好きなので，午後にはカラオケ大会に参加しました。驚いたことに，私たちはもう少しで優勝するところでしたが，大会には20組がエントリーしていたので，素晴らしい結果でした。

almost won（もう少しで優勝するところでした）という表現から，優勝こそ逃したけれど，２位か３位になったのだろうと推測できるね。英文の横にあるイラストに手がかりがあるのに気がついたかな？　カラオケ大会に参加したのはwe，つまりこのブログの書き手と友人のタクヤの２人だね。表彰台の２位のところに２人の人物が乗っているイラストから，２人は「２位」になったのであって「３位」ではないと判断できる，選択肢②は間違いだよ。

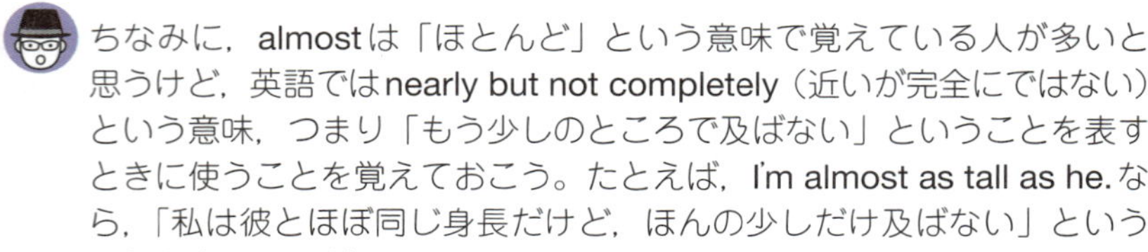

ちなみに，almostは「ほとんど」という意味で覚えている人が多いと思うけど，英語ではnearly but not completely（近いが完全にではない）という意味，つまり「もう少しのところで及ばない」ということを表すときに使うことを覚えておこう。たとえば，I'm almost as tall as he.なら，「私は彼とほぼ同じ身長だけど，ほんの少しだけ及ばない」ということを表すわけだね。

③ tried different dishes and took second place in the karaoke contest
いろいろな料理を食べてみて，カラオケ大会で2位になった

dishes（料理）の話が出てくるのは，第2パラグラフの後半だ。

At lunch time, we ate Hawaiian pancakes, Thai curry, and Mexican tacos at the food stalls. They were all good, but the Italian pizza had already sold out by the time we found the pizza stall.

和訳 ランチタイムには，私たちは屋台でハワイアンパンケーキとタイカレーとメキシカンタコスを食べました。どれもおいしかったのですが，私たちがピザの屋台を見つけたときには，イタリアンピザはもう売り切れていました。

本文のHawaiian pancakes, Thai curry, and Mexican tacos（ハワイアンパンケーキとタイカレーとメキシカンタコス）が，選択肢③ではdifferent dishes（いろいろな料理）と言い換えられていること，そしてate（食べた）がtried（食べてみた）と言い換えられていることがわかれば，③の前半は正しいと言えるね。

次は後半のカラオケ大会の記述が正しいかをチェックしよう。選択肢②で確認したように書き手は2位になったわけだから，後半も正しいと言えるよ。選択肢③が正解だ。

④ was pleased with her dancing and her short movie about the festival
自分のダンスと学園祭についての自分の短編映画に満足した

まず，前半のdanceについてチェックしよう。第2パラグラフの前半

が該当箇所だよ。

> Then we watched a dance show performed by students. They were cool and danced well. It's a pity that the weather was bad. If it had been sunny, they could have danced outside.
>
> **和訳** それから，私たちは生徒が演じるダンスショーを見ました。彼らはカッコよくてダンスが上手でした。天気が悪かったのが残念でした。もし晴れていたら，彼らは外で踊ることができたでしょうに。

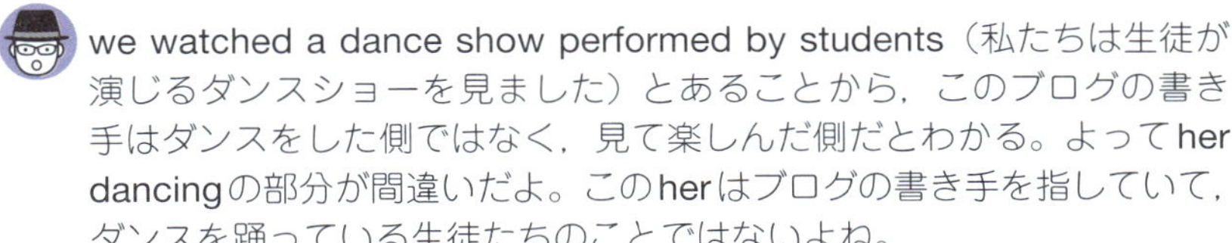

we watched a dance show performed by students（私たちは生徒が演じるダンスショーを見ました）とあることから，このブログの書き手はダンスをした側ではなく，見て楽しんだ側だとわかる。よってher dancingの部分が間違いだよ。このherはブログの書き手を指していて，ダンスを踊っている生徒たちのことではないよね。

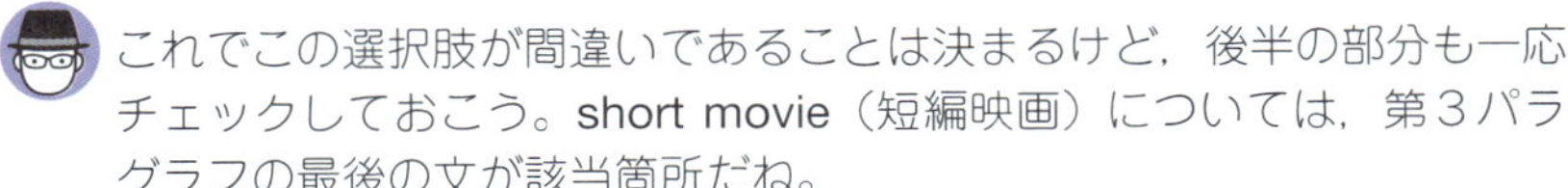

これでこの選択肢が間違いであることは決まるけど，後半の部分も一応チェックしておこう。short movie（短編映画）については，第３パラグラフの最後の文が該当箇所だね。

> We also enjoyed the digital paintings and short movies students made.
>
> **和訳** 私たちは，生徒が作ったデジタル絵画や短編映画も楽しみました。

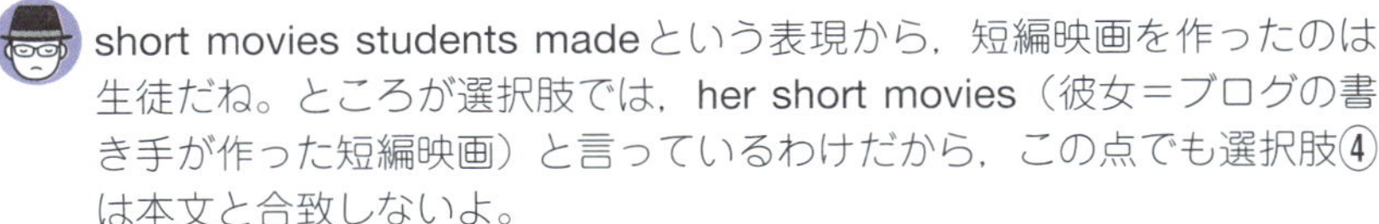

short movies students madeという表現から，短編映画を作ったのは生徒だね。ところが選択肢では，her short movies（彼女＝ブログの書き手が作った短編映画）と言っているわけだから，この点でも選択肢④は本文と合致しないよ。

B You found the following story in a study-abroad magazine.

Flowers and Their Hidden Meanings

Naoko Maeyama (Teaching Assistant)

Giving flowers is definitely a nice thing to do. However, when you are in a foreign country, you should be aware of cultural differences.

Deborah, who was at our school in Japan for a three-week language program, was nervous at first because there were no students from Canada, her home country. But she soon made many friends and was having a great time inside and outside the classroom. One day she heard that her Japanese teacher, Mr. Hayashi, was in the hospital after falling down some stairs at the station. She was really surprised and upset, and wanted to see him as soon as possible. Deborah decided to go to the hospital with her classmates and brought a red begonia in a flower pot to make her teacher happy. When they entered the hospital room, he welcomed them with a big smile. However, his expression suddenly changed when Deborah gave the red flower to him. Deborah was a little puzzled, but she didn't ask the reason because she didn't want to trouble him.

Later, in her elementary Japanese and with the help of a dictionary, Deborah told me about her visit to the hospital, and how her teacher's expression changed when she gave him the begonia. Deborah said, "It's my favorite flower because red is the color of passion. I thought my teacher, who was always passionate about teaching, would surely love it, too."

Unfortunately, flowers growing in a pot are something we shouldn't take to a hospital in Japan. This is because a plant in a pot has roots, and so it cannot be moved easily. In Japanese culture some people associate these facts with remaining in the hospital. Soon after Deborah heard the hidden meaning of the potted begonia, she visited Mr. Hayashi again to apologize.

問1 According to the story, Deborah's feelings changed in the following order: [18].

① nervous → confused → happy → shocked → sorry
② nervous → confused → sorry → shocked → happy
③ nervous → happy → shocked → confused → sorry
④ nervous → happy → sorry → shocked → confused
⑤ nervous → shocked → happy → sorry → confused
⑥ nervous → sorry → confused → happy → shocked

問2 The gift Deborah chose was not appropriate in Japan because it may imply [19].

① a long stay
② congratulations
③ growing anger
④ passion for living

問3 From this story, you learned that Deborah [20].

① chose a begonia for her teacher because she learned the meanings of several flowers in her class
② not only practiced her Japanese but also learned about Japanese culture because of a begonia
③ visited the hospital with her teaching assistant to see her teacher and enjoyed chatting
④ was given an explanation about the begonia by Mr. Hayashi and learned its hidden meaning

第3問B 解答のポイント (全訳&語彙▶▶▶別冊pp.012〜013)

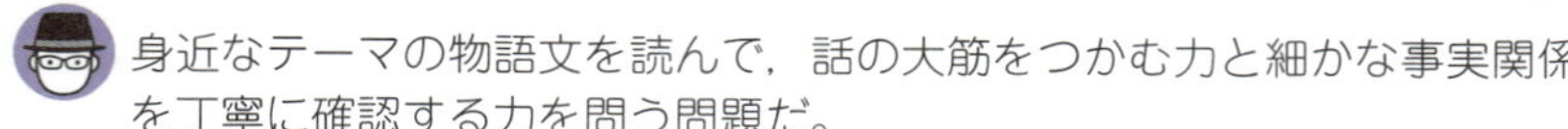
解答 18：③ 19：① 20：②

身近なテーマの物語文を読んで，話の大筋をつかむ力と細かな事実関係を丁寧に確認する力を問う問題だ。

まずはリード文をさっと読んで，どんな文章を読むことになるかを予測しよう。

> You found the following story in a study-abroad magazine.
> 和訳 あなたは留学雑誌で次の話を見つけました。

「留学雑誌の記事」だね。記事のタイトルもチェックしておこう。

> **Flowers and Their Hidden Meanings**
> 和訳 花と，花が持つ隠れた意味

「花が持つ隠れた意味」とはどんなことを指すのかな？　記事の導入に当たる第1パラグラフに手がかりがあるよ。

> Giving flowers is definitely a nice thing to do. However, when you are in a foreign country, you should be aware of cultural differences.
> 和訳 花を贈ることは間違いなく素敵なことです。しかし，あなたが外国にいるときには，文化の違いを意識した方がいいでしょう。

本文を詳しく読む前の段階では，「隠れた意味」とは「文化の違い」に関係することかな，くらいに考えておけばOKだよ。

それでは，設問の書き出しを読んで，どんな情報を探せばいいかを確認しよう。

問1 According to the story, Deborah's feelings changed in the following order: [18].

この話によると，デボラの感情は次の順番で変化した：[18]。

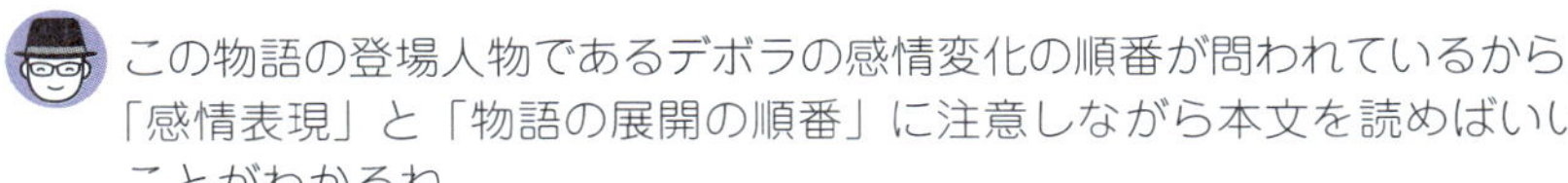

この物語の登場人物であるデボラの感情変化の順番が問われているから，「感情表現」と「物語の展開の順番」に注意しながら本文を読めばいいことがわかるね。

ついでに，それぞれの選択肢の「感情表現」も，さっとチェックしておこう。

① nervous → confused → happy → shocked → sorry
不安 → 困惑 → うれしい → ショック → 申し訳ない

② nervous → confused → sorry → shocked → happy
不安 → 困惑 → 申し訳ない → ショック → うれしい

③ nervous → happy → shocked → confused → sorry
不安 → うれしい → ショック → 困惑 → 申し訳ない

④ nervous → happy → sorry → shocked → confused
不安 → うれしい → 申し訳ない → ショック → 困惑

⑤ nervous → shocked → happy → sorry → confused
不安 → ショック → うれしい → 申し訳ない → 困惑

⑥ nervous → sorry → confused → happy → shocked
不安 → 申し訳ない → 困惑 → うれしい → ショック

どの選択肢にも，nervous，confused，happy，shocked，sorryという5つの感情が出てくること，そしてどの選択肢もnervousという感情からスタートすることがわかればOKだよ。

それでは，感情表現と物語の展開に気をつけながら本文を読み進めよう。すべての選択肢がnervous（不安な）で始まっているから，まずはnervousに該当する感情が登場するところまで進もう。その後の場面でどのような感情がどのような順番で出てくるかをチェックすれば，選択肢を絞り込んでいくことができるはずだ。先に確認したとおり第1パラグラフは記事の導入で，物語の本編は第2パラグラフから始まるよ。

Deborah, who was at our school in Japan for a three-week language program, was nervous at first because there were no students from Canada, her home country. But she soon made many friends and was having a great time inside and outside the classroom. One day she heard that her Japanese teacher, Mr. Hayashi, was in the hospital after falling down some stairs at the station. She was really surprised and upset, and wanted to see him as soon as possible. Deborah decided to go to the hospital with her classmates and brought a red begonia in a flower pot to make her teacher happy. When they entered the hospital room, he welcomed them with a big smile. However, his expression suddenly changed when Deborah gave the red flower to him. Deborah was a little puzzled, but she didn't ask the reason because she didn't want to trouble him.

和訳 デボラは，3週間の語学プログラムで日本にある私たちの学校に来ていたのですが，自分の母国のカナダから来ている生徒がいなかったので，最初は不安な気持ちでした。しかし，彼女はすぐにたくさんの友達ができて，教室の中でも外でも楽しく過ごしていました。ある日，彼女は自分に日本語を教えてくれているハヤシ先生が駅の階段から落ちて入院していることを耳にしました。彼女は本当に驚き動揺して，できるだけ早くお見舞いに行きたいと思いました。デボラは，クラスメイトと病院に行くことに決め，先生を喜ばせるために赤いベゴニアの鉢植えを持っていきました。彼らが病室に入ったとき，先生は満面の笑みを浮かべて彼らを歓迎しました。ところが，デボラがその赤い花をあげたときに，先生の表情は突然変わったのです。デボラは少し戸惑いましたが，先生をわずらわせたくなかったので，その理由を尋ねませんでした。

物語の展開は，at first（最初は），But（しかし），One day（ある日），However（ところが）などの表現に注目すればつかみやすいね。物語が展開するにつれてどんな感情がデボラの心に生じたかを「感情表現」に注目してチェックすると，下のように整理できるよ。

- at first … nervous（不安）
- ↓
- But … having a great time（楽しむ）
- ↓
- One day … surprised and upset（驚き動揺して）
- ↓
- However … puzzled（戸惑う）

これをヒントに選択肢を絞り込んでいこう。

● 最初の感情 …nervous（不安）

これは，すべての選択肢の最初に置かれているから，絞り込みには使えないね。

● ２番目の感情 …having a great time（楽しむ）

この感情に一番近いのはhappy（うれしい）だから，この段階で選択肢は③か④かに絞られるね。

③ nervous → happy → shocked → confused → sorry
不安 → うれしい → ショック → 困惑 → 申し訳ない

④ nervous → happy → sorry → shocked → confused
不安 → うれしい → 申し訳ない → ショック → 困惑

● ３番目の感情 …surprised and upset（驚き動揺して）

③と④の選択肢のshockedとsorryのどちらがこの感情により近いかを考えよう。「驚き動揺する」というのは，sorryの表す「残念，悲しい，申し訳ない」という感情よりも，shockedの「ショックや衝撃を受ける」という感情により近いと考えられるから，この段階で正解は③だと見当がつけられる。４番目のpuzzled（戸惑う）という感情は，選択肢ではconfused（困惑）に該当すると考えられるので，正解は③で確定できるね。

念のため，最後の感情がsorryで間違いないかどうかを確認しておこう。物語の最後のパラグラフの最終文が該当箇所だ。

Soon after Deborah heard the hidden meaning of the potted begonia, she visited Mr. Hayashi again to apologize.

和訳 鉢植えのベゴニアの持つ隠れた意味を聞いてすぐに，デボラはハヤシ先生のもとを再び訪れ，謝ったのでした。

apologize（謝る）というのは，相手に向かって“I'm sorry”と言って謝罪することだから，最後の感情がsorryとなっている③がやはり正解だね。

問2 The gift Deborah chose was not appropriate in Japan because it may imply [19].

デボラが選んだ贈り物が日本では適切でなかったのは，それが[19]を暗示するかもしれないからである。

「デボラが選んだ贈り物が日本では適切でない理由」が探し出すべき情報だ。imply（暗示する，ほのめかす）という動詞の意味も手がかりになるよ。

まずはデボラの贈り物が何かを探すことから始めよう。第2パラグラフの後半に注目。

Deborah, who was at our school in Japan for a three-week language program, was nervous at first because there were no students from Canada, her home country. But she soon made many friends and was having a great time inside and outside the classroom. One day she heard that her Japanese teacher, Mr. Hayashi, was in the hospital after falling down some stairs at the station. She was really surprised and upset, and wanted to see him as soon as possible. Deborah decided to go to the hospital with her classmates and brought a red begonia in a flower pot to make her teacher happy. When they entered the hospital room, he welcomed them with a big smile. However, his expression suddenly changed when Deborah gave the red flower to him. Deborah was a little puzzled, but she didn't ask the reason because she didn't want to trouble him.

和訳 デボラは，3週間の語学プログラムで日本にある私たちの学校に来ていたのですが，自分の母国のカナダから来ている生徒がいなかったので，最初は不安な気持ちでした。しかし，彼女はすぐにたくさんの友達ができて，教室の中でも外でも楽しく過ごしていました。ある日，彼女は自分に日本語を教えてくれているハヤシ先生が駅の階段から落ちて入院していることを耳にしました。彼女は本当に驚き動揺して，できるだけ早くお見舞いに行きたいと思いました。デボラは，クラスメイトと病院に行くことに決め，先生を喜ばせるために赤いベゴニアの鉢植えを持っていきました。彼らが病室に入ったとき，**先生は満面の笑みを浮かべて彼らを歓迎しました。ところが，デボラがその赤い花をあげたときに，先生の表情は突然変わったのです**。デボラは少し戸惑いましたが，先生をわずらわせたくなかったので，**その理由を尋ねませんでした**。

ここで押さえるべきポイントは次の３つだ。

> ❶ デボラは赤いベゴニアの鉢植えを贈り物に選んで，入院している先生を喜ばせるつもりで先生にあげた。
> ❷ 先生は笑顔でデボラたちを迎えたが，贈り物を見ると表情が変わった。
> ❸ デボラはその理由を先生に尋ねなかった。

❶と❷から，「デボラが選んだ贈り物（＝赤いベゴニアの鉢植え）が日本では適切でなかった」ことが推測できるね。でも，この箇所には「理由」が書かれていないことが❸からわかる。つまり，別の箇所からその理由を探さなければならないんだ。

次の第３パラグラフを見てみよう。

Later, in her elementary Japanese and with the help of a dictionary, Deborah told me about her visit to the hospital, and how her teacher's expression changed when she gave him the begonia. Deborah said, "**It's my favorite flower because red is the color of passion. I thought my teacher, who was always passionate about teaching, would surely love it, too.**"

和訳 その後，デボラは初歩的な日本語で辞書の力を借りながら，自分が病院を訪れたこと，そしてベゴニアを贈ったときに先生の表情がどのように変わったかを私に話してくれました。デボラは，「**赤は情熱の色なので，それは私のお気に入りの花なのです。いつも先生は教えることに情熱的なので，先生もきっと気に入ってくれるだろうと思ったのです**」と言いました。

ここには，「贈り物がデボラにとって適切と思えた理由」は書いてあるけど，「それが日本で不適切とされる理由」は書いてないから，さらに読み進まないと正解はわからないよ。

最後の第４パラグラフを見てみよう。

Unfortunately, flowers growing in a pot are something we shouldn't take to a hospital in Japan. This is because a plant in a pot has roots, and so it cannot be moved easily. In Japanese culture some people associate these facts with remaining in the hospital. Soon after Deborah heard the hidden meaning of the potted begonia, she visited Mr. Hayashi again to apologize.

和訳 残念なことに鉢植えの花は，日本では病院に持っていくべきではないものなのです。これは，鉢植えの植物には根があるために，簡単には動かせないことに理由があります。日本の文化では，こうした事実を病院にずっと留まり続けることと結びつけて考える人もいます。鉢植えのベゴニアの持つ隠れた意味を聞いてすぐに，デボラはハヤシ先生のもとを再び訪れ，謝ったのでした。

やっと該当箇所にたどり着いたね。押さえるべきポイントは２つだよ。

❶ 鉢植えの花は日本では病院に持っていくべきではない。
❷ その理由は，鉢植えの植物は根が生えていて簡単には動かせず，日本の文化では入院が長期化することを暗示するから。

理由がわかったところで選択肢を見てみよう。

① a long stay
長く留まること

② congratulations
お祝い

③ growing anger
怒りをつのらせること

④ passion for living
生きることに対する情熱

設問のThe gift Deborah chose（デボラが選んだ贈り物）はもちろん「鉢植えの花」のことだね。これが何をimply（暗示する）かを考えると，「入院が長期化すること」だ。最も近い選択肢は，①のa long stay（長く留まること）だね。

問3 From this story, you learned that Deborah [20].
この話から，あなたはデボラが [20] ことがわかった。

この話からデボラについてわかったことが問われているね。「デボラについてわかったことは何か」と漠然と聞かれても，彼女は物語の中心人物でほとんどの場面に登場するから，どこを読めばいいか見当をつけづらい。こういうときは，まず選択肢に目を通してから本文の該当箇所を探し，本文と合致しているかどうかをチェックしていこう。

① chose a begonia for her teacher because she learned the meanings of several flowers in her class
授業でいくつかの花の持つ意味を学んだので，先生のためにベゴニアを選んだ

デボラが先生のためにベゴニアを選んだ理由は，第3パラグラフの彼女の発言に書かれていたね。「自分のお気に入りであるベゴニアの赤は情熱の色なので，先生にも気に入ってもらえると考えた」からであって，「授業でいくつかの花の持つ意味を学んだ」ことが理由ではないから，①は間違いだ。

② not only practiced her Japanese but also learned about Japanese culture because of a begonia
日本語を練習しただけでなく，ベゴニアのおかげで日本の文化についても学んだ

not only A but also Bは「AだけでなくBも」という意味。この選択肢が正しいかどうかを判断するには，**practiced her Japanese**（日本語を練習した）かどうか，**learned about Japanese culture because of a begonia**（ベゴニアのおかげで日本の文化についても学んだ）かどうかの両方を確認する必要があるということだね。まずは日本語の練習に該当する箇所を本文から探そう。手がかりは，物語の第2パラグラフと第3パラグラフの書き出しにあるよ。

Deborah, who was at our school in Japan for a three-week language program, was nervous at first because there were no students from Canada, her home country.

和訳 デボラは，３週間の語学プログラムで日本にある私たちの学校に来ていたのですが，自分の母国のカナダから来ている生徒がいなかったので，最初は不安な気持ちでした。

「３週間の語学プログラムで日本にある私たちの学校に来ていた」ことから，デボラが語学を勉強しに来ていたことがわかるね。

Later, in her elementary Japanese and with the help of a dictionary, Deborah told me about her visit to the hospital, and how her teacher's expression changed when she gave him the begonia.

和訳 その後，デボラは初歩的な日本語で辞書の力を借りながら，自分が病院を訪れたこと，そしてベゴニアを贈ったときに先生の表情がどのように変わったかを私に話してくれました。

「初歩的な日本語で」というところから，デボラが勉強している語学が「日本語」であることがわかる。さらに「辞書の力を借りながら」という表現からも，デボラが日本語を練習していることが伺えるよね。

選択肢②の前半は正しいと言えそうだ。後半の部分はどうだろう。物語の大筋を思い起こしてみよう。はじめデボラは日本で鉢植えの花が持つ意味を知らなかったけれど，入院していた先生へのお見舞いにベゴニアの鉢植えを贈ったことがきっかけで，その隠れた意味（＝文化の違い）を学んだんだったね。これは選択肢後半の「ベゴニアのおかげで日本の文化についても学んだ」と合致すると考えられるから，正解は②だ。念のため，他の選択肢が間違いであることを確認しよう。

③ visited the hospital with her teaching assistant to see her teacher and enjoyed chatting

先生を見舞うために指導助手と病院を訪れて，おしゃべりを楽しんだ

第２パラグラフの真ん中あたりに，手がかりがあるよ。

Deborah decided to go to the hospital with her classmates and brought a red begonia in a flower pot to make her teacher happy. When they entered the hospital room, he welcomed them with a big smile.

和訳 デボラは，クラスメイトと病院に行くことに決め，先生を喜ばせるために赤いベゴニアの鉢植えを持っていきました。彼らが病室に入ったとき，先生は満面の笑みを浮かべて彼らを歓迎しました。

デボラが病院に一緒に行ったのはher classmates（自分のクラスメイト）であってher teaching assistant（自分の指導助手）ではないから，間違いだよ。ちなみに，このher teaching assistantとは誰のことか，わかるかな？　Teaching Assistantという職業は，記事のタイトルのすぐ下に出てくるよ。つまり，この記事を書いたナオコ・マエヤマさんのことだね。

④ was given an explanation about the begonia by Mr. Hayashi and learned its hidden meaning

ハヤシ先生からベゴニアについて説明してもらい，その花の持つ隠れた意味を知った

まず，第２パラグラフの最後の文を見てみよう。

Deborah was a little puzzled, but she didn't ask the reason because she didn't want to trouble him.

和訳 デボラは少し戸惑いましたが，先生をわずらわせたくなかったので，その理由を尋ねませんでした。

この箇所から，デボラはハヤシ先生には説明を求めなかったことがわかるね。

さらに，最後のパラグラフを見てみよう。

Unfortunately, flowers growing in a pot are something we shouldn't take to a hospital in Japan. This is because a plant in a pot has roots, and so it cannot be moved easily. In Japanese culture some people associate these facts with remaining in the hospital. Soon after Deborah heard the hidden meaning of the potted begonia, she visited Mr. Hayashi again to apologize.

和訳 残念なことに鉢植えの花は，日本では病院に持っていくべきではないものなのです。これは，鉢植えの植物には根があるために，簡単には動かせないことに理由があります。日本の文化では，こうした事実を病院に留まり続けることと結びつけて考える人もいます。鉢植えのベゴニアの持つ隠れた意味を聞いてすぐに，デボラはハヤシ先生のもとを再び訪れ，謝ったのでした。

最終文から，デボラが鉢植えのベゴニアの持つ隠れた意味を聞いたのは，ハヤシ先生のもとを再び訪れる前だとわかるね。よってデボラに説明をしたのはハヤシ先生ではなく，第３パラグラフで相談した相手，つまりナオコ・マエヤマさんだと推測できるよ。

これらを根拠に，選択肢④は間違いだと判断できるよ。

SECTION 4

第4問

福崎先生，第４問について教えてください。これまでの問題に比べると，英文も設問も急に難しく感じるんですけど……。

そうなんだ。第１問から第３問まではCEFRで言えばA1からA2レベルなんだけど，第４問からはCEFRのB1レベルになるからね。使用される単語や熟語のレベルも高くなるし，１つ１つの英文の構造も複雑になってくる。語彙力や構文をつかむ力を普段から鍛えておかないと，効率よく英文を読み進めることができなくなってしまうよ。

第４問は問題の数としては１題ですけど，英文の記事が２つあって，しかもグラフまでついてますよね。見るからに難しそう……。

うん。比較的短い記事，レポート，資料などが出題されると考えられるけど，短いと言っても２つの記事を合わせると500語くらいの長さになるから，なかなかのボリュームだね。

どんな問題が出されるんですか？

２つの記事とそれに関連するグラフから必要な情報を読み取る問題，文章の論理展開を追う問題，書き手の意図を読み取る問題などが出題されるよ。

文章の論理展開を追うということは，本格的な長文読解力をつける必要があるということですか？

そうだね。記事を構成しているパラグラフごとに，そのパラグラフの構成や要点を押さえたり，パラグラフ間のつながりを確認したり，記事全体を通じて書き手が伝えたい主張を読み取ったりというように，君たちが英語の説明文や論説文をきちんと読もうとするときに身につけておくべきスキルが問われることになるよ。

少し変わった問題も出題されるって聞いたんですけど……。

２つの記事のどちらにも述べられていない選択肢を選ぶ問題のことかな。他にもプレテストでは，複数の選択肢を選ぶ問題も出題されているよ。

やみくもに目の前の英文を読み進むだけでは高得点は望めなそうですね。２つの記事の全体と細部に目を配って，さらにはグラフもチェックしながら，何が正解になるかをよく考えないといけない感じですね。

それから，２つの記事を参考にしてレポートを書くとしたらどんなタイトルがいいかを考えさせる問題なんかも出題されているね。つまりは，共通テストのテーマである思考力や判断力を働かせて解く問題が出されるということだ。

たくさん単語を覚えて，たくさん英文を読んでおけば，共通テストは何とかなると甘く考えていましたが，大きな間違いだとわかりました。

語彙力や読解力はもちろん大切だけど，それだけでは共通テストの複雑な問題に対応できないかもしれないね。プレテストで出題された問題形式をしっかり押さえておくことも，対策の１つだよ。

対策

1. 記事の内容をパラグラフごとに整理して，内容の要点を把握する力をつける。
2. パラグラフ間のつながりを意識して，英文全体の概要と筆者の主張を読み取る力をつける。
3. ２つの記事に共通して述べられていること，どちらにも述べられていないこと，片方だけで述べられていることを整理して，全体の概要をつかむ力をつける。
4. 記事とグラフを関連づけて必要な情報を読み取る力をつける。

第4問

（配点　16）

You are doing research on students' reading habits. You found two articles.

Reading Habits Among Students **by David Moore**

July, 2010

Reading for pleasure is reading just for fun rather than for your school assignment or work. There is strong evidence linking reading for enjoyment and educational outcomes. Research has shown that students who read daily for pleasure perform better on tests than those who do not. Researchers have also found that reading for fun, even a little every day, is actually more beneficial than just spending many hours reading for studying and gathering information. Furthermore, frequent reading for fun, regardless of whether reading paper or digital books, is strongly related with improvements in literacy.

According to an international study, in 2009, two-thirds of 15-year-old students read for enjoyment on a daily basis. The graph shows the percentage of students who read for enjoyment in six countries. Reading habits differed across the countries, and there was a significant gender gap in reading in some countries.

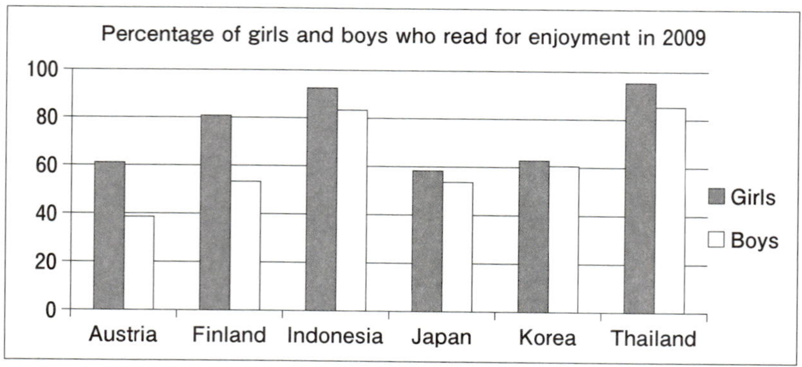

In many countries, the percentage of students who read for enjoyment daily had decreased since the previous study in 2000. Back in 2000, on average,

77% of girls and 60% of boys read for enjoyment. By 2009, these percentages had dropped to 74% and 54%, respectively.

In my opinion, many students today do not know what books they should read. They say that they have no favorite genres or series. That's why the percentage of students who read for pleasure daily has been decreasing. Parents and teachers should help students find interesting books in order to make reading for pleasure a daily routine.

Opinion on "Reading Habits Among Students" **by Y. T.**

August, 2010

As a school librarian, I have worked in many different countries. I was a little sad to learn that fewer students around the world read for enjoyment daily than before. According to David Moore's article, approximately 60% of female students in my home country reported they read for enjoyment, and the gender gap is about 20%. I find this disappointing.

More students need to know the benefits of reading. As David Moore mentioned, reading for pleasure has good effects on students' academic skills. Students who regularly read many books get better scores in reading, mathematics, and logical problem solving. Also, reading for enjoyment has positive effects on students' mental health. Research has shown a strong relationship between reading for fun regularly and lower levels of stress and depression.

Regardless of these benefits, students generally do not spend enough time reading. Our daily lives are now filled with screen-based entertainment. Students spend a lot of time playing video games, using social media, and watching television. I think students should reduce their time in front of screens and should read books every day even for a short time. Forming a reading habit in childhood is said to be associated with later reading proficiency. School libraries are good places for students to find numerous resources.

問1 Neither David Moore nor the librarian mentions [21].

① gender differences in reading habits
② problems connected with reading digital books
③ the change in reading habits among students
④ the importance of reading regularly in childhood

問2 The librarian is from [22].

① Austria
② Finland
③ Japan
④ Korea

問3 According to the articles, reading for pleasure has good effects on students' [23]. (**You may choose more than one option.**)

① choice of career
② educational success
③ mental well-being
④ views of social media

問4 David Moore states that students [24], and the librarian states that they [25]. (Choose a different option for each box.)

① are busier than ever before
② cannot decide what books to read
③ choose similar books as their parents
④ enjoy playing with electronic devices
⑤ get useful information from TV

問5 Based on the information from both articles, you are going to write a report for homework. The best title for your report would be "[26]."

① Like It or Not, Reading Classic Novels is Important
② Make Reading for Entertainment a Part of Your Daily Life
③ Pleasure Reading is Becoming Popular in Different Countries
④ School Libraries: Great Resources for Doing School Projects

第4問 解答のポイント （全訳＆語彙▶▶▶別冊pp.014～017）

解答 21 :② 22 :① 23 :②・③ 24 :② 25 :④ 26 :②

身近なテーマについての記事やレポート，それに対する意見を読んで，必要な情報を読み取る力を問う問題だよ。第１問～第３問と比べて単語のレベルが上がり，英文の構造も複雑になっているので，急に難しくなったと感じた人も多いだろう。共通テスト攻略のためには，このレベルの英文がスムーズに読めるだけの読解力を鍛えておくことが大切だ。まずはリード文を読んで，どんな文章を読むことになるかを予測しよう。

> You are doing research on students' reading habits. You found two articles.
>
> 和訳 あなたは生徒の読書習慣について調べています。2つの記事を見つけました。

「生徒の読書習慣」についての記事だね。次に，２つの記事のタイトルなどをチェックしておこう。

> **Reading Habits Among Students** by David Moore
>
> 和訳 生徒の読書習慣 ディビッド・ムーア

最初の英文は，ディビッド・ムーアという人が書いた「生徒の読書習慣」についての記事だ。途中にグラフがあるから，それもチラ見しておこう。

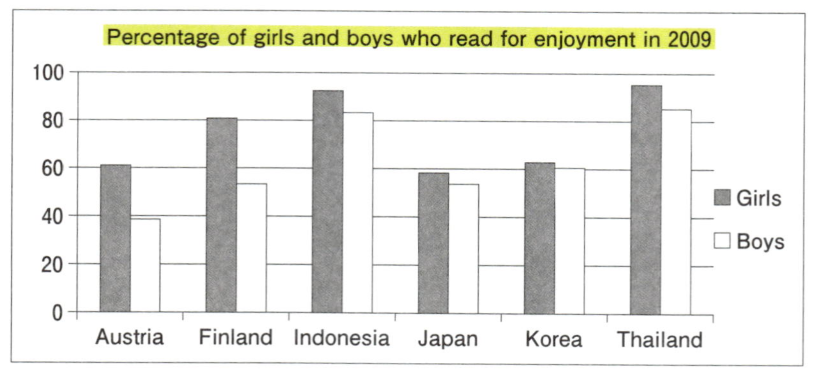

Percentage of girls and boys who read for enjoyment in 2009というタイトルと，グラフの下に並ぶ国名を見て，「楽しみのための読書を行う女子と男子の割合を国別に比較したグラフだな」と思えれば十分だよ。グラフの細かなところは，問題を解くときに必要に応じてチェックすればOK。

Opinion on "Reading Habits Among Students" by Y. T.

和訳 「生徒の読書習慣」についての意見 Y. T.

2つ目の英文は，ムーアの記事に対して，Y.T.というイニシャルの人が書いた意見だね。第1パラグラフの書き出しに，As a school librarian, I have worked in many different countries.（学校の司書として，私は多くの異なる国で働いてきました）とあるので，この人の職業が司書だとわかるね。

それでは，設問の書き出しを読んで，どんな情報を探せばいいかを確認しよう。

問1 Neither David Moore nor the librarian mentions [21].

ディビッド・ムーアも司書も，[21]については言及していない。

Neither David Moore nor the librarian ...という書き出しに戸惑った人もいるだろうね。neither A nor Bは，「AもBもどちらも～ない」という否定の表現だ。David Mooreは最初の記事の筆者で，the librarianは2番目の記事の筆者のことだよ。

この問題は，「2つの記事のどちらにも書かれていないこと」を選ばせようとしているんだね。逆に言えば，「どちらかの記事で述べられていること」あるいは「両方の記事で述べられていること」を消去法で削っていけば，残った選択肢が正解になるよ。

それぞれの選択肢をざっと確認した上で，最初の記事から見ていこう。

① gender differences in reading habits
読書習慣における男女差

② problems connected with reading digital books
電子書籍を読むことに関連する問題

③ the change in reading habits among students
生徒の読書習慣の変化

④ the importance of reading regularly in childhood
子どもの頃に定期的に本を読むことの重要性

Reading Habits Among Students **by David Moore**

July, 2010

Reading for pleasure is reading just for fun rather than for your school assignment or work. There is strong evidence linking reading for enjoyment and educational outcomes. Research has shown that students who read daily for pleasure perform better on tests than those who do not. Researchers have also found that reading for fun, even a little every day, is actually more beneficial than just spending many hours reading for studying and gathering information. Furthermore, frequent reading for fun, regardless of whether reading paper or digital books, is strongly related with improvements in literacy.

和訳 **生徒の読書習慣** ディビッド・ムーア

2010年7月

楽しみのための読書とは，学校の宿題や研究のためというよりもむしろ，ただ楽しむためだけに本を読むということである。楽しみのための読書と教育的成果とを結びつけるたしかな証拠がある。日常的に楽しみのために読書をしている生徒は，そうでない生徒よりもテストの成績が良いことが研究により示されている。研究者はまた，毎日少しであったとしても，楽しむために読書をすることは，ただ勉強や情報を収集するためだけに何時間も読書に費やすよりも，実はより有益であることを発見した。さらに，楽しみのための頻繁な読書は，紙の本を読むか電子書籍を読むかにかかわらず，読み書きの能力の向上と強く結びついている。

also（また）とFurthermore（さらに）という表現に注目しよう。これらの表現は，何か情報を並べたり追加したりするときに使われる表現だよ。

第１パラグラフの要点を確認しておこう。

POINT

●楽しみのための定期的な読書のメリット
…❶ テストの成績が良くなる
❷ 勉強や情報収集よりも有益である
❸ 読み書きの能力が向上する

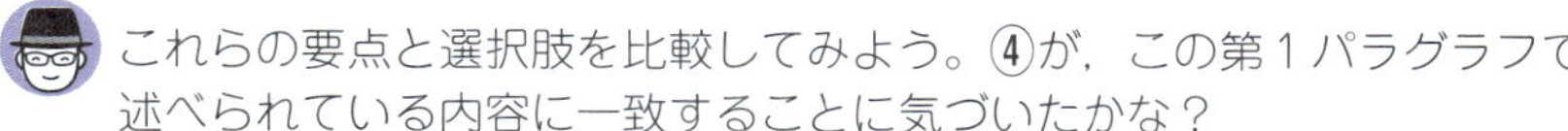

これらの要点と選択肢を比較してみよう。④が，この第１パラグラフで述べられている内容に一致することに気づいたかな？

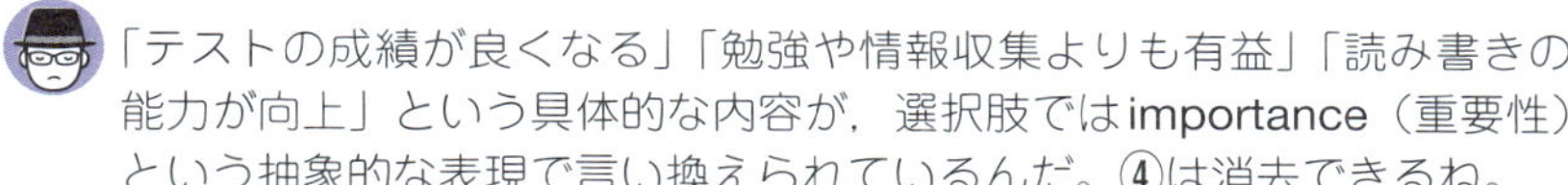

「テストの成績が良くなる」「勉強や情報収集よりも有益」「読み書きの能力が向上」という具体的な内容が，選択肢ではimportance（重要性）という抽象的な表現で言い換えられているんだ。④は消去できるね。

それから，このパラグラフの最後の文に，選択肢②に含まれるdigital books（電子書籍）が登場しているよ。

Furthermore, frequent reading for fun, regardless of whether reading paper or digital books, is strongly related with improvements in literacy.

和訳 さらに，楽しみのための頻繁な読書は，紙の本を読むか電子書籍を読むかにかかわらず，読み書きの能力の向上と強く結びついている。

この文では，「電子書籍であったとしても，頻繁に読書すれば読み書きの能力の向上につながる」というプラス面について語っているね。

一方，選択肢②の内容はproblems connected with reading digital books（電子書籍を読むことに関連する問題）というマイナス面のことだから，すくなくともこのパラグラフでは②は言及されていないと考えられるよ。

それでは記事の続きを読み進めよう。第２パラグラフでは，グラフの概要が説明されているよ。

According to an international study, in 2009, two-thirds of 15-year-old students read for enjoyment on a daily basis. The graph shows the percentage of students who read for enjoyment in six countries. Reading habits differed across the countries, and there was a significant gender gap in reading in some countries.

和訳 2009年に行われたある国際的な研究によると，15歳の生徒の3分の2が日常的に楽しむための読書をしている。グラフには，6カ国における楽しみのための読書をする生徒の割合が示されている。読書習慣は国によって異なり，一部の国においては読書をめぐる著しい男女差があった。

第2パラグラフの要点を確認しておこう。

POINT

❶ 読書の習慣 … 国によって異なる
❷ 読書における男女差 … 一部の国で顕著

これらの要点と残った選択肢①②③を比較してみよう。本文のgender gapという語句が，選択肢①ではgender differencesと言い換えられているけど，内容的にはほぼ同じことを言っている。つまり，①も消去できるね。

In many countries, the percentage of students who read for enjoyment daily had decreased since the previous study in 2000. Back in 2000, on average, 77% of girls and 60% of boys read for enjoyment. By 2009, these percentages had dropped to 74% and 54%, respectively.

和訳 多くの国では，日常的に楽しみのための読書をする生徒の割合は，2000年に行われた前回の研究以来減少していた。2000年には，平均で77%の女子と60%の男子が楽しみのための読書をしていた。2009年までに，これらの割合は，それぞれ74%と54%にまで低下した。

第3パラグラフの要点を確認しておこう。

POINT

●日常的に楽しみのための読書をする生徒の割合
… 多くの国で減少

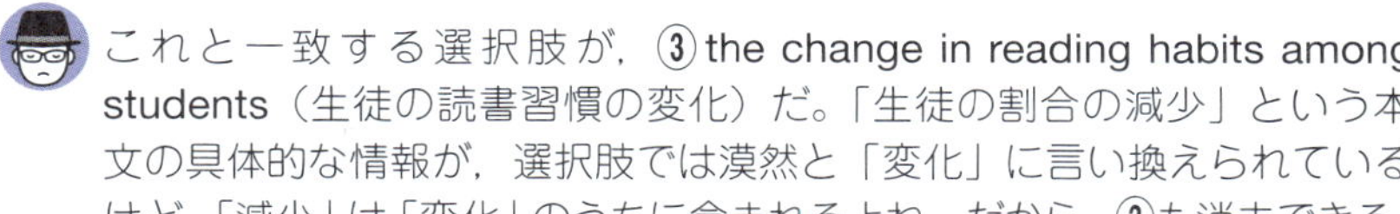

これと一致する選択肢が，③ the change in reading habits among students（生徒の読書習慣の変化）だ。「生徒の割合の減少」という本文の具体的な情報が，選択肢では漠然と「変化」に言い換えられているけど，「減少」は「変化」のうちに含まれるよね。だから，③も消去できる。

以上から，本文に該当する内容がない選択肢②が正解と考えられるよ。ただし，この段階ではまだ1つ目の記事の途中までしか読めていないので，念のため残りも読んでいこう。

In my opinion, many students today do not know what books they should read. They say that they have no favorite genres or series. That's why the percentage of students who read for pleasure daily has been decreasing. Parents and teachers should help students find interesting books in order to make reading for pleasure a daily routine.

和訳 私の意見では，今日の多くの生徒は，自分がどんな本を読むべきかがわからないのである。彼らは自分には好みのジャンルやシリーズがないと言う。そういうわけで，日常的に楽しみのための読書をする生徒の割合は減少してきているのである。親や教師は，楽しみのための読書を日課にするために，生徒が興味をひかれる本を見つけられるように手助けをしてやるべきである。

第4パラグラフの要点を確認しておこう。

POINT

❶ 好みのジャンルやシリーズがない（原因）
… 日常的に読書をする生徒が減少（結果）
❷ 親や教師
… 読書が日課になるように生徒の手助けをすべき

続いて，２つ目の記事を読んでいこう。

Opinion on "Reading Habits Among Students" **by Y. T.**

August, 2010

As a school librarian, I have worked in many different countries. I was a little sad to learn that fewer students around the world read for enjoyment daily than before. According to David Moore's article, approximately 60% of female students in my home country reported they read for enjoyment, and the gender gap is about 20%. I find this disappointing.

和訳 「生徒の読書習慣」についての意見 Y. T.

2010年8月

学校の司書として，私は多くの異なる国で働いてきました。楽しみのための読書を日常的にする生徒が世界中で以前よりも少なくなっていることを知って，私は少し悲しくなりました。ディビット・ムーアさんの記事によると，私の母国では約60％の女子生徒が楽しみのための読書をすると報告されており，男女差は約20％あります。私はこのことにがっかりしています。

第１パラグラフの要点を確認しておこう。

POINT

●筆者が残念に思っていること

…❶ 世界中で日常的に読書をする生徒が減少

❷ 筆者の母国で読書における男女差が大きい

この❶の内容が選択肢の③と一致していることに気づけたかな？

「日常的に読書をする生徒の減少」は「生徒の読書習慣の変化」と言い換えられるよ。選択肢の③は，最初の記事の第３パラグラフの内容に一致するだけでなく，このパラグラフの内容にも一致するから，正解にならないことが再確認できたね。

More students need to know the benefits of reading. As David Moore mentioned, reading for pleasure has good effects on students' academic skills. Students who regularly read many books get better scores in reading, mathematics, and logical problem solving. Also, reading for enjoyment has positive effects on students' mental health. Research has shown a strong relationship between reading for fun regularly and lower levels of stress and depression.

和訳 もっと多くの生徒が読書の利点を知る必要があります。ディビッド・ムーアさんが述べたように，楽しみのための読書をすることは，生徒の学力に良い影響を与えます。定期的に多くの本を読む生徒は，読解や数学や論理的問題解決でより良い得点を取っています。また，楽しみのために本を読むことは，生徒の精神の健康にも良い影響を与えます。楽しみのために定期的に読書をすることと，ストレスや精神的落ち込みの程度が低下することとの間には，強い関係があることが研究によって示されています。

第２パラグラフの要点を確認しておこう。

POINT

●楽しみのための読書 … ❶ 生徒の学力に良い影響

❷ 生徒の精神の健康にも良い影響

この❶と❷の内容は，選択肢④とも一致しているよ。

読書が「学力や精神の健康に良い影響を与える」ことはthe importance of reading（読書の重要性）と言い換えることができるね。選択肢の④は，最初の記事の第１パラグラフの内容に一致するだけでなく，このパラグラフの内容にも一致するから，正解にならない。

Regardless of these benefits, students generally do not spend enough time reading. Our daily lives are now filled with screen-based entertainment. Students spend a lot of time playing video games, using social media, and watching television. I think students should reduce their time in front of screens and should read books every day even for a short time. Forming a reading habit in childhood is said to be associated with later reading proficiency. School libraries are good places for students to find numerous resources.

和訳 このような利点があるにもかかわらず，一般的に生徒は読書に十分な時間を費やしていません。私たちの日常生活は，今や画面を主体とした娯楽にあふれています。生徒はテレビゲームをしたり，ソーシャルメディアを使ったり，テレビを見たりするのにたくさんの時間を費やしているのです。生徒は画面の前で過ごす時間を減らし，毎日短時間でもいいので本を読むべきだと私は思います。子どもの頃に読書の習慣をつけることは，後の読解力と関係があると言われています。学校の図書館は，生徒が数多くの資源を見つけるのに適した場所なのです。

第３パラグラフの要点を確認しておこう。

POINT

❶ 生徒 … 読書に十分な時間を費やしていない
毎日少しでも本を読むべき

❷ 子ども時代の読書習慣 … 後の読解力に関係あり

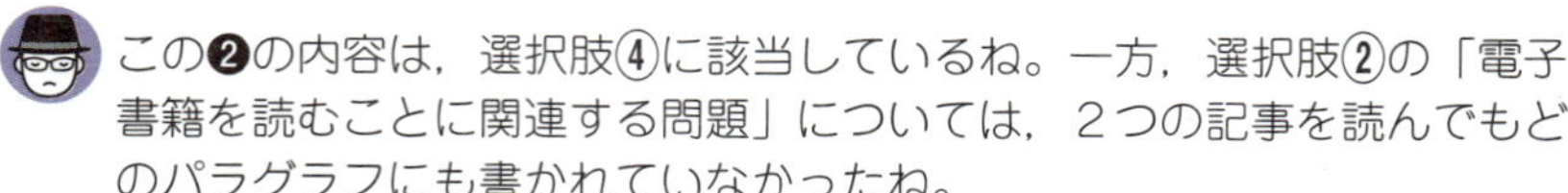
この❷の内容は，選択肢④に該当しているね。一方，選択肢②の「電子書籍を読むことに関連する問題」については，２つの記事を読んでもどのパラグラフにも書かれていなかったね。

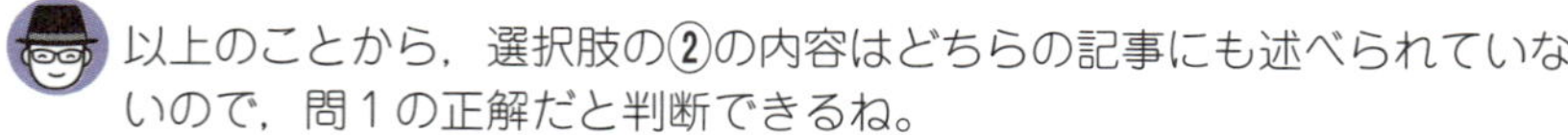
以上のことから，選択肢の②の内容はどちらの記事にも述べられていないので，問１の正解だと判断できるね。

問2 The librarian is from [22].

司書は [22] 出身である。

問２は２つ目の記事の筆者であるthe librarian（司書）の出身地を聞いているね。

① Austria
オーストリア

② Finland
フィンランド
③ Japan
日本
④ Korea
韓国

ところが，いくら国名を探しても，２つ目の記事のどこにも出てこない。他に筆者の出身地を探る手がかりがないか，探してみよう。

２番目の記事の第１パラグラフに注目。

As a school librarian, I have worked in many different countries. I was a little sad to learn that fewer students around the world read for enjoyment daily than before. According to David Moore's article, approximately 60% of female students in my home country reported they read for enjoyment, and the gender gap is about 20%. I find this disappointing.

和訳 学校の司書として，私は多くの異なる国で働いてきました。楽しみのための読書を日常的にする生徒が世界中で以前よりも少なくなっていることを知って，私は少し悲しくなりました。ディビット・ムーアさんの記事によると，私の母国では約60%の女子生徒が楽しみのための読書をすると報告されており，男女差は約20%あります。私はこのことにがっかりしています。

このパラグラフから，次の３つのことがわかるね。

❶ 筆者の母国では約60%の女子生徒が楽しみのために読書をする
❷ 筆者の母国では男女の差が約20%ある
❸ ディビッド・ムーアの記事に，❶と❷を示す箇所がある

具体的な数字が出たところで，ムーアの記事のグラフを見てみよう。

❶と❷の条件に当てはまる国は，Austriaだけだね。正解は①だ。

問3 According to the articles, reading for pleasure has good effects on students' [23]. (**You may choose more than one option.**)

記事によれば，楽しみのための読書は，生徒の[23]に良い影響を与える。(2つ以上の選択肢を選んでもよい)

まずは設問の英文を丁寧にチェックしよう。the articlesと複数形が使われているから，両方の記事を見て「読書が生徒の何に良い影響を与えるか」を確認する必要があるね。また，more than oneは「1よりも多い」つまり「2以上」ということだから，正解が複数出てくる可能性があるよ。

① choice of career
職業の選択

② educational success
教育面での成功

③ mental well-being
精神の健康

④ views of social media
ソーシャルメディアについての見解

まず，最初の記事の要点を確認しよう。

POINT

【第１パラグラフ】

●楽しみのための定期的な読書のメリット
　…❶ テストの成績が良くなる
　　❷ 勉強や情報収集よりも有益である
　　❸ 読み書きの能力が向上する

【第２パラグラフ】

❶ 読書の習慣 … 国によって異なる
❷ 読書における男女差 … 一部の国で顕著

【第３パラグラフ】

●日常的に楽しみのための読書をする生徒の割合
　… 多くの国で減少

【第４パラグラフ】

❶ 好みのジャンルやシリーズがない（原因）
　… 日常的に読書をする生徒が減少（結果）
❷ 親や教師
　… 読書が日課になるように生徒の手助けをすべき

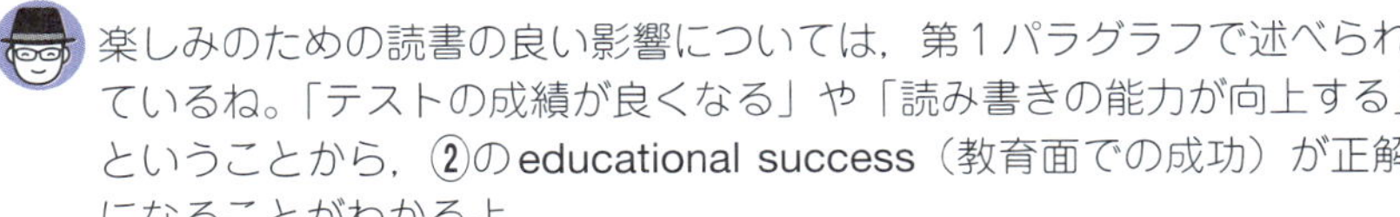
楽しみのための読書の良い影響については，第１パラグラフで述べられているね。「テストの成績が良くなる」や「読み書きの能力が向上する」ということから，②のeducational success（教育面での成功）が正解になることがわかるよ。

続いて，２番目の記事を見てみよう。

POINT

【第１パラグラフ】

●筆者が残念に思っていること
　…❶ 世界中で日常的に読書をする生徒が減少
　　❷ 筆者の母国で読書における男女差が大きい

【第2パラグラフ】
●楽しみのための読書 … ❶ 生徒の学力に良い影響
❷ 生徒の精神の健康にも良い影響

【第3パラグラフ】
❶ 生徒 … 読書に十分な時間を費やしていない
毎日少しでも本を読むべき
❷ 子ども時代の読書習慣 … 後の読解力に関係あり

楽しみのための読書の良い影響については，第2パラグラフで述べられているね。「生徒の学力に良い影響」や「生徒の精神の健康にも良い影響」ということから，②に加えて③のmental well-being（精神の健康）も，読書が生徒に与える良い影響だと判断できるよ。以上から，正解は②と③の2つだ。

①の「職業の選択」，④の「ソーシャルメディアについての見解」については，どちらの記事にも書かれていないね。

問4 David Moore states that students [24], and the librarian states that they [25]. (Choose a different option for each box.)

ディビッド・ムーアは生徒が[24]と述べており，図書館員は生徒が[25]と述べている。（それぞれの空所に異なる選択肢を選べ）

選択肢にさっと目を通してから，それぞれの記事をもう一度読み，本文の内容と合致する選択肢を選ぼう。

① are busier than ever before
かつてないほど忙しい

② cannot decide what books to read
どんな本を読むべきか決められない

③ choose similar books as their parents
親と似通った本を選ぶ

④ enjoy playing with electronic devices
電子機器で遊ぶのを楽しんでいる

⑤ get useful information from TV
テレビから有益な情報を得ている

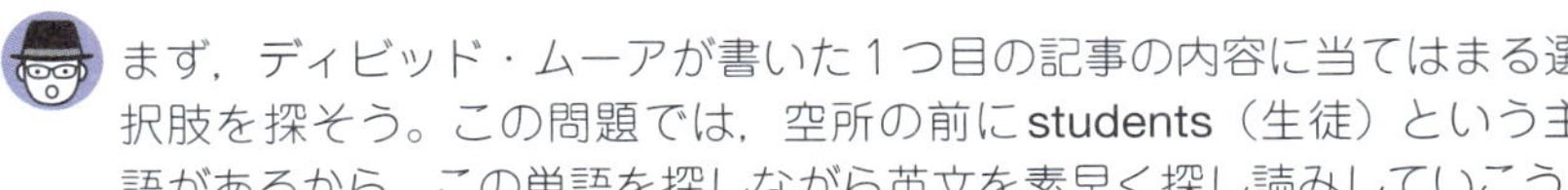

まず，ディビッド・ムーアが書いた１つ目の記事の内容に当てはまる選択肢を探そう。この問題では，空所の前にstudents（生徒）という主語があるから，この単語を探しながら英文を素早く探し読みしていこう。

第４パラグラフの最初の文にIn my opinion, many students ...とあるのに注目。

In my opinion, **many students today do not know what books they should read.**

和訳 私の意見では，**今日の多くの生徒は，自分がどんな本を読むべきかがわからないのである。**

この内容に一致する②が，[24]に入るね。

次に，司書が書いた２つ目の記事の内容に当てはまる選択肢を探そう。空所の前にtheyという主語があるけど，これはstudentsのことだね。この単語を探しながら英文を素早く探し読みしていこう。

第３パラグラフの第３文に注目できたかな？

Students spend a lot of time playing video games, using social media, and watching television.

和訳 **生徒はテレビゲームをしたり，ソーシャルメディアを使ったり，テレビを見たりするのにたくさんの時間を費やしているのです。**

この内容に近い④が[25]に入るよ。spend a lot of timeがenjoyに，playing video games, using social media, and watching televisionがplaying with electronic devicesに言い換えられていることを見抜こう。

問5 Based on the information from both articles, you are going to write a report for homework. The best title for your report would be "[26]."
両方の記事からの情報にもとづいて，あなたは宿題でレポートを書く予定である。レポートに最もふさわしいタイトルは「[26]」になるだろう。

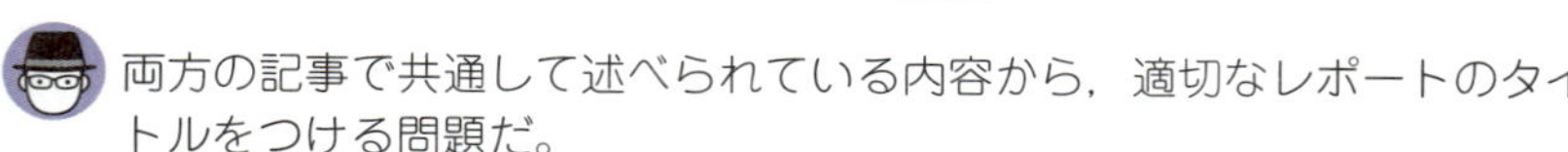

両方の記事で共通して述べられている内容から，適切なレポートのタイトルをつける問題だ。

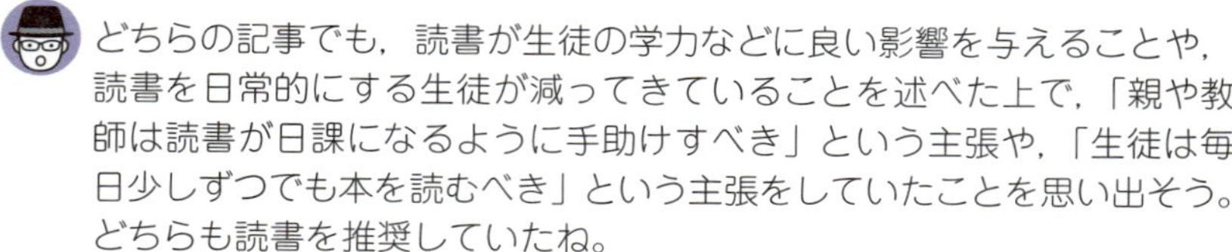

どちらの記事でも，読書が生徒の学力などに良い影響を与えることや，読書を日常的にする生徒が減ってきていることを述べた上で，「親や教師は読書が日課になるように手助けすべき」という主張や，「生徒は毎日少しずつでも本を読むべき」という主張をしていたことを思い出そう。どちらも読書を推奨していたね。

① Like It or Not, Reading Classic Novels is Important
好きかどうかにかかわらず，古典小説を読むことは重要である

② Make Reading for Entertainment a Part of Your Daily Life
楽しみのための読書を日常生活の一部にしよう

③ Pleasure Reading is Becoming Popular in Different Countries
楽しむための読書は様々な国で人気になりつつある

④ School Libraries: Great Resources for Doing School Projects
学校の図書館：学校の課題をするための重要な資源

両方の記事を踏まえてレポートを書くとすれば，最もふさわしいタイトルは②の**Make Reading for Entertainment a Part of Your Daily Life**（楽しみのための読書を日常生活の一部にしよう）だと判断できるよ。

念のため，他の選択肢が間違いであることを確認しておこう。①の「古典小説」はどちらの記事にも登場しないから，間違いだ。

③は「様々な国で人気になりつつある」の部分が記事と矛盾している。最初の記事の第３パラグラフや２つ目の記事の第１パラグラフで，読書をする生徒の数の減少が指摘されていたよね。

④の「学校の図書館」は，２つ目の記事の最後に登場したよ。

School libraries are good places for students to find numerous resources.

和訳 学校の図書館は，生徒が数多くの資源を見つけるのに適した場所なのです。

「実際に記事に登場しているから，④もタイトルになりうるのでは？」と考えた人もいるかもしれないね。でも，この問題が「両方の記事からの情報にもとづいて書くレポートにふさわしいタイトル」を尋ねていることを思い出してほしい。「学校の図書館」について述べているのは，２つ目の記事の最後の１文だけだから，「両方の記事からの情報にもとづく」という条件をクリアできていない。よって，④は答えとして不適切なんだ。

以上から，正解は②で確定だ。

SECTION 5

第5問

ようやくゴールが見えてきました。先生，第５問について教えてください。

第５問も第４問と同じCEFRのB1レベルだから，なかなかの難しさだ。英文は全体で500語以上ある上に，単語や熟語のレベルも高いし，文の構造も複雑なものが多い。語彙力や構文把握力を鍛えておくことが大切だね。

第４問と同じように問題は１題ですが，どんな英文が出されるんですか？

プレテストでは人物の伝記のような物語性のある文章が出題されているね。

伝記のような物語的な文章ということは，論説文のように話が論理的に展開していくというよりも，時間の流れに沿って展開していくということですね。

そのとおりだよ。このことに関連して，登場人物の人生に起こった出来事を時系列に沿って並べる問題が出題されているよ。伝記などの物語の概要がつかめるかどうかを試す問題と言えるね。時間を表す表現や，因果関係を表す表現に注意しながら読むことが大切だ。

伝記など特定の人にフォーカスした文章を読むときには，その人の人生のどんな時期に何が起こったか，その出来事がその人の人生や社会にとってどんな意味を持ったのか，みたいなことを考えながら読む必要がありそうですね。

そうそう。まさにそういう姿勢で英文に臨むことが，文章をよく理解するためにも，また問題を解くためにも必ず役に立つんだよ。

プレテストの第５問は記事の下にまた別の資料がついているみたいですが，これって何ですか？

いいところに気がついたね。この資料は実は，記事の内容を簡単にまとめたプレゼン資料という位置づけなんだ。空所を埋めてプレゼン資料を完成させるという設定になっているのが，第５問の特徴の１つだと言えるね。ある人が理想としていたことを本文の内容から推測する問題なんかも出題されそうだよ。

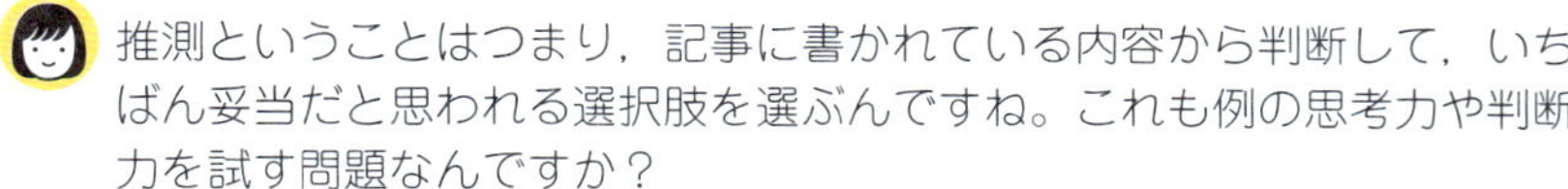

推測ということはつまり，記事に書かれている内容から判断して，いちばん妥当だと思われる選択肢を選ぶんですね。これも例の思考力や判断力を試す問題なんですか？

そのとおり。共通テストの狙いがだんだんわかってきたね。

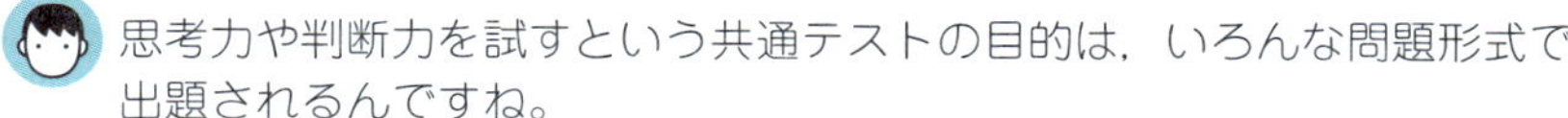

思考力や判断力を試すという共通テストの目的は，いろんな問題形式で出題されるんですね。

それでは，第５問の対策についてまとめておくよ。

対策

❶ 記事のタイトルに注目して，それに関連する情報をまとめながら読む力をつける。

❷ 時間に関する表現に注意して，時系列に沿って出来事を把握する力をつける。

❸ 登場人物の人生に起こった出来事の意味を考えて，そこからどんなことが言えるかを推測する力をつける。

❹ 設問に答えるための情報を複数のパラグラフから検索する力をつける。

第5問

（配点　20）

Your group is preparing a poster presentation entitled "The Person Who Revolutionized American Journalism," using information from the magazine article below.

Benjamin Day, a printer from New England, changed American journalism forever when he started a New York City newspaper, *The Sun*. Benjamin Day was born in Springfield, Massachusetts, on April 10, 1810. He worked for a printer as a teenager, and at the age of 20 he began working in print shops and newspaper offices in New York. In 1831, when he had saved enough money, he started his own printing business, which began to struggle when the city was hit by a cholera epidemic the following year. In an attempt to prevent his business from going under, Day decided to start a newspaper.

In 1833, there were 650 weekly and 65 daily American newspapers, with average sales of around 1,200. Although there were cheap newspapers in other parts of the country, in New York a newspaper usually cost as much as six cents. Day believed that many working-class people were able to read newspapers, but chose not to buy them because they did not address their interests and were too expensive. On September 3, 1833, Day launched *The Sun* with a copy costing just one cent. The introduction of the "penny press," as cheap newspapers became known, was an important milestone in American journalism history.

Day's newspaper articles were different from those of other newspapers at the time. Instead of reporting on politics and reviews of books or the theater, *The Sun* focused on people's everyday lives. It was the first newspaper to report personal events and crimes. It led to a paradigm shift in American journalism, with newspapers becoming an important part of the community and the lives of the readers. Day also came up with another novel idea: newsboys selling the newspaper on street corners. People wouldn't even have to step into a shop to buy a paper.

The combination of a newspaper that was cheap as well as being easily available was successful, and soon Day was making a good living publishing *The Sun*. Within six months, *The Sun*'s circulation reached 5,000, and after a year, it had risen to 10,000. By 1835, sales of *The Sun* had reached 19,000, more than any of the other daily papers at that time. Over the next few years, about a dozen new penny papers were established, beginning a new era of newspaper competition. The success of *The Sun* encouraged other journalists to publish newspapers at a lower price. By the time of the Civil War, the standard price of a New York City newspaper had fallen to just two cents.

Despite his success, after about five years of operating *The Sun*, Day lost interest in the daily work of publishing a newspaper. In 1838, he sold *The Sun* to his brother-in-law, Moses Yale Beach, for $40,000, and the newspaper continued to publish for many years. After selling the paper, Day moved into other business areas, including the publication of magazines, but by the 1860s he was basically retired. He lived quietly until his death on December 21, 1889. Although he had been involved in the American newspaper business for a relatively short time, Day is remembered as a revolutionary figure who showed that newspapers could appeal to a mass audience.

The Person Who Revolutionized American Journalism

■ The Life of Benjamin Day

Period	Events
1810s	Day spent his childhood in Springfield
1820s	27
1830s and beyond	28 → 29 → 30 → 31

Benjamin Day

■ About *The Sun*

▶ Day launched *The Sun* on September 3, 1833.
▶ This newspaper was highly successful for the following reasons: 32

■ A Shift in U.S. Journalism: A New Model

▶ The motto of *The Sun* was " 33 ."
▶ *The Sun* changed American journalism and society in a number of ways: 34

SECTION 5 第5問

問1 Members of your group listed important events in Day's life. Put the events into the boxes [27] ~ [31] in the order that they happened.

① Day created other publications
② Day established a printing company
③ Day gained experience as a printer in his local area
④ Day started a newspaper business
⑤ Day's business was threatened by a deadly disease

問2 Choose the best statement(s) to complete the poster. (**You may choose more than one option.**) [32]

① Day focused on improving the literacy levels of the working class.
② Day introduced a new way of distributing newspapers.
③ Day realized the potential demand for an affordable newspaper.
④ Day reported political affairs in a way that was easy to understand.
⑤ Day supplied a large number of newspapers to every household.
⑥ Day understood what kind of articles would attract readers.

問3 Which of the following was most likely to have been *The Sun*'s motto? [33]

① Nothing is more valuable than politics
② The daily diary of the American Dream
③ *The Sun*: It shines for all
④ Top people take *The Sun*

問4 Choose the best statement(s) to complete the poster. (**You may choose more than one option.**) [34]

① Information became widely available to ordinary people.
② Journalists became more conscious of political concerns.
③ Journalists started to write more on topics of interest to the community.
④ Newspapers became less popular with middle-class readers.
⑤ Newspapers replaced schools in providing literacy education.
⑥ The role of newspapers became much more important than before.

第5問 解答のポイント （全訳＆語彙▶▶▶別冊pp.018～021）

解答 27：③ 28：② 29：⑤ 30：④ 31：①
32：②・③・⑥ 33：③ 34：①・③・⑥

伝記や物語を読んで，その概要を把握する力を試す問題だ。出来事が起こった順番や，英文全体を通して書かれているテーマについて問われることが想定されるよ。

まずは本文の上に置かれたリード文に目を通そう。これから読むことになる英文の種類や内容を，ある程度予測することができるよ。

Your group is preparing a poster presentation entitled "The Person Who Revolutionized American Journalism," using information from the magazine article below.

和訳 あなたのグループは以下の雑誌記事に載っている情報を使って「アメリカのジャーナリズムを変革した人物」というタイトルのポスター発表の準備をしています。

「アメリカのジャーナリズムを変革した人物」についての雑誌の記事を読むんだね。そして，ポスター発表の準備をしているという設定なので，英文の後にはポスターがあることも確認しておこう。

５つの段落で構成された記事はかなり長いので，全部読み終わってから解答に取りかかり，また記事を読み直すような解き方では時間が足りなくなってしまう。まず設問を見てどんなことが問われるのかをチェックした上で，該当箇所を探しながら本文を読んでいった方が良さそうだね。

問1 Members of your group listed important events in Day's life. Put the events into the boxes [27] ～ [31] in the order that they happened.

あなたのグループのメンバーがデイの人生の重要な出来事を一覧表にした。出来事を空所 [27] ～ [31] に起こった順番に入れなさい。

ポスターの該当箇所も確認しておこう。

■ **The Life of Benjamin Day**
ベンジャミン・デイの人生

Period 年代	Events 出来事
1810s 1810年代	Day spent his childhood in Springfield スプリングフィールドで幼少期を過ごした
1820s 1820年代	27
1830s and beyond 1830年代以降	28 ↓ 29 ↓ 30 ↓ 31

1820年代に起こった出来事を１つ，1830年代以降に起こった出来事を４つ探せばいいね。年代を表す表現を探して，そのときにどんな出来事が起こったかをチェックしながら本文を読んでいこう。

問2 Choose the best statement(s) to complete the poster. (**You may choose more than one option.**) 32
ポスターを完成させるのに最もふさわしい記述を選びなさい。(２つ以上の選択肢を選んでもよい)

ポスターの該当箇所を見てみよう。

■**About *The Sun***
ザ・サンについて

▶Day launched *The Sun* on September 3, 1833.
デイは1833年９月３日にザ・サンを売り出した。

▶This newspaper was highly successful for the following reasons:
32
この新聞は次の理由で大成功した：32

CHAPTER 1 プレテスト

ザ・サンという新聞が大成功を収めた理由を問う設問だ。正解が2つ以上あるかもしれないと念頭に置いた上で，本文を読みながら理由を探していこう。

問3 Which of the following was most likely to have been *The Sun*'s motto? [33]

次のうち，ザ・サンのモットーであった可能性が最も高いものはどれか。

ポスターの該当箇所も見ておこう。

▶ The motto of *The Sun* was "[33]."

ザ・サンのモットーは「[33]」であった。

ザ・サンのモットーが問題になっているね。ここで注意してほしいのは，most likelyを使った「ザ・サンのモットーであった<u>可能性が最も高い</u>ものはどれか」という設問だ。つまり答えは記事に直接書かれているわけではなく，ザ・サンがどういう新聞かを把握した上で，モットーを推測する必要があるよ。ヒントは英文全体に散らばっているから，最後まで本文を読んでから問題に答えよう。

問4 Choose the best statement(s) to complete the poster. (**You may choose more than one option.**) [34]

ポスターを完成させるのに最もふさわしい記述を選びなさい。(2つ以上の選択肢を選んでもよい)

▶ *The Sun* changed American journalism and society in a number of ways: [34]

ザ・サンはアメリカのジャーナリズムと社会を多くの点で変えた：[34]

ザ・サンがアメリカのジャーナリズムと社会をどのように変えたかを問う設問だね。正解が複数あるかもしれないということは，該当箇所も複数あるかもしれないということ。本文を読み進めながら，当てはまる情報を探す必要があるよ。

それでは，本文を読み進めながら，問題に答えていこう。

問1　Members of your group listed important events in Day's life. Put the events into the boxes [27]～[31] in the order that they happened.
あなたのグループのメンバーがデイの人生の重要な出来事を一覧表にした。出来事を空所[27]～[31]に起こった順番に入れなさい。

デイの人生に起こった出来事を探すために，第１パラグラフから読んでいこう。

【第１パラグラフ】

Benjamin Day, a printer from New England, changed American journalism forever when he started a New York City newspaper, *The Sun*. Benjamin Day was born in Springfield, Massachusetts, on April 10, [1810]. He worked for a printer [as a teenager], and [at the age of 20] he began working in print shops and newspaper offices in New York. [In 1831], when he had saved enough money, he started his own printing business, which began to struggle when the city was hit by a cholera epidemic [the following year]. In an attempt to prevent his business from going under, Day decided to start a newspaper.

和訳　ニューイングランド出身の印刷工であったベンジャミン・デイは，ニューヨーク市の新聞ザ・サンを発刊したときに，アメリカのジャーナリズムを永久に変えた。ベンジャミン・デイは[1810年]４月10日にマサチューセッツ州スプリングフィールドで生まれた。彼は，[10代の頃に]印刷工として働き，[20歳のときに]ニューヨークの印刷所と新聞社で働き始めた。[1831年に]十分なお金が貯まると，彼は自分で印刷業を始めたが，[その翌年に]ニューヨーク市がコレラの流行に見舞われると，その会社は苦しくなり始めた。会社が倒産するのを防ぐために，デイは新聞を始めることにしたのである。

CHAPTER 1　プレテスト

第２文にデイが生まれたのは1810年とあるから，10代は1820年代，20代は1830年代に当たることがわかるね。年代ごとに起こった出来事を整理して，当てはまる選択肢がないかチェックしよう。

POINT

●1810年……スプリングフィールドで生まれる

↓

●1820年代…印刷工として働く

③ Day gained experience as a printer in his local area
デイは地元で印刷工として経験を積んだ

↓

●1830年代…ニューヨークの印刷所と新聞社で働く

↓

自分で印刷業を始める（1831年）

② Day established a printing company
デイは印刷会社を設立した

↓

コレラの流行で会社が苦境に（1832年）

⑤ Day's business was threatened by a deadly disease
デイの事業は死に至る病によって脅かされた

↓

新聞を始めることにした

④ Day started a newspaper business
デイは新聞事業を始めた

cholera（コレラ）がa deadly disease（死に至る病）と言い換えられているのが少し難しいけど，それ以外はわかりやすいね。選択肢の① Day created other publications（デイは他の出版物を作った）に当たる出来事がまだ出てきていないから，「他の出版物」が出てくる箇所を探しながら読んでいこう。該当箇所は，第５パラグラフの第３文だ。

After selling the paper, Day moved into other business areas, including the publication of magazines, ...

和訳 新聞の売却後, デイは雑誌の出版を含む他の事業分野に移っていった…

この「雑誌の出版」が, 選択肢①のother publications（他の出版物）に該当すると考えられるから, 最後の空所に入るのは選択肢の①だ。

したがって, 正解は③→②→⑤→④→①だね。

問2 Choose the best statement(s) to complete the poster. (**You may choose more than one option.**) [32]

ポスターを完成させるのに最もふさわしい記述を選びなさい。(２つ以上の選択肢を選んでもよい)

▶ This newspaper was highly successful for the following reasons:
[32]

ザ・サンという新聞が大成功を収めた理由を見つけるために, 第２パラグラフ以降の内容を整理していこう。

【第２パラグラフ】

In 1833, there were 650 weekly and 65 daily American newspapers, with average sales of around 1,200. Although there were cheap newspapers in other parts of the country, in New York a newspaper usually cost as much as six cents. Day believed that many working-class people were able to read newspapers, but chose not to buy them because they did not address their interests and were too expensive. On September 3, 1833, Day launched *The Sun* with a copy costing just one cent. The introduction of the "penny press," as cheap newspapers became known, was an important milestone in American journalism history.

和訳 1833年, アメリカには650の週刊新聞と65の日刊新聞があり, 平均の売り上げはおよそ1,200部だった。国の他の地域には安い新聞があったが, ニューヨークでは新聞は通常6セントもした。多くの労働者階級の人々が新聞を読むことができるのに買わない選択をしているのは, 新聞が彼らの興味に応えず値段も高すぎるからだとデイは信じていた。1833年9月3日に, デイはザ・サンを1部たった1セントで売り出した。安価な新聞の呼び名として知られるようになった「ペニープレス」の登場は, アメリカのジャーナリズム史における重要な転換点になった。

第3文後半のaddressはここでは「～に応える, 取り組む」という意味の他動詞だよ。第2パラグラフで述べられている「ザ・サンが大成功を収めた理由」と考えられるものは次の2つだ。正解が複数あるかもしれない問題なので, 最後まで記事を読んでから選択肢をチェックしよう。

POINT

❶ 労働者に新聞が売れないのは, 読者の興味に応えず価格が高いから。

❷ ザ・サンを1部たった1セントで売り出した。

【第3パラグラフ】

Day's newspaper articles were different from those of other newspapers at the time. Instead of reporting on politics and reviews of books or the theater, *The Sun* focused on people's everyday lives. It was the first newspaper to report personal events and crimes. It led to a paradigm shift in American journalism, with newspapers becoming an important part of the community and the lives of the readers. Day also came up with another novel idea: newsboys selling the newspaper on street corners. People wouldn't even have to step into a shop to buy a paper.

和訳 デイの新聞の記事は当時の他の新聞の記事と異なっていた。政治についての報道や書評や劇評を載せる代わりに, ザ・サンは人々の日常生活に焦点を当てた。それは, 個人的な出来事や犯罪を報道した最初の新聞だった。それはアメリカのジャーナリズムにパラダイム・シフトを引き起こし, 新聞は地域社会と読者の生活の重要な一部となった。デイはまた, 別の新しいアイデアを思いついたが, それは新聞売りの少年が街角で新聞を売るというものだった。人々は新聞を買うために店に入る必要さえなくなったのだ。

第３パラグラフで述べられている「ザ・サンが大成功を収めた理由」と考えられるものは次の２つ。

POINT

❶ ザ・サンは人々の日常生活に焦点を当て，地域社会と読者の生活の重要な一部となった。

❷ ザ・サンは街角で新聞売りの少年が売ったので，人々は店に入る必要がなかった。

【第４パラグラフ】

The combination of a newspaper that was cheap as well as being easily available was successful, and soon Day was making a good living publishing *The Sun*. Within six months, *The Sun*'s circulation reached 5,000, and after a year, it had risen to 10,000. By 1835, sales of *The Sun* had reached 19,000, more than any of the other daily papers at that time. Over the next few years, about a dozen new penny papers were established, beginning a new era of newspaper competition. The success of *The Sun* encouraged other journalists to publish newspapers at a lower price. By the time of the Civil War, the standard price of a New York City newspaper had fallen to just two cents.

和訳 安さと手に入れやすさを兼ね備えた新聞は成功を収め，すぐにデイはザ・サンを発行することで多額の収入を得るようになった。ザ・サンの発行部数は６カ月以内に5,000部に達し，１年後には10,000部にまで増えた。1835年までに，ザ・サンの売り上げは19,000部に達し，当時の他のどの日刊紙よりも多くなった。その後数年の間に，約12の新しい安価な新聞が創刊され，新聞競争の新時代が始まった。ザ・サンの成功は，他のジャーナリストが低価格で新聞を発行することを促した。南北戦争の頃までに，ニューヨーク市の新聞の標準的な価格はたった２セントまで下がっていた。

第４パラグラフの要点は次の２つ。第１文では，ザ・サンが成功した理由が端的にまとめられているよ。

POINT
❶ ザ・サンは安さと手に入りやすさを兼ね備えていたので成功した。
❷ ザ・サンの成功により，低価格の新聞の発行が促された。

【第５パラグラフ】

Despite his success, after about five years of operating *The Sun*, Day lost interest in the daily work of publishing a newspaper. In 1838, he sold *The Sun* to his brother-in-law, Moses Yale Beach, for $40,000, and the newspaper continued to publish for many years. After selling the paper, Day moved into other business areas, including the publication of magazines, but by the 1860s he was basically retired. He lived quietly until his death on December 21, 1889. Although he had been involved in the American newspaper business for a relatively short time, Day is remembered as a revolutionary figure who showed that newspapers could appeal to a mass audience.

和訳 成功を収めたにもかかわらず，ザ・サンを５年間運営した後，デイは新聞の発行という毎日の仕事への興味を失った。1838年に，彼はザ・サンを義理の兄弟のモーゼス・イェール・ビーチに40,000ドルで売り，新聞は長年発行され続けた。新聞の売却後，デイは雑誌の出版を含む他の事業分野に移っていったが，1860年代までに基本的には引退した。1889年12月21日に亡くなるまで彼は静かに暮らした。アメリカの新聞事業に関わったのは比較的短期間だったが，新聞が大衆読者にとって魅力的なものになりうることを示した革命的な人物としてデイは記憶されている。

第５パラグラフの要点は次の３つだ。

POINT
❶ デイは新聞発行への興味を失い，ザ・サンを売却した。
❷ デイは他の事業分野に進出したがその後引退し，死去。
❸ デイは新聞が大衆にとって魅力的なものになりうることを示した革命的な人物として記憶されている。

最後まで本文に目を通したところで，ザ・サンが成功した理由をまとめてみよう。

POINT

❶ 1部たったの1セントで販売した … 安さ
❷ 人々の日常生活に焦点を当てた …… 人々の興味に応えた
❸ 街角で手に入るようにした ………… 手に入れやすさ

選択肢を確認して，これらの理由と合致するものを探そう。

① Day focused on improving the literacy levels of the working class.
デイは労働者階級の読み書き能力のレベルの向上に重点的に取り組んだ。

② Day introduced a new way of distributing newspapers.
デイは新聞の新しい配布方法を導入した。

③ Day realized the potential demand for an affordable newspaper.
デイは手頃な値段の新聞に潜在的な需要があることに気づいた。

④ Day reported political affairs in a way that was easy to understand.
デイは理解しやすい方法で政治問題を報道した。

⑤ Day supplied a large number of newspapers to every household.
デイはすべての家庭に多くの新聞を提供した。

⑥ Day understood what kind of articles would attract readers.
デイはどんな種類の記事が読者の興味をひくかを理解していた。

選択肢の②は，「新しい配布方法」が「街角で手に入るようにした」の言い換えだとわかれば，❸の「手に入れやすさ」に該当すると判断できる。

affordableは「手頃な値段の」という意味だから，選択肢の③は，❶の「安さ」に該当するね。

選択肢の⑥は，「読者の興味をひく記事」が「人々の日常生活に焦点を当てた記事」のことだとわかれば，❷の「人々の興味に応えた」に該当すると考えられるね。

他の選択肢が間違いであることも確認しておこう。選択肢の①は，デイが「労働者階級の読み書き能力の向上に取り組んだ」ということはどこにも書かれていないから，正解にならないね。

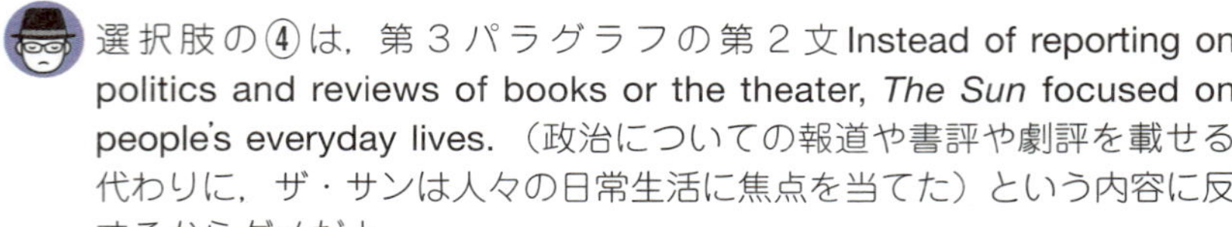

選択肢の④は，第３パラグラフの第２文 Instead of reporting on politics and reviews of books or the theater, *The Sun* focused on people's everyday lives.（政治についての報道や書評や劇評を載せる代わりに，ザ・サンは人々の日常生活に焦点を当てた）という内容に反するからダメだよ。

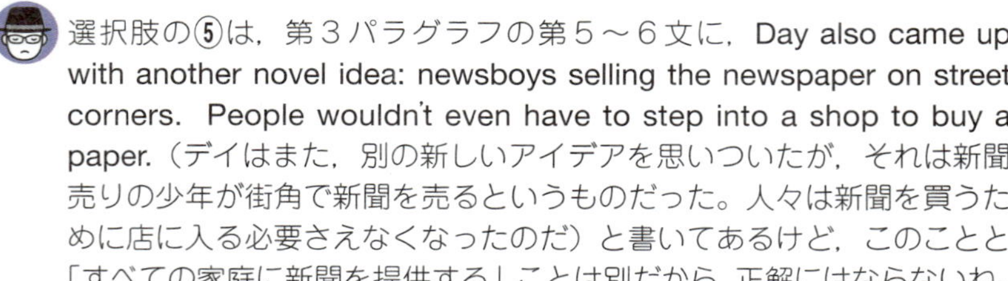

選択肢の⑤は，第３パラグラフの第５～６文に，Day also came up with another novel idea: newsboys selling the newspaper on street corners. People wouldn't even have to step into a shop to buy a paper.（デイはまた，別の新しいアイデアを思いついたが，それは新聞売りの少年が街角で新聞を売るというものだった。人々は新聞を買うために店に入る必要さえなくなったのだ）と書いてあるけど，このことと「すべての家庭に新聞を提供する」ことは別だから，正解にはならないね。

以上から，正解は②，③，⑥で確定だよ。

問３ Which of the following was most likely to have been *The Sun*'s motto? 33

次のうち，ザ・サンのモットーであった可能性が最も高いものはどれか。

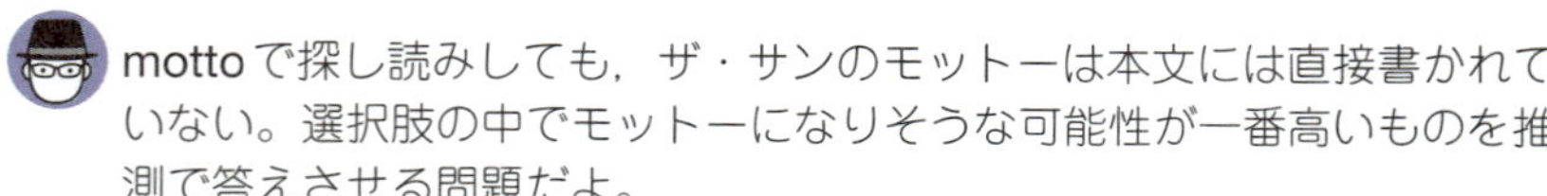

motto で探し読みしても，ザ・サンのモットーは本文には直接書かれていない。選択肢の中でモットーになりそうな可能性が一番高いものを推測で答えさせる問題だよ。

① Nothing is more valuable than politics
政治ほど価値のあるものはない

② The daily diary of the American Dream
アメリカンドリームの日々の記録

③ *The Sun*: It shines for all
ザ・サン：それは万人のために輝く

④ Top people take *The Sun*
上流階級の人間がザ・サンを講読する

第２～第４パラグラフでチェックした「安さ」「人々の興味に応えた」「手

に入れやすさ」という成功の理由や，第５パラグラフの結論として述べられている「新聞が大衆にとって魅力的なものになりうることを示した革命的な人物」というデイへの評価が，ザ・サンのモットーを推測するヒントになるよ。

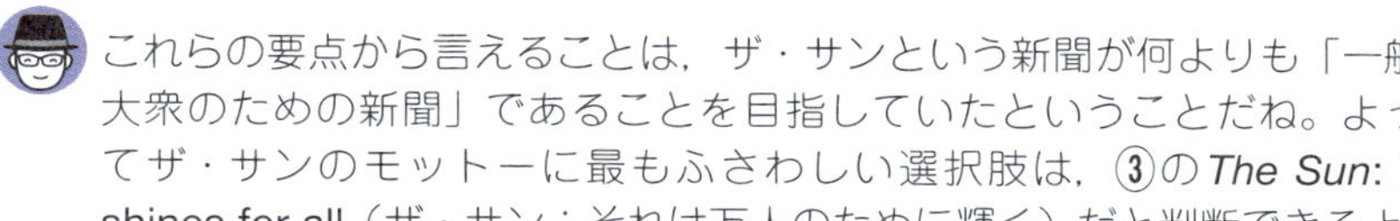

これらの要点から言えることは，ザ・サンという新聞が何よりも「一般大衆のための新聞」であることを目指していたということだね。よってザ・サンのモットーに最もふさわしい選択肢は，③の *The Sun*: It shines for all（ザ・サン：それは万人のために輝く）だと判断できるよ。

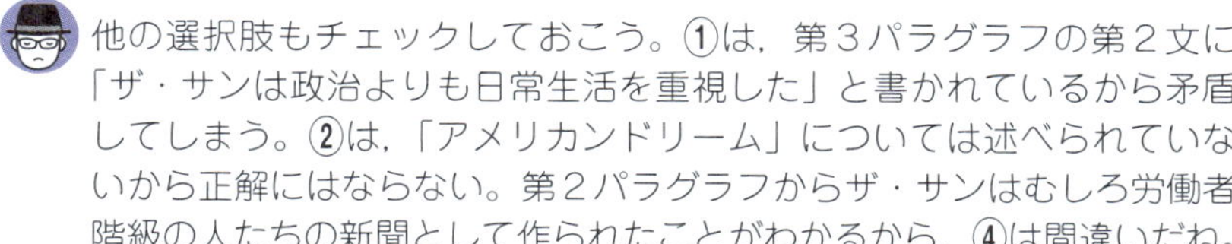

他の選択肢もチェックしておこう。①は，第３パラグラフの第２文に「ザ・サンは政治よりも日常生活を重視した」と書かれているから矛盾してしまう。②は，「アメリカンドリーム」については述べられていないから正解にはならない。第２パラグラフからザ・サンはむしろ労働者階級の人たちの新聞として作られたことがわかるから，④は間違いだね。

問4 Choose the best statement(s) to complete the poster. (**You may choose more than one option.**) [34]

ポスターを完成させるのに最もふさわしい記述を選びなさい。（２つ以上の選択肢を選んでもよい）

まずはポスターの該当箇所を確認しよう。

▶ *The Sun* changed American journalism and society in a number of ways: [34]

ザ・サンはアメリカのジャーナリズムと社会を多くの点で変えた：[34]

ザ・サンがアメリカのジャーナリズムと社会をどのように変えたかを問う設問だね。選択肢を１つずつ吟味していこう。正解は複数あるかもしれないので注意が必要だよ。

① Information became widely available to ordinary people.

情報が普通の人にも広く手に入るようになった。

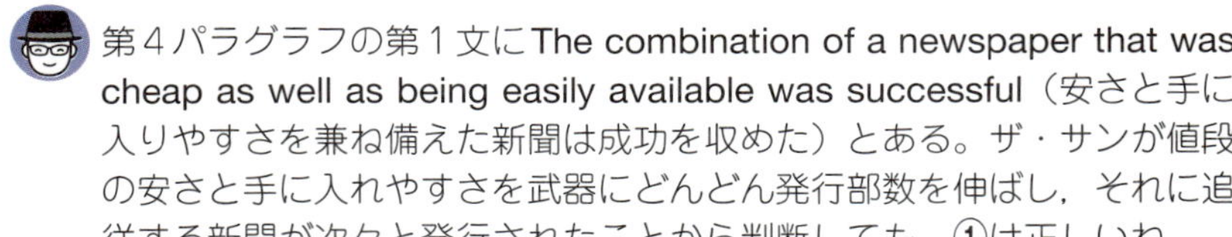

第４パラグラフの第１文にThe combination of a newspaper that was cheap as well as being easily available was successful（安さと手に入りやすさを兼ね備えた新聞は成功を収めた）とある。ザ・サンが値段の安さと手に入れやすさを武器にどんどん発行部数を伸ばし，それに追従する新聞が次々と発行されたことから判断しても，①は正しいね。

② Journalists became more conscious of political concerns.
ジャーナリストは政治的な事柄をより意識するようになった。

第３パラグラフの第２文にInstead of reporting on politics and reviews of books or the theater, *The Sun* focused on people's everyday lives.（政治についての報道や書評や劇評を載せる代わりに，ザ・サンは人々の日常生活に焦点を当てた）とあることから，②は間違いだとわかるね。

③ Journalists started to write more on topics of interest to the community.
ジャーナリストは地域社会にとって興味のある話題についてより多く書き始めた。

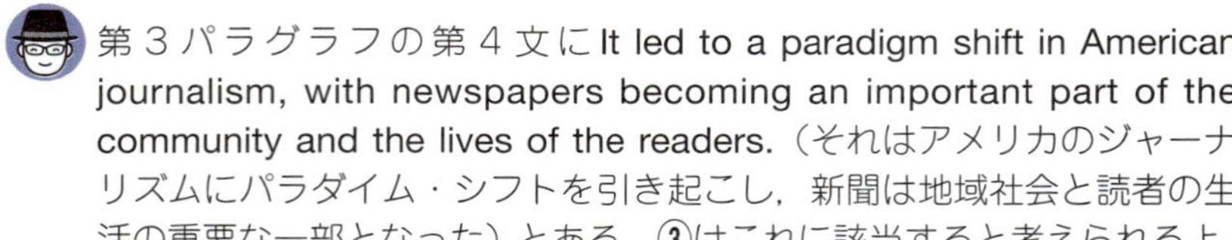

第３パラグラフの第４文にIt led to a paradigm shift in American journalism, with newspapers becoming an important part of the community and the lives of the readers.（それはアメリカのジャーナリズムにパラダイム・シフトを引き起こし，新聞は地域社会と読者の生活の重要な一部となった）とある。③はこれに該当すると考えられるよ。

④ Newspapers became less popular with middle-class readers.
新聞は中流階級の読者の間で人気がなくなっていった。

新聞の「人気減少」については，どこにも述べられていなかったね。

⑤ Newspapers replaced schools in providing literacy education.
新聞は読み書きの教育を提供することにおいて学校に取って代わった。

「読み書きの教育」についても，どこにも記述がないからダメだね。

⑥ The role of newspapers became much more important than before.
新聞の役割は以前よりもずっと重要になった。

第３パラグラフの第４文や第５パラグラフの最終文Although he had been involved in the American newspaper business for a relatively short time, Day is remembered as a revolutionary figure who showed that newspapers could appeal to a mass audience.（アメリカの新聞事業に関わったのは比較的短期間だったが，新聞が大衆読者にとって魅力的なものになりうることを示した革命的な人物としてデイは記憶されている）などから，「新聞の役割の重要性が増した」ことが読み取れるから，⑥は正解だね。

したがって，正解は①，③，⑥だよ。

SECTION 6 第6問

いよいよ最後の第６問までたどり着きました。

第６問は，ＡとＢの２題があり，どちらもCEFRで言うとB1レベルに設定されているよ。B1レベルだからかなりの語彙力が求められるし，英文の構造も複雑なものが多い上に，しっかりとした論理展開で書かれている。英文の語数はそれぞれ500語前後と，なかなかの長文だ。

どんな種類の英文が出るんですか？

身近な話題や高校生にとってもある程度なじみのある社会的な話題についての記事やレポート，資料などが出題されるよ。いわゆる「論説文」と考えていいだろう。高校生に関心を持ってもらいたい社会的な問題や時事問題がテーマになることが想定されるんだ。

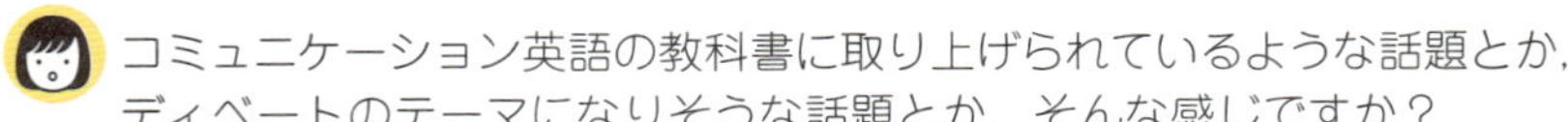

コミュニケーション英語の教科書に取り上げられているような話題とか，ディベートのテーマになりそうな話題とか，そんな感じですか？

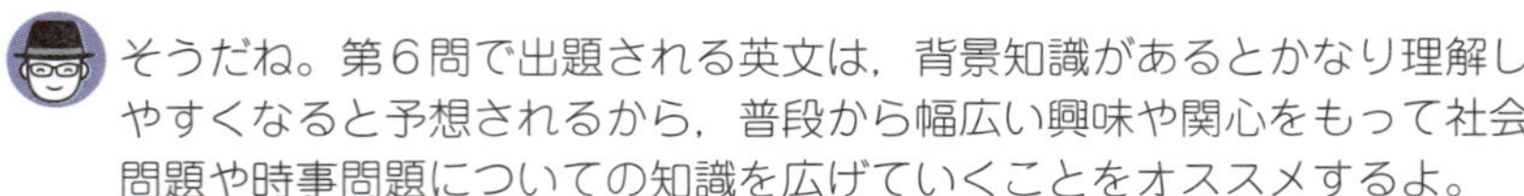

そうだね。第６問で出題される英文は，背景知識があるとかなり理解しやすくなると予想されるから，普段から幅広い興味や関心をもって社会問題や時事問題についての知識を広げていくことをオススメするよ。

問題はどんな形式が出題されるんでしょうか。

文章の概要や要点を把握する問題，文章の論理展開を把握する問題，文章全体の内容を要約する問題，文章にふさわしいタイトルを選ぶ問題など様々だ。

パラグラフリーディングの力が求められる問題が多いですね。

パラグラフリーディングの力って？

具体的に言うと，itやthisなどの代名詞や指示語が何を指しているかを見抜く力，for example（たとえば），moreover（さらに），therefore（したがって），but（しかし）などのディスコースマーカー（接続語）に注目して文と文との論理的なつながりを見抜く力，パラグラフや長文全体の論理展開を見抜く力などのことだよ。

なるほど。他にはどんな問題が出ますか？

もう１つ第６問に特徴的なのが，英文中に書かれている情報に当てはまるグラフを選ぶ問題だ。必要な情報を探し読みして本文とグラフを照らし合わせながら解く特殊な問題だから，本番までに必ず慣れておこう。

む，難しそう……。

たしかに，第６問はリーディングテストの最後を飾るにふさわしい本格的な問題だ。第１問から第５問まで順番に解き進めていくと，時間が足りなくなって焦ってしまうこともあるだろうね。

そう言われると，だんだん不安になってきました。一体どうすればいいんですか？

大丈夫。共通テストは特殊な形式の問題が多いけれど，それぞれの問題の攻略法をしっかりとマスターしておけば，効率よく問題を解き進めていくことができるようになるはず。この本の第２章や第３章もしっかり活用して，形式に慣れておくことが最大の対策になるよ。

対策

1. ディスコースマーカー（接続語）に注意して，文章の論理展開を把握できるようにする。
2. パラグラフごとの要点を見抜き，文章全体の概要をつかむ力をつける。
3. 文章全体を通して何が言いたいのかを把握し，適切なタイトルを考える力をつける。
4. グラフに関連する情報を本文から探し読みする力をつける。
5. 現代の様々な問題についての背景知識を持つ。

ディスコースマーカーのリスト

長文の論理展開を読み解くために注目したいディスコースマーカー(接続語)のリストです。これらの表現と意味は必ず押さえておきましょう。

●具体例(A＝B)

- □ for example　たとえば
- □ for instance　たとえば
- □ say　たとえば
- □ To give an example　たとえば
- □ To illustrate　たとえば
- □ such as ～　～のような
- □ like ～　～のような
- □ including ～　～を含めて

●言い換え(A＝B)

- □ that is (to say),　すなわち
- □ namely　すなわち
- □ I mean　つまり
- □ that [which] means that ...　つまり…
- □ in other words　言い換えれば
- □ to put it another way　言い換えれば

●要約(A＝B)

- □ in short / in brief　要するに
- □ in a word / to sum up　要するに
- □ to make a long story short　手短に言えば

●並列・追加(A＋B)

- □ also / too / as well　また
- □ at the same time　同時に
- □ So V S.　Sもまた～である
- □ Neither [Nor] V S.　Sもまた～でない
- □ furthermore　さらに
- □ moreover　さらに
- □ what is more　さらに
- □ additionally　さらに
- □ in addition　さらに
- □ besides　さらに

●列挙(A→B→C)

- □ first(ly)　最初に(は)
- □ at first　最初に(は)
- □ in the beginning　最初に(は)
- □ in the first place　まず最初に
- □ to begin with　まず最初に
- □ for one thing　1つには
- □ for another　もう1つには
- □ second(ly)　第2に，それから
- □ then　次には，それから
- □ third(ly)　第3に
- □ finally　最後に

●原因・理由(A→B)

- □ because　…だから
- □ since　…だから
- □ as　…だから
- □ now that ...　今や…だから
- □ not that ～, but that ...　～だからではなく…だから

☐ on the ground that …
…という理由で
☐ for というのも…だからである
☐ because of ～ ～なので
☐ on account of ～ ～のために
☐ due to ～ ～のために
☐ thanks to ～ ～のおかげで
☐ owing to ～ ～のために
☐ as a result of ～
～の結果として(＝～が原因で)

●結果・結論(A→B)

☐ as a result その結果
☐ consequently その結果
☐ so したがって
☐ thus したがって
☐ therefore したがって
☐ accordingly したがって
☐ hence したがって
☐ and so したがって
☐ so that したがって
☐ for this reason こういうわけで
☐ that is why そういうわけで
☐ at last 最後に
☐ finally 最後に
☐ in the end 最後に
☐ after all 結局
☐ It follows that …
結局…ということになる
☐ to conclude 結論を言えば
☐ in conclusion 終わりに
☐ as a conclusion 結論として

●逆接・譲歩(A⇔B)

☐ but しかし，ところが
☐ yet しかし，ところが
☐ however しかし，ところが
☐ nevertheless それにもかかわらず
☐ nonetheless それにもかかわらず
☐ still それでもやはり
☐ all the same それでもやはり
☐ even so たとえそうであっても
☐ on the contrary それどころか
☐ as a matter of fact
ところが実際には
☐ though …だけれども
☐ although …だけれども
☐ even though たとえ…でも
☐ even if たとえ…でも
☐ It is true [of course / indeed / certainly / yes] ～ but …
たしかに～だが…
☐ granted [granting] that …
仮に…だとしても
☐ in spite of ～ ～にもかかわらず
☐ despite ～ ～にもかかわらず

●対比(A⇔B)

☐ but しかし(その一方で)
☐ however しかし(その一方で)
☐ while その一方では
☐ whereas その一方では
☐ where その一方では
☐ on the other hand 他方では
☐ by[in] contrast 対照的に

第6問

(配点 24)

A You are preparing for a group presentation on gender and career development for your class. You have found the article below.

Can Female Pilots Solve Asia's Pilot Crisis?

[1] With the rapid growth of airline travel in Asia, the shortage of airline pilots is becoming an issue of serious concern. Statistics show that the number of passengers flying in Asia is currently increasing by about 100,000,000 a year. If this trend continues, 226,000 new pilots will be required in this region over the next two decades. To fill all of these jobs, airlines will need to hire more women, who currently account for 3% of all pilots worldwide, and only 1% in Asian countries such as Japan and Singapore. To find so many new pilots, factors that explain such a low number of female pilots must be examined, and possible solutions have to be sought.

[2] One potential obstacle for women to become pilots might be the stereotype that has long existed in many societies: women are not well-suited for this job. This seems to arise partly from the view that boys tend to excel in mechanics and are stronger physically than girls. A recent study showed that young women have a tendency to avoid professions in which they have little prospect of succeeding. Therefore, this gender stereotype might discourage women from even trying. It may explain why at the Malaysia Flying Academy, for instance, women often account for no more than 10% of all trainees enrolled.

[3] Yet another issue involves safety. People may be concerned about the safety of aircraft flown by female pilots, but their concerns are not supported by data. For example, a previous analysis of large pilot databases conducted in the United States showed no meaningful difference in accident rates between male and female pilots. Instead, the study found that other factors such as a pilot's age and flight experience better predicted whether that person is likely to be involved in an accident.

[4] Despite the expectation that male pilots have better flight skills, it may be that male and female pilots just have skills which give them different advantages in the job. On the one hand, male pilots often have an easier time learning how to fly than do female pilots. The controls in a cockpit are often easier to reach or use for a larger person. Men tend to be larger, on average, than women. In fact, females are less likely than men to meet the minimum height requirements that most countries have. On the other hand, as noted by a Japanese female airline captain, female pilots appear to be better at facilitating communication among crew members.

[5] When young passengers see a woman flying their plane, they come to accept female pilots as a natural phenomenon. Today's female pilots are good role models for breaking down stereotypical views and traditional practices, such as the need to stay home with their families. Offering flexible work arrangements, as has already been done by Vietnam Airlines, may help increase the number of female pilots and encourage them to stay in the profession.

[6] It seems that men and women can work equally well as airline pilots. A strong message must be sent to younger generations about this point in order to eliminate the unfounded belief that airline pilots should be men.

問1 According to the article, the author calls the current situation in Asia a crisis because [35].

① many more male airline pilots are quitting their jobs than before
② the accident rates are increasing among both male and female pilots
③ the number of female pilots has not changed much for the last few decades
④ the number of future pilots needed will be much larger than at present

問2 According to the article, there is little difference between men and women in [36].

① how easily they learn to operate airplanes
② how likely they are to be involved in accidents
③ how much time they can spend on work
④ how people perceive their suitability for the job

問3 In Paragraph [4], the author most likely mentions a Japanese female airline captain in order to give an example of [37].

① a contribution female pilots could make to the workplace
② a female pilot who has excellent skills to fly a plane
③ a problem in the current system for training airline pilots
④ an airline employee who has made rare achievements

問4 Which of the following statements best summarizes the article? [38]

① Despite negative views toward female pilots, they can be as successful as male pilots.
② Due to financial problems the percentage of female students in a pilot academy in Asia is too small.
③ In the future many countries worldwide may have to start hiring more female pilots like Asian countries.
④ There is little concern about increasing female pilots in the future because major obstacles for them have been removed.

第6問A　解答のポイント　（全訳＆語彙▶▶▶別冊 pp.022～025）

解答　35 :④　36 :②　37 :①　38 :①

身近なテーマや社会的な問題に関する英文を読んで，筆者の意見や指摘された問題点などを把握するタイプの長文問題だ。国立大学や私立大学でよく出題される論説文と同じような問題と考えていいけど，共通テストの場合は英文そのものはそれほど難しくはないよ。

まずはリード文に目を通そう。

> You are preparing for a group presentation on **gender and career development** for your class. You have found the article below.
>
> 和訳 あなたは授業で行う**ジェンダーとキャリアアップ**についてのグループ発表の準備をしています。以下の記事を見つけました。

「ジェンダーとキャリアアップ」についての記事を読むことになるのはわかるけど，抽象的でよくわからないね。タイトルを確認してみよう。

> Can **Female Pilots** Solve Asia's **Pilot Crisis**?
>
> 和訳 **女性パイロット**はアジアの**パイロット危機**を解決できるか？

「女性パイロット」が「ジェンダー」に，「パイロット危機の解決」が「キャリアアップ」にそれぞれ関係していそうだね。この時点では「女性パイロットがアジアのパイロット危機の解決の鍵を握る」というような話になりそうだと予測できれば十分だよ。

次にそれぞれの設問の書き出しに目を通して，どんなことが問われているかをチェックしておこう。

問1　According to the article, the author calls the current situation in Asia a crisis because [35].

記事によると，筆者がアジアの現状を危機と呼んでいるのは，[35]という理由からである。

まずは「アジアの現状」が何を指すかを押さえてから，それが「危機と呼ばれている理由」を探せばよさそうだ。

問2 According to the article, there is little difference between men and women in [36].

記事によると，[36] の点で男性と女性の間にほとんど違いはない。

男女の違いや共通点が述べられている箇所を探せばよさそうだね。

問3 In Paragraph [4], the author most likely mentions a Japanese female airline captain in order to give an example of [37].

第４パラグラフで，筆者が日本人の女性機長に言及しているのは，[37] の例を示すためである可能性が最も高い。

第４パラグラフの中で「日本人の女性機長」が登場する箇所を探せば，その前後に手がかりがありそうだ。**most likely** という表現が使われていることに注意しよう。本文の内容から推測して答えを導く必要がある問題だよ。

問4 Which of the following statements best summarizes the article? [38]

次の記述のうち，記事を最もよく要約しているものはどれか。

記事全体を読んで要約する力が問われているよ。各パラグラフの要点と全体の論理展開をしっかり確認した上で答える必要がありそうだ。

それでは，本文を読んで設問に答えていこう。

[1] With the rapid growth of airline travel in Asia, the shortage of airline pilots is becoming an issue of serious concern. Statistics show that the number of passengers flying in Asia is currently increasing by about 100,000,000 a year. If this trend continues, 226,000 new pilots will be required in this region over the next two decades. To fill all of these jobs, airlines will need to hire more women, who currently account for 3% of all pilots worldwide, and only 1% in Asian countries such as Japan and Singapore. To find so many new pilots, factors that explain such a low number of female pilots must be examined, and possible solutions have to be sought.

和訳 アジアでは飛行機旅行の急成長にともない，航空機のパイロット不足が重大な関心事になりつつある。統計によると，アジアでの飛行機の乗客数は，現在１年間におよそ１億人増えつつある。もしこの傾向が続けば，この地域には今後20年間で22万６千人の新しいパイロットが必要になるだろう。この従業員数をすべて満たすには，航空会社は女性をもっと雇う必要があるが，女性が現在世界中の全パイロットに占める割合は３％で，日本やシンガポールなどのアジアの国々ではたったの１％の割合しか占めていない。これほどまでに多くの新しいパイロットを見つけるためには，女性パイロットがこれほどまでに少ないことを説明する要因を詳しく調べ，可能な解決策を探す必要がある。

第１パラグラフではまず，第１文で「アジアでは飛行機旅行の急成長にともない，航空機のパイロット不足が重大な関心事になりつつある」と述べていることに注目。これが問１で言われている「アジアの現状」のことであり，「重大な関心事」という表現が「危機」を表していることがわかったかな？

それでは，パイロット不足が危機と言える「理由」を探そう。「重大な関心事」というのは筆者の「主張」だから，それを支える「理由」はその後で述べられていると考えられるね。

第２～３文に「統計によるとアジアでの飛行機の乗客数は，現在１年間におよそ１億人増えつつある。もしこの傾向が続けば，この地域には今後20年間で22万６千人の新しいパイロットが必要になるだろう」とあるね。つまり「増え続ける飛行機の乗客数に対処するためには，これまでよりもはるかに多くのパイロットが必要になる」ということが，「航空機のパイロット不足が重大な関心事（＝危機）となっている理由」だと考えられそうだ。問１の選択肢を見てみよう。

① many more male airline pilots are quitting their jobs than before
これまでよりもずっと多くの男性パイロットが仕事を辞めている

② the accident rates are increasing among both male and female pilots
男性パイロットと女性パイロットの両方で事故発生率が増えている

③ the number of female pilots has not changed much for the last few decades
女性パイロットの数が過去数十年であまり変わっていない

④ the number of future pilots needed will be much larger than at present
将来必要となるパイロットの数が現在よりもずっと多くなる

先に考えた理由に最も近い選択肢は④だから，これが正解だと判断できるよ。

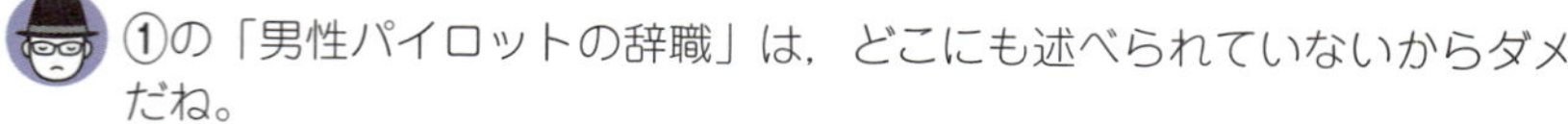
①の「男性パイロットの辞職」は，どこにも述べられていないからダメだね。

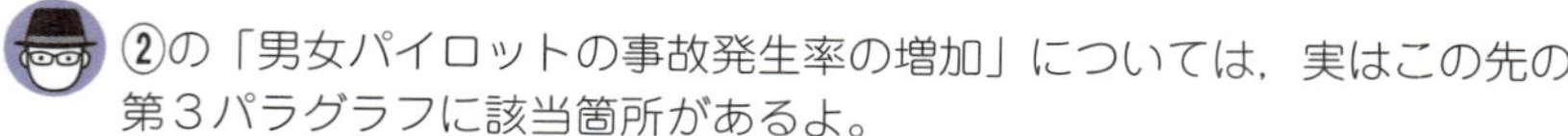
②の「男女パイロットの事故発生率の増加」については，実はこの先の第３パラグラフに該当箇所があるよ。

For example, a previous analysis of large pilot databases conducted in the United States **showed no meaningful difference in accident rates between male and female pilots**.

和訳 たとえば，アメリカで行われたパイロットに関する膨大なデータベースの直近の分析によると，**男性パイロットと女性パイロットとの間で事故発生率の有意な差は見られなかった**。

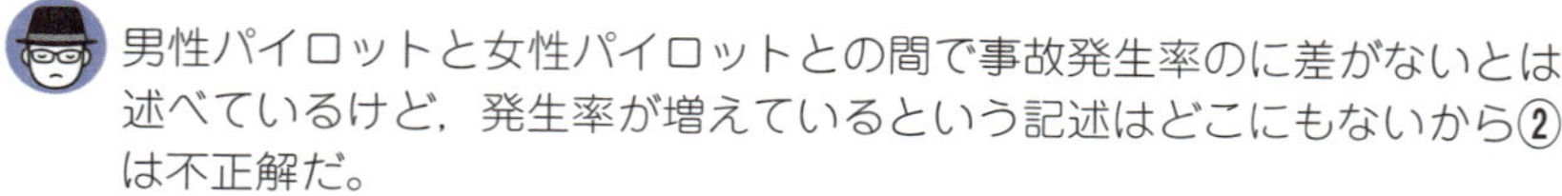
男性パイロットと女性パイロットとの間で事故発生率のに差がないとは述べているけど，発生率が増えているという記述はどこにもないから②は不正解だ。

③の「女性パイロットの数」については，第１パラグラフ第４文に… women, who currently account for 3% of all pilots worldwide, and only 1% in Asian countries such as Japan and Singapore（女性が現在世界中の全パイロットに占める割合は３%で，日本やシンガポールなどのアジアの国々ではたったの１%の割合しか占めていない）という記述があるけど，「過去数十年であまり変わっていない」とはどこにも書かれていないから，正解にはならないね。

問４の要約問題を解くためには，各パラグラフの要点を押さえておくことが必要になるから，このパラグラフの要点を確認しておこう。

POINT

【第１パラグラフ】

アジアのパイロット不足という危機の解決には，女性パイロットが少ない原因を解明し解決策を見つけることが必要だ。

[2] One potential obstacle for women to become pilots might be the stereotype that has long existed in many societies: women are not well-suited for this job. This seems to arise partly from the view that boys tend to excel in mechanics and are stronger physically than girls. A recent study showed that young women have a tendency to avoid professions in which they have little prospect of succeeding. Therefore, this gender stereotype might discourage women from even trying. It may explain why at the Malaysia Flying Academy, for instance, women often account for no more than 10% of all trainees enrolled.

和訳 女性がパイロットになるための潜在的な障害の１つは，女性はこの仕事にあまり適していないという，多くの社会に昔から存在してきた固定観念かもしれない。これは１つには，男子は女子よりも機械の扱いに優れている傾向があり，また身体的により強いという考えから生じているように思える。若い女性は成功する見込みがほとんどない職業を避ける傾向があることが最近の研究からわかった。それゆえに，この男女差をめぐる固定観念のせいで，女性は挑戦しようという気持ちさえなくしてしまっているのかもしれない。これは，たとえばマレーシア航空学校ではしばしば入学した全研修生のうち女性がたった10％しかいない理由を説明するかもしれない。

この第２パラグラフには問２や問３の該当箇所はないけど，問４に答えるために要点を確認しておこう。

POINT

【第２パラグラフ】

女性がパイロットになるのを妨げている障害の１つは，女性がパイロットの仕事に適していないという固定観念かもしれない。

[3] Yet another issue involves safety. People may be concerned about the safety of aircraft flown by female pilots, but their concerns are not supported by data. For example, a previous analysis of large pilot databases conducted in the United States showed no meaningful difference in accident rates between male and female pilots. Instead, the study found that other factors such as a pilot's age and flight

experience better predicted whether that person is likely to be involved in an accident.

和訳 また別の問題は安全性に関するものだ。人々は女性パイロットが操縦する飛行機の安全性を心配するかもしれないが，そのような心配はデータにもとづいていない。たとえば，アメリカで行われたパイロットに関する膨大なデータベースの直近の分析によると，男性パイロットと女性パイロットとの間で事故発生率の有意な差は見られなかった。その代わりに研究からわかったことは，パイロットの年齢やフライト経験などの他の要因の方が，パイロットが事故に巻き込まれそうかどうかをよりよく予測できるということであった。

この第３パラグラフを読んで，問２が男女間でほとんど違いがないものを選ぶ設問だったことを思い出せたかな？

問2 According to the article, there is little difference between men and women in [36].

記事によると，[36] の点で男性と女性の間にほとんど違いはない。

① how easily they learn to operate airplanes
飛行機の操縦方法をどれだけ容易に習得できるか

② how likely they are to be involved in accidents
事故に巻き込まれる可能性がどれだけ高いか

③ how much time they can spend on work
仕事にどれだけの量の時間を費やすことができるか

④ how people perceive their suitability for the job
仕事に対する自分の適性をどのようにとらえているか

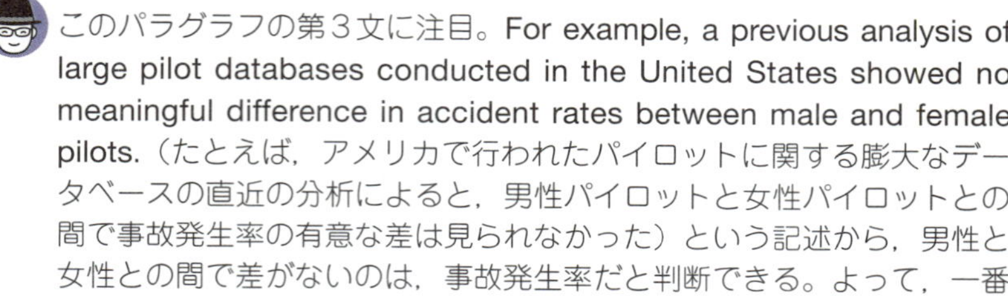

このパラグラフの第３文に注目。For example, a previous analysis of large pilot databases conducted in the United States showed no meaningful difference in accident rates between male and female pilots.（たとえば，アメリカで行われたパイロットに関する膨大なデータベースの直近の分析によると，男性パイロットと女性パイロットとの間で事故発生率の有意な差は見られなかった）という記述から，男性と女性との間で差がないのは，事故発生率だと判断できる。よって，一番

近い選択肢は②だね。

本文の「事故発生率」が，選択肢では「事故に巻き込まれる可能性」と言い換えられている。how likely～の部分が少し難しいかもしれないけれど，このlikelyは形容詞で，be likely to doの形で「～する可能性が高い」という意味になる重要表現。they are likely to be involved in accidentsという元の形を思い浮かべれば，意味が取りやすくなるはずだ。

①の「飛行機の操縦方法の習得」については，第４パラグラフの第２文にmale pilots often have an easier time learning how to fly than do female pilots（男性パイロットの方が女性パイロットよりも，飛行機の操縦方法を楽に身につけられることが多い）とある。つまり「操縦方法の習得の容易さ」の点では男女差があることになるので，①は間違いだ。

③の「仕事に費やすことのできる時間の量」については，どこにも述べられていないからダメだよ。

④の「仕事への適性のとらえ方」についての男女差についても，どこにも書かれていないからダメだね。

問４に答えるために，このパラグラフの要点を確認しておこう。

POINT

【第３パラグラフ】

女性がパイロットになるのを妨げているもう１つの原因は，女性が操縦する飛行機が安全ではないという裏付けのない心配だ。

[4]　Despite the expectation that male pilots have better flight skills, it may be that male and female pilots just have skills which give them different advantages in the job. On the one hand, male pilots often have an easier time learning how to fly than do female pilots. The controls in a cockpit are often easier to reach or use for a larger person. Men tend to be larger, on average, than women. In fact, females are less likely than men to meet the minimum height requirements that most countries have. On the other hand, as noted by a Japanese female airline captain, female pilots appear to be

better at facilitating communication among crew members.

和訳 男性パイロットの方がより優れた操縦技術を持っているだろうという予想があるにもかかわらず，男性パイロットと女性パイロットは仕事においてそれぞれ異なる強みをもたらす技術を持っているだけかもしれない。一方では，男性パイロットの方が女性パイロットよりも，飛行機の操縦方法を楽に身につけられることが多い。コックピットの操縦装置は，体が大きい方が手が届きやすく使いやすいことが多い。平均すると，男性は女性よりも体が大きい傾向がある。実際，女性の方が男性よりも，ほとんどの国が定めている最低身長の必要条件を満たしていない傾向が強い。しかし他方では，ある日本人の女性機長が述べたように，女性のパイロットは搭乗員同士のコミュニケーションを円滑に進める点でより優れているようである。

問３で問われていたのは，この第４パラグラフだったね。

問3 In Paragraph [4], the author most likely mentions a Japanese female airline captain in order to give an example of [37].

第4パラグラフで，筆者が日本人の女性機長に言及しているのは，[37]の例を示すためである可能性が最も高い。

① a contribution female pilots could make to the workplace
女性パイロットが職場に対してなしうる貢献

② a female pilot who has excellent skills to fly a plane
飛行機を操縦する技術がとても優れている女性パイロット

③ a problem in the current system for training airline pilots
飛行機のパイロットの研修における現在の制度の問題点

④ an airline employee who has made rare achievements
まれにみる業績を上げた航空会社の従業員

「日本人の女性機長」は，このパラグラフの第６文に登場するよ。

On the other hand, as noted by a Japanese female airline captain, female pilots appear to be better at facilitating communication among crew members.

和訳 しかし他方では，ある日本人の女性機長が述べたように，女性のパイロットは搭乗員同士のコミュニケーションを円滑に進める点でより優れているようである。

でも，この文だけを読んでも，なぜ筆者が女性機長の話をしているのかはわかりづらいよね。実はこの問３は，パラグラフ全体の流れを読み解いて，文脈から書き手の意図を推測する必要があるんだ。最初からもう一度，第４パラグラフを読んでみよう。

まずは第１文の「男性パイロットと女性パイロットは仕事においてそれぞれ異なる強みをもたらす技術を持っているだけかもしれない」という箇所に注目しよう。この書き出しの時点で，「ああ，これから男性パイロットと女性パイロットそれぞれの強みの具体例が述べられるんだな」と予想できるよね。

続く第２～５文では，体の大きさのおかげで男性パイロットが女性よりも操縦技術の習得という面で優れていると説明されているね。

これを受けて第６文は「しかし他方では～」という書き出しで，女性パイロットが優れている点が「コミュニケーション能力」にあると述べているね。第４パラグラフの流れを把握できたところで，もう一度設問を読み直そう。「日本人の女性機長に言及しているのは，何の例を示すためか」という設問だったね。第１文の「男女パイロットにはそれぞれ違う強みがある」，第２～５文の「男性パイロットは操縦技術の習得で優れている」という流れに続いて，第６文で「女性パイロットはコミュニケーション能力で優れている」という日本人の女性機長の発言が言及されているのだから，女性機長を例に出した目的は「女性パイロットの強みを示すため」で間違いないよね。

以上から，最も適切な選択肢は①a contribution female pilots could make to the workplace（女性パイロットが職場に対してなしうる貢献）だと判断できる。「搭乗員同士のコミュニケーションを円滑に進める」という本文の具体的内容が，選択肢では「職場に対してなしうる貢献」と抽象的に言い換えられているよ。

②の「飛行機の操縦技術が優れている女性パイロット」は第４パラグラフに出てこないからダメだね。

③の「パイロットの研修制度の問題点」については，どこにも書かれていないよ。

④の「航空会社の従業員の業績」についても，どこにも書かれていないね。

問4に答えるために，このパラグラフの要点を確認しておこう。

POINT
【第4パラグラフ】
男性パイロットと女性パイロットは，それぞれ得意とする技術が異なるだけかもしれない。

続いて，第5パラグラフと第6パラグラフを読んでいこう。

[5] When young passengers see a woman flying their plane, they come to accept female pilots as a natural phenomenon. Today's female pilots are good role models for breaking down stereotypical views and traditional practices, such as the need to stay home with their families. Offering flexible work arrangements, as has already been done by Vietnam Airlines, may help increase the number of female pilots and encourage them to stay in the profession.

和訳 若い乗客たちが自分の乗っている飛行機を女性が操縦しているのを見れば，彼らは女性パイロットを当然の現象として受け入れるようになる。今日の女性パイロットは，女性は家族と一緒に家庭にいる必要があるというような固定観念や伝統的な慣習を打破するための良い手本である。すでにベトナム航空が行っているように，柔軟な労働形態を提供することで，女性パイロットの数を増やし，彼女たちがその仕事を続けられるように促すのに役立つかもしれない。

POINT
【第5パラグラフ】
柔軟な労働形態を提供することで，女性パイロットの数を増やすのに役立つかもしれない。

[6] It seems that men and women can work equally well as airline pilots. A strong message must be sent to younger

generations about this point in order to eliminate the unfounded belief that airline pilots should be men.

和訳 男性も女性も，飛行機のパイロットとして同じようにうまく働くことができるようである。飛行機のパイロットは男性であるべきという根拠のない考えをなくすためには，この点についての強いメッセージを若い世代に送らねばならない。

POINT

【第６パラグラフ】

男性も女性もパイロットとして同じようにうまく働けるというメッセージを若い世代に発信することが，問題の解決につながる。

これまでまとめてきた各パラグラフの要点をさらにまとめると，「女性パイロットが少ない原因は，女性がパイロットに適していないという根拠のない固定観念だが，男性と女性は得意とすることが違うだけで，柔軟な労働条件を提供すればどちらもパイロットとして同じくらいうまく働けるだろう」ということ。これを踏まえた上で，問４の選択肢を吟味しよう。

問4 Which of the following statements best summarizes the article? 38

次の記述のうち，記事を最もよく要約しているものはどれか。

① Despite negative views toward female pilots, they can be as successful as male pilots.
女性パイロットに対してはいくつかの否定的な見方があるが，彼女たちは男性パイロットと同じくらい成功する可能性がある。

② Due to financial problems the percentage of female students in a pilot academy in Asia is too small.
経済的な問題のために，アジアにおけるパイロット養成学校の女性生徒の割合はあまりにも低い。

③ In the future many countries worldwide may have to start hiring more female pilots like Asian countries.
将来，世界中の多くの国がアジア諸国と同じように，女性パイロットをより多く雇い始める必要が出てくるかもしれない。

④ There is little concern about increasing female pilots in the future because major obstacles for them have been removed.
女性パイロットに対する主な障害は取り除かれたので，将来女性パイロットを増やすことについて懸念すべきことはほとんどない。

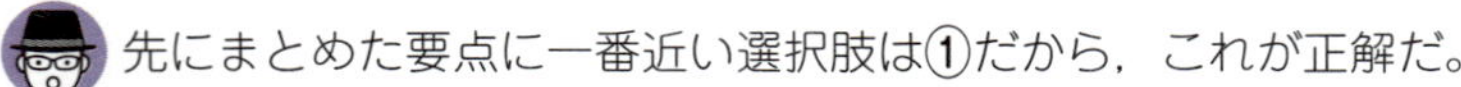

先にまとめた要点に一番近い選択肢は①だから，これが正解だ。

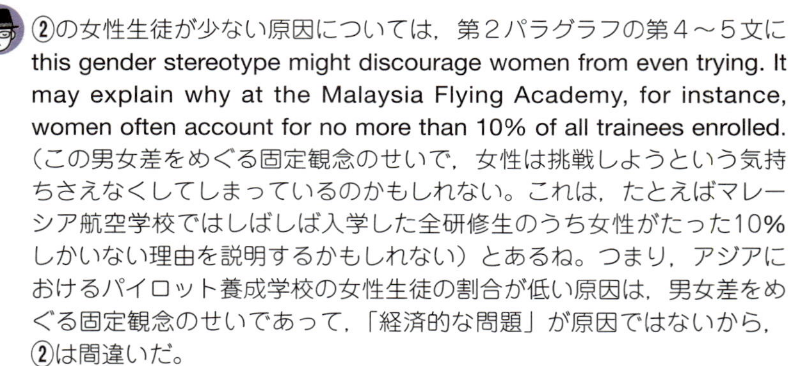

②の女性生徒が少ない原因については，第２パラグラフの第４～５文に **this gender stereotype might discourage women from even trying. It may explain why at the Malaysia Flying Academy, for instance, women often account for no more than 10% of all trainees enrolled.**（この男女差をめぐる固定観念のせいで，女性は挑戦しようという気持ちさえなくしてしまっているのかもしれない。これは，たとえばマレーシア航空学校ではしばしば入学した全研修生のうち女性がたった10%しかいない理由を説明するかもしれない）とあるね。つまり，アジアにおけるパイロット養成学校の女性生徒の割合が低い原因は，男女差をめぐる固定観念のせいであって，「経済的な問題」が原因ではないから，②は間違いだ。

この記事の主題は「アジアにおけるパイロット不足の原因とその解決策」であって，「将来，世界中の多くの国が女性パイロットをより多く雇う必要がある」かどうかはまた別の話だから，③は不適切だよ。

「男性も女性もパイロットとして同じようにうまく働けるというメッセージを若い世代に発信することが，問題の解決につながる」という第６パラグラフの要点からもわかるように，女性パイロット不足の問題はまだ解決されていない。「女性パイロットに対する主な障害は取り除かれた」とは言えないので，④もダメだね。

B You are studying about world ecological problems. You are going to read the following article to understand what has happened in Yellowstone National Park.

Yellowstone National Park, located in the northern United States, became the world's first national park in 1872. One of the major attractions of this 2.2-million-acre park is the large variety of animals. Some people say that Yellowstone is the best place in the world to see wolves. As of December 2016, there were at least 108 wolves and 11 packs (social families) in the park. By the 1940s, however, wolves had almost disappeared from Yellowstone National Park. Today, these wolves are back and doing well. Why have they returned?

The wolves' numbers had declined by the 1920s through hunting, which was not regulated by the government. Ranchers on large farms raising cattle, horses, and sheep did not like wolves because they killed their animals. When the wolves were on the point of being wiped out by hunting, another problem arose — the elk herds increased in number. Elk, a large species of deer, are the wolves' principal source of food in the winter. The elk populations grew so large that they upset the balance of the local ecosystem by eating many plants. People may like to see elk, but scientists were worried about the damage caused by the overly large population.

To solve this problem, the U.S. government announced their intention to release young wolves brought from Canada. It was hoped that the wolves would hunt the elk and help bring down the population. However, because many ranchers were against bringing back wolves, it took about 20 years for the government and the ranchers to agree on a plan. In 1974, a team was appointed to oversee the reintroduction of wolves. The government published official recovery plans in 1982, 1985, and finally in 1987. After a long period of research, an official environmental impact statement was issued and 31 wolves were released into Yellowstone from 1995 to 1996.

This project to reduce the number of elk was a great success. By 2006, the estimated wolf population in Yellowstone National Park was more than 100. Furthermore, observers believe that the wolves have been responsible for a decline in the elk population from nearly 20,000 to less than 10,000 during the first 10 years following their introduction. As a result, a lot of plants have started to grow back. The hunting of wolves is even allowed again because of the risk from wolves to ranchers' animals. While hunting wolves because they are perceived as a threat may seem like an obvious solution, it may cause new problems. As a study published in 2014 suggested, hunting wolves might increase the frequency of wolves killing ranchers' animals. If the leader of a wolf pack is killed, the pack may break up. Smaller packs or individual wolves may then attack ranchers' animals. Therefore, there is now a restriction on how many wolves can be hunted. Such measures are important for long-term management of wolf populations.

問1 The decline of wolves in Yellowstone National Park in the early 1900s resulted in [39].

① a decrease in the number of hunters, which was good for the wolves
② a decrease in the number of ranchers, which reduced the human population
③ an increase in the number of elk, which damaged the local ecosystem
④ an increase in the number of trees and plants, which helped elk to hide

問2 Out of the following four graphs, which illustrates the situation the best? [40]

①
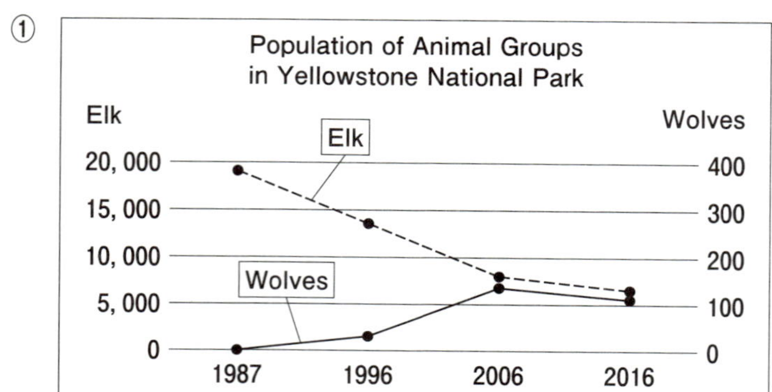

②

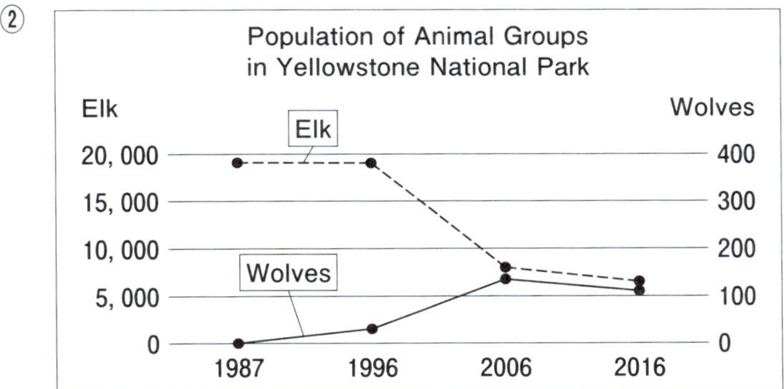
Population of Animal Groups
in Yellowstone National Park
Elk
Wolves
Elk
Wolves
20, 000
15, 000
10, 000
5, 000
0
400
300
200
100
0
1987
1996
2006
2016

③

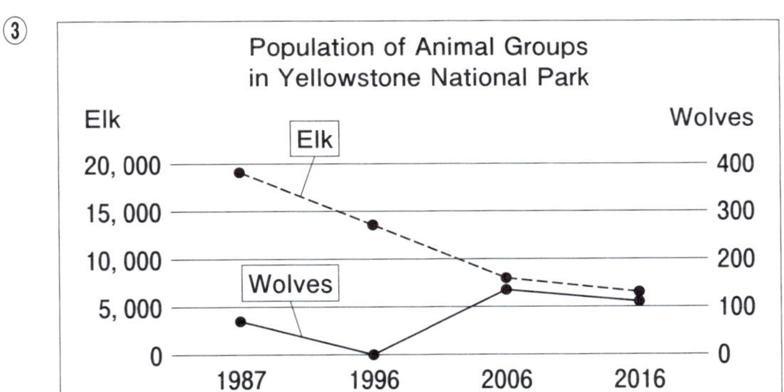
Population of Animal Groups
in Yellowstone National Park
Elk
Wolves
Elk
Wolves
20, 000
15, 000
10, 000
5, 000
0
400
300
200
100
0
1987
1996
2006
2016

④

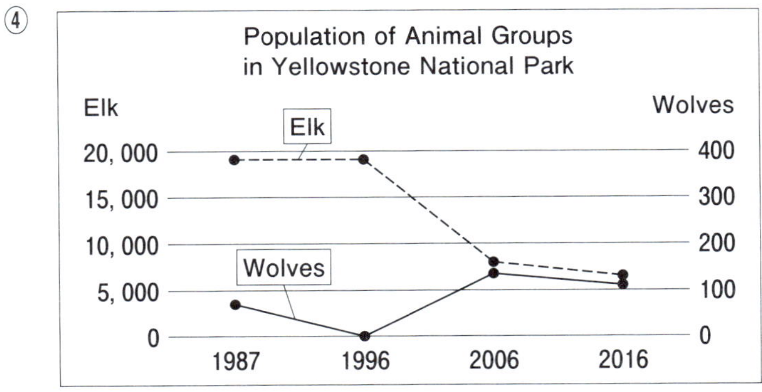
Population of Animal Groups
in Yellowstone National Park
Elk
Wolves
Elk
Wolves
20, 000
15, 000
10, 000
5, 000
0
400
300
200
100
0
1987
1996
2006
2016

問3 According to the article, which two of the following tell us about the current situation in the park? (**Choose two options**. The order does not matter.) [41] · [42]

① More travelers are visiting the park than thirty years ago.
② One species was saved but another has become extinct instead.
③ People have started hunting wolves around this area again.
④ The park has both wolves and elk, as well as rich vegetation.
⑤ There is a new rule to reduce the elk population in the park.

問4 The best title for this article is [43].

① A Decrease in the Number of Ranchers' Animals
② Addressing Problems With Nature's Balance
③ Nature Conservation Around the World
④ Releasing Elk in National Parks

 第６問B 解答のポイント （全訳＆語彙▶▶▶別冊pp.026〜028）

解答 [39]：③ [40]：② [41]・[42]：③・④ [43]：②

 まずはリード文を読んで，どんな話になりそうか予想を立てよう。

You are studying about **world ecological problems**. You are going to read the following article to understand **what has happened in Yellowstone National Park**.

和訳 あなたは**世界の生態系の問題**について学んでいます。**イエローストーン国立公園で起こったこと**を理解するために，次の記事を読もうとしています。

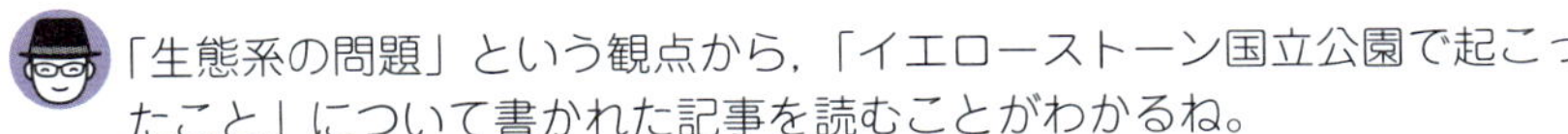
「生態系の問題」という観点から，「イエローストーン国立公園で起こったこと」について書かれた記事を読むことがわかるね。

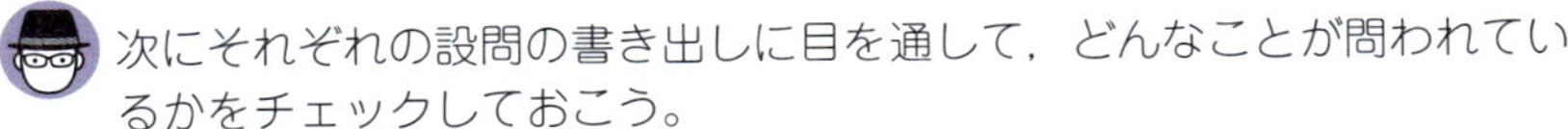
次にそれぞれの設問の書き出しに目を通して，どんなことが問われているかをチェックしておこう。

問1 The decline of wolves in Yellowstone National Park in the early 1900s resulted in [39].

1900年代初めのイエローストーン国立公園におけるオオカミの減少がもたらした結果は[39]。

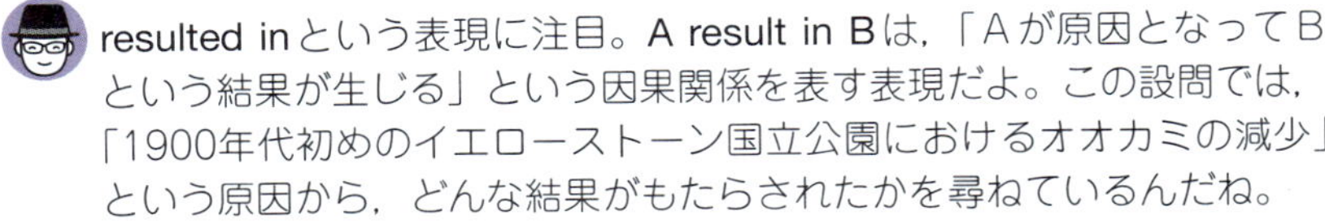
resulted inという表現に注目。A result in Bは，「Aが原因となってBという結果が生じる」という因果関係を表す表現だよ。この設問では，「1900年代初めのイエローストーン国立公園におけるオオカミの減少」という原因から，どんな結果がもたらされたかを尋ねているんだね。

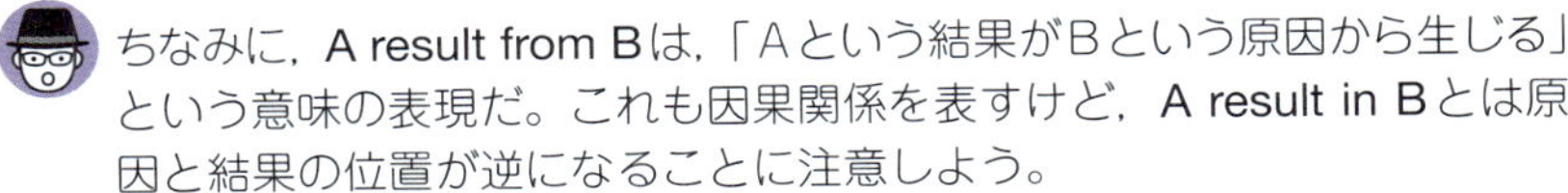
ちなみに，A result from Bは，「Aという結果がBという原因から生じる」という意味の表現だ。これも因果関係を表すけど，A result in Bとは原因と結果の位置が逆になることに注意しよう。

●[A] result in [B]「Aという原因からBという結果が生じる」

原因 ——→ 結果

●[A] result from [B]「Aという結果がBという原因から生じる」

結果 ←—— 原因

問2 Out of the following four graphs, which illustrates the situation the best? [40]

次の４つのグラフのうち，状況を最もよく表しているものはどれか。

本文で述べられた状況と合致するグラフを選ぶ問題だ。試しに選択肢のグラフを見てみよう。

①

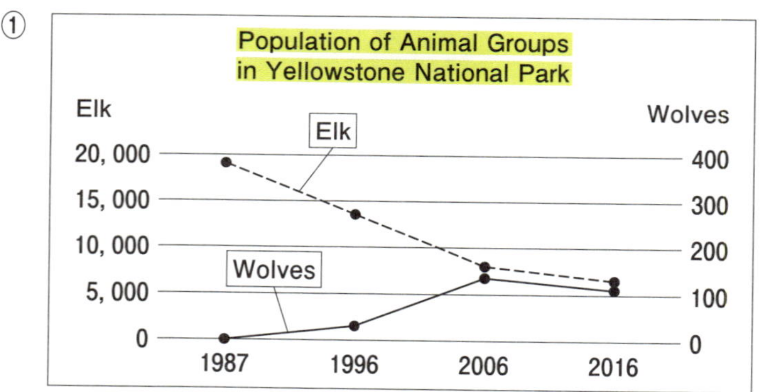

タイトルからはこのグラフが「イエローストーン国立公園における動物の数」を示していることがわかるよ。1987，1996，2006，2016という年代が横軸に，Elk（ヘラジカ）とWolves（オオカミ）の個体数が縦軸になっているから，それらに注意しながら本文を読んでいけばいいね。

問3 According to the article, which two of the following tell us about the current situation in the park? (**Choose two options**. The order does not matter.) [41]・[42]

記事によると，公園の現在の状況を示しているのは次のうちどの２つか。（２つの選択肢を選べ。順番は問わない）

公園の現在の状況を述べている箇所を探せばいいね。正解が２つあることを見落とさないように注意しよう。

問4 The best title for this article is [43].
この記事に最もふさわしいタイトルは [43] である。

この記事にふさわしいタイトルを選ぶ問題だ。記事全体を読んで，概要を把握する力が問われることになるよ。

それでは，本文を読んでいこう。

【第1パラグラフ】

Yellowstone National Park, located in the northern United States, became the world's first national park in 1872. One of the major attractions of this 2.2-million-acre park is the large variety of animals. Some people say that Yellowstone is the best place in the world to see wolves. As of December [2016], there were at least 108 wolves and 11 packs (social families) in the park. By the 1940s, however, wolves had almost disappeared from Yellowstone National Park. Today, these wolves are back and doing well. Why have they returned?

和訳 アメリカ合衆国北部に位置するイエローストーン国立公園は，1872年に世界で最初の国立公園となった。この220万エーカーの公園の主な魅力の1つは，様々な種類の動物にある。イエローストーンは，オオカミを見るのに世界で最も適した場所だと言う人もいる。[2016年]12月時点で，公園には少なくとも108匹のオオカミと11個の群れ（群居集団）がいた。ところが1940年代までには，オオカミがイエローストーン国立公園からほとんどいなくなっていたのである。現在では，これらのオオカミは戻ってきて問題なく暮らしている。なぜ彼らは戻ってきたのだろうか。

問２の手がかりとなる年代のうち，2016年が第４文で登場するよ。

As of December [2016], there were at least 108 wolves and 11 packs (social families) in the park.

和訳 [2016年]12月時点で，公園には少なくとも108匹のオオカミと11個の群れ（群居集団）がいた。

①

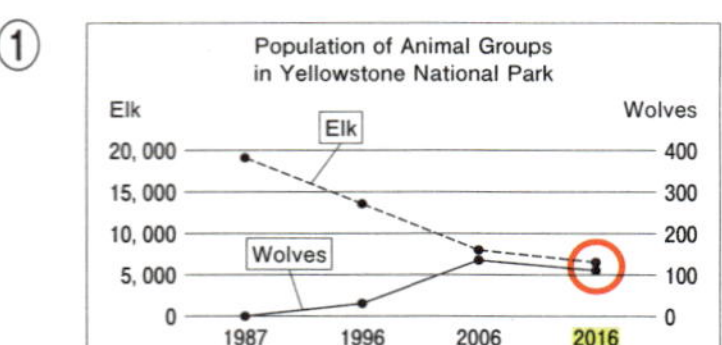

②

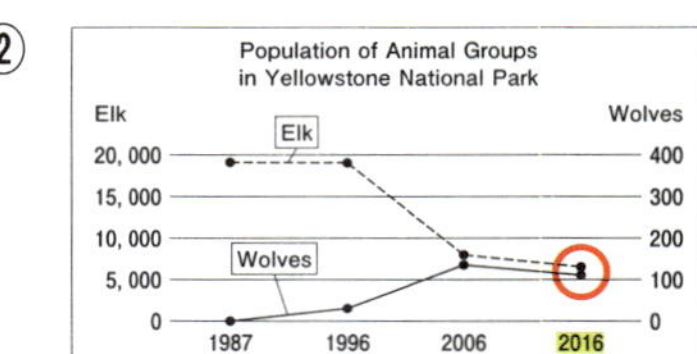

③

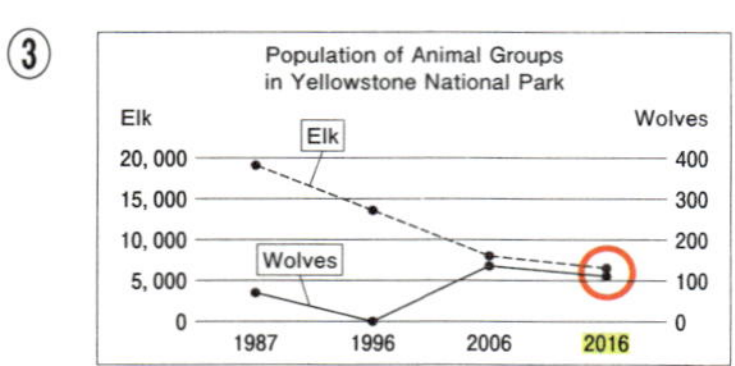

④

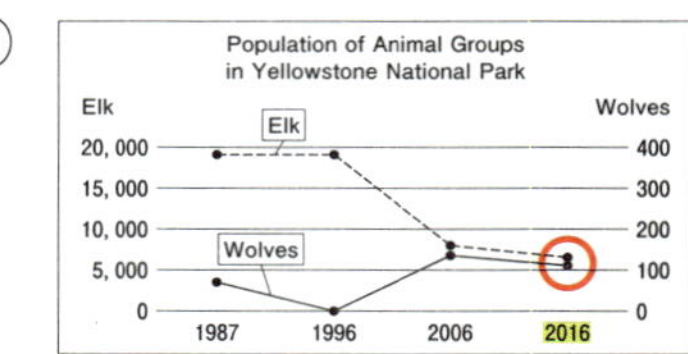

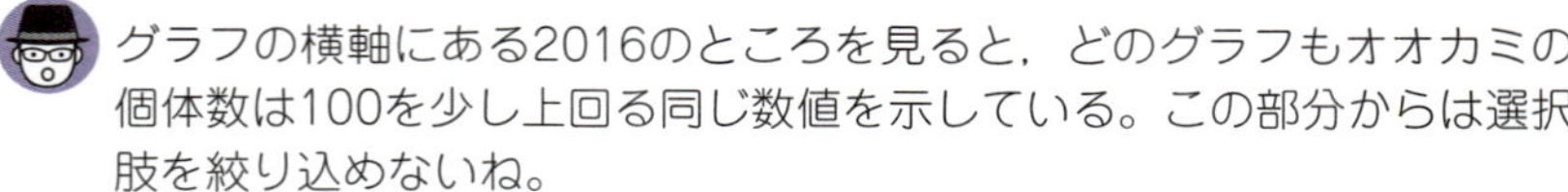

グラフの横軸にある2016のところを見ると，どのグラフもオオカミの個体数は100を少し上回る同じ数値を示している。この部分からは選択肢を絞り込めないね。

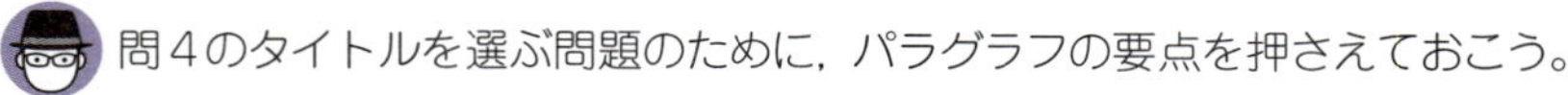

問４のタイトルを選ぶ問題のために，パラグラフの要点を押さえておこう。

POINT

【第１パラグラフ】

イエローストーン国立公園のオオカミは，1940年代には絶滅しかけていたが，2016年には108頭まで増えた。

【第２パラグラフ】

The wolves' numbers had declined by the 1920s through hunting, which was not regulated by the government. Ranchers on large farms raising cattle, horses, and sheep did not like wolves because they killed their animals. When the wolves were on the point of being wiped out by hunting, another problem arose—the elk herds increased in number. Elk, a large species of deer, are the wolves' principal source of food in the winter. The elk populations grew so large that they upset the balance of the local ecosystem by eating many plants. People may like to see elk, but scientists were worried about the damage caused by the overly large population.

和訳 オオカミの数は1920年代までに狩猟によって減少してしまったが，狩猟は政府によって規制されていなかった。牛，馬，羊を飼育している大規模農場の牧場主は，オオカミが牧場の動物を殺すので，オオカミを好まなかった。狩猟によってオオカミが絶滅しかけたとき，他の問題が生じた―ヘラジカの群れの数が増えたのである。大型の鹿の一種であるヘラジカは，オオカミにとって冬の主な食料源である。ヘラジカの個体数があまりに増えてしまったために，植物をたくさん食べることでヘラジカは地域の生態系のバランスを崩してしまった。人々はヘラジカを見るのが好きかもしれないが，科学者たちは個体数が過度に増えることで引き起こされる被害について心配していた。

まず注目してほしいのが，第１文のby the 1920s（1920年代までに）という時間の表現。問１で問われていたのは，「1900年代初めのオオカミの減少がもたらした結果」だったね。

問1 The decline of wolves in Yellowstone National Park in the early 1900s resulted in [39].

1900年代初めのイエローストーン国立公園におけるオオカミの減少がもたらした結果は [39]。

① a decrease in the number of hunters, which was good for the wolves
ハンターの数の減少であり，それはオオカミにとって良いことであった

② a decrease in the number of ranchers, which reduced the human population
牧場主の数の減少であり，そのことが人口を減少させた

③ an increase in the number of elk, which damaged the local ecosystem
ヘラジカの数の増加であり，そのことが地域の生態系に害をもたらした

④ an increase in the number of trees and plants, which helped elk to hide
木や植物の数の増加であり，そのことがヘラジカが身を隠すのに役立った

「1900年代初め」という年代は「1920年代まで」の期間に含まれているし時間的にも近いから，この第２パラグラフには問１を解く手がかりが隠されていそうだ。続いて第３文を見てみよう。

CHAPTER 1

プレテスト

When the wolves were on the point of being wiped out by hunting, another problem arose—the elk herds increased in number.

和訳 狩猟によってオオカミが絶滅しかけたとき，他の問題が生じた―ヘラジカの群れの数が増えたのである。

この文は，第１文で述べた「狩猟によるオオカミの数の減少」が原因となり，「ヘラジカの数の増加」が結果として生じたと言っているよ。さらに，第５文を見てみよう。

The elk populations grew so large that they upset the balance of the local ecosystem by eating many plants.

和訳 ヘラジカの個体数があまりに増えてしまったために，植物をたくさん食べることでヘラジカは地域の生態系のバランスを崩してしまった。

このso ～ that ...は「あまりに～なので，…」という意味で，またしても因果関係を表す表現だ。今度は「ヘラジカの数の増加」が原因となり，「地域の生態系のバランスの崩壊」が結果として生じたということを表しているよ。

第２パラグラフで述べられている因果関係を整理してみよう。

❶狩猟によるオオカミの数の減少
↓
❷ヘラジカの数の増加
↓
❸地域の生態系のバランスの崩壊

この内容に当てはまる選択肢は③のan increase in the number of elk, which damaged the local ecosystem（ヘラジカの数の増加であり，そのことが地域の生態系に害をもたらした）だね。このように，解答の根拠となる情報が複数の箇所に散らばっていることもあるから注意が必要だ。

①の「ハンターの減少」については述べられていないね。

②の「牧場主の数の減少」についても述べられていないよ。

④については，第５文にthey（＝elk）upset the balance of the local ecosystem by eating many plants（植物をたくさん食べることでヘラジカは地域の生態系のバランスを崩してしまった）とある。植物をたくさん食べると植物は減少するはずだから，④の「木や植物の数の増加」は正しくないと判断できるね。

POINT

【第２パラグラフ】

1920年代までに狩猟によってオオカミの数が減少した結果，ヘラジカの数が増え，生態系のバランスが崩れることになった。

【第３パラグラフ】

To solve this problem, the U.S. government announced their intention to release young wolves brought from Canada. It was hoped that the wolves would hunt the elk and help bring down the population. However, because many ranchers were against bringing back wolves, it took about 20 years for the government and the ranchers to agree on a plan. In 1974, a team was appointed to oversee the reintroduction of wolves. The government published official recovery plans in 1982, 1985, and finally in 1987. After a long period of research, an official environmental impact statement was issued and 31 wolves were released into Yellowstone from 1995 to 1996.

和訳 この問題を解決するためにアメリカ政府は，カナダから連れてきた若いオオカミを放つという意向を発表した。オオカミがヘラジカを狩り，ヘラジカの個体数を減らすのに役立つことが期待された。ところが，多くの牧場主がオオカミを戻すことに反対したので，政府と牧場主が計画について合意するのに約20年かかった。1974年に，あるチームが任命されて，オオカミの再導入を監督することになった。政府は1982年，1985年，そして最後は1987年に，公式の回復計画を発表した。長期間の研究の後で環境への影響に関する公式声明が発表され，1995年から1996年にかけて31匹のオオカミがイエローストーンに放たれた。

第５～６文に，問２の手がかりとなる1987と1996という年が出てくる。

オオカミやヘラジカの数が書かれていないか確認しよう。

The government published official recovery plans in 1982, 1985, and finally in 1987. After a long period of research, an official environmental impact statement was issued and 31 wolves were released into Yellowstone from 1995 to 1996.

和訳 政府は1982年, 1985年, そして最後は1987年に, 公式の回復計画を発表した。長期間の研究の後で環境への影響に関する公式声明が発表され, 1995年から1996年にかけて31匹のオオカミがイエローストーンに放たれた。

1987年は政府が回復計画を発表した年だとは書いてあるけど, その年のオオカミやヘラジカの数についての具体的な情報はないね。それに対して1996年は,「1995年から1996年にかけて31匹のオオカミがイエローストーンに放たれた」とある。このオオカミの数の増加に当てはまるグラフを探そう。①と②のグラフは, 1996年にかけてオオカミの数が約30増えているので, 正解の候補になるね。

①
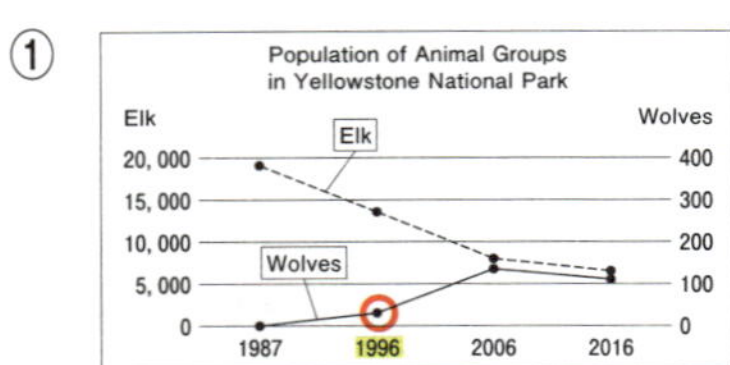

②

それに対して, ③と④のグラフは, 1996年にかけてオオカミの数が減っているから, この２つは不正解だよ。

③
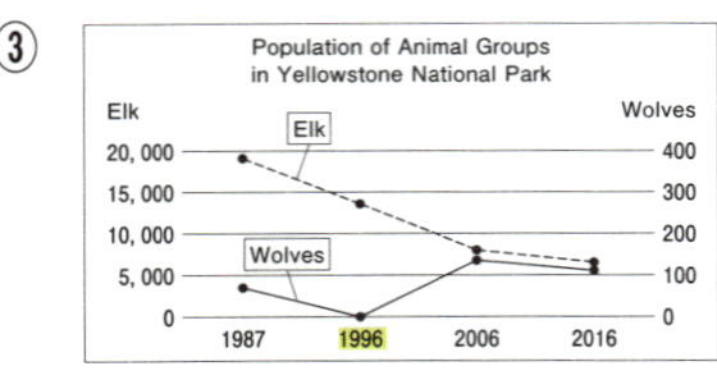

④
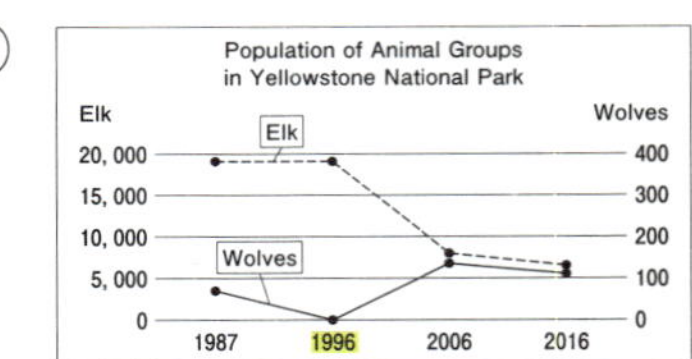

POINT
【第３パラグラフ】
この問題を解決する（＝生態系のバランスを回復する）ために，政府は環境への影響に配慮しながら，1995年から1996年にかけて31匹のオオカミをイエローストーンに放った。

【第４パラグラフ】

This project to reduce the number of elk was a great success. By 2006, the estimated wolf population in Yellowstone National Park was more than 100. Furthermore, observers believe that the wolves have been responsible for a decline in the elk population from nearly 20,000 to less than 10,000 during the first 10 years following their introduction. As a result, a lot of plants have started to grow back. The hunting of wolves is even allowed again because of the risk from wolves to ranchers' animals. While hunting wolves because they are perceived as a threat may seem like an obvious solution, it may cause new problems. As a study published in 2014 suggested, hunting wolves might increase the frequency of wolves killing ranchers' animals. If the leader of a wolf pack is killed, the pack may break up. Smaller packs or individual wolves may then attack ranchers' animals. Therefore, there is now a restriction on how many wolves can be hunted. Such measures are important for long-term management of wolf populations.

和訳 ヘラジカの数を減らすことを目的としたこの計画は，大きな成功を収めた。2006年までに，イエローストーン国立公園のオオカミの推定個体数は100匹を上回った。さらに，オオカミの導入後最初の10年間で，オオカミが原因となって，ヘラジカの個体数が２万頭近くから１万頭未満にまで減ったと監督者たちは考えている。その結果，多くの植物が再び成長し始めた。オオカミが牧場主所有の動物に及ぼす危険のために，オオカミを狩ることが再び許可されることにさえなっているほどである。オオカミが脅威であるとわかっているからオオカミを狩るということは一見すると明白な解決策と思われるかもしれないが，新しい問題を引き起こすかもしれない。2014年に発表された研究が示しているように，オオカミを狩ることで，オオカミが牧場主所有の動物を殺す頻度が高まる可能性があるのだ。オオカミの群れのリーダーが殺されると，その群れはバラバラになる可能性がある。そしてより小さくなった群れや個々のオオカミは，牧場主所有の動物を襲うかもしれない。そのため現在では，狩ることのできるオオカミの数に制限が設けられている。長期間にわたってオオカミの個体数を管理するためには，このような措置が重要となるのである。

第２～３文に，問２のグラフの横軸にある2006年と2016年のことが書かれているよ。

By 2006, **the estimated wolf population in Yellowstone National Park was more than 100**. Furthermore, observers believe that the wolves have been responsible for **a decline in the elk population from nearly 20,000 to less than 10,000** during the first 10 years following their introduction.

和訳 2006年までに，**イエローストーン国立公園のオオカミの推定個体数は100頭を上回った**。さらに，オオカミの導入後最初の10年間で，オオカミが原因となって，**ヘラジカの個体数は２万頭近くから１万頭未満にまで減った**と監督者たちは考えている。

第２文から2006年の時点でオオカミの数が100を超えたことがわかるけれど，残っている①と②のグラフはどちらも100を超えているから，この情報だけでは正解にたどり着けない。

第３文に含まれる「オオカミの導入後最初の10年間」がどの期間を指すか，わかるかな？　直前の第３パラグラフの最終文に「1995年から1996年にかけて31匹のオオカミがイエローストーンに放たれた」とあったね。「オオカミの導入」はこのことを指すと考えられるから，第３文からわかるのは「オオカミの導入後最初の10年間（＝1996年から2006年までの10年間）に，ヘラジカが２万頭近くから１万頭未満にまで減った」ということ。①と②のグラフを見比べると，第３文に当てはまる②が正解だと判断できるよ。

①

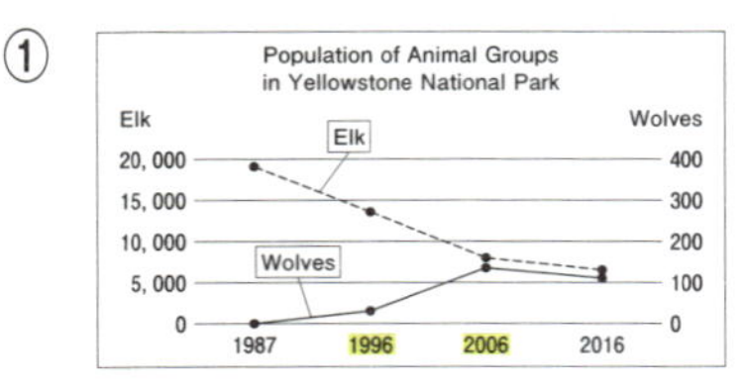

②

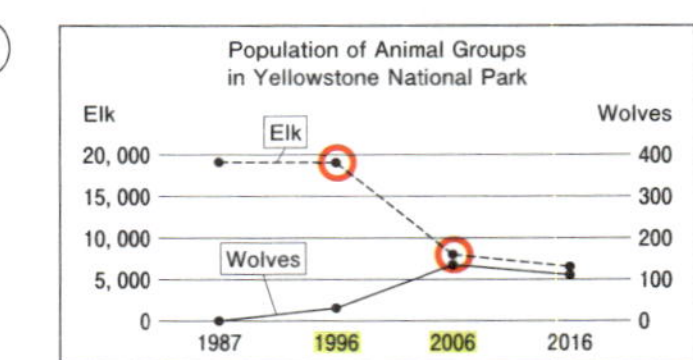

POINT

【第４パラグラフ】

オオカミを増やすことで，ヘラジカの数が減り，植物が増え，生態系のバランスが回復した。狩ることができるオオカミの数を制限することが，オオカミの個体数の管理のために重要だ。

最後まで記事を読み通したところで，残る問３と問４の答えを探そう。

問３ According to the article, which two of the following tell us about the current situation in the park? (**Choose two options.** The order does not matter.) [41]・[42]

記事によると，公園の現在の状況を示しているのは次のうちどの２つか。（２つの選択肢を選べ。順番は問わない）

問３は公園の現在の状況を尋ねているね。第４パラグラフの第１～２文までは主に過去形を使って過去の話をしているけど，第３文からは現在完了形や現在形を使って現在の話をしていることに気づいたかな？

それぞれの選択肢について，第４パラグラフの内容や問２で選んだ②のグラフに一致するかどうかをチェックしていこう。

① More travelers are visiting the park than thirty years ago.
30年前よりも多くの観光客が公園を訪れている。

「観光客の増加」については書かれていないから，①はダメだね。

② One species was saved but another has become extinct instead.
ある種が救われたが，その代わりに別の種が絶滅した。

②の前半の「ある種が救われた」はオオカミの回復のことを指していると考えれば正しいけど，後半の「その代わりに別の種が絶滅した」に当

CHAPTER 1 プレテスト

てはまる内容はどこにも書かれていないよ。

③ People have started hunting wolves around this area again.
人々は再びこの地域周辺でオオカミを狩り始めている。

 第４パラグラフの第５文を見てみよう。

The hunting of wolves is even allowed again because of the risk from wolves to ranchers' animals.
和訳 オオカミが牧場主所有の動物に及ぼす危険のために，**オオカミを狩ることが再び許可されることにさえなっている**ほどである。

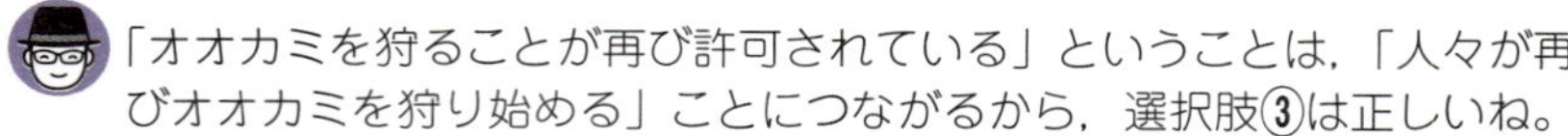
「オオカミを狩ることが再び許可されている」ということは，「人々が再びオオカミを狩り始める」ことにつながるから，選択肢③は正しいね。

④ The park has both wolves and elk, as well as rich vegetation.
その公園にはオオカミとヘラジカの両方が生息し，豊かな植物もある。

問２の正解になった②のグラフから，前半の「その公園にはオオカミとヘラジカの両方が生息する」は正しいとわかるね。また，第４パラグラフの第４文a lot of plants have started to grow back（多くの植物が再び成長し始めた）から，現在では「豊かな植物もある」と言えそうだ。よって④は正解だね。

⑤ There is a new rule to reduce the elk population in the park.
公園内のヘラジカの個体数を減らすための新たな規則がある。

「ヘラジカの個体数を減らすための新たな規則」については述べられていないから，⑤はダメだね。したがって，問３の正解は③と④だ。

問4 The best title for this article is [43].
この記事に最もふさわしいタイトルは [43] である。

① A Decrease in the Number of Ranchers' Animals
牧場主所有の動物の数の減少
② Addressing Problems With Nature's Balance
自然のバランスに関する問題への取り組み
③ Nature Conservation Around the World
世界中の自然保護
④ Releasing Elk in National Parks
国立公園にヘラジカを放つ

第１～４パラグラフの要点をまとめると，「イエローストーン国立公園ではオオカミの数が激減したことでヘラジカが増えすぎ，生態系のバランスが崩れたが，オオカミを再び導入することで失われたバランスが取り戻された」ということだね。

記事のタイトルは，この要点を端的に表していると考えられる。要点を抽象的に言い換えている②Addressing Problems With Nature's Balance（自然のバランスに関する問題への取り組み）が正解だ。

①の「牧場主所有の動物の数の減少」については，第４パラグラフに「オオカミを狩ることで，オオカミが牧場の動物を殺す頻度が高まる可能性がある」という話が出てくるから内容的には正しそうだけど，記事全体をまとめるタイトルとしては細かすぎる情報だね。そもそも，話題の中心はイエローストーン国立公園であって，牧場ではなかったはずだ。

「自然保護」というところだけを見ると③は正しそうだけど，この記事の舞台はイエローストーン国立公園なので，「世界中の自然保護」と話を広げるのはおかしいね。

国立公園に放たれたのはオオカミなので，④も間違いだ。

以上，第１章では2018年実施のプレテストの問題と解き方をくわしく解説してきたよ。共通テストで出題される問題の形式はどのようなものか，効率よく正解を導くためにはどんな点に注意すべきか，少しずつだけどつかめてきたんじゃないかな。

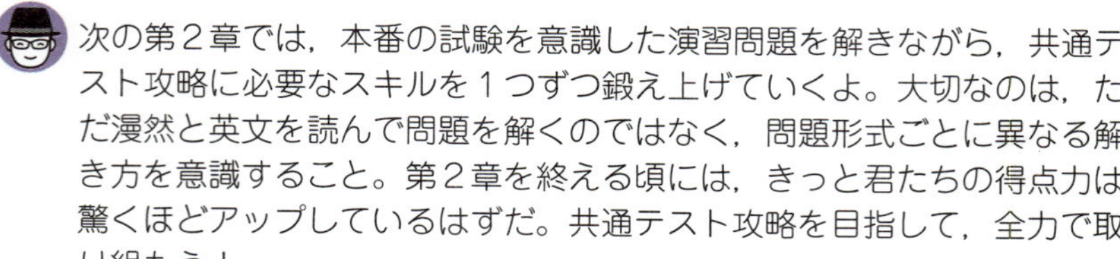

次の第２章では，本番の試験を意識した演習問題を解きながら，共通テスト攻略に必要なスキルを１つずつ鍛え上げていくよ。大切なのは，ただ漫然と英文を読んで問題を解くのではなく，問題形式ごとに異なる解き方を意識すること。第２章を終える頃には，きっと君たちの得点力は驚くほどアップしているはずだ。共通テスト攻略を目指して，全力で取り組もう！

CHAPTER

共通テスト攻略のための スキル・トレーニング

SKILL TRAINING

SKILL TRAINING 1

告知スキャンスキル

You are a senior high school student. You are reading a notice from your school principal.

Dear Students,

As you all know, the school rules say that you are not allowed to use a mobile phone in class. For the last two weeks, however, we've heard of 10 cases in which students violated this rule. This is a warning notice asking all the students of this school to keep your phones off in class.

You can use your phone between classes, but you can only use them outside the classroom. We hope that all students will obey this rule and we do not want to punish any of you in the future.

Your principal,
Cecil Johnson

問1 The notice is requesting the students [1].

① not to bring their mobile phones to school for any reason
② to use their mobile phones only when they are at home
③ not to use their mobile phones while they are attending class
④ to keep their mobile phones off till they get home

問2 We can tell from this notice that [2].

① the rules about mobile phones at this school are out of date
② students who do not obey the rules of mobile phones will get some penalty
③ no students have broken the rules of mobile phones so far
④ the principal is worried about students' futures after they graduate from school

SKILL TRAINING 1 解答のポイント

（全訳＆語彙▶▶▶別冊pp.029〜030）

解答 1 :③　2 :②

告知や案内，手紙などの目的を把握した上で，必要な情報を探し出すタイプの問題です。問題を解くプロセスは，次の３つです。

❶ 英文の目的を把握する
❷ 本文を読む前に探すべき情報を把握する
❸ 本文を読み進める

共通テストの問題には，本文の上にリード文が置かれています。これから読むことになる英文の種類や，どのような設定で読めばよいかを知ることができる重要なヒントです。文章を書いた人物や読む人物の立場を知ることで，場面や状況がイメージしやすくなり，本文の内容が理解しやすくなるので，リード文には必ず目を通しましょう。

この問題のリード文は，You are a senior high school student. You are reading a notice from your school principal.（あなたは高校生です。学校の校長先生からの告知を読んでいます）となっていますね。校長先生が学生に何かを伝えるために書いた告知をこれから読むことがわかります。

リード文に続いて，設問にさっと目を通します。本文を読む前に設問の内容を押さえておくことで，どのような情報を探して本文を読めばよいかが事前に把握でき，スムーズに解答できるというメリットがあります。本文とは異なる誤った情報が含まれている選択肢を読むと混乱してしまうかもしれないので，この段階では選択肢を読む必要はありません。設問だけを確認しましょう。

問１の設問は，The notice is requesting the students [1].（この告知は，生徒たちに[1]を要求している）となっています。つまり，この告知が生徒に要求していることを探しながら読めばよいことがわかりますね。

一方，問２はWe can tell from this notice that [2].（この告知から，[2]ということがわかる）という設問です。問１とは違って，問２は何を探して本文を読めばいいかが設問からはわかりませんね。こういう設問の場合，与えられた英文全体を読んだ上で，それぞれの選択肢と本文を照らし合わせて，適切かどうかを判断する必要があります。

設問をさっと確認したら，いよいよ本文を読み始めます。一見しただけで英文は比較的やさしく短めだとわかりますから，飛ばし読みすることなく全文に目を通すとよいでしょう。❷でチェックした設問の解答になりそうな箇所までたどり着いたら，選択肢と見比べながら正解を絞り込みます。選択肢は「本文の内容と合致する正解の選択肢」，「本文と矛盾する選択肢」，「本文に書かれていない情報を含む選択肢」のいずれかだと考えられます。なお，正解の選択肢でも本文に登場する表現がそのまま使われているとは限りません。多くの場合，本文中の表現は正解の選択肢では別の表現に言い換えられていますので，注意しましょう。

それでは，実際に問題を解いてみましょう。

問1 The notice is requesting the students [1].
この告知は，生徒たちに [1] を要求している。

① not to bring their mobile phones to school for any reason
いかなる理由でも携帯電話を学校に持ってこないこと

② to use their mobile phones only when they are at home
家にいるときだけ携帯電話を使うこと

③ not to use their mobile phones while they are attending class
授業に出席している間は携帯電話を使わないこと

④ to keep their mobile phones off till they get home
家に帰るまで携帯電話の電源を切っておくこと

校長先生からの告知の第１パラグラフの第３文 This is a warning notice asking all the students of this school to keep your phones off in class.（これは，本校すべての生徒諸君に，授業中は電話の電源を切っておくことを求める警告通知です）に注目。この告知の目的は，学校内での携帯電話の使用ルールについて注意を促すことだとわかります。このルールの具体的な内容は，続く第２パラグラフの第１文に You can use your phone between classes, but you can only use them outside the classroom.（授業と授業の合間は電話を使用しても構いませんが，教室外でのみ使用できます）と詳しく説明されていますね。このあたりが手がかりになりそうです。それぞれの選択肢を見てみましょう。

「授業と授業の合間は教室外でのみ電話を使用してもよい」というルールから，この告知が学生に求めていることとして適切なのは③ not to use their mobile phones while they are attending class（授業に出席している間は携帯電話を使わないこと）ですね。本文のin classの部分が，選択肢ではwhile they are attending classと言い換えられていることに気がつきましたか？　正解は③です。

学校でも授業と授業の間であれば携帯電話を使用できるのがルールですから，「学校に携帯電話を持ってこない」とする①や，「家にいるときだけ使う」とする②，「家に帰るまで電源を切っておく」とする④はいずれも間違いだと判断できます。

問2 We can tell from this notice that [2].

この告知から，[2] ということがわかる。

① the rules about mobile phones at this school are out of date
この学校の携帯電話についての規則は時代遅れである

② students who do not obey the rules of mobile phones will get some penalty
携帯電話の規則に従わない生徒は，何らかの罰を受ける

③ no students have broken the rules of mobile phones so far
これまでのところ，携帯電話の規則を破った生徒はいない

④ the principal is worried about students' futures after they graduate from school
校長は，学校を卒業した後の生徒たちの将来を心配している

問２は全体を読んだ上で，それぞれの選択肢が本文の内容と合致するかを調べる問題でしたね。まず選択肢①ですが，「この学校の規則が時代遅れかどうか」のような話は，本文のどこにも書かれていませんでした。これは「本文に書かれていない情報を含む選択肢」なので不正解です。

次に，選択肢②については，第２パラグラフの第２文にWe hope that all students will obey this rule and we do not want to punish any of you in the future.（生徒諸君全員がこの規則を守ることを私たちは願っており，今後諸君を一人たりとも罰したくはありません）とあります。「生徒全員にルールを守ってほしい，誰も罰したくはない」ということはつまり，「規則を破った生徒には罰を与える」ということですよね。本文ではwe（＝私たち，つまり校長を含む学校側の人間）が主語，②ではstudentsが主語になっているという違いはありますが，どちらも「ルールを破った生徒が罰を受ける」という内容では一致しています。よって，正解は②だと判断できます。

念のため，選択肢③，④も見ていきましょう。③については，第１パラグラフの第２文にwe've heard of 10 cases in which students violated this rule（生徒諸君がこの規則を破ったケースを10件耳にしています）と矛盾するため，不正解。④の「卒業後の将来」については本文に記載がないので，不正解です。

学習アドバイス

案内や手紙などの主旨をとらえて正確に情報を得るための**告知スキャンスキル**は，日常生活でも必要なスキルです。実用的な文章を読み間違えてしまうと，誤った行動につながるからです。たとえば今回の問題では，携帯電話の使用ルールを正しく読み取れないと，罰を受けることになってしまいますね。

情報を正しく読み取るときに必要なのは，基本的な語彙力と文法力，そして語法力です。正解の選択肢は本文中の記述を別の表現で言い換えたものである場合が多いため，似たような意味の表現を知っているかどうかがカギを握ります。

語彙力をアップさせるために有効な手段が，きちんと復習をすることです。英文や設問に含まれる単語に知らないものがある場合は辞書を引いたり，別冊にまとめられた全訳や語注を見るなどして意味を確認しましょう。「知らない単語があったけど，正解できたから復習はしなくてもいいや」とごまかした単語が，試験本番で登場しないとは限りませんよね。「解くときは短時間で効率的に，復習はじっくりと丁寧に」を心がけましょう。

SKILL TRAINING 2

テーブルスキャンスキル

You want to do some volunteer work and found an interesting notice on the school bulletin board.

Student Volunteers Needed!

"Drama Festival"

On October 13th, from 2 P.M. until 5 P.M., Montegro High School will be holding a drama festival in the school auditorium. A lot of famous dancers and actors will join this special event. To make this festival successful, we need some student volunteers to help prepare for it and assist us during the festival.

TASK NAME	TASK DETAIL	DATE	TIME
Poster making	Make posters announcing the event	October 2 Wednesday	3:00 P.M. – 6:00 P.M.
Letter writing	Write letters of invitation to send to some kindergartens and old-age homes	October 2 Wednesday	3:00 P.M. – 5:00 P.M.
Setting up the auditorium	Clean the floor, arrange chairs, and help teachers decorate the auditorium	October 12 Saturday	2:00 P.M. – 5:00 P.M.
Welcoming performers	Guide dancers and actors into the waiting room and serve coffee or tea	October 13 Sunday	11:00 A.M. – 1:00 P.M.
Guiding visitors	Stand at the school gate and show visitors how to get to the auditorium	October 13 Sunday	1:00 P.M. – 4:00 P.M.

- If you are interested, please contact Ms. Hammer, the drama teacher, directly.
- Students who would like to help at the festival must have written permission from a parent or guardian.

問1 The purpose of this notice is to find students who [3].

① will help with an event
② want to become performers
③ like to watch dramas
④ can dance at a festival

問2 Even if you are busy over the weekend, you can also be a help by [4].

① welcoming dancers and actors at the gate
② asking Ms. Hammer to give you some other tasks to do
③ decorating the auditorium a week before the event
④ making necessary preparations to announce the event

SKILL TRAINING 2 解答のポイント

(全訳＆語彙▶▶▶別冊pp.031～032)

解答 [3]:① [4]:④

設問に答えるために必要な情報を，テーブル（表）や英文の中から探し出していくタイプの問題です。一見すると複雑に感じられる表も，どの列にどんな内容が書かれているかを丁寧に見ていけば怖くありません。全体にくまなく目を通して，どこに何が書いてあるかをチェックしてから，設問に関係する箇所を重点的に探っていくという点では，普通の長文問題と同じです。問題を解くプロセスは，次の３つです。

❶ 英文の目的を把握する
❷ 本文を読む前に探すべき情報を把握する
❸ 本文を読み進める

まずはリード文に目を通すと，You want to do some volunteer work and found an interesting notice on the school bulletin board.（あなたは何かボランティア活動をしたいと思っており，校内の掲示板に面白そうな告知を見つけました）とあります。

また，告知や案内にはタイトルがついていることがあります。タイトルには英文の目的がシンプルにわかりやすくまとめられていますので，本文を読む前に必ず目を通しましょう。本問のタイトルはStudent Volunteers Needed! / "Drama Festival"（学生ボランティア募集！／「演劇フェスティバル」）となっています。これらの情報を考え合わせると，これから読む文章は「演劇フェスティバルのボランティアを募集する広告」であることがわかります。

タイトルや説明，テーブルや注意書きなど，様々な要素から構成されるこのタイプの問題は見るからにややこしく，焦ると時間を奪われてしまいます。目的なしにだらだらと英文を読むことは避けましょう。先に設問に目を通すことで，本文からどんな情報を得る必要があるかがわかるので，落ち着いて英文を読み進めることができます。この時点では選択肢まで読んでおく必要はありません。

まずは問１です。The purpose of this notice is to find students who [3].（この告知の目的は，[3]学生を見つけることである）という設問から，この告知が書かれた目的を探しながら読めばよいことがわかります。

問２ではEven if you are busy over the weekend, you can also be a help by [4]．（たとえ週末には忙しくても，あなたは[4]によっても手助けができる）という設問から，探すべき情報を読み取りましょう。「週末が忙しくても[4]によっても手助けができる」という文の空所を埋めるためにはつまり，**平日に手助けができるボランティア作業を探せばよい**ということになりますね。

英文に加えて表がついているような複雑な構成の問題の場合，設問に関係なさそうなところは読み飛ばして時間を短縮したくなる人もいるかもしれません。しかし，このタイプの問題では，端の方に注意事項や例外などの細かい情報が書いてあり，それらの情報が選択肢を絞るヒントになる場合があります。すべての英文に必ず一度は目を通し，どこに何が書かれているかを把握しておくことが大切です。

それでは，実際に問題を解いてみましょう。

問1 The purpose of this notice is to find students who [3].
この告知の目的は，[3]学生を見つけることである。

① will help with an event
イベントを手伝う
② want to become performers
演者になりたい
③ like to watch dramas
演劇を見たい
④ can dance at a festival
フェスティバルで踊れる

タイトルのすぐ下にある英文の第３文にTo make this festival successful, we need some student volunteers to help prepare for it and assist us during the festival.（この演劇フェスティバルを成功させるために，準備の手助けとフェスティバル中に私たちを補助してくれる学生ボランティアを必要としています）とあります。これは，Student Volunteers Needed! / “Drama Festival” というタイトルを詳しく説明する文ですね。さらに具体的な作業の内容は，表のTASK NAMEとTASK DETAILの部分に書かれています。どの作業も，イベントを開催するための手伝いだと判断できますから，正解は①will help with an event（イベントを手伝う）です。

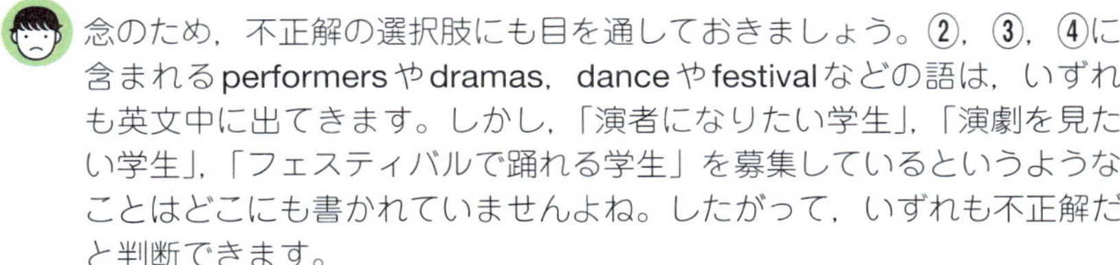

念のため，不正解の選択肢にも目を通しておきましょう。②，③，④に含まれるperformersやdramas，danceやfestivalなどの語は，いずれも英文中に出てきます。しかし，「演者になりたい学生」，「演劇を見たい学生」，「フェスティバルで踊れる学生」を募集しているというようなことはどこにも書かれていませんよね。したがって，いずれも不正解だと判断できます。

問2 Even if you are busy over the weekend, you can also be a help by [4].

たとえ週末は忙しくても，あなたは [4] によっても手助けができる。

① welcoming dancers and actors at the gate
門でダンサーや俳優を出迎えること

② asking Ms. Hammer to give you some other tasks to do
ハマー先生に他の仕事を与えてもらうようにお願いすること

③ decorating the auditorium a week before the event
イベントの1週間前に講堂の飾りつけをすること

④ making necessary preparations to announce the event
イベントを告知するために必要な準備をすること

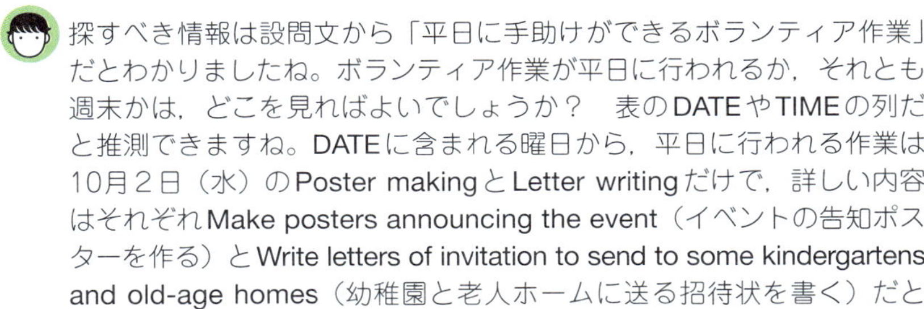

探すべき情報は設問文から「平日に手助けができるボランティア作業」だとわかりましたね。ボランティア作業が平日に行われるか，それとも週末かは，どこを見ればよいでしょうか？　表のDATEやTIMEの列だと推測できますね。DATEに含まれる曜日から，平日に行われる作業は10月2日（水）のPoster makingとLetter writingだけで，詳しい内容はそれぞれMake posters announcing the event（イベントの告知ポスターを作る）とWrite letters of invitation to send to some kindergartens and old-age homes（幼稚園と老人ホームに送る招待状を書く）だと

わかります。これらに該当する選択肢を探しましょう。

平日に行われる「イベントの告知ポスターを作る」作業と，「幼稚園と老人ホームに送る招待状を書く」作業は，どちらも「イベントを告知するために必要な準備」と考えることができますね。したがって，正解は④です。この問題のように，本文では「ポスター製作」「手紙書き」のように具体的に書かれていた内容が，選択肢では「イベントの告知」と抽象的に言い換えられる場合がありますので，注意が必要です。

念のため，不正解の選択肢も確認していきます。選択肢①の「門でダンサーや俳優を出迎えること」に関しては，Welcoming performersのTASK DETAILにGuide dancers and actors into the waiting room and serve coffee or tea（ダンサーと俳優を控え室に案内し，コーヒーや紅茶を出す）という形でダンサーと俳優が登場しますが，門で出迎えるとは書かれていません。さらにGuiding visitorsのStand at the school gate and show visitors how to get to the auditorium（校門に立って，訪問客に講堂への行き方を案内する）から，門で出迎えるのはダンサーや俳優ではなく訪問客だとわかりますから，この選択肢は本文と合致しません。そもそもDATEを見ると，これらはSundayつまり週末に行われるボランティアですから，どちらにせよ不正解です。

選択肢②では，Ms. Hammer（ハマー先生）という名前に注目しましょう。ハマー先生が登場するのは，表の下にあるIf you are interested, please contact Ms. Hammer, the drama teacher, directly.（興味のある人は直接，演劇担当教員のハマー先生に連絡を取ってください）という注意事項です。つまり，ハマー先生はボランティアの受付係であり，別の仕事を紹介してくれるというようなことは書かれていないので，②は間違いです。この注意事項は，視覚的に目立つ表の下に置かれていることもあって，読み飛ばしてしまった人もいるでしょう。「Ms. Hammerってダレだっけ？」とわからなくなってしまった場合は，Hammerという人名を探して本文をさっと探し読みするとよいでしょう。人名や地名などの固有名詞は目立つので，探しやすいはずです。

選択肢③に関する記述は，Setting up the auditoriumのTASK DETAILにある，Clean the floor, arrange chairs, and help teachers decorate the auditorium（床掃除と椅子並べをし，教員が講堂に飾りつけをするのを手伝う）の部分です。「イベント前に講堂の飾りつけをする」という点では正しいのですが，DATEを見るとこの作業はSaturdayつまり週末に行われるので，不正解です。

学習アドバイス

今回学んだテーブルスキャンスキルは，日常生活でも必要な実用的スキルだと言えます。情報を正しく読み取れないと，自分にとって不利な状況が生じたりもしますね。イベントの予定表や乗り物の時刻表，参加者募集の広告や製品の価格表など，テーブルを含んだ文章は日常生活の中でよく目にすることでしょう。このような文章を見かけたら，テーブルのどこに何が書いてあるかを注意して眺めてみることで，問題が解きやすくなるでしょう。

このタイプの問題は比較的英文の量も少なく，短時間で解答できる場合もあります。しかし，端の方に書かれている注意事項や例外を見落とすと，思わぬ落とし穴にハマってしまうことも。正解っぽい選択肢を見つけたからといって安易に飛びつくのではなく，他の選択肢が間違いかどうかもきちんと確認しましょう。

SKILL TRAINING 3

マニュアルスキャンスキル

You have a bad headache in the evening and want to get some medicine at a drugstore. You are now reading the instructions on the package at the store.

For Aspirin Poisoning Prevention

Aspirin is for relieving aches or pains such as headaches or toothaches. Before you take this medicine, read these instructions.

A. How and when to take aspirin

1. Take 2 tablets every 4 to 6 hours. Never take 3 or more at a time.
2. Wait at least 4 hours after the last dose.
3. It's better to take aspirin with food. That way, you will be less likely to get a stomachache.

B. Who can or cannot take aspirin

1. If you have a strong allergy to NSAIDs, or a substance included in this medicine, do not take it.
2. Do not give this medicine to children under the age of 16 unless their doctor prescribes it, as it can—though very rarely—do damage to children's livers or brains.
3. Aspirin is generally safe to take in the first 30 weeks of pregnancy. It is not usually allowed after 30 weeks of pregnancy.
4. If you have had any of these conditions below in the past, but do not suffer from them now, ask your doctor to make sure aspirin is safe for you.
   - stomach illness
   - high blood pressure
   - lung disease
   - liver or kidney problems

NOTE

●If you are pregnant, check with your doctor if it is safe for you to take aspirin.

問1 If you follow the instructions, within 12 hours, you can take [5] at most.

① 2 tablets
② 3 tablets
③ 6 tablets
④ 9 tablets

問2 You will never be allowed to take aspirin if you [6].

① are a 14-year-old boy or girl
② are three months pregnant
③ had stomach illness five years ago
④ have a bad reaction to NSAIDs

SKILL TRAINING 3 解答のポイント

（全訳＆語彙▶▶▶別冊 pp.033〜034）

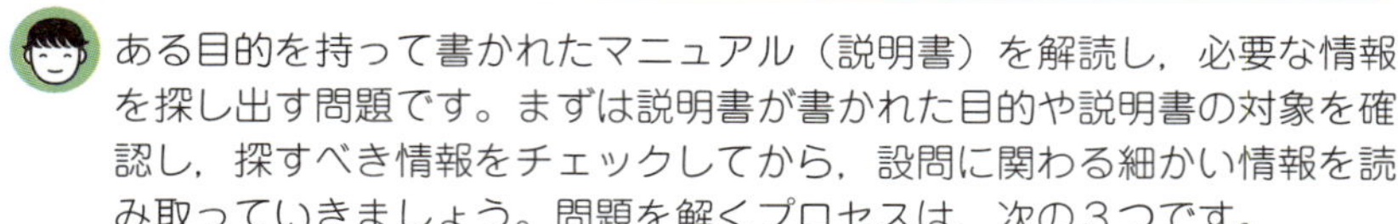

解答 [5]：③ [6]：④

ある目的を持って書かれたマニュアル（説明書）を解読し，必要な情報を探し出す問題です。まずは説明書が書かれた目的や説明書の対象を確認し，探すべき情報をチェックしてから，設問に関わる細かい情報を読み取っていきましょう。問題を解くプロセスは，次の３つです。

❶ 英文の目的を把握する
❷ 本文を読む前に探すべき情報を把握する
❸ 本文を読み進める

まずは冒頭のリード文に目を通します。読み手であるあなたが今置かれている状況が把握でき，スムーズに本文に入っていけます。続いて，本文のタイトルや直後の説明を読み，どんな目的で誰を対象として書かれたマニュアルであるかを把握します。リード文に**You have a bad headache in the evening and want to get some medicine at a drugstore. You are now reading the instructions on the package at the store.**（あなたは夜にひどい頭痛に襲われ，ドラッグストアで何か薬を買いたいと思っています。今，店でパッケージの取扱説明書を読んでいます）とありますから，薬局で頭痛薬か何かを買い求める場面だとわかりますね。

また，タイトルの**For Aspirin Poisoning Prevention**（アスピリンによる中毒を防ぐために）から，この英文はアスピリンの服用法に関するものだと推測ができます。その下にある**Aspirin is for relieving aches or pains such as headaches or toothaches. Before you take this medicine, read these instructions.**（アスピリンは頭痛や歯痛など様々な痛みを緩和するためのものです。本薬を服用する前に，この取扱説明書をお読みください）という説明からは，アスピリンが頭痛や歯痛を抑えるための薬であり，この英文は使用する前に読むべき説明書だとわかりますね。

続いては設問にさっと目を通します。本文の続きを読む前に設問の内容を押さえておくことで，どのような情報を探して本文を読めばよいかが事前に把握でき，スムーズに解答することができます。この段階では選択肢を詳しく読む必要はありません。設問だけを確認しましょう。

まず問１は，If you follow the instructions, within 12 hours, you can take [5] at most.（取扱説明書に従えば，12時間以内で最大[5]を服用できる）となっています。選択肢には錠剤の数がならんでいるので，アスピリンの用法や用量について書かれている箇所に着目すればよいとわかりますね。

問２の設問には，You will never be allowed to take aspirin if you [6].（もしあなたが[6]ならば，アスピリンを服用することは決して認められない）とあります。アスピリンを服用してはいけない場合について書いてある箇所を探す必要があります。

設問をチェックしたら，いよいよ本文を読み始めます。❷でチェックした設問の解答になりそうな箇所までたどり着いたら，選択肢と見比べながら正解を絞り込みましょう。手順や注意事項が詳しく記載されているマニュアル文では，読み飛ばしは厳禁です。該当箇所と選択肢の内容を照らし合わせながら，慎重に正解を見極めましょう。

それでは，実際に問題を解いてみましょう。まずは問１の手がかりになりそうなところまで読み進めていきます。

問1 If you follow the instruction, within 12 hours, you can take [5] at most.

取扱説明書に従えば，12時間以内で最大[5]を服用できる。

① 2 tablets
２錠

② 3 tablets
３錠

③ 6 tablets
６錠

④ 9 tablets
９錠

CHAPTER 2 スキル・トレーニング

A. How and when to take aspirin（アスピリンの服用方法と服用時間）の部分に答えが書かれていそうですね。Take 2 tablets every 4 to 6 hours. Never take 3 or more at a time.（4～6時間おきに2錠を服用してください。一度に3錠以上の服用は絶対にしないでください）や，Wait at least 4 hours after the last dose.（最後の服用から最低4時間はおいてください）という注意書きからわかるのは，「アスピリンは最短4時間おきに2錠ずつ服用できる」ということ。つまり，設問の「12時間で服用できる最大量」は，（12時間÷4時間）×2錠＝6錠ということになります。よって正解は③です。

この問題のように，正解の6 tablets（6錠）という数字が本文中にそのまま登場せず，計算が必要になる場合があります。計算問題では焦って思わぬ時間を使ってしまうこともありますが，計算自体は簡単です。英語で書かれているからといって焦らず，落ち着いて解きましょう。

また，マニュアルでは本文の隅や最後に置かれた注意事項に重要な情報が書かれていることもあります。注意事項には本文で詳しく説明されたルールや手順の「例外」が記され，解答に影響を及ぼす場合もあるので必ず目を通しましょう。この問題では，最終行のIf you are pregnant, check with your doctor if it is safe for you to take aspirin.（妊娠中の方は，アスピリンの服用がご自身にとって安全であるかを医師にご確認ください）の部分が注意事項に当たります。

問2 You will never be allowed to take aspirin if you [6].

もしあなたが [6] ならば，アスピリンを服用することは決して認められない。

① are a 14-year-old boy or girl
14歳の少年または少女である

② are three months pregnant
妊娠3カ月である

③ had stomach illness five years ago
5年前に胃疾患にかかった

④ have a bad reaction to NSAIDs
NSAIDsに対して悪い反応を示す

問２で探すべき情報は「アスピリンを服用してはいけない場合」でした。手がかりがどこに潜んでいそうか，推測できますか？　B. Who can or cannot take aspirin（アスピリンを服用可能な人，服用不可能な人）の直後にある１～４の項目ですね。この部分とそれぞれの選択肢を照らし合わせることで正誤判定を行い，１つずつ選択肢を消去していくやり方がよいでしょう。

まず，選択肢の①についてです。Bの2のDo not give this medicine to children under the age of 16（16歳未満の子どもにはこの薬を与えないでください）の部分を読めば，①は正解に見えます。しかし直後にunless their doctor prescribes it（医者が処方していない限り）とありますので，医師が処方した場合は16歳未満でも服用可能だとわかります。したがって①は不正解です。

次に，選択肢の②です。Bの3にAspirin is generally safe to take in the first 30 weeks of pregnancy. It is not usually allowed after 30 weeks of pregnancy.（アスピリンは妊娠30週以内に服用するのであれば通例，安全です。30週以降は通例，認められません）とありますので，この部分から正誤判定をしましょう。②の「妊娠３カ月」は週に置きかえると「約12週」です。30週以内ならアスピリンは通例服用可能とありますので，②も不正解です。正誤判定には影響しませんが，最終行のIf you are pregnant, check with your doctor if it is safe for you to take aspirin.（妊娠中の方は，アスピリンの服用がご自身にとって安全であるかを医師にご確認ください）にも注目してください。30週以内であっても医師の確認が必要だとわかります。

選択肢の③については，Bの4に該当箇所があります。

4. If you have had any of these conditions below in the past, but do not suffer from them now, ask your doctor to make sure aspirin is safe for you.
過去に以下のいずれかの症状があったが現在は罹患していない場合は，アスピリンがご自身にとって安全であるかを医師に確認してください。

- stomach illness　胃疾患
- high blood pressure　高血圧
- lung disease　肺病
- liver or kidney problems　肝臓または腎臓疾患

５年前（＝過去）に胃疾患を患っている場合は，医師に確認する必要があるが服用不可とは書かれていないので，③も不正解です。

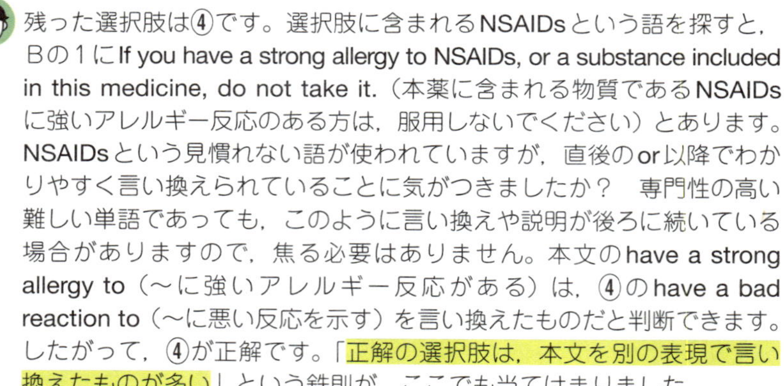

残った選択肢は④です。選択肢に含まれるNSAIDsという語を探すと，Bの1にIf you have a strong allergy to NSAIDs, or a substance included in this medicine, do not take it.（本薬に含まれる物質であるNSAIDsに強いアレルギー反応のある方は，服用しないでください）とあります。NSAIDsという見慣れない語が使われていますが，直後のor以降でわかりやすく言い換えられていることに気がつきましたか？　専門性の高い難しい単語であっても，このように言い換えや説明が後ろに続いている場合がありますので，焦る必要はありません。本文のhave a strong allergy to（～に強いアレルギー反応がある）は，④のhave a bad reaction to（～に悪い反応を示す）を言い換えたものだと判断できます。したがって，④が正解です。「正解の選択肢は，本文を別の表現で言い換えたものが多い」という鉄則が，ここでも当てはまりました。

学習アドバイス

説明書やレシピ，処方箋（せん）などから必要な情報を読み取るためのマニュアルスキャンスキルは，現代生活でますます重視されるスキルです。インターネットで海外製品を購入したり，オンラインでレシピを見て料理を作ったりする機会は，今後より増えていくことでしょう。その際，情報を誤って読み取ってしまうと，不利益を被ってしまいます。たとえば，この問題の場合，薬の服用量を間違えて多く飲んでしまったりしたら，生命にかかわるかもしれません。

現代ではわざわざ説明書を読む機会は少ないかもしれません。直観的にすぐ使えたり，動画ですべてやり方を示してくれたり，プロのサービスマンが設置や設定をすべてやってくれたりする場面は多々あります。でもこんな時代からこそ，「文字で書かれた説明書」を丁寧に読む習慣をつけてみませんか？　インターネットには，英語圏の子ども向けに書かれた簡単なオンラインレシピや，家具を組み立てるための英文マニュアルが転がっています。英語のレシピを読み解き，実際に楽しく料理しながらマニュアルに慣れるのもよいでしょう。

注意が必要なのは，手順やルールには「例外」がつきものだということ。マニュアル文は注意事項までくまなく読む癖をつけましょう。

SKILL TRAINING 4

行間推測スキル

You belong to the volunteer club at school, and you are going to introduce some ideas for recycling at the next meeting. On a website, you found this guide for how to make a shopping bag.

Easy Recycling Idea

"No more plastic bags"

Do you keep a T-shirt in your closet you'll never wear? In that case, why don't you give it another life as a shopping bag? T-shirt bags are really great. They are light in weight and durable enough to hold lots of heavy items. Be eco-friendly by being fashionable!

T-shirt shopping bag

What's needed

1. a T-shirt
2. scissors
3. a sewing machine (You can also sew by hand with a needle and thread.)

How to make

First Step: Close the bottom of the T-shirt.

1. Turn the T-shirt inside out.
2. Cut off the bottom line. You can change the length of the bag depending on how deep you want it to be inside.
3. Sew the bottom of the T-shirt closed.

Second Step: Make two handles to carry the bag with.

1. Cut off the sleeves. Do not cut where the seams are.
2. Cut out the neckline area. How much you cut depends on how large you want the bag opening to be.

Final Step: Turn the T-shirt bag right side out. You are done!

Note

- You can also sew by hand with a needle and thread, but if you want to make the bottom durable, use a sewing machine.
- Ready-made shopping bags, some of which cannot be washed easily, often let bacteria grow. However, T-shirt bags can easily be washed with other clothes

in a washing machine. So, it can always be kept clean and safe to carry food products in.

Review

Kana *June 5, 2019 at 19:17*
This is perfect! I'm proud of myself using a bag no one else owns.

Ben *March 18, 2020 at 11:33*
Thanks. I made one quite easily. No need to be given plastic bags from now on!

問1 These instructions would be good if you want to [7].

① buy a unique shopping bag for friends
② take some action for the environment
③ learn how to sew your own clothes
④ work as a volunteer for a recycling project

問2 Someone who is worried about food poisoning may like this bag because [8].

① food is kept cool in it
② it is made of natural fabrics
③ bacteria can be washed away easily
④ special material is used

SKILL TRAINING 4 解答のポイント

（全訳＆語彙▶▶▶別冊 pp.035～036）

解答 7：② 8：③

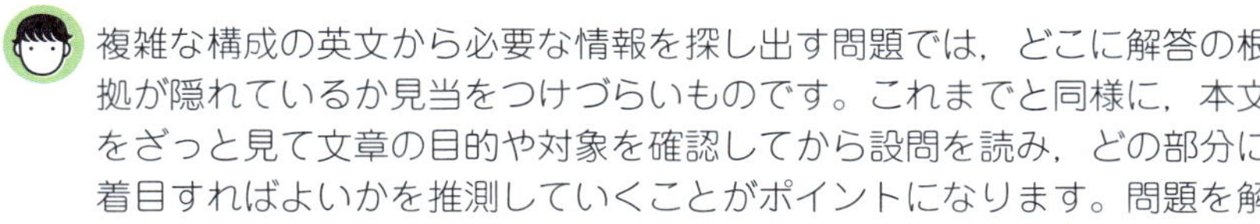

複雑な構成の英文から必要な情報を探し出す問題では，どこに解答の根拠が隠れているか見当をつけづらいものです。これまでと同様に，本文をざっと見て文章の目的や対象を確認してから設問を読み，どの部分に着目すればよいかを推測していくことがポイントになります。問題を解くプロセスは，次の３つです。

❶ 英文の目的を把握する
❷ 設問と選択肢をチェックして探すべき情報を推測する
❸ 本文を読み進める

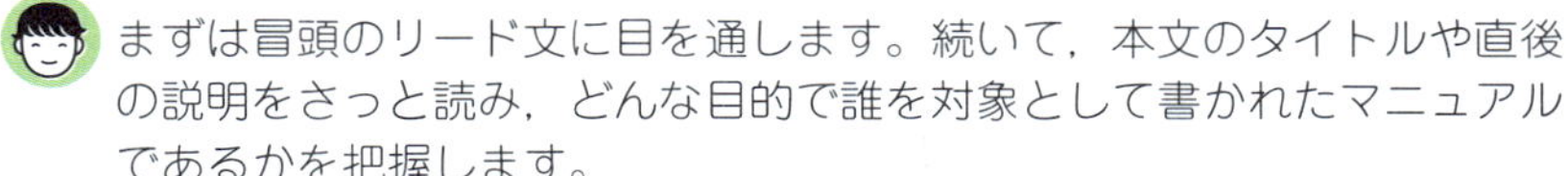

まずは冒頭のリード文に目を通します。続いて，本文のタイトルや直後の説明をさっと読み，どんな目的で誰を対象として書かれたマニュアルであるかを把握します。

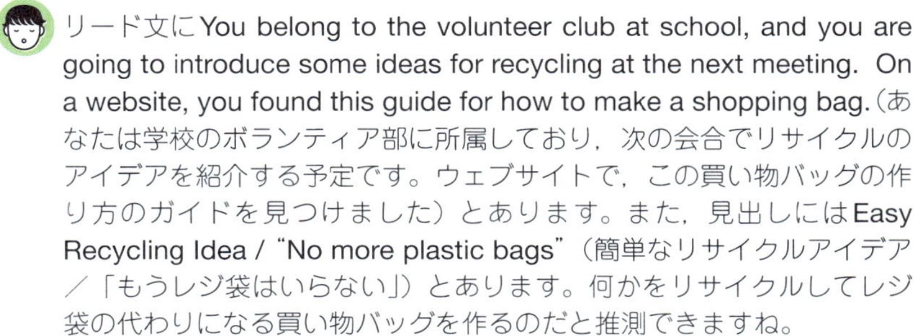

リード文にYou belong to the volunteer club at school, and you are going to introduce some ideas for recycling at the next meeting. On a website, you found this guide for how to make a shopping bag.（あなたは学校のボランティア部に所属しており，次の会合でリサイクルのアイデアを紹介する予定です。ウェブサイトで，この買い物バッグの作り方のガイドを見つけました）とあります。また，見出しにはEasy Recycling Idea / "No more plastic bags"（簡単なリサイクルアイデア／「もうレジ袋はいらない」）とあります。何かをリサイクルしてレジ袋の代わりになる買い物バッグを作るのだと推測できますね。

このタイプの問題は，設問を見ただけでは本文のどこを検索してよいかわかりにくいのが特徴です。設問から「おそらく，こんなことが問われているのだろう」と推測し，それでもピンとこない場合は選択肢にもざっと目を通しましょう。

問１はThese instructions would be good if you want to [7].（この説明書は，あなたが[7]ことを望むなら役に立つだろう）という設問ですから，このガイドはどんな人を対象として書かれたものであるかが問われているのだと推測できます。

問２はSomeone who is worried about food poisoning may like this bag because [8].（[8]ので，食中毒を心配する人もこのバッグを気に入るかもしれない）とあります。つまり，このバッグを使えば食中毒が防げる理由に当たる箇所を探しながら英文を読み進めればよいことがわかりますね。

複雑な構成の英文の場合，設問に答える根拠になりそうな箇所のみを探すのではなく，最初から本文全体を読んでいくことをオススメします。思わぬ場所に正解のヒントが隠れている場合があるので，読み飛ばしは厳禁です。設問の解答根拠に当たるところまでたどり着いたら，選択肢と照らし合わせて正解を導き出していきます。まずは問１について書かれているところまで読み進めていきます。

問1 These instructions would be good if you want to [7].

この説明書は，あなたが [7] することを望むなら役に立つだろう。

① buy a unique shopping bag for friends
友達にユニークな買い物バッグを買ってあげる

② take some action for the environment
環境のために何か行動を起こす

③ learn how to sew your own clothes
自分自身の服を縫う方法を学ぶ

④ work as a volunteer for a recycling project
リサイクル計画のボランティアとして働く

タイトルにEasy Recycling Idea / "No more plastic bags"（簡単なリサイクルアイディア／「もうレジ袋はいらない」）とあること，またタイトル下の英文の第５文にBe eco-friendly by being fashionable!（おしゃれをして，環境にも優しくなりましょう！）とあります。これらから推測すると，このガイドは「レジ袋の代わりになる環境にやさしい買い物バッグの作り方を紹介する」ことを目的に書かれたことがわかります。それぞれの選択肢と照らし合わせると，②が正解であると判断できます。

念のため，他の選択肢が間違いであることも確認しておきましょう。この買い物バッグはＴシャツを再利用して作るもので，バッグを購入するわけではありませんから，①は不正解です。縫うのはバッグであって服ではないので，③も不正解。④の「リサイクル計画」や「ボランティア」に関しては，ボランティア部の会合でリサイクルのアイデアを紹介するとリード文にありますが，リサイクル計画のボランティアとして働くわけではないので，やはり不正解です。

問2 Someone who is worried about food poisoning may like this bag because [8].

[8]ので，食中毒を心配する人もこのバッグを気に入るかもしれない。

① food is kept cool in it
その中では食べ物を冷たく保てる

② it is made of natural fabrics
自然由来の生地で作られている

③ bacteria can be washed away easily
バクテリアが簡単に洗い流される

④ special material is used
特殊な素材が使われている

実は，設問に含まれるfood poisoning（食中毒）については，直接的な記述は本文中にありません。しかし，焦る必要はありません。本文のどこかに問題を解くためのヒントが隠れているからです。書かれていることを手がかりにして正しく行間を推測できれば，必ず正解にたどり着くことができます。

まずは設問から，「food（食べ物）に関係した記述がどこかにあるはずだ」と推測しましょう。本文を読んでいくと，下のほうのNote（注意）という部分に，foodという語を含む次のような記述があります。

● Ready-made shopping bags, some of which cannot be washed easily, often let bacteria grow. However, T-shirt bags can easily be washed with other clothes in a washing machine. So, it can always be kept clean and safe to carry food products in.

和訳 既製品の買い物バッグの中には, 簡単に洗えないものもあり, バクテリア繁殖の原因となります。しかしTシャツバッグは, 他の衣類と一緒に簡単に洗濯機で洗えます。そのため, 食材を持ち運べるよう, 常に清潔で安全に保てます。

この記述から，このTシャツバッグは簡単に洗えるのでバクテリアの増殖を防ぎ，中に入れた食べ物を安全に保てるということがわかります。これは食中毒を気にする人がTシャツバッグを気に入る理由と考えられるので，正解は③だと判断できますね。

「食べ物を冷たく保てる」「自然由来の生地」「特殊な素材」についての記述はどこにもないので，その他の選択肢は間違いです。

学習アドバイス

このタイプの問題が難しく思われる理由は２つあります。１つは英文の構成が複雑であること，もう１つは本文中には直接書かれていないことを推測しなければならないことです。「どこにも答えがない！」と焦るのではなく，思考力を働かせて論理的に考えるための行間推測スキルを磨くことが重要です。

普段から目にする情報に対して想像力を膨らませ，「そうか，この情報はつまりこんな場面で役に立つんだな」と考えたり，「この製品はこういう人に向いているな」などと，様々な角度から情報を吟味する習慣をつけるよう心がけましょう。

また文章を読む際には表面上の意味だけでなく，そこに込められた書き手の意図にも注意しましょう。直接には書かれていなくても暗示されていること，推測を働かせれば必然的に導き出されることなどを意識して，行間を読む力を高めていくことが大切です。

SKILL TRAINING 5

意見・事実判別スキル1

You are wondering if you will buy a newly released DVD of your favorite musician. On a website, you found the product information.

BUY DVD.com

Stephan Obrien "Best Hit Selection DVD"

30 songs of Stephan Obrien's the best hits! We promise you fans will find it amazing when you play it. The legendary singer *Peter Jackson* describes this work as a miracle.

Product details

Form: DVD

Release Date: December 21, 2019

Price: 40.22 U.S. dollars (including tax)

Producer: Baboon Records

Average Customer Review: ★★★★☆ (4.0 out of 5.0 stars)

5 star (=great) 50%　4 star (=Good) 31%　3 star (=Not bad) 9%
2 star (=not good) 4%　1 star (=Awful) 6%

Shipping is free for a product of 20 dollars or more

Customer Review

Jack James

I recommend this to everyone, especially to the ones in their 30's and 40's. This is quite moving.

Sylvia Wilson

I got the product on schedule. It's finally my own! I recall my good-old times!

問1 According to the website, one **fact** (not an opinion) about this product is that [9].

① it is an excellent DVD
② you need to pay extra to get it delivered
③ it is admired by a famous singer
④ it can be recommended to all music lovers

問2 According to the website, one **opinion** (not a fact) about this product is that [10].

① it is a really touching piece of work
② it may not be liked by teenagers
③ it reached a customer on schedule
④ it has reminded a customer of her old days

SKILL TRAINING 5 解答のポイント

（全訳＆語彙▶▶▶別冊 pp.037〜038）

解答 9：③ 10：①

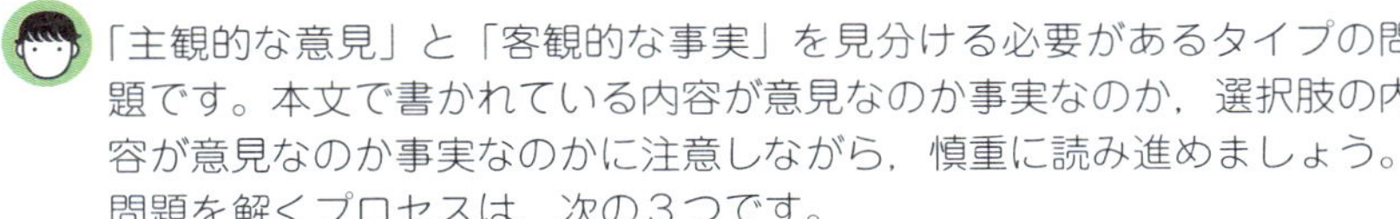

「主観的な意見」と「客観的な事実」を見分ける必要があるタイプの問題です。本文で書かれている内容が意見なのか事実なのか，選択肢の内容が意見なのか事実なのかに注意しながら，慎重に読み進めましょう。問題を解くプロセスは，次の３つです。

❶ 英文の目的を把握する
❷ 本文を読む前に探すべき情報を把握する
❸ 本文を読み進める

まずは冒頭のリード文に目を通します。リード文は You are wondering if you will buy a newly released DVD of your favorite musician. On a website, you found the product information.（あなたはお気に入りのミュージシャンの新しく発売された DVD を買うかどうか考えています。ウェブサイトで，商品の情報を見つけました）となっています。これから読む英文がウェブサイト上の商品紹介のページだとわかりますね。

続いて，本文の見出しなど目立つ部分にさっと目を通しましょう。商品の概要や外見，詳しい商品情報に続いて，下の方にはカスタマーレビュー欄も設けられていますね。ウェブサイトでは，商品名や作者といった重要な情報が目立つようになっていると考えられます。

設問を確認し，探すべき情報が「事実」なのか「意見」なのかをチェックします。問１は「事実」を，問２は「意見」を探す設問ですね。「意見」は英文の下にあるレビュー欄などに書かれていることが多いでしょう。

設問を確認した後で英文を読み，概要を把握します。続いて選択肢に目を通し，選択肢と本文の内容が合致しているかどうかを照らし合わせます。ただし，本文に書いてあるからといって必ずしも正解になるとは限りません。選択肢が「事実」か「意見」かを判別する必要があるからです。delicious / exciting / difficult など個人によって判断が分かれる主観的な形容詞が選択肢に使われている場合は，「意見」である可能性が高いでしょう。また，should（〜すべきだ）や may（〜かもしれない）など，書き手の考えや推量を表す助動詞が使われている場合も，「意見」になる可能性が高いと考えられます。

それでは，実際に問題を解いてみましょう。

問1 According to the website, one **fact** (not an opinion) about this product is that [9].

ウェブサイトによると，この商品に関する事実（意見ではない）は，[9]ということである。

① it is an excellent DVD
それは素晴らしいDVDだ

② you need to pay extra to get it delivered
それを配達してもらうには追加料金を支払う必要がある

③ it is admired by a famous singer
それはある有名歌手に賞賛されている

④ it can be recommended to all music lovers
それはすべての音楽愛好家に薦められる

まずは①から順番に，本文と合致しているかをチェックしましょう。そもそも，excellentだと思うかどうかは人によって判断が分かれることですよね。したがって，この選択肢は「事実」ではなく「意見」ではないかと予測できます。本文の該当箇所を探すと，商品名の下にWe promise you fans will find it amazing when you play it.（一度再生したら，あなた方ファンはその素晴らしさに気づくことを約束します）とあり，このDVDがexcellentであることは「事実」に思えるかもしれません。しかし，よく考えてみるとこの文は販売側が宣伝文句として「約束します」と言っているだけで，「事実」というわけではありませんよね。よって①は不適切です。

②については，Average Customer Reviewの下にあるShipping is free for a product of 20 dollars or more（20ドル以上の商品は送料無料です）という注意事項がポイントです。商品詳細のPriceを見ると，このDVDの価格は40.22ドルですから，送料は無料になると判断できます。したがって②は正しくありません。このように，ちょっとした注意書きが手がかりになることがあるので，細かい部分にも必ず目を通しましょう。

③については，商品名の下の説明の第３文にThe legendary singer Peter Jackson describes this work as a miracle.（伝説の歌手ピーター・ジャクソンは，この作品を奇跡と評しています）とあります。「奇跡と評する」を言い換えたのが「賞賛する」だと考えられますので，正解は③です。「この作品は奇跡だ」というのはピーター・ジャクソンの「意見」ですが，「ピーター・ジャクソンがこの作品を奇跡と評している」というのは「事実」ですよね。

最後の選択肢④ですが，I recommend this to everyone（あらゆる人にお薦めです）というJack Jamesのレビューを読むと，一見正解に見えるかもしれません。しかし，これはレビュアーの個人的な「意見」に過ぎず，「事実」とは言えないので，不適切です。

問2 According to the website, one **opinion** (not a fact) about this product is that [10].

ウェブサイトによると，この商品に関する意見（事実ではない）は，[10]ということである。

① it is a really touching piece of work
それはとても感動的な作品だ

② it may not be liked by teenagers
10代には好まれないかもしれない

③ it reached a customer on schedule
予定通りにある顧客に届いた

④ it has reminded a customer of her old days
ある顧客に昔の日々のことを思い出させた

問２は「意見」を探す設問です。選択肢を１つずつ見ていきましょう。

①については，Jack JamesのレビューにThis is quite moving.（とても感動的です）とあります。これはレビュアーの意見であり，また，touching（感動的な）はmovingの言い換えだと判断できますので，①は正解になりそうです。ただし，油断は禁物です。他の選択肢が不正解であることを確認しましょう。

②については，Jack James のレビューに I recommend this to everyone, especially to the ones in their 30's and 40's.（あらゆる人，特に30～40代の人にお薦めです）という意見があります。「あらゆる人にお薦め」と言っているわけですから，「10代には好まれないかもしれない」という②は不適切です。そもそも，10代だけに限定した記述は本文にありませんよね。

③については，Sylvia Wilson のレビューに I got the product on schedule.（予定通りに商品を受け取りました）とありますが，これは「意見」ではなく「事実」なので不適切です。

残る④については，Sylvia Wilson のレビューに I recall my good-old times!（古き良き時代を思い出します）とあります。本文と選択肢で内容的にはほぼ同じですが，「ある顧客に昔の日々のことを思い出させた」というのはレビュアーの身に起きた「事実」ですから不適切です。このように，レビュー欄に書かれている内容であっても，「意見」ではなく「事実」である場合があるので注意が必要です。

「意見」と「事実」を判別するコツはつかめましたか？　今回の問題のように，正解の選択肢は本文中の記述を別の表現で言い換えているが，内容はほぼ同じであるパターンが多いです。裏を返せば，本文と同じ単語が使われているからといってその選択肢が正解であるとは限らず，反対に同じ単語を使ったひっかけ狙いの選択肢である可能性もあります。この点は，共通テストの問題を解く上では常に意識しておく必要があります。

また，一見すると「事実」のように見える選択肢であっても，「特定の人がそのように判断しているだけ」という場合があります。たとえば，本文に Everyone thinks that Garcia wrote the story. とあり，The story was written by Garcia. という選択肢があったとします。「ガルシアが本を書いた」ことは，皆が頭の中で思っていることにすぎないので，この選択肢は「事実」ではありません。不正解の選択肢は「意見ではなく事実である（またはその逆）」，「本文の内容と合致しない」，「本文のどこにも書かれていない」のいずれかに当てはまることが多いでしょう。

学習アドバイス

意見・事実判別スキルは，書かれている内容が「意見」なのか，「事実」なのかを意識しながら読むことで鍛えられます。様々な情報が氾濫し，どこまでが事実でどこからが意見かを見分けにくい今の時代を生き抜いていく上では不可欠なスキルだと言えます。日常生活で目にする様々な情報を，客観的かつ多角的な視点で観察する姿勢を常に持ちましょう。

またこのスキルは，あるトピックに対して理由付けをしながら自分の意見を書くパラグラフライティングの練習を通じても高めることができます。その際，自分の主張を支持する理由が「客観的事実によって裏付けされているか」を強く意識しながら書く必要があります。たとえば，「犬より猫が好き。理由は小さくて可愛いからだ」などの主観的な意見を主張の根拠として書いてしまう高校生がいます。しかし，「猫より犬の方が可愛い」と考える人もいるはずですから，「猫の方が犬より可愛い」というのは客観的事実とは言えませんね。自分で書いたパラグラフが主観的な意見にかたよりすぎていないかを確認し，先生に添削してもらうなどして他者の目で判断してもらうことが有効です。

SKILL TRAINING 6

意見・事実判別スキル2

You are preparing for a debate class based on the article below.

Girls Still Forced to Wear Skirts

By Meg Morgan
April 30th, 2017

In most public and private schools in Australia, requiring girls to wear skirts is still the norm. They can't wear shorts and pants like boys. Although many state governments have asked schools to offer girls the option of pants, few private or public schools have changed their tradition.

One expert on education says, "The notion that girls should be like girls is out of date. Now is the era of gender equality. I don't think skirts allow the same level of freedom that pants do. They restrict body movement. Uniforms should be practical enough for students to enjoy various school activities comfortably." She added, "Today, we see lots of girls wearing pants in town, so it's unclear why schools insist on them wearing skirts at school."

I know some of the objections to girls wearing pants at school. Several parents said, "It's a long-lasting tradition that women regularly wear skirts. Some surveys reveal that many workplaces across the nation stick to this tradition. Women and girls certainly look cuter and more beautiful in a skirt. We have gender differences. Boys look cool in pants, and so do girls in skirts. What is bad about this?"

1 Comment

Helen Mercury June 11th, 2017

Incredible! I wonder why they stick to something so irrational in the 21st century. By denying girls the option of pants, schools are also denying them comfort at school. Should this be allowed? No. This is serious gender discrimination.

問1 Your team will support the debate topic, "Girls should be able to wear pants at school." In the article, one **opinion** (not a fact) helpful for your team is that [11].

① wearing pants make students look more fashionable than wearing skirts
② many state governments want schools to allow girls to wear skirts at school
③ skirts are less suitable for some school activities than pants are
④ admitting a certain degree of gender difference is important

問2 The other team will oppose the debate topic. In the article, one **opinion** (not a fact) helpful for that team is that [12].

① it is important that men should wear pants in their workplace
② girls should dress like girls, as boys should dress like boys
③ many workplaces in Australia require their female employees to wear skirts
④ getting rid of gender inequality is necessary in the modern world

問3 According to her comment, Helen Mercury [13] the norm stated in the article.

① strongly agrees with
② partly agrees with
③ has no particular opinion about
④ strongly disagrees with

☑ SKILL TRAINING 6 解答のポイント

（全訳＆語彙▶▶▶別冊 pp.039〜040）

解答 11 :③ 12 :② 13 :④

記事中に含まれる「主観的な意見」と「客観的な事実」とを見分ける必要があるタイプの問題です。本文に書かれている内容が意見なのか事実なのか，それぞれの選択肢が意見なのか事実なのか，意見だとすればトピック（話題になっている事柄）に賛成しているのか反対しているのかなどに注意しながら，慎重に読み取りましょう。問題を解くプロセスは，次の３つです。

❶ トピックをつかむ
❷ 本文を読む前に探すべき情報を把握する
❸ 本文を読み進める

まずはリード文を読み，読み手であるあなたが置かれている状況を確認します。本文の上の一番目立つ場所に置かれたタイトルには，記事のトピックが短く簡潔にまとめられています。必ず目を通して，今から読む英文がどのような話題に関するものなのかをつかみましょう。設問も，そのトピックに関する問題である可能性が高いです。

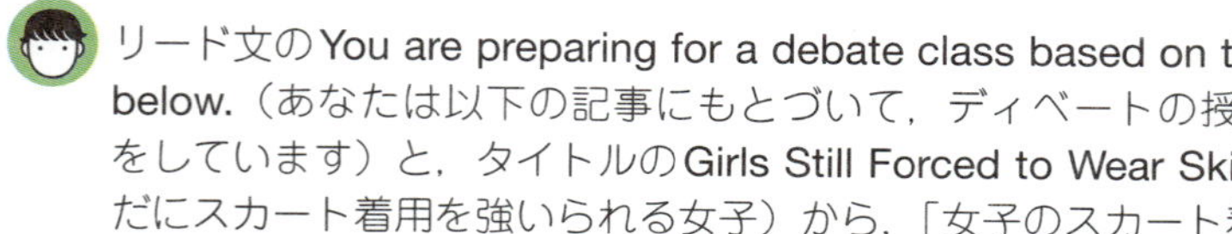

リード文の You are preparing for a debate class based on the article below.（あなたは以下の記事にもとづいて，ディベートの授業の準備をしています）と，タイトルの Girls Still Forced to Wear Skirts（いまだにスカート着用を強いられる女子）から，「女子のスカート着用義務」について賛否が分かれるような記事を読むのだということがわかります。

このタイプの問題では，あるトピックに対する賛成意見や反対意見を含む記事を読みます。また，記事の最後には記事に対する読者のコメントが掲載されています。設問をざっと見て，どのような意見に注目して読んでいくべきかを事前に確認しましょう。この段階では，選択肢に目を通す必要はありません。

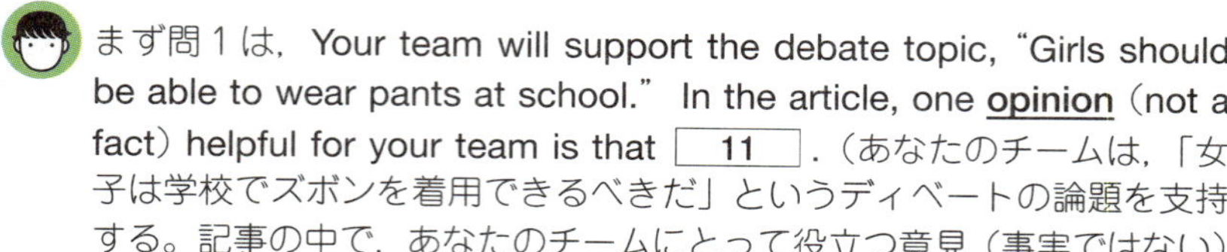

まず問１は，Your team will support the debate topic, "Girls should be able to wear pants at school." In the article, one **opinion** (not a fact) helpful for your team is that [11].（あなたのチームは，「女子は学校でズボンを着用できるべきだ」というディベートの論題を支持する。記事の中で，あなたのチームにとって役立つ意見（事実ではない）

は［ 11 ］ということである）という設問です。一方，問２はThe other team will oppose the debate topic. In the article, one <u>opinion</u> (not a fact) helpful for that team is that ［ 12 ］.（もう一方のチームは，そのディベートの論題に反対する。記事の中で，そのチームにとって役立つ意見（事実ではない）は［ 12 ］ということである）という設問です。

一見，似たような設問なのでややこしいかもしれませんが，問１は「女子の学校でのズボン着用」に賛成している意見を，問２では同じトピックに対する反対意見を選べばよい，ということですね。設問はしっかりと読み，問われていることを正確に理解しましょう。

さらに問３は，According to her comment, Helen Mercury ［ 13 ］ the norm stated in the article.（ヘレン・マーキュリーのコメントによると，彼女は記事で述べられている規範に［ 13 ］）という設問です。この人物が記事の中でどのような立場から意見を述べているかを探すとともに，the norm（規範）が具体的に何を指すのかも突き止める必要がありますね。

設問を確認したら，記事を最初から読んでいきます。第１パラグラフは導入に当たり，「どんなことが論点になっているか」が書かれている場合が多いと予想されます。まずはここを読んで論点を頭に入れましょう。続いて，「意見」が書いてある箇所までたどり着いたら，あらためて設問を確認し，選択肢と本文を照らし合わせていきます。不正解の選択肢は，「記事で述べられてはいるが，意見ではなく事実であるもの」，「意見ではあるが，賛成・反対の立場が逆になっているもの」，「そもそも記事に書かれていないもの」のいずれかと予想されます。まず，問１に関して書かれているところまで読み進めていきましょう。

問1 Your team will support the debate topic, "Girls should be able to wear pants at school." In the article, one <u>**opinion**</u> (not a fact) helpful for your team is that ［ 11 ］.

あなたのチームは，「女子は学校でズボンを着用できるべきだ」というディベートの論題を支持する。記事の中で，あなたのチームにとって役立つ意見（事実ではない）は［ 11 ］ということである。

CHAPTER 2 スキル・トレーニング

① wearing pants make students look more fashionable than wearing skirts
ズボンを履くことは，スカートを履くことより生徒をおしゃれに見せる

② many state governments want schools to allow girls to wear skirts at school
多くの州政府は学校に女子の学校でのスカート着用を許可してもらいたいと思っている

③ skirts are less suitable for some school activities than pants are
スカートはズボンほどには学校での活動に向いていないことがある

④ admitting a certain degree of gender differences is important
ある程度の性差を認めることが大切だ

記事を読み進めていくと，第２パラグラフに登場するOne expert on education（ある教育の専門家）が「女子のズボン着用」に賛成していることがわかります。賛成の根拠を詳しく見てみましょう。

"The notion that girls should be like girls is out of date. Now is the era of gender equality. I don't think skirts allow the same level of freedom that pants do. They restrict body movement. Uniforms should be practical enough for students to enjoy various school activities comfortably. ... Today, we see lots of girls wearing pants in town, so it's unclear why schools insist on them wearing skirts at school."

和訳 女子は女子らしくすべきという考えは時代遅れです。今は男女平等の時代です。スカートはズボンほどには自由を与えてくれないと考えます。身体の動きを制限します。制服は生徒たちが学校の様々な活動を快適に楽しむのに十分な実用性があるべきです。…今日，街中ではズボン姿の少女を多く見かけますから，なぜ学校が校内での女子のスカート着用に固執するのか不明です。

このように，意見にあたる部分はI think ～やI believe ～（～と思う）などの書き出しで始まっていたり，筆者の考えを表すshould（～すべきだ）などの助動詞や，it is important that ～（～は大切だ）などの主観的な形容詞が使われている場合が多いと考えられます。

選択肢を1つずつ吟味していきましょう。まず①の「ズボンの方がおしゃれ」という意見は，賛成意見を述べるこのパラグラフのどこにも述べられていないので不正解です。

②の「州政府の方針」については，確かに第1パラグラフの第3文に Although many state governments have asked schools to offer girls the option of pants（女子にズボンの選択肢を与えるように多くの州政府が学校に要望したが）とあります。でも，よく思い出してください。この設問で探しているのは「事実」ではなく，「意見」でしたよね？ ②は「事実」ですから，不正解です。

③については，第2パラグラフのI don't think skirts allow the same level of freedom that pants do. They restrict body movement. Uniforms should be practical enough for students to enjoy various school activities comfortably. の部分をまとめて言い換えたものと考えられます。これらの内容から「スカートはズボンほどには学校での活動に向いていない」という意見を導くことは論理的に妥当だと考えられますので，正解は③です。

残った④の「性差を認めることが大切だ」ということはつまり，「女子と男子は違う服装をするべき」ということですから，「女子も男子のようにズボンを履けるようにすべき」という論題に反対するものなので，不正解です。

問2 The other team will oppose the debate topic. In the article, one **opinion** (not a fact) helpful for that team is that [12].

もう一方のチームは，そのディベートの論題に反対する。記事の中で，そのチームにとって役立つ意見（事実ではない）は [12] ということである。

① it is important that men should wear pants in their workplace
男性が職場でズボンを着用することは重要だ

② girls should dress like girls, as boys should dress like boys
男子が男子らしい服装をすべきであるように，女子は女子らしい服装をすべきだ

③ many workplaces in Australia require their female employees to wear skirts

CHAPTER 2 スキル・トレーニング

オーストラリアの多くの職場は，女性従業員にスカート着用を要求している

④ getting rid of gender inequality is necessary in the modern world
現代社会では，性の不平等を取り除くことが大切だ

今度は，「女子のズボン着用」に反対する意見を選べばよいわけですね。反対意見を表明しているのは，第３パラグラフのSeveral parentsです。具体的な根拠は，以下の部分です。

Women and girls certainly look [cuter] and more [beautiful] in a skirt. We have gender differences. **Boys look [cool] in pants, and so do girls in skirts**. What is bad about this?

和訳 女性や女の子はスカートを履いたほうが確実に[よりかわいく]，[美しく]見えるんです。性別による違いがあるんです。**ズボンを履いた男子が[素敵]に見えるように，スカートを履いた女子は素敵に見えます**。これのどこが悪いんですか？

この部分は「～だと思う」や「～すべきだ」などのように明らかに意見だとわかるような書き方はしていませんが，cute / beautiful / coolといった，主観によって判断が分かれる形容詞が使われていることから，「意見」に当たると判断できます。

選択肢を１つずつ吟味していきましょう。①の「男性が職場でズボンを着用する重要性」はどこにも書かれていないため，不正解です。

②の内容は，本文のBoys look cool in pants, and so do girls in skirts. What is bad about this?という意見を言い換えたものだと考えられます。よって正解は②です。

③については，第３パラグラフにSome surveys reveal that many workplaces across the nation stick to this tradition.（いくつかの調査が明らかにしていますが，国内の多くの職場がこの伝統にこだわっています）という記述があります。「この伝統」とは，「女性が職場でスカートを着用すること」を指します。したがって③はこの部分と一致しますが，これは「意見」ではなく「事実」ですから，不正解です。

④の「性の不平等を取り除くことが大切だ」という選択肢は，「女子のズボン着用」に賛成する意見でしょうから，不正解です。

問3 According to her comment, Helen Mercury [13] the norm stated in the article.

ヘレン・マーキュリーのコメントによると，彼女は記事で述べられている規範に [13]。

① strongly agrees with
強く賛成している

② partly agrees with
部分的に賛成している

③ has no particular opinion about
特に意見を持っていない

④ strongly disagrees with
強く反対している

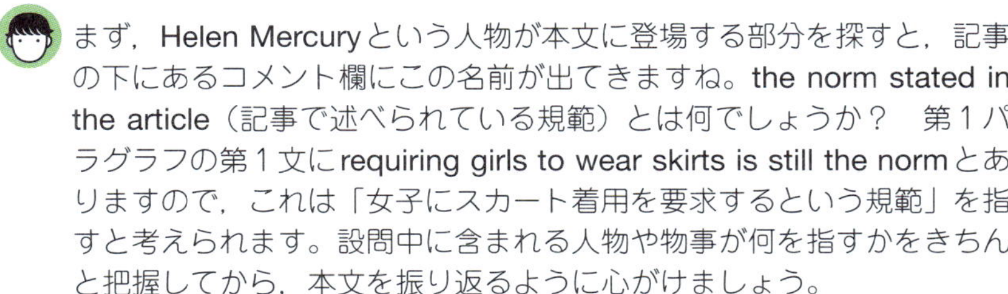

まず，Helen Mercuryという人物が本文に登場する部分を探すと，記事の下にあるコメント欄にこの名前が出てきますね。the norm stated in the article（記事で述べられている規範）とは何でしょうか？　第１パラグラフの第１文にrequiring girls to wear skirts is still the normとありますので，これは「女子にスカート着用を要求するという規範」を指すと考えられます。設問中に含まれる人物や物事が何を指すかをきちんと把握してから，本文を振り返るように心がけましょう。

それでは，コメント欄に書かれたHelen Mercuryさんの意見を読んでみましょう。このように始まりますね。

Incredible!　I wonder why they stick to something so irrational in the 21st century.

和訳 信じられません！　どうして21世紀にそんな非合理的なことにこだわるんでしょうか。

この部分だけで，彼女が「女子にスカート着用を要求する規範」に反対していることがわかりますね。その後も読み進めると，

Should this be allowed? No. This is serious gender discrimination.
和訳 こんなことが許されていいものでしょうか。そんなわけありません。これは深刻な男女差別です。

とまで言っていますから，強く反対していると判断できます。よって正解は④です。

なお，②の「部分的賛成」の場合は「確かに○○については～な面もある。一方，…な面もある」というような両論を併記する書き方，③の「意見なし」の場合は「私は○○について特に同意も反対もしない。とにかく～だ」というような書き方になっていると想定されます。

学習アドバイス

意見・事実判別スキルを高めるには，普段から日本語の新聞やインターネットの記事を読む際に，どこまでが事実でどこからが意見なのかを意識しながら読むことが有効です。

最近では，SNSなどで知人や有名人があるトピックに対して私見を述べている投稿や，それに対するコメントを目にする機会も多いかと思います。投稿された内容を鵜呑み(うの)にするのではなく，それらが事実なのか意見なのかを考えながら，多角的な視点から読む習慣をつけましょう。さらに，そのトピックに対する自分自身の意見や根拠をまとめられると，理想的です。

共通テストでは，賛否両論が巻き起こるような社会的なトピックが出題されると考えられます。時事問題についていくことができる語彙力，正確な文法力や語法力が正答率を左右します。英語の基礎体力増強を怠らないように心がけましょう。

SKILL TRAINING 7

文脈推測スキル

In class, you are asked to read the article below and prepare for a debate.

Teachers Demand Wage Raise

By Trey Anderson

In November 2019, there was a strike of thousands of teachers in Chicago. The main problem was money. The teachers said they couldn't keep up their motivation if they had to work for such low salaries.

The Chicago mayor says the city does not have enough money left to raise their salaries. However, the teachers believe that the city spends too much on unnecessary things.

The mayor has always argued that good education is the key to the city's future development. Therefore, she should know that "money makes the world go round." So, teachers won't work hard if they aren't paid enough.

問1 In the 3rd paragraph of the article, "money makes the world go round" means that money [14].

① must be spent for various purposes, not for a single one
② should be saved for future generations
③ is important to encourage people to work hard
④ can make the world a peaceful place to live in

 SKILL TRAINING 7 解答のポイント

（全訳＆語彙▶▶▶別冊 p.041）

解答 14：③

英文中の比喩的な表現が具体的に何を指すかを，文脈から推測するタイプの問題です。比喩表現はことわざや故事成語であったり，イディオムを含んでいたりすることが予想されます。知らない表現や意味がうまく取れない表現であっても，心配する必要はありません。本文の主旨と前後の文脈をきちんと踏まえて考えれば正解にたどり着けるように，問題が作られているからです。英文は，新聞記事や投稿記事であると想定されます。問題を解くプロセスは，次の３つです。

❶ トピックをつかむ
❷ 設問をチェックして，比喩表現が登場する場所を確認する
❸ 本文を読み進める

まずは冒頭のリード文に目を通します。続いて，本文のタイトルを読み，トピックを把握します。

In class, you are asked to read the article below and prepare for a debate.（授業であなたは以下の記事を読み，ディベートの準備をするように指示されます）というリード文です。ディベート用の記事ということは，賛否が分かれる内容の記事を読むのだろうと推測できます。記事のタイトルはTeachers Demand Wage Raise（教師が賃上げを要求）というものです。新聞記事では読者の注意を引くために，すぐに記事の概要がわかるようなタイトルが設定されている場合が多いのですが，これは日本語の新聞でも同じですね。

比喩表現の具体的な意味を考えるこの問題は，「情報スキャン問題」や「意見・事実判別問題」などとセットになって出題されることが予想されます。英文を読む前にすべての設問にざっと目を通すタイミングで，比喩表現に関する問題が出題されていることを確認しておきましょう。この問題では，設問中に比喩表現そのものと，比喩表現が登場するパラグラフが明記されていますので，その箇所を集中的に精読すればよいでしょう。

今回はIn the 3rd paragraph of the article, “money makes the world go round” means that money [14].（記事の第３パラグラフで，

“money makes the world go round” が意味するのは，お金は［ 14 ］ということだ）という設問です。この “money makes the world go round” という比喩表現が具体的に何を意味するかを考える必要があります。

各パラグラフの要点を押さえながら，本文を読み進めます。比喩表現が登場するパラグラフや前後の文は特に，論理展開をしっかりと意識しながら慎重に精読しましょう。比喩表現を直訳してみることも，前後の文脈に合う選択肢を選ぶ際に有効です。比喩表現が第３パラグラフに登場することは設問を読めばわかりますから，各パラグラフの要点を押さえつつ，実際に読み進めてみましょう。

問１ In the 3rd paragraph of the article, “money makes the world go round” means that money［ 14 ］.

記事の第３パラグラフで“money makes the world go round”が意味するのは，お金は［ 14 ］ということだ。

① must be spent for various purposes, not for a single one.
１つの目的ではなく，様々な目的のために使われなければならない

② should be saved for future generations
将来の世代のために残しておかれなければならない

③ is important to encourage people to work hard
人々が一生懸命働くよう促すために重要である

④ can make the world a peaceful place to live in
世界を平和に暮らす場所にできる

まずは，第１～２パラグラフの要点を押さえましょう。

●**第１パラグラフ**
…シカゴの教師たちは給与が安いことに不満を持ち，ストライキを起こした。

●**第２パラグラフ**
…シカゴ市長は予算不足を理由に教師の昇給を渋っているが，教師側は予算の無駄使いを主張。

比喩表現が登場する第３パラグラフは，丁寧に読んでいきましょう。まずは第１文からです。

The mayor has always argued that good education is the key to the city's future development.

和訳 優れた教育は市の将来の発展の鍵を握る，と市長は常に主張してきた。

市長が教育に力を入れたいと思っていることは確かなようです。続いて，比喩表現が登場する第２文です。

Therefore, she should know that "money makes the world go round."

和訳 そうであるならば，彼女は「お金が世界を動かす」ということを知っておくべきだ。

この "money makes the world go round" という表現を直訳すると，「お金が世界を回す」となります。どうやら，お金が及ぼす影響力を表す表現のようだと推測できます。第１～２文の内容を踏まえると，「教育をよくしたいのならば，市長はそこに金を使うべきだ」というようなことを筆者は考えているようです。最後の１文はこう続きます。

So, teachers won't work hard if they aren't paid enough.

和訳 だから，十分に支払いがなければ，教師は一生懸命に働かないだろう。

つまり，この第３パラグラフの要点は「市長が教育をよくしたいのならば，教師の給与を満足できるものにし，働くモチベーションをあげるべきだ」ということになります。"money makes the world go round" が指す具体的内容は，「給与しだいで一生懸命働きたくもなるし，働きたくなくなることもある」というようなことだと考えられます。

以上の推測を踏まえ，適切な選択肢を探します。内容的に一番近いのは，③ is important to encourage people to work hard（人々が一生懸命働くよう促すために重要である）だと判断できますから，これが正解です。

①の「様々な目的に使うべき」，②の「将来の世代のために残すべき」というような主張は，どこにもありません。④のように「お金によって世界が平和な場所になる」という記述もありませんから，不適切です。

②に含まれるfutureは本文の第３パラグラフに登場する語ですし，④のthe worldは比喩表現に含まれていますから，ついつい選びたくなるかもしれません。しかし本文と同じ語が含まれているからという理由で，安易に選ぶのは危険です。それに，本文中の表現が正解の選択肢で言い換えられているパターンは，これまで何度も見てきましたよね。要点と文脈をしっかり押さえることで，ミスを誘う選択肢に惑わされることなく，正解に近づけるはずです。

学習アドバイス

このタイプの問題で求められるのは，漠然とほのめかされた内容から，相手が本当に言いたいことを推測する**文脈推測スキル**です。記事に書いてあることや誰かの発言を鵜呑み（うの）みにするのではなく，文脈から相手の真意を測るスキル，わかりやすく言うと，「空気を読む」スキルを磨く必要があります。

そのためには，新聞や本に触れる機会を増やすとよいでしょう。読みやすいエッセイやニュースだけでなく，小説や新聞の社説などにもチャレンジしてみましょう。比喩表現が多く含まれていますので，よい練習になるはずです。

SKILL TRAINING 8

正誤判定スキル

You found the following story in a blog written by an American man who just started to live in Japan.

Eat at a Japanese restaurant

Monday, July 11

Last night, I went to a famous steak restaurant in Tokyo. As I was coming closer to the building, I found 10 or more people waiting to be invited in at the entrance. I was not surprised since a friend of mine had told me it was such a popular restaurant and was usually crowded. About thirty minutes later, one of the staff called me in.

I watched what other customers did. They ordered their dishes at the service counter and payed for them in advance. So, I followed suit. What I ordered was the normal steak dinner. I sat at a table, waiting for my dish to come. About twenty minutes later, the waiter brought it to me. The steak was huge. Some customers around me seemed to be having a hard time finishing theirs.

The steak was awesome! Fully content with its taste and volume, I was going to hand a tip to the waiter, as I usually do in my country. He seemed, however, too busy waiting on other customers. Each table had new customers literally every minute while I was in the restaurant. I didn't want to interrupt him, so I left a 500 yen coin on the table instead, which is the usual way of giving a tip in the U.S.

When I was about to leave the restaurant, I heard a man shouting from behind. I looked back. I found the waiter hurrying to me, saying some Japanese words I couldn't understand. I felt odd but stopped to listen to him.

Then the waiter showed me the coin I left on the table, saying in English, "You forgot money." I told him I didn't forget it but left it as a tip on purpose. He insisted that he needed no tip. Finally, I gave in. He even gave me a discount coupon for my next visit.

Back home, my wife told me that, unlike we Americans, few Japanese restaurant workers expect a tip from customers. I now understand customs do vary from culture to culture.

問1 At the restaurant, [15].

① meals were served after being paid for
② the steak was not big enough to fill a customer's appetite
③ some tables had been vacant for most of the time
④ a discount coupon was offered only to male customers

問2 You learned that the writer of this blog [16].

① enjoyed the meal very much and handed a tip to the waiter
② accidentally left a coin on the table and had the waiter bring it back to him
③ had little knowledge of a Japanese tipping custom and was misunderstood
④ finally succeeded in having his tip accepted by the waiter

☑ SKILL TRAINING 8 解答のポイント

（全訳＆語彙▶▶▶別冊pp.042～043）

解答 15：① 16：③

エッセイやブログを読んで，選択肢に並んだ人物の言動や状況に関する英文が正しいかどうか，正誤判定を行う問題です。比較的やさしい英文ではありますが，分量としては長めで，そのためどこに解答の根拠があるかを探しにくいと考えられます。最初から最後までくまなく英文に目を通し，選択肢と本文を照らし合わせながら丁寧に正誤判定を行う必要があります。問題を解くプロセスは，次の３つです。

❶ 英文の設定やテーマを把握する
❷ 設問をチェックする
❸ 本文を読み進める

まずリード文をチェックし，これから読む英文が誰によって書かれたものかを押さえます。続いて英文のタイトルを見て，エッセイのテーマを把握します。書き手についての情報やテーマをあらかじめインプットすることで，落ち着いて英文を読み進めることができます。

リード文は You found the following story in a blog written by an American man who just started to live in Japan.（日本で暮らし始めたばかりのアメリカ人男性が書いたブログで，あなたは次の話を見つけました）となっています。ブログのタイトルは，Eat at a Japanese restaurant（日本のレストランでの食事）です。これらの情報から，まだ日本での生活に不慣れなアメリカ人が日本のレストランで体験したことについて書かれたエッセイだと推測されます。

問1 At the restaurant, [15].
レストランでは，[15]。

① meals were served after being paid for
食事は支払いがされた後に出された

② the steak was not big enough to fill a customer's appetite
ステーキは客の食欲を満たせるほど大きいものではなかった

③ some tables had been vacant for most of the time
ほとんどの時間いくつかのテーブルは空いていた

④ a discount coupon was offered only to male customers
割引クーポンは男性客だけに提供された

問2 You learned that the writer of this blog [16].
あなたは，このブログの筆者が [16] ことがわかった。

① enjoyed the meal very much and handed a tip to the waiter
食事を大いに楽しみ，ウェイターにチップを手渡した

② accidentally left a coin on the table and had the waiter bring it back to him
偶然，硬貨をテーブルに置き忘れ，ウェイターに持ってきてもらった

③ had little knowledge of a Japanese tipping custom and was misunderstood
日本のチップの慣習についての知識がほとんどなく，誤解された

④ finally succeeded in having his tip accepted by the waiter
最終的にチップをウェイターに受け取ってもらうことに成功した

問１では「レストランの描写」に，問２では「登場人物の行動」に注意が必要であることはわかりますが，どちらの設問も空所以外の部分から読み取れるヒントが少ないですね。選択肢も比較的長いため，特定の語を探しながら解答を探す解き方は難しそうです。

このタイプの問題は，設問を見ただけでは本文のどこを検索してよいかわかりにくいのが特徴です。英文全体を読み，選択肢の内容が正しいかどうかを１つずつ判定していく必要があります。時間はかかりますが，エッセイ文の場合は用いられる英語自体は比較的やさしく，また話の展開も追いやすいはずです。

それでは，本文を最初から読んでいきます。正誤判定問題の場合，解答

の根拠は本文のあちこちに散りばめられています。「最初から最後まで英文を通して読み，選択肢をチェックし，もう一度本文に戻って該当箇所を探す」というようなやり方では，大幅に時間をロスしてしまいます。「1つのパラグラフを読み終わったら，記憶が新しいうちに選択肢と照らし合わせ，随時正誤判定を行う」という効率的な解き方をオススメします。1つのパラグラフを読み終わるごとに，正誤判定できる選択肢がないかをチェックしていきましょう。

第1パラグラフは，筆者が大混雑のレストランの入り口でしばらく待たされた後，中に招き入れられるところで話が終わっています。この時点では，どの選択肢も正誤判定ができません。

第2パラグラフに進みましょう。冒頭に次の記述があります。

I watched what other customers did. They ordered their dishes at the service counter and payed for them in advance. So, I followed suit. What I ordered was the normal steak dinner. I sat at a table, waiting for my dish to come. About twenty minutes later, the waiter brought it to me.

和訳 私は他のお客さんの行動を観察した。彼らはサービスカウンターで料理を注文し，事前に支払いを済ませていた。だから私もそれに続いた。私が注文したのは標準的なステーキディナーだった。テーブルに座って，料理が来るのを待った。約20分後，ウェイターが料理を運んできた。

この部分から，このレストランは代金を前払いするシステムだとわかりますね。問1の正解は①になりそうです。ただし，いきなり正解を見つけたからといって油断してはいけません。本文を読み進めながら，他の選択肢が間違っていることを必ず確認しましょう。

第2パラグラフの第7～8文にはさらに，次の記述もあります。

The steak was huge. Some customers around me seemed to be having a hard time finishing theirs.

和訳 巨大なステーキだった。周りの客の何人かは自分のステーキを食べ切るのに苦労しているようだった。

ここから，問１の②は不正解だと確認できます。完食に苦労するような巨大なステーキが「食欲を満たせない」わけはありませんよね。

第３パラグラフへ進みます。ここは全文を見ていきましょう。

The steak was awesome! Fully content with its taste and volume, I was going to hand a tip to the waiter, as I usually do in my country. He seemed, however, too busy waiting on other customers. Each table had new customers literally every minute while I was in the restaurant. I didn't want to interrupt him, so I left a 500 yen coin on the table instead, which is the usual way of giving a tip in the U.S.

和訳 ステーキは素晴らしかった！　味とボリュームにすっかり満足した私は，母国で普段やっているように，ウェイターにチップを手渡そうとした。だが，彼は他のお客さんの給仕をするのにすごく忙しそうだった。私がそのレストランにいる間，どのテーブルも文字通り１分間隔で新しいお客さんが座ってきた。ウェイターを邪魔したくなかったので，かわりに500円玉をテーブルに置いてきたが，これはアメリカでチップを渡す普通のやり方だ。

まず，「チップを渡そうとしたが，ウェイターが忙しそうだったので，テーブルに置いた」ことがわかりますので，問２の①はhanded a tip to the waiter（ウェイターにチップを手渡した）の部分が間違っています。

問２の②は，accidentally left a coin on the tableの部分がおかしいですよね。意図してチップをテーブルに置いたわけですから，「偶然硬貨を置き忘れた」というのは間違いです。

さらに，第３パラグラフの第４文Each table had new customers literally every minute while I was in the restaurant.（私がそのレストランにいる間，どのテーブルも文字通り１分間隔で新しいお客さんが座ってきた）という部分に注目しましょう。店内は常に混雑していたということですから，問１の③some tables had been vacant for most of the time（ほとんどの時間いくつかのテーブルは空いていた）という選択肢とは食い違っています。この③に含まれるvacantのように，本文中には現れない語が選択肢で突然登場することがあります。普段から語彙力を鍛えておくことで，このような場合にも対応できるはずです。

このように，問１と問２の選択肢を同時進行でチェックしていくことで，効率よく問題を解いていくことができます。

残っている選択肢は，問１の④，問２の③と④です。ここまで選択肢を絞れたら，選択肢に含まれる語句を本文中で探してもよいでしょう。第４パラグラフに進みましょう。

問１の④に含まれる**a discount coupon**は，第４パラグラフの最終文の**He even gave me a discount coupon for my next visit.**（ウェイターは私に次回来店したときのための割引クーポンまでくれた）で言及されています。しかし，④には**offered only to male customers**（男性客だけに提供された）とあり，「男性客だけ」とは本文のどこにもありませんから不正解です。「途中までは合ってるけれど，最後まで読んだら不正解」という選択肢の典型ですね。

問２の③**had little knowledge of a Japanese tipping custom and was misunderstood**（日本のチップの慣習についての知識がほとんどなく，誤解された）という選択肢はなんだかザックリしたまとめ方で，正誤判定がしにくいですね。こういう選択肢は正解の匂いがプンプンしますが，決めつけは厳禁です。後回しにしましょう。

先に問２の④の選択肢を判定しましょう。最終的にチップをあげたかどうかは，第４パラグラフの第７～８文に書かれています。**He insisted that he needed no tip. Finally, I gave in.**（彼はチップは必要ないと言い張った。最終的に私は折れた）ということですから，チップはあげなかったのです。よって④は不正解です。**give in**（譲歩する，あきらめる）というイディオムは知っていましたか？　正しい選択肢を選べるかどうか，間違いの選択肢を消去できるかどうかのカギを握っているのは，語彙力だということが実感できたかもしれませんね。

あらためて問２の③に戻りましょう。第５パラグラフから，この文の筆者が日本のチップの慣習についての知識がなかったことがわかりますね。

> Back home, my wife told me that, unlike we Americans, few Japanese restaurant workers expect a tip from customers. I now understand customs do vary from culture to culture.
>
> 和訳 帰宅すると，妻は私に「私たちアメリカ人と違って，日本のレストランでは客からのチップを期待する従業員はほとんどいないのよ」と言った。慣習は文化によって異なるのだということを私は理解できた。

これまでの話をきちんと追えていれば，had little knowledge of a Japanese tipping customの部分は正しいと判断できるはずです。was misunderstood（誤解された）の部分はどうでしょうか。第4パラグラフの第5文にあった，ウェイターの“You forgot money.”（お金をお忘れです）というセリフが手がかりになります。このブログの書き手はチップとしてわざと硬貨を置いていったわけですが，ウェイターは「お金を忘れた」と思っていたようです。つまり，彼はウェイターに誤解されたことになりますよね。よって，問2の正解は③で確定です。

学習アドバイス

本文を読み進めながらそれぞれの選択肢の正誤判定をしていくタイプの問題は，大学入試や英語資格検定などでも定番の形式の1つです。共通テストにおいても，エッセイなどの物語文のほか，論説文でも出題が予想されます。こまめに本文と選択肢を照らし合わせながら読み進めていく正誤判定スキルは，長文問題を解く上で必須と言えるでしょう。

長文問題では，意味を取りづらい英文に出くわしたり，パラグラフの要点を押さえられなかったりすることもあるでしょう。そのようなとき，ヒントになるのが選択肢です。正解の選択肢は，本文を別の表現で言い換えていることが多いので，選択肢から逆算して本文の意味がわかる場合があります。

また，答え合わせをしたあとで「全問正解！」と満足するのではなく，必ずすべての選択肢を再確認し，誤答の根拠が本文のどこにあるかを突き止めましょう。きちんと復習することで読解力を高め，正誤判定スキルの向上に大きく役立つはずです。

SKILL TRAINING 9 心情変化フォロースキル

You found the following story in a school newspaper.

Asking out a girl a boy is in love with

Masako Hanada (School Counselor)

For a teenage boy, asking a girl out requires a lot of courage and strong determination. As digital devices have made it easier for people to contact others, worries and troubles they might suffer have changed.

Nate, a 16-year-old boy, happened to sit next to Rebecca in their classroom on the first day of high school. The two soon became friendly and often enjoyed talking with each other. Almost every night, they chatted by text messages. Nate, little by little, had fallen for her and felt like dating her. One day, Nate decided to ask Rebecca out for lunch the following Sunday. So, he sent her a text message that night and waited for her reply till midnight. However, the message seemed even not to have been read by her. He wondered what had happened to Rebecca. He thought she might be ill and not want to touch her smartphone.

The next morning, near the school gate, Rebecca found Nate and talked to him. "I'm sorry, Nate, but I was tired last night and went to bed very early, so I hadn't noticed your message till this moment." She said that she was going to check her schedule to see if Sunday would be convenient for her. When they parted, Nate's heart was beating fast, not with joy, but with relief that at least she was considering his invitation.

That night Nate impatiently waited for her message. But none was sent that day. Nate felt uneasy. He wondered if he should send her one to ask her whether or not she would be available on the day, but he decided not to. He wanted to show her that he was the type of boy who was generous and patient. He spent almost all night awake.

When the two met the next morning, Rebecca apologized to Nate for not being available for lunch. She said her cousin in Vancouver would visit her family that Sunday, so they had to meet her at the airport around noon. Nate smiled at her, saying it was OK, but he was in tears inside his heart. "Maybe some other time. Say hi to your cousin," he said to her.

On Sunday morning, Nate got an unexpected phone call from Rebecca. It was to tell him that her cousin's flight was delayed till evening because of bad weather. She asked him if he was still available for lunch. Of course, Nate had no reason for refusal. At last, he was going to date her! Nate felt as if he were walking on the clouds.

問1 According to the story, Nate's feelings changed in the following order: [17].

① worried → delighted → anxious → relieved → disappointed
② worried → disappointed → delighted → relieved → anxious
③ worried → relieved → disappointed → anxious → delighted
④ worried → disappointed → delighted → anxious → relieved
⑤ worried → relieved → anxious → disappointed → delighted
⑥ worried → delighted → relieved → anxious → disappointed

問2 From this story, you learned that Rebecca [18].

① didn't feel like going to lunch with Nate though she had no other appointment on that day
② didn't seem available for lunch but finally she was, thanks to an unexpected event
③ had to turn down Nate's offer because her parents didn't allow her to go out with boys
④ didn't like Nate very much at first, but came to like him little by little as time passed

✔ SKILL TRAINING 9 解答のポイント

(全訳＆語彙▶▶▶別冊pp.044～045)

解答 [17]:⑤ [18]:②

雑誌や新聞，ブログなどに投稿された物語文を読み，登場人物の心境の変化を追っていくタイプの問題です。高校生にとって身近なテーマの出題が予想されますが，目まぐるしく移り変わる場面や心情に注意しながら，丁寧に読み進める必要があります。このタイプの問題では，SKILL TRAINING 8で扱ったような正誤判定問題，特定箇所から必要な情報をスキャンする問題なども同時に出題されると考えられます。問題を解くプロセスは，次の３つです。

❶ 英文の設定やテーマを把握する
❷ 設問をチェックする
❸ 本文を読み進める

まずはリード文を読み，続いてタイトルや書き手を確認し，物語のテーマを推測します。

リード文は，You found the following story in a school newspaper.（あなたは学校新聞で次の話を見つけました）となっています。タイトルはAsking out a girl a boy is in love with（男子が好きな女子をデートに誘うこと）で，書いた人物はMasako Hanada（School Counselor）とあります。男子と女子の恋愛について書かれた学校新聞の記事のようです。

続いて，設問をチェックしましょう。

問1 According to the story, Nate's feelings changed in the following order: [17].

この話によると，ネイトの感情は次の順番で変化した：[17]。

① worried → delighted → anxious → relieved → disappointed
② worried → disappointed → delighted → relieved → anxious

③ worried → relieved → disappointed → anxious → delighted
④ worried → disappointed → delighted → anxious → relieved
⑤ worried → relieved → anxious → disappointed → delighted
⑥ worried → delighted → relieved → anxious → disappointed

問2 From this story, you learned that Rebecca [18].
この話から，あなたはレベッカが [18] ということがわかった。

問１は登場人物の心情変化を読み取る問題です。心情変化を追う設問では，選択肢に様々な感情や気持ちを表す形容詞がランダムに並んでいます。あらかじめ選択肢に目を通して，どのような種類の感情を本文から探せばいいのかを確認してから，正しい順番を導き出しましょう。

どの選択肢にも，worried（心配），delighted（喜んだ），anxious（心配），relieved（安心），disappointed（落ち込んだ），という５つの形容詞が登場します。どの選択肢も１つ目はworriedですから，まずはこの感情に該当する箇所まで本文を読み進めていきましょう。

このタイプの問題は，設問を見ただけでは本文のどこを検索してよいかわかりにくいのが特徴です。登場人物の心情の変化を追いながら，英文全体を読んでいきます。注意すべきは，「選択肢に含まれる感情を表す形容詞が，そのまま本文中で使われているとは限らない」ということです。たとえば，I was glad. という本文があったとして，それが選択肢ではhappyのような別の形容詞で言い換えられていることが想定されます。心情の変化を表すキーワードに印をつけるなど工夫しておくと，問題を解くときに見返しやすくなります。

一方，問２はSKILL TRAINING 8で扱ったような正誤判定問題です。空所の前から，レベッカの行動や言葉に注目すればよいとわかりますね。パラグラフを１つ読むごとに，それぞれの選択肢と本文を照らし合わせていきましょう。

それでは，登場人物の心情変化に注目しながら，本文を最初から読んでいきます。まずは第１パラグラフです。

For a teenage boy, asking a girl out requires a lot of courage and strong determination. As digital devices have made it easier for people to contact others, worries and troubles they might suffer have changed.

和訳 10代の男子にとって，女子をデートに誘うには大変な勇気と強い決意が必要だ。デジタル機器によって他者と連絡を取ることが容易になるにつれて，彼らが経験する悩み事や問題も変化してきている。

第１パラグラフはこれから語られる物語の背景などを伝える導入部だと考えられます。この第１パラグラフから予測できるのは，「これから読む物語は，恋をした若い男女が抱える，デジタル機器で連絡を取り合うときにありがちな悩みや問題点について考えるための題材ではないか？」ということです。筆者の職業がスクールカウンセラーであるという点も，予測のヒントと言えるかもしれません。続いて第２パラグラフを見ていきましょう。まずは前半部分です。

Nate, a 16-year-old boy, happened to sit next to Rebecca in their classroom on the first day of high school. The two soon became friendly and often enjoyed talking with each other. Almost every night, they chatted by text messages. Nate, little by little, had fallen for her and felt like dating her.

和訳 16歳の男子であるネイトは，高校生活初日にたまたま教室でレベッカと席が隣になった。2人はすぐに仲良くなり，よくおしゃべりを楽しんだ。ほぼ毎晩，彼らは携帯電話のメッセージでチャットした。ネイトは少しずつレベッカに恋心を抱くようになり，デートに誘いたいと思うようになった。

ネイトがレベッカという女の子を好きになっていったことがわかりますね。読者であるあなた自身がネイトになったつもりで彼の恋心に共感し，揺れ動く心境を一緒に味わいながら読んでいきましょう。続いて第２パラグラフ後半です。One day（ある日）という場面転換を表す語に着目しましょう。

One day, Nate decided to ask Rebecca out for lunch the following Sunday. So, he sent her a text message that night and waited for her reply till midnight. However, the message seemed even not to have been read by her. He wondered what had happened to

Rebecca. He thought she might be ill and not want to touch her smartphone.

和訳 ある日, ネイトは次の日曜日にレベッカをランチに誘うことを決意した。それでその晩, 彼はレベッカにメッセージを送り, 深夜まで返信を待った。しかし, メッセージは既読にすらなっていないようだった。彼はレベッカに何か起きたのではないかと心配になった。病気でスマートフォンに触れる気にもならないのかもしれない, と彼は考えた。

However（しかし）に注目。ディスコースマーカー（接続語）として使われるこのような副詞や副詞句は，状況がコロコロと変わる物語を正しく読み解くための大きなヒントとなります。Howeverの後では物語が一転して，「メッセージは読まれた気配がない。レベッカに何か起きたのではないか。病気かも？」と，暗雲が立ち込めてきています。また，接続語の前後に書かれた内容は設問に答えるカギとなる場合も多く，実際にこの部分は問１の選択肢の最初にあるworried という感情に該当しています。本文中にworriedという語が直接使われているわけではありませんが，wondered what had happened to Rebeccaやshe might be illといった表現から，ネイトが心配していることは明らかですよね。

The next morning, near the school gate, Rebecca found Nate and talked to him, "I'm sorry, Nate, but I was tired last night and went to bed very early, so I hadn't noticed your message till this moment." She said that she was going to check her schedule to see if Sunday would be convenient for her. When they parted, Nate's heart was beating fast, not with joy, but with relief that at least she was considering his invitation.

和訳 翌朝, 校門の近くでレベッカはネイトを見つけ, 彼に話しかけた。「ごめんなさい, ネイト, 夕べは疲れてたからすごく早く寝ちゃって, 今までメッセージに気づかなかったの」日曜の都合がいいかどうか予定を確認してみる, と彼女は言った。別れ際, ネイトの心臓はどきどきしていたが, それは喜びのためではなく, 少なくともレベッカが彼の誘いを考えてくれているという安堵のためだった。

第３パラグラフでは，最終文のNate's heart was beating fast, not with joy, but with relief that at least she was considering his invitationに注目します。with relief（安堵とともに＝安堵して）という表現について，relief（安堵）はrelieved（安心した）の名詞形ですよね。選択肢中の心

情を表す形容詞は，本文中でそのまま使われているとは限りません。むしろ，似たような意味の別の形容詞に置き換えられていたり，品詞が変化していたりします。この第3パラグラフの時点ではネイトが安心したことがわかるので，worried の次の感情は relieved だと判断できます。

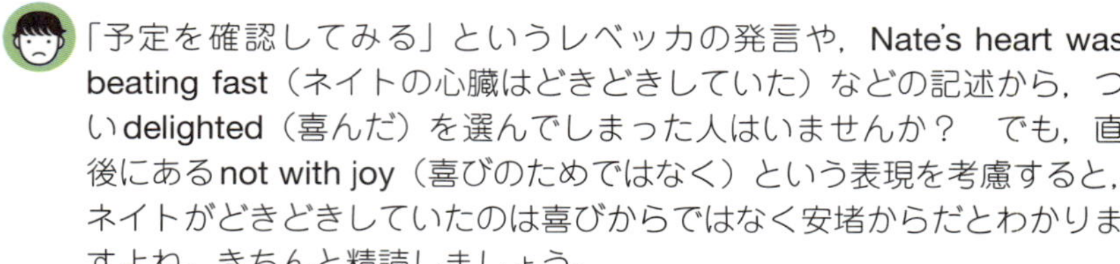

「予定を確認してみる」というレベッカの発言や，Nate's heart was beating fast（ネイトの心臓はどきどきしていた）などの記述から，つい delighted（喜んだ）を選んでしまった人はいませんか？　でも，直後にある not with joy（喜びのためではなく）という表現を考慮すると，ネイトがどきどきしていたのは喜びからではなく安堵からだとわかりますよね。きちんと精読しましょう。

That night Nate impatiently waited for her message. But none was sent that day. Nate felt uneasy. He wondered if he should send her one to ask her whether or not she would be available on the day, but he decided not to. He wanted to show her that he was the type of boy who was generous and patient. He spent almost all night awake.

和訳 その晩，ネイトはそわそわしながら彼女のメッセージを待った。しかし，その日は何も送られてこなかった。ネイトは不安に感じた。レベッカにメッセージを送って，その日に都合がつくかどうかを尋ねたほうがいいだろうか，と彼は悩んだが，そうはしないことにした。自分は寛大で辛抱強い男子だと彼女に示したかったのだ。彼はその晩，ほとんど眠らずに過ごした。

第４パラグラフは impatiently（待ちきれず，そわそわして）や，uneasy（不安な）という形容詞が冒頭から現れますね。これらは anxious（心配な）を言い換えた表現と考えられます。最終文には「彼はその晩，ほとんど眠らずに過ごした」とまで書いてありますから，ネイトの心境は anxious で確定できます。「片思いしている相手に連絡したけど返信がない…」というような不安でたまらない心境は，みなさんにもよくわかるのではないでしょうか。３番目の心情は anxious です。

When the two met the next morning, Rebecca apologized to Nate for not being available for lunch. She said her cousin in Vancouver would visit her family that Sunday, so they had to meet her at the airport around noon. Nate smiled at her, saying it was OK, but he was in tears inside his heart. "Maybe some other time. Say hi to your cousin," he said to her.

和訳 翌朝2人が顔を合わせたとき，レベッカはネイトにランチに行けないことを謝った。彼女が言うには，バンクーバーのいとこがその日曜日に家にやってくる予定で，お昼頃に空港に迎えにいかないといけない，とのことだった。ネイトは彼女に微笑んで，大丈夫だよと言ったものの，心の中では涙を流していた。「また今度ね。いとこによろしくね」と彼は彼女に言った。

第５パラグラフでネイトを待っていたのは，デートができそうにないという切ない知らせでした。直接的に感情を表す表現は見当たりませんが，he was in tears inside his heart（彼は心の中では涙を流していた）の部分に注目しましょう。デートの誘いを断られてしまったわけですから，ネイトの気持ちとして適切な４番目の心境はdisappointed（落ち込んだ）であると考えられます。

On Sunday morning, Nate got an unexpected phone call from Rebecca. It was to tell him that her cousin's flight was delayed till evening because of bad weather. She asked him if he was still available for lunch. Of course, Nate had no reason for refusal. At last, he was going to date her! Nate felt as if he were walking on the clouds.

和訳 日曜日の朝，ネイトはレベッカから予想外の電話をもらった。いとこのフライトは悪天候のため，夕方まで到着が遅れるとのことだった。彼女は彼に，まだランチの都合がつけられるかを尋ねた。ネイトには断る理由などなかった。とうとう彼女とデートできるんだ！ ネイトは雲の上を歩いているような気持ちだった。

いよいよ最後のパラグラフです。直前までの悲しい展開から一転して，ハッピーエンドになっています。突然，念願のデートができることになったネイトの気持ちは，最終文のNate felt as if he were walking on the clouds.という比喩表現からも読み取ることができます。つまり，「雲の上を歩いているような気持ちになるくらいうれしい」ということ。５番目の感情はdelighted（喜んだ）だと判断できます。

以上から，この物語におけるネイトの感情の変化はworried → relieved → anxious → disappointed → delightedとなるため，正解は⑤です。

問2 From this story, you learned that Rebecca [18].
この話から，あなたはレベッカが [18] ということがわかった。

① didn't feel like going to lunch with Nate though she had no other appointment on that day
その日は他に予定がなかったが，ネイトとのランチには行く気がしなかった

② didn't seem available for lunch but finally she was, thanks to an unexpected event
ランチの都合がつきそうになかったが，予想外の出来事のおかげで最終的には都合がついた

③ had to turn down Nate's offer because her parents didn't allow her to go out with boys
両親が男子とデートに行くことを許してくれなかったので，ネイトの誘いを断らざるを得なかった

④ didn't like Nate very much at first, but came to like him little by little as time passed
最初はネイトのことがあまり好きではなかったが，時間がたつにつれて少しずつ好きになっていった

これまでのように物語の流れをつかみながら丁寧に読んでいけば，問2でも正答を得ることは難しくないはずです。パラグラフを1つ読み進めるごとに，合致しない選択肢を消去法で除外していきましょう。

①は「その日は他に予定がなかった」の部分が間違いです。第5パラグラフから，レベッカは日曜日のお昼頃に空港までいとこを迎えに行かなければいけなかったことがわかります。

②の前半「ランチの都合がつきそうになかった」の部分は，いとこの迎えがあったのですから，正しいですね。後半の「予想外の出来事のおかげで最終的には都合がついた」の部分はどうでしょうか。最終パラグラフの第2～3文に It was to tell him that her cousin's flight was delayed till evening because of bad weather. She asked him if he was still available for lunch.（いとこのフライトは悪天候のため，夕方まで到着が遅れるとのことだった。彼女は彼に，まだランチの都合がつ

けられるかを尋ねた）という記述がありますよね。この部分が②の finally she was, thanks to an unexpected event（予想外の出来事のおかげで最終的には都合がついた）の部分と一致していることに気がつきましたか？　wasの後ろには重複を避けるために形容詞のavailableが省略されており，「予想外の出来事」とは「いとこのフライトが遅れたこと」を指していると考えられます。よって，今のところ正解は②だと思われます。

念のため，他の選択肢も見ていきましょう。③はどうでしょうか？「両親が男子とデートに行くことを許してくれなかった」とありますが，レベッカの両親は物語に登場しないので誤りです。

④の「最初はネイトのことがあまり好きではなかった」「少しずつ好きになっていった」のような，レベッカのネイトに対する感情を表す表現は本文にありません。それに第２パラグラフを読む限り，ネイトとレベッカは最初から学校で親しくしていますよね。④は不正解です。

以上から，正解は②だと確定できます。

学習アドバイス

この心情変化フォロースキルでは，単に英文の意味を理解するための語彙や文法だけでなく，登場人物の心情や言外の意味を読み取る能力が問われます。小説やエッセイをじっくりと読み込み，書かれている文字から想像力を膨らませ，人物の気持ちに寄り添うことを学びましょう。

「物語文は大雑把に読めば大体わかるから，単語や文法はあまり知らなくてもよい」などと考える人もいるかもしれませんが，そんなことはありません。むしろ，一文一文を正確に読めていないと，思わぬ落とし穴にはまってしまうのが物語文です。想像力を働かせて書かれている以上のことを読み取るためには，「書かれていること」そのものの意味を正しく理解できなければ，お話になりませんよね。英語の基礎体力にあたる語彙力と文法力をおろそかにしないよう，心がけましょう。

SKILL TRAINING 10

クロスレファレンススキル1

You are doing research on young people's interest in society. You found two articles.

How Much Interest Do 18-year-olds Have in Society? **by J. M.**

January, 2020

In 2019, The Nippon Foundation carried out a study among 18-year-olds in some countries. The study asked whether they sometimes had opportunities to discuss social problems with their friends or family members.

According to the research, the youths' interests in social issues greatly differs by country, as you can see in the graph below. In Japan, for example, less than 30 percent of 18-year-olds discuss social issues with someone, while those in India account for more than 80 percent.

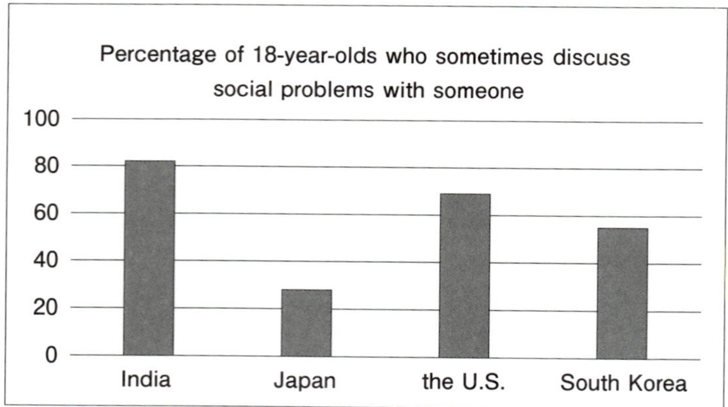

As for my country, the result is disappointing. About half of the 18-year-olds are not likely to discuss social issues with someone else. I can't quite guess the reason why, but I feel it is my duty as a journalist to let the results be widely known to the public. To say the least, we need some drastic change in school education about society.

Reading "How Much Interest Do 18-year-olds Have in Society?" **by K. A.**

March, 2020

The journalist was disappointed with the youths' low interest in social issues in his country. Alas, the situation in my country is far worse than his. The majority of the youths seem to think that their life has nothing to do with their society. How can we look forward to a bright future for the country? This is quite a serious matter. Now, as the father of a 3-year-old boy, I've decided to talk with him about social issues, as he gets old enough to understand them.

問1 The journalist is from [19].

① India
② Japan
③ The U.S.
④ South Korea

問2 The father is from [20].

① India
② Japan
③ The U.S.
④ South Korea

SKILL TRAINING 10 解答のポイント

（全訳＆語彙▶▶▶別冊 pp.046〜047）

解答 19 : ④ 20 : ②

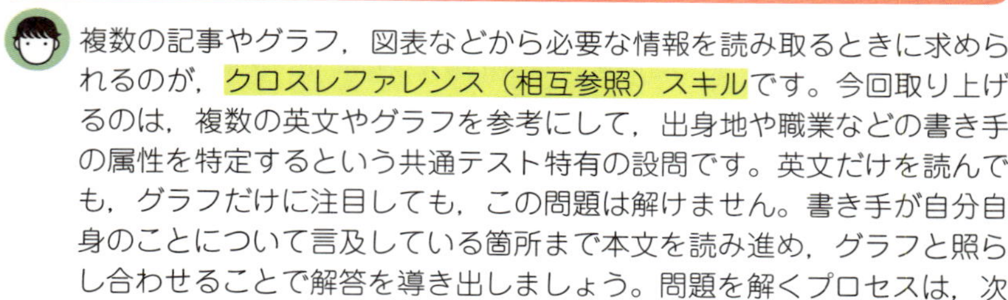

複数の記事やグラフ，図表などから必要な情報を読み取るときに求められるのが，**クロスレファレンス（相互参照）スキル**です。今回取り上げるのは，複数の英文やグラフを参考にして，出身地や職業などの書き手の属性を特定するという共通テスト特有の設問です。英文だけを読んでも，グラフだけに注目しても，この問題は解けません。書き手が自分自身のことについて言及している箇所まで本文を読み進め，グラフと照らし合わせることで解答を導き出しましょう。問題を解くプロセスは，次の３つです。

❶ 英文の設定やテーマを把握する
❷ 設問をチェックする
❸ 本文を読み進める

まずはリード文に目を通し，読み手が置かれている状況を確認します。続いて１つ目の記事のタイトルとグラフにさっと目を通し，英文のテーマに見当をつけましょう。さらに２つ目の記事のタイトルも確認しておきましょう。２つ目の記事は，１つ目の記事を読んだ人の感想や意見，返信などである可能性が高いと考えられます。

リード文は，You are doing research on young people's interest in society. You found two articles.（あなたは若者の社会への関心について調べています。２つの記事を見つけました）となっています。１つ目の記事のタイトルであるHow Much Interest Do 18-year-olds Have in Society?（18歳は社会にどの程度関心があるか？）や，グラフのタイトルになっているPercentage of 18-year-olds who sometimes discuss social problems with someone（社会問題についてときどき誰かと議論する18歳の割合）からも，「若者の社会への関心の高さ」に関する英文を読むことがわかります。グラフでは，インド，日本，アメリカ，韓国の４ヵ国が比較されていますね。つまり，この４ヵ国における「18歳の社会への関心度」を説明・分析する英文を読むのだと予測できます。また，２つ目の記事のタイトルであるReading "How Much Interest Do 18-years-olds Have in Society?"（「18歳は社会にどの程度関心があるか？」を読んで）からは，この記事が１つ目の記事に対する意見や感想を述べるものだと推測できますね。

続いて本文を読む前の段階で設問に目を通し，どんな情報を探すべきかを確認しましょう。クロスレファレンス問題では様々な形式の設問が用意されていますが，今回のトレーニングではグラフと英文を読み比べて書き手の属性を特定する設問だけを取り上げます。

問1 The journalist is from [19].

記者は [19] 出身である。

問2 The father is from [20].

父親は [20] 出身である。

① India
インド

② Japan
日本

③ The U.S.
アメリカ

④ South Korea
韓国

どちらの設問も，人物の出身地を問う問題です。そして，選択肢にはグラフに登場する４つの国が並んでいます。注意が必要なのは，設問に含まれるjournalistやfatherなどの一般名詞です。記事のタイトルを確認したときに，隣に置かれた署名（記事の筆者を示す部分）が，それぞれJ.M.やK.A.とイニシャルになっていることに気づいた人もいると思います。しかし，設問ではjournalist（記者）とfather（父親）という書き方になっていますから，どちらの人がどちらの記事を書いたのかを確かめながら，本文を読む必要があります。

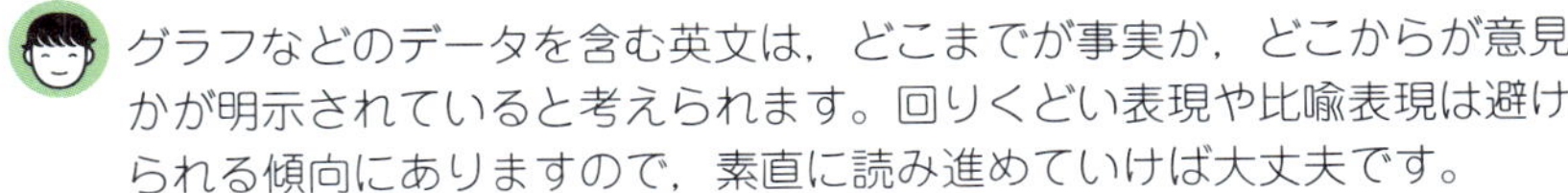

グラフなどのデータを含む英文は，どこまでが事実か，どこからが意見かが明示されていると考えられます。回りくどい表現や比喩表現は避けられる傾向にありますので，素直に読み進めていけば大丈夫です。

まずは1つ目の記事を読んでいきましょう。第1パラグラフの第2文に，The study asked whether they sometimes had opportunities to discuss social problems with their friends or family members.（その調査は，彼ら（＝18歳）がときどき友人や家族と社会問題について話し合う機会があるかを尋ねるものだった）とあります。このようにグラフを含む問題では通常，グラフの前後でグラフの目的や背景が説明されます。

続く第2パラグラフの第1文にはthe youths' interests in social issues greatly differs by country（若者の社会問題に関する関心は国によって大きく異なる）とあり，具体例としてインドと日本が取り上げられています。

第3パラグラフに進みましょう。冒頭に，As for my country（私の国に関して言えば）とあります。ここで初めて筆者が「私」という一人称を使っています。このあたりの記述とグラフを照らし合わせれば，筆者の出身国が特定できそうですね。直後の第2文には，About half of the 18-year-olds are not likely to discuss social issues with someone else.（18歳の約半数が誰かと社会問題について話し合う傾向にない）とあります。グラフ上で約半数に近い数値を示しているのはSouth Koreaですから，この記事の筆者は韓国出身だとわかります。ただし，筆者がjournalistなのかfatherなのかはまだ不明のままです。

もう少し記事を読み進めてみましょう。第3パラグラフの第3文にmy duty as a journalist（私の記者としての使命）と書いてありますね。よって1つ目の記事の筆者であるJ.M.さんは記者だと判断できるので，問1の正解は④の韓国になります。

問2ではまず，fatherが誰であるかを探しながら英文を読みましょう。1つ目の記事には父親についての記述はなかったので，2つ目の記事へ進みます。

第2文で，Alas, the situation in my country is far worse than his.（悲しいことに，私の国の状況は彼の国よりもずっと悪いのだ）と筆者の出身国に言及されています。hisはhis countryのことで，これは1つ目の記事の書き手であるJ.M.さんの国，つまり韓国のこと。ですから，グラフで韓国よりずっと状況が悪い国を探せばよいわけです。韓国より数値が低い国は日本だけですから，2つ目の記事の筆者の出身国は日本です。ただし，彼が父親かどうかはまだ不明です。

さらに読み進めると，最終文にas a father of a 3-year-old boy（３歳の男の子の父親として）と書いてありますね。以上のことから，２つ目の記事の筆者であるK.A.さんは父親であり，日本出身だと判断できるので，問２の正解は②です。

学習アドバイス

複数の英文やグラフの情報を相互参照（クロスレファレンス）して正解を導く問題は，共通テストの目玉の１つです。様々なメディアで多くの情報を目にする現代では，目の前の情報を鵜呑み（うの）にするのではなく，多角的な視点から，冷静かつ客観的に分析する姿勢が求められています。

その視点の１つが，情報の発信元が誰かを常に確かめることです。発信者の立場を考慮しながら情報を読む習慣をつければ，より深く情報を読み解くことができるようになります。たとえば，今回の問題で２つ目の記事を書いたのは「３歳の息子を持つ父親」でしたよね。当然，親としては自分の子の将来に不安を感じるでしょうから，調査で判明した「日本の若者の社会への関心の低さ」に対して，ナーバスな反応を取るのも無理はありませんよね。日本語の情報に触れる際にも情報の発信者の属性に注目する習慣をつけておけば，より理解を深められるでしょう。

SKILL TRAINING 11

クロスレファレンススキル2

You are doing research on effective use of smartphones. You found two articles.

A New Way of Studying at Home

by Sam Eliot

Smartphones, now deeply rooted in our lives, are often used practically in jobs and study. In 2019, a survey was carried out by a Japanese research company. It shows that 94.5% of high school students make use of their smartphones to study at home. How they use their smartphones is shown on the graph below.

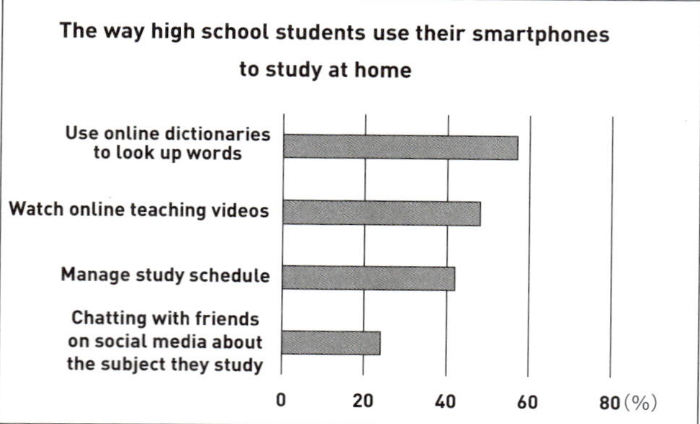

I think that smartphones can make studying efficient in some ways. For instance, if students watch online lessons at home, they can save time and money to go to study at cram schools. By using social media, they can discuss their homework by chatting online. Furthermore, searching for words with online dictionaries will take them much less time than by paper ones, as they have already gotten used to typing on digital devices.

Now times are changing. Why not get rid of the obsolete idea that a phone is just for calling or e-mailing?

After Reading "A New Way of Studying at Home"

by Naomi Wada

I read Mr. Eliot's article. Admitting the effectiveness of using smartphones to study, there needs to be some control by adults over how students use them. Once faced with this attractive device, what kind of young person can stop using it for other enjoyment, not just for studying? At the very least, parents should keep an eye on their children using their smartphone to study at home. Above all, parents should make sure that their children do not use smartphone applications that allow them to contact their friends while they are studying. Chatting with their friends online will decrease their concentration on studying.

At the same time, online materials for studying are not always beneficial. My 16-year-old daughter often falls asleep while watching online teaching videos. This is probably because they are one-way lessons in which teachers just talk to students. I have to admit that online dictionaries may be useful for students these days to look up words. However, once they connect to the Internet on their smartphone, they will naturally want to enjoy other websites or games instead of merely searching for words. Being seated at your desk with your textbook to study by yourself is a far better way because nothing will lure you with unnecessary attractions.

問1 Neither Sam Eliot nor Naomi Wada mentions a benefit of [21].

① going to a cram school
② looking up words in online dictionaries
③ making use of social media in studying
④ studying alone with textbooks

問2 Both Sam Eliot and Naomi Wada say that [22].

① using online dictionaries makes it easier for students to search for words
② watching teaching videos should be recommended
③ social media is unnecessary when students study at home
④ parents should have control over how their children use their smartphones

SKILL TRAINING 11 解答のポイント

（全訳＆語彙▶▶▶別冊pp.048〜050）

解答 21：① 22：①

SKILL TRAINING 10に続いて，複数の記事やグラフ，図表などから必要な情報を読み取るクロスレファレンス問題です。ここでは，「２つの記事のどちらにも当てはまらない内容」「どちらにも当てはまる内容」を見分ける設問を取り上げています。他の試験ではなかなか見られない共通テスト特有の問題ですので，本番で焦らないように，この形式に慣れておきましょう。問題を解くプロセスは，次の３つです。

❶ 英文の設定やテーマを把握する
❷ 設問をチェックする
❸ 本文を読み進める

まずはリード文に目を通し，読み手が置かれている状況を確認します。続いて１つ目の記事のタイトルとグラフにさっと目を通し，英文のテーマに見当をつけましょう。さらに２つ目の記事のタイトルを確認しますが，２つ目の記事は１つ目の記事を読んだ人の感想や意見，返信などである可能性が高いでしょう。

リード文は，You are doing research on effective use of smartphones. You found two articles.（あなたはスマートフォンの効果的な使用法について調べています。２つの記事を見つけました）となっていますね。１つ目の記事のタイトルであるA New Way of Studying at Home（新しい家庭学習の方法）や，グラフのタイトルのThe way high school students use their smartphones to study at home（高校生が家で勉強するためのスマートフォンの使用方法）などの記述から，この記事のテーマは「スマートフォンを家庭学習に使うこと」だと推測できるでしょう。また，２つ目の記事のタイトルであるAfter Reading “A New Way of Studying at Home”（「新しい家庭学習の方法」を読んで）からは，この記事が１つ目の記事に対する意見や感想を述べるものだと推測可能です。

続いて本文を読む前の段階で設問に目を通し，どんな情報を探すべきかを確認します。クロスレファレンス問題で出題が予想されるのが，「２つの記事のどちらにも当てはまらない内容を選ぶ設問」や「どちらにも

当てはまる内容を選ぶ設問」です。設問文に含まれる，neither A nor B「AもBも〜でない」や，both A and B「AもBも〜である」といった表現は必ず押さえておきましょう。

問1 Neither Sam Eliot nor Naomi Wada mentions a benefit of [21].
サム・エリオットもナオミ・ワダも，[21]の利点については言及していない。

問2 Both Sam Eliot and Naomi Wada say that [22].
サム・エリオットもナオミ・ワダも，[22]と言っている。

問１は，２つの記事のどちらにも利点として述べられていないこと，つまり「２つの記事のどちらにも当てはまらない内容を選ぶ設問」。問２は，２人の書き手が共通して主張していること，つまり「どちらにも当てはまる内容を選ぶ設問」ですね。

「２つの記事のどちらにも当てはまらない内容を選ぶ設問」の場合は，本文を読み進めながら該当する記述があった選択肢を消していく消去法が有効です。一方，「どちらにも当てはまる内容を選ぶ設問」の場合は，２つの記事にしっかり目を通し，共通項を洗い出す必要があります。また，片方の記事でしか言及されていない選択肢を削ることで，正解に近づくことができます。

それでは，実際に問題を解いてみましょう。まずは１つ目の記事の第１パラグラフから読んでいきます。

Smartphones, now deeply rooted in our lives, are often used practically in jobs and study. In 2019, a survey was carried out by a Japanese research company. It shows that 94.5 % of high school students make use of their smartphones to study at home. How they use their smartphones is shown on the graph below.

和訳 今や私たちの生活に深く根付いているスマートフォンは，しばしば仕事や勉強で実用的に使用されます。2019年，日本のある調査会社による調査が行われました。調査によれば，94.5%の高校生が家で勉強をするためにスマートフォンを使用しているとのことです。彼らのスマートフォンの使用方法は以下のグラフに示されています。

このパラグラフの主旨は，「高校生の大部分が勉強にスマートフォンを活用している」ということ。そして，その具体的な活用法と割合がグラフに示されています。第２パラグラフに進みましょう。

I think that smartphones can make studying efficient in some ways. For instance, if students **watch online lessons** at home, they can save time and money to go to study at cram schools. By **using social media**, they can discuss their homework by chatting online. Furthermore, **searching for words with online dictionaries** will take them much less time than by paper ones, as they have already gotten used to typing on digital devices.

和訳 スマートフォンはいくつかの点で勉強を効率的にすることができると私は思います。たとえば，生徒が家で**オンライン講座を視聴すれば**，塾に出かけて勉強する時間とお金が節約できます。**ソーシャルメディアを使えば**，彼らはネットでチャットをすることで宿題について話し合うことができます。さらに，彼らはもうデジタル機器での入力に慣れているので，**オンライン辞書で単語を調べる**のは紙の辞書を使うよりもずっと時間がかからないでしょう。

「スマートフォンを活用する学習の利点」がいくつか書いてありますね。問１の設問は，Neither Sam Eliot nor Naomi Wada mentions a benefit of [21].（サム・エリオットもナオミ・ワダも，[21]の利点については言及していない）でしたよね。このパラグラフで言及されている利点を選択肢から消去していけば，正解に近づくことができます。

第２パラグラフで利点が述べられている具体的な項目は，watch online lessons（オンライン講座の視聴），using social media（ソーシャルメディアの利用），searching for words by online dictionaries（オンライン辞書での単語調べ）の３つ。これらに該当する選択肢が問１にあるかどうかを調べていきましょう。

① going to a cram school
塾に通うこと

② looking up words in online dictionaries
オンライン辞書で単語を調べること

③ making use of social media in studying

勉強でソーシャルメディアを利用すること

④ studying alone with textbooks
教科書を使って一人で勉強すること

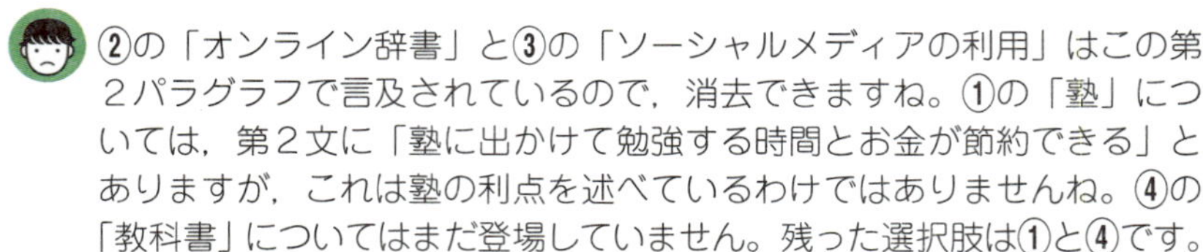

②の「オンライン辞書」と③の「ソーシャルメディアの利用」はこの第2パラグラフで言及されているので，消去できますね。①の「塾」については，第2文に「塾に出かけて勉強する時間とお金が節約できる」とありますが，これは塾の利点を述べているわけではありませんね。④の「教科書」についてはまだ登場していません。残った選択肢は①と④です。

Now times are changing. Why not get rid of the obsolete idea that a phone is just for calling or e-mailing?

和訳 いまや時代は変わりつつあります。電話は通話とメールのためだけのもの，という古い考えは捨てませんか？

第3パラグラフは記事の結論にあたる部分です。この結論からも，記事の書き手であるサム・エリオットがスマートフォンを使った学習に賛成する立場であることが読み取れますね。

さて，2つ目の記事に移りましょう。サム・エリオットの書いた記事に対するナオミ・ワダの意見が述べられています。

I read Mr. Eliot's article. Admitting the effectiveness of using smartphones to study, there needs to be some control by adults over how students use them. Once faced with this attractive device, what kind of young person can stop using it for other enjoyment, not just for studying?

和訳 エリオット氏の記事を読みました。勉強のためにスマートフォンを使うことの有効性は認めますが，生徒がそれらをどう使うかについては，大人によるある程度の管理が必要です。一度この魅力的な機器に触れてしまったら，それを勉強のためだけでなく，勉強以外の楽しみのために使うのをやめられる若者がいるでしょうか？

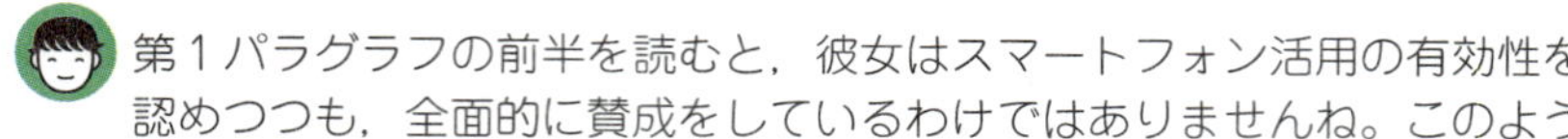

第1パラグラフの前半を読むと，彼女はスマートフォン活用の有効性を認めつつも，全面的に賛成をしているわけではありませんね。このよう

に記事に対する意見文では，冒頭で自分の立場を明らかにする場合が多いと考えられます。第１パラグラフ後半へ進みます。

At the very least, parents should keep an eye on their children using their smartphone to study at home. Above all, parents should make sure that their children do not use smartphone applications that allow them to contact their friends while they are studying. Chatting with their friends online will decrease their concentration on studying.

和訳 少なくとも子どもが家でスマートフォンを使って勉強しているとき，親は目を離すべきではありません。特に，親は子どもたちが勉強中に友人と連絡を取れるアプリを使わないように注意すべきです。ネットで友達とチャットをしていると，勉強への集中力が落ちてしまいます。

第１パラグラフの終わりまで読み進めても，スマートフォンの弊害が指摘されているのみで，benefit（利点）については言及がありません。第２パラグラフへ進みましょう。

At the same time, online materials for studying are not always beneficial. My 16-year-old daughter often falls asleep while watching online teaching videos. This is probably because they are one-way lessons in which teachers just talk to students. I have to admit that online dictionaries may be useful for students these days to look up words. However, once they connect to the Internet on their smartphone, they will naturally want to enjoy other websites or games instead of merely searching for words. Being seated at your desk with your textbook to study by yourself is a far better way because nothing will lure you with unnecessary attractions.

和訳 同時に，学習用のオンライン教材は必ずしも有益だとは限りません。私の16歳の娘は，よくオンラインの指導映像を見ている途中で居眠りしています。これはおそらく，教師が生徒に話しかけるだけの一方通行の講義だからでしょう。オンライン辞書は最近の生徒が単語を調べるのに役立つかもしれないことは認めないといけません。しかし，いったんスマートフォンでネットに接続してしまえば，彼らはただ単語を探す代わりに，自然と他のサイトやゲームを楽しみたくなるでしょう。不必要な魅力で誘惑してくるようなものがなにもないので，机について教科書を使って一人で勉強する方がはるかによいです。

第２パラグラフ冒頭でもやはり，利点ではなく弊害が語られていますね。２つ目の記事では一貫して，スマートフォンを使った学習についての否定的な意見が展開されていると言えるでしょう。注目すべきは最終文で，ナオミ・ワダは「教科書を使って一人で勉強することの利点」について言及しています。したがって，④のstudying alone with textbooks（教科書を使って一人で勉強すること）は消去できます。

２つの記事を最後まで読み通しても，①のgoing to a cram school（塾に通うこと）の利点は書かれてなかったので，問１の正解は①です。

記事を最後まで読み通したところで，あらためて問２の設問を確認しましょう。２人の筆者が共通して主張する意見を探すのでしたね。

問2 Both Sam Eliot and Naomi Wada say that [22].

サム・エリオットもナオミ・ワダも，[22] と言っている。

① using online dictionaries makes it easier for students to search for words

オンライン辞書を使うことは生徒が単語を探すのをより容易にする

② watching teaching videos should be recommended

指導映像の視聴は推奨されるべきだ

③ social media is unnecessary when students study at home

ソーシャルメディアは生徒が家で勉強するときには不必要だ

④ parents should have control over how their children use their smartphones

親は子どものスマートフォン使用方法について管理すべきだ

①の「オンライン辞書」については，１つ目の記事では第２パラグラフでsearching for words with online dictionaries will take them much less time than by paper ones（オンライン辞書で単語を調べるのは紙の辞書を使うよりもずっと時間がかからないでしょう）と言及されていました。２つ目の記事では第２パラグラフでI have to admit that online dictionaries may be useful for students these days to look up words.

（オンライン辞書は最近の生徒が単語を調べるのに役立つかもしれないことは認めないといけません）と，こちらも利点を認めています。

サム・エリオットもナオミ・ワダも，オンライン辞書を使うことで生徒はより容易に単語を探せるという利点については同意していると考えられるので，正解は①です。

②の「指導映像の視聴」については，ナオミ・ワダが記事の第２パラグラフで「娘がよくオンラインの指導映像を見ている途中で居眠りしている」と否定的な内容を述べていることから間違いだと判断できるでしょう。③の「ソーシャルメディア不要論」については，サム・エリオットが１つ目の記事の第２パラグラフでソーシャルメディアの利点を述べているので，不適切ですね。④の「親による管理」については，ナオミ・ワダの記事でしか言及されていないので，不適切です。

学習アドバイス

誰もがインターネット上で自分の意見を発信できる現代は，「１億総評論家時代」とも呼ばれます。たった１つのニュースについても，様々な人々が様々な立場から，様々な意見を表明します。同じテーマについて書かれた複数の記事や意見を読み，共通する点や違っている点を正しく見分ける**クロスレファレンススキル**は，現代に必須と言えます。

何よりも大切なのは，書かれていることを丁寧に読み取ろうとする姿勢です。「書き手はトピックに対して，どの程度賛成・反対しているか」，「賛成・反対する理由は何か」，「理由に説得力を持たせるために，どんな具体例を挙げているか」などを正確に押さえるように心がけましょう。

たとえば本問で，２つ目の記事の書き手であるナオミ・ワダは，基本的にスマートフォンの学習利用に対して否定的な立場を取っています。しかし全面的に反対というわけではなく，オンライン辞書の利便性には理解を示しています。つまり，彼女は「スマートフォンの有用性自体にはある程度賛成しているが，それを上回るデメリットが存在するから，安易に推奨しないほうがよい」という考えであることがわかります。そのような真意をくみ取ることができずに，「ナオミ・ワダはスマートフォン反対派だ！」と決めつけてしまうと，問題を解くときに思わぬ落とし穴にはまってしまうこともあります。日本語の投稿やコメントに触れるときも，意見に込められた真意を丁寧に読み取ろうとする姿勢を身につけましょう。

SKILL TRAINING 12

クロスレファレンススキル3

You are doing research on people's sleep habits. You found two articles.

A Non-Sleeping World

by David Smith

June, 2019

It is believed that too little sleep on a long-term basis gives us various disadvantages. Science has shown, for example, that lack of sleep can make us forgetful of things. It can also make us easy to get angry or irritated. In addition, when people don't get enough sleep, their concentration, creativity, and problem-solving skills will become weakened.

According to worldwide data, people sleep 7 hours and 2 minutes a night on average. The worst country is Japan, with the national average only 5 hours and 59 minutes. This figure is well below the recommended hours of sleep, 7 to 9 hours a night. Even the best country, New Zealand, gets only 7 hours and 30 minutes.

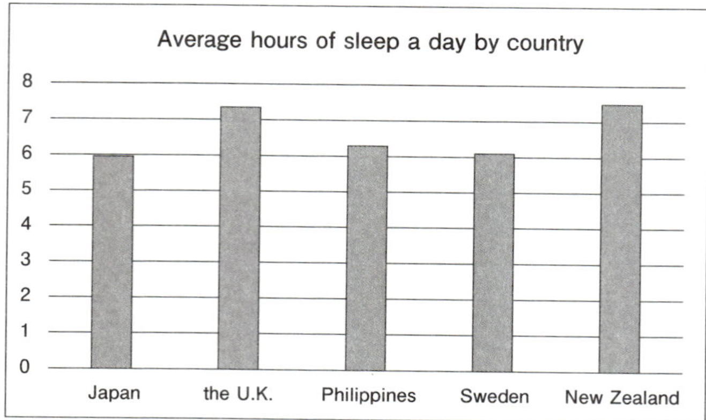

I think the common cause of this worldwide lack of sleep is that people today have actually less time for sleeping than decades ago. Lots of adults work long hours almost every day and get home late.

Some of them even keep on working after they get home. Similarly, students today are given more homework than before. Also, they are expected to join some activities after school, such as volunteer activities or sports clubs, which naturally force them to have less time to sleep.

Reading "A Non-Sleeping World"

by Blare Cohen

July, 2019

I am against the opinion that the main cause of the worldwide lack of sleep is that people today are much busier than before. I think the biggest change behind the sleep decline is technological advances that enable us to enjoy digital devices, like computers or smartphones, 24 hours a day. Looking at their bright screens, while watching movies or playing games, keeps our brains active, which makes it harder to fall asleep.

In addition, the spread of social media has made us want to keep in touch with people all the time. Quite often we check our SNS sites, sometimes through the evening into midnight, waiting for messages or replies from our friends. Once we begin chatting on social media or playing online games with our friends, we may have difficulty cutting it short.

While David Smith mentions some negative effects of insufficient sleep on our mental ability and emotions, those on our physical health mustn't be ignored. Science has revealed that lack of sleep can weaken the defenses of our immune system against viruses such as those that cause the common cold or flu. Moreover, they say people who sleep less than five hours a night will increase their risk for high blood pressure.

It's not that we have no time to sleep; we actually have time to sleep, but choose to spend the time on other things. It's true that modern technology makes our lives convenient and exciting, but at the same time, it makes us waste our time and become unhealthy.

問1 According to the articles, lack of sleep can negatively affect people's [23] and [24]. (**Choose two options.** The order does not matter.)

① disease resistance
② eating habits
③ economic condition
④ temper

問2 David Smith says that people today sleep less because [25], and Blare Cohen says they do so because [26]. (Choose a different option for each box.)

① they are not careful about their health conditions at all
② they are controlled by modern technology
③ they have to get up early to work longer hours
④ they have much more housework than they did decades ago
⑤ they live in busy societies that give them a lot of burdens

SKILL TRAINING 12 解答のポイント

（全訳＆語彙▶▶▶別冊pp.051～053）

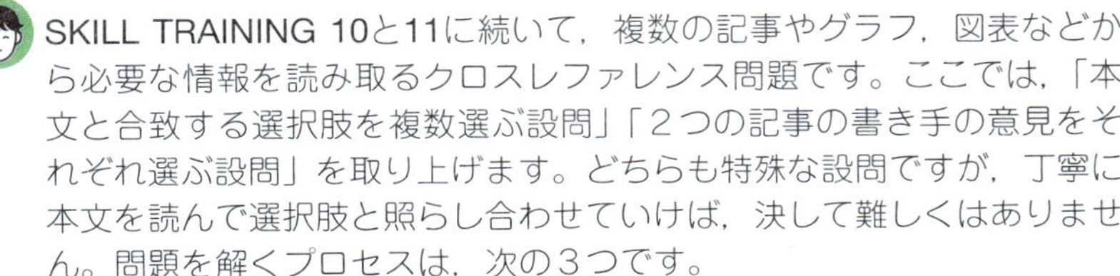

SKILL TRAINING 10と11に続いて，複数の記事やグラフ，図表などから必要な情報を読み取るクロスレファレンス問題です。ここでは，「本文と合致する選択肢を複数選ぶ設問」「2つの記事の書き手の意見をそれぞれ選ぶ設問」を取り上げます。どちらも特殊な設問ですが，丁寧に本文を読んで選択肢と照らし合わせていけば，決して難しくはありません。問題を解くプロセスは，次の3つです。

❶ 英文の設定やテーマを把握する
❷ 設問をチェックする
❸ 本文を読み進める

まずはリード文に目を通し，読み手が置かれている状況を確認します。続いて1つ目の記事のタイトルとグラフにさっと目を通し，英文のテーマに見当をつけましょう。さらに2つ目の記事のタイトルを確認しますが，2つ目の記事は1つ目の記事を読んだ人の感想や意見，返信などである可能性が高いでしょう。

リード文は，You are doing research on people's sleep habits. You found two articles.（あなたは人々の睡眠習慣について調べています。2つの記事を見つけました）となっていますね。1つ目の記事のタイトルであるA Non-Sleeping World（眠らない世界）から，この記事のテーマは「人々の睡眠時間が減少している」というような内容だと推測できるでしょう。また，2つ目の記事のタイトルであるReading "A Non-Sleeping World"（「眠らない世界」を読んで）からは，この記事が1つ目の記事に対する意見や感想を述べるものだと推測可能です。

続いて本文を読む前の段階で設問に目を通し，どんな情報を探すべきかを確認します。クロスレファレンス問題で出題が予想されるのが，「本文と合致する選択肢を複数選ぶ設問」や「2つの記事の書き手の意見をそれぞれ選ぶ設問」です。選ぶべき選択肢の数などについての注意書きが設問に添えられている場合があるので，読み飛ばさないようにしましょう。

問1 According to the articles, lack of sleep can negatively affect people's [23] and [24]. (**Choose two options.** The order does not matter.)

２つの記事によると，睡眠不足は人々の [23] と [24] に悪影響をもたらす可能性がある。(選択肢を２つ選べ。順番は問わない)

問2 David Smith says that people today sleep less because [25], and Blare Cohen says they do so because [26]. (Choose a different option for each box.)

ディビッド・スミスは [25] ことが理由で今日の人々の睡眠時間が減少していると述べ，ブレア・コーエンは [26] ことが理由でそうなっていると述べている。(それぞれの空所に異なる選択肢を選べ)

問１では，「睡眠不足がもたらす悪影響」を２つ本文から探す必要があります。一方で問２は，「人々の睡眠時間が減少している理由」として２つの記事の書き手がそれぞれ挙げている理由を選ぶ問題です。

「本文と合致する選択肢を複数選ぶ設問」の場合，本文を読み進めながら設問の答えやヒントが書いてありそうな箇所にたどり着いたら，その都度本文と選択肢を照らし合わせていく方法が有効です。「２つの記事の書き手の意見をそれぞれ選ぶ設問」の場合も同様に，それぞれの記事に目を通しながら，書き手の意見を探して選択肢と照らし合わせていきましょう。

それでは，実際に問題を解いてみましょう。まずは１つ目の記事の第１パラグラフから読んでいきます。

It is believed that too little sleep on a long-term basis gives us various disadvantages. Science has shown, for example, that lack of sleep can make us forgetful of things. It can also make us easy to get angry or irritated. In addition, when people don't get enough sleep, their concentration, creativity and problem-solving skills will become weakened.

和訳 長期間にわたる極めて少ない睡眠は，私たちに様々な不利益をもたらすと信じられています。たとえば睡眠不足によって，私たちは物忘れしやすくなる可能性があることが科学により示されています。睡眠不足はまた，私たちを怒りっぽくさせたり，イライラさせやすくもします。さらに，十分な睡眠を取らないと，集中力や創造力，問題解決能力が弱くなります。

問１で問われている「睡眠不足がもたらす悪影響」について，早くも述べられていますね。該当する選択肢があるかどうかを確認しましょう。

① disease resistance
病気への抵抗力
② eating habits
食習慣
③ economic condition
経済状況
④ temper
機嫌

①～④に含まれる語句が直接本文に登場するわけではありませんが，④のtemperは第３文のIt can also make us easy to get angry or irritated.（睡眠不足はまた，私たちを怒りっぽくさせたり，イライラさせやすくもします）と合致しますよね。「怒ったり，イライラしたりする」ということはつまり，「temper（機嫌）に悪影響が出ている」のと同じことだと考えられます。もう１つの悪影響を探して本文を読み進めます。

第２パラグラフは，世界の人々の睡眠時間をグラフつきで説明しています。問１の手がかりにも問２の手がかりにもならないので，ここでは解説は省略して第３パラグラフに進みます。

I think the common cause of this worldwide lack of sleep is that people today have actually less time for sleeping than decades ago. Lots of adults work long hours almost every day and get home late. Some of them even keep on working after they get home. Similarly, students today are given more homework than before. Also, they are expected to join some activities after school, such as volunteer activities or sports clubs, which naturally force them to have less time to sleep.

和訳 この世界的な睡眠不足に共通する原因は，数十年前と比べると今日では，人々が実際に確保できる睡眠時間が少なくなったことにあると思います。成人の多くは，ほぼ毎日長時間働き，夜遅くに帰宅します。帰宅後に仕事を続けさえする人もいます。同様に今日の生徒は，以前よりも多くの宿題を与えられています。また，生徒たちは

CHAPTER 2 スキル・トレーニング

ボランティア活動や運動部といった放課後の活動に参加することを期待されていて，自然と眠る時間は少なくならざるをえません。

「この世界的な睡眠不足に共通する原因は…」という書き出しからもわかるように，第3パラグラフではディビッド・スミスが考える「現代人が睡眠不足に陥りやすい理由」が書かれています。彼によると，成人では長時間の労働が，生徒では宿題の増加や放課後の活動参加が睡眠時間減少の理由として指摘されていますね。これに合致するものがあるか，問2の選択肢を見てみよう。

① they are not careful about their health conditions at all
人々が健康状態に全く注意していない

② they are controlled by modern technology
人々が現代テクノロジーに支配されている

③ they have to get up early to work longer hours
人々がより長時間働くために早起きしなくてはならない

④ they have much more housework than they did decades ago
人々が数十年前よりも多くの家事を抱えている

⑤ they live in busy societies that give them a lot of burdens
人々が多くの負担を課す多忙な社会で暮らしている

長時間労働や宿題の増加，放課後の活動参加といった本文の具体例が，選択肢では**a lot of burdens**（多くの負担）という抽象的な言葉で言い換えられていることを見抜けましたか？　ディビッド・スミスが考える睡眠時間減少の理由は，⑤の**they live in busy societies that give them a lot of burdens**（人々が多くの負担を課す多忙な社会で暮らしている）だと判断できます。

続いて2つ目の記事に進みましょう。ディビッド・スミスの記事を読んだブレア・コーエンが書いた記事です。まずは第1パラグラフから。

I am against the opinion that the main cause of the worldwide lack of sleep is that people today are much busier than before. I think the biggest change behind the sleep decline is technological advances that enable us to enjoy digital devices, like computers or smartphones, 24 hours a day. Looking at their bright screens, while watching movies or playing games, keeps our brains active, which makes it harder to fall asleep.

和訳 世界的な睡眠不足の主な原因は，今日の人々が昔よりずっと忙しくなったことだ，という意見に私は反対です。**睡眠時間減少の背景にある最大の変化は，科学技術の進歩によってコンピューターやスマートフォンのようなデジタル機器が１日24時間楽しめるようになったことだと思います。**動画を見たりゲームをしたりして明るい画面を見ていると脳が活発になり，眠りにつくのがより難しくなります。

第１文から，「現代人が睡眠不足に陥りやすい理由」について，ブレア・コーエンが異論を唱えていることがわかりますね。第２～３文を読むと，彼女が考える理由は「科学技術が進歩した結果，眠りにつくのがより難しくなった」ということ。本文で挙げられているコンピューターやスマートフォンといった具体例をmodern technology（現代テクノロジー）とまとめている②のthey are controlled by modern technology（人々が現代テクノロジーに支配されている）が正解になります。問２の答えは 25 が⑤， 26 が②です。

問１の答えを探して，第２パラグラフを読み進めましょう。ここではソーシャルメディアの発達がもたらす悪影響について述べられていますが，問１で求められている「睡眠不足がもたらす悪影響」については情報がありません。第３パラグラフに進みましょう。

While David Smith mentions some negative effects of insufficient sleep on our mental ability and emotions, those on our physical health mustn't be ignored. Science has revealed that lack of sleep can weaken the defenses of our immune system against viruses such as those that cause the common cold or flu. Moreover, they say people who sleep less than five hours a night will increase their risk for high blood pressure.

和訳 不十分な睡眠時間は知的能力や感情に悪影響を及ぼすとディビッド・スミスは言っていますが，身体の健康に対する悪影響も見過ごせません。**風邪やインフルエンザなどを引き起こすウィルスに対抗する免疫システムが備えている防御力が睡眠不足によって弱められる可能性がある**ことが，科学的に明らかにされています。さらに，一晩の睡眠時間が５時間未満の人は，高血圧のリスクを高めているとも言われています。

保留にしていた問１の選択肢は，①disease resistance（病気への抵抗力）と②のeating habits（食習慣），③ economic condition（経済状況）の３つでしたね。第２文のlack of sleep can weaken the defenses of our immune system（睡眠不足は免疫システムが備えている防御力を弱める可能性がある）という内容と①が合致していますね。

最後まで残った②の「食習慣」と③の「経済状況」は第４パラグラフにも登場しないので，問１の答えは①と④で確定します。２つの記事を最後まで読み終えたところで念のため，問２の選択肢①，③，④が本文に合致しないことを確認しておきましょう。①の「健康状態」，③の「早起き」，④の「多くの家事」については，どこにも書かれていなかったので，あらためて不正解だと判断できます。

学習アドバイス

クロスレファレンス問題の場合は特に，英文を最初から最後まで丁寧に精読する能力が求められます。インターネットなどで様々な文章を目にする昨今，文章を雑に読み飛ばしてしまう癖がついてしまっている人がいるかもしれません。書かれてあることを見落としたり，意味を取り違えたりすることがないように，丁寧かつ正確に文章を読む習慣を身につけましょう。

英文の内容を正しくとらえるために必要になるのは，語彙力そして英文を正しく解釈するための基礎的な文法力です。空所に入る正しい語句を選ぶような４択の文法問題は共通テストでは出題されませんが，文法の知識は長文を読み解くには不可欠です。教科書レベルの英文法をしっかり定着させることで，必ず読解力の向上が期待できるでしょう。

SKILL TRAINING 13

クロスレファレンススキル4

You are doing research on Santa Claus. You found two articles.

Children's Belief in Santa by Kirstin Roberts

December 17, 2012

"Until what age did you believe in Santa Claus?" This is a common question adults often ask each other to become friendlier. In 2012, a Japanese education company asked about 2,500 parents if their children still believed in Santa Claus. The graph below shows the percentage of 6 to 12-year-old children who, according to their parents, still believe in Santa. Although the percentage declines as children grow older, more than 50% of 11-year-olds still believe in him.

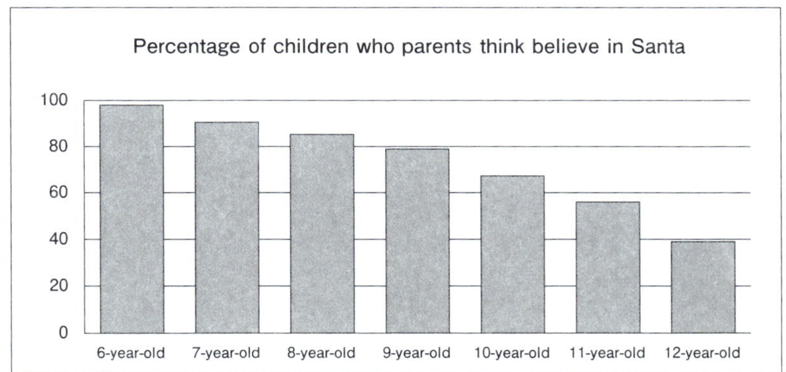

I am a mother of a 12-year-old boy and an 8-year-old girl. They are now looking forward to gifts from Santa. I am not going to tell them the secret of Santa. I will wait for them to find it out for themselves no matter how long it may take. Believing in fantasy teaches children important lessons. Through fantasy, they can learn the importance of having dreams, being kind to others, and seeing things from different angles.

Opinion on "Children's Belief in Santa" **by Wendy Yuki**

December 19, 2012

The other day, I found out my son no longer believed in Santa. He said to me, "A human being cannot travel fast enough to give presents to every child around the world. No classmates of mine believe in him." So I don't trust the data that about two-thirds of children of my son's age still believe in Santa. I think kids at that age are smart enough to judge things logically. Most of them must have already discovered the truth about Santa. I guess they are just pretending not to know it, and so are Kirstin Roberts' kids.

I don't deny that children can learn a lot from fantasy. It can help them develop their imagination and creativity. Even so, the ability to see things in a logical way is much more important for living in the modern age of technology. At some point, I will tell my kids who Santa really is, say, by the time they enter elementary school at the latest.

問1 Based on the information from both articles, you are going to write an essay. The best title for your essay would be " 27 ."

① Should We or Should We Not Tell the Secret of Santa to Children?
② The Fantasy of Santa Claus Will Stay in Children's Hearts Forever
③ Today Fewer Children Believe in Santa than in the Past
④ It is Important for Children to Judge Things in a Logical Way

SKILL TRAINING 13 解答のポイント

（全訳＆語彙▶▶▶別冊 pp.054〜055）

解答 27：①

SKILL TRAINING 10〜12に続いて，複数の英文やグラフ，図表などから必要な情報を読み取るクロスレファレンス問題です。ここでは，「2つの記事を踏まえた上で書く文章にタイトルをつける設問」を取り上げます。異なる主張が含まれる2つの記事に共通している要素を見抜く力を身につけましょう。問題を解くプロセスは，次の3つです。

❶ 英文の設定やテーマを把握する
❷ 設問をチェックする
❸ 本文を読み進める

まずはリード文に目を通し，読み手が置かれている状況を確認します。続いて1つ目の記事のタイトルとグラフにさっと目を通し，英文のテーマに見当をつけましょう。さらに2つ目の記事のタイトルを確認しますが，2つ目の記事は1つ目の記事を読んだ人の感想や意見，返信などである可能性が高いでしょう。

続いて本文を読む前の段階で設問に目を通し，どんな情報を探すべきかを確認します。クロスレファレンス問題で出題が予想されるのが，「2つの記事を踏まえた上で書く文章にタイトルをつける設問」です。「2つの記事で共通して言及されていて，かつ全体の主旨でもあるようなタイトル」が正解になるはずです。「記事の内容に合致しない選択肢」，「記事に書かれていない選択肢」，「片方の記事にしか当てはまらない選択肢」，「記事の一部だけを切り取った選択肢」などは除外しましょう。

2つの記事に共通するテーマを探しながら，1つ目の記事から順番に読み進めていきます。2つ目の記事の最後まで読み終わったところで選択肢に並ぶタイトルを確認し，ふさわしいものを選びます。

リード文は，You are doing research on Santa Claus. You found two articles.（あなたはサンタ・クロースについて調べています。2つの記事を見つけました）となっていますね。1つ目の記事のタイトルはChildren's Belief in Santa（子どもたちのサンタ信仰）と，2つ目の記事のタイトルはOpinion on "Children's Belief in Santa"（「子どもたち

のサンタ信仰」についての意見）となっていますから，２つ目の記事が１つ目の記事に対する意見や感想を述べるものであるとわかります。さらに，１つ目の記事に含まれるグラフのタイトル**Percentage of children who parents think believe in Santa**（サンタを信じていると親が考えている子どもの割合）から，これから読む記事は「子どもがサンタの存在を信じているかどうか」に関する内容だと考えられるでしょう。

続いて，設問をチェックしましょう。

問１ Based on the information from both articles, you are going to write an essay. The best title for your essay would be "［ 27 ］."

両方の記事からの情報にもとづいて，あなたはエッセイを書こうとしている。エッセイに最もふさわしいタイトルは「［ 27 ］」になるだろう。

タイトルは本文に直接的には書かれていないため，両方の記事にきちんと目を通した上で推測する必要があります。

それでは，２つの記事のテーマや共通点を探しながら，まずは１つ目の記事から読んでいきましょう。第１パラグラフは導入に当たる部分です。サンタ・クロースに関して行われた調査の話題が述べられていますね。パラグラフ後半で示されている調査結果は，すぐ下にあるグラフの内容とも関連していて，年齢が上がるごとにサンタを信じる子どもの割合が減っていることを確認できるでしょう。

この調査結果を受けて，第２パラグラフでは書き手のカースティン・ロバーツさんの個人的な意見が書かれています。「子どもたちがサンタというファンタジーを信じることはよいことであり，親はサンタの正体を子どもたちにばらす必要はない」というような主張ですね。

続いて，２つ目の記事に進みましょう。まずは第１パラグラフ。この記事の書き手であるウェンディ・ユウキさんは，息子との会話を根拠にして，調査結果の信ぴょう性を疑っているようです。第４文の**about two-thirds of children of my son's age still believe in Santa**（息子と同い年の子の約３分の２がサンタをまだ信じている）という部分を読んで，「ここは注意かも」と思ったあなたは，正しい嗅覚の持ち主です！

実はこの部分から，ウェンディさんの息子の年齢が推測できるのです。グラフを見ると，10歳の約67％，つまり３人に２人の子どもがサンタを信じていることがわかるので，ウェンディさんの息子は10歳だと考えられます。今回の設問には直接関係しませんが，SKILL TRAINING 10で扱った英文とグラフを照合して書き手の属性を特定する設問として出題されてもおかしくありませんね。

第１パラグラフの後半には，「親は子どもがサンタをまだ信じていると思っていても，実際は親の前では信じているふりをしている子どもが多いのだ」というウェンディさんの持論が述べられています。これは，カースティンさんの記事にはなかった指摘です。

最後に，第２パラグラフを見てみましょう。I don't deny ... という書き出しに続いて，カースティンさんの主張が述べられています。「ファンタジーの持つ教育的な効果は認めるが，論理的思考のほうが大切であり，親が適齢期だと判断した時点でサンタの正体を教えるべきだ」というような主張になっていますね。

２つの記事にざっと目を通しました。自分が書くエッセイにふさわしいタイトルをイメージできたでしょうか？　選択肢を見る前に，「２人の書き手が共通して話題にしているのは○○だから，ふさわしいタイトルは△△みたいな感じかな…？」と予測を立ててから，それに近いタイトルを選べると理想的です。１つずつ選択肢を確認しましょう。

① Should We or Should We Not Tell the Secret of Santa to Children?
子どもたちにサンタの秘密を話すべきか，話さないべきか？

② The Fantasy of Santa Claus Will Stay in Children's Hearts Forever
サンタ・クロースのファンタジーは永遠に子どもたちの心に残るだろう

③ Today Fewer Children Believe in Santa than in the Past
今日では以前より，サンタの存在を信じる子どもたちは少なくなった

④ It is Important for Children to Judge Things in a Logical Way
子どもたちにとって，物事を論理的なやり方で判断することは大切だ

①について，カースティン・ロバーツさんは第２パラグラフの第３～４文でI am not going to tell them the secret of Santa. I will wait for them to find it out for themselves no matter how long it may take.（私

は子どもたちにサンタの秘密を話すつもりはありません。どんなに時間がかかっても，自分たちでそれに気づくまで待つつもりです）と語っていますね。一方，ウェンディ・ユウキさんは第２パラグラフ最終文で At some point, I will tell my kids who Santa really is, say, by the time they enter elementary school at the latest.（どこかの時点で，まあ遅くとも小学校入学までには，私は自分の子どもたちに，サンタが本当は誰であるかを伝えるつもりです）と述べています。両者の意見は異なってはいるけれど，どちらも「サンタの秘密を親が子どもに話すべきか」という共通のテーマについて論じていますよね。したがって正解は①の Should We or Should We Not Tell the Secret of Santa to Children?（子どもたちにサンタの秘密を話すべきか，話さないべきか？）だと判断できます。

タイトルを推測する問題は，答えが直接本文に書かれているわけではないため正解が選びにくく，選んだ選択肢に自信が持てないこともあるでしょう。必ず他の選択肢が間違いであることを確認する癖をつけましょう。②はカースティンさんの意見には当てはまりますが，「サンタの正体はある年齢に達したら親が教えるべき」というウェンディさんの主張とは矛盾しています。一方の記事にしか該当しない選択肢ですので，②は両方の記事の内容を踏まえたエッセイのタイトルとしては不適切です。③については，そもそも今日と昔のことを比較している記述がどちらの記事にもないので，的外れです。④は，ウェンディさんが第２パラグラフの第３文で the ability to see things in a logical way is much more important for living in the modern age of technology（論理的に物事をとらえる力のほうが，現代のテクノロジーの時代を生きるには大切です）と主張している通りの内容です。しかし，カースティンさんはこのような主張はしていないので，２つの記事を読んだ上で書くエッセイのタイトルとしては不適切です。以上から，正解は①で確定できます。

学習アドバイス

今回は，複数の記事に共通するテーマを発見するスキルを磨きました。「文章を通して書き手が伝えたいことは何か？」を常に意識しながら読み進めることができれば，自然と答えは見つかるはずです。普段日本語の文章を読むときにも，筆者が一番言いたいことを正確につかもうとする姿勢を心がけましょう。

与えられた文章を読んで，その内容を踏まえて自分の意見を書くような問題は，大学入試の小論文や就職試験などでもよく見られます。文章の主旨をとらえ損なって，誤った方向に自論を展開してしまうと，評価は低くなります。たとえば今回の英文を読んでエッセイを書くときに，「今までサンタからもらって嬉(うれ)しかったプレゼント」について延々と説明してしまったら，高得点は望めませんよね。文章の主旨を正確につかめるように，読解力を高めましょう。

SKILL TRAINING 14

ポイント図表化スキル

Your group is preparing a poster presentation entitled "Levi's: The Great Jeans Company," using information from the newspaper article below.

In 1853, Levi Strauss heard about the Gold Rush in the West and moved to San Francisco to open a dry goods business there. He mainly dealt in cloth. One of his customers was Jacob Davis, a tailor from Nevada. Jacob made practical items such as tents and horse blankets.

One day, the wife of a local laborer asked Jacob to make a pair of pants for her husband that wouldn't tear easily. Jacob tried to think of a way to strengthen his pants and came up with the idea of adding metal rivets to reinforce the points of stress, like pocket corners. Jacob wanted to get a patent on the process and needed a business partner. He immediately thought of Levi Strauss.

Jacob wrote to Levi to suggest that the two men hold the patent together. Levi saw the potential for this new product and agreed to Jacob's proposal. This is the origin of what we now call jeans. Soon, the first riveted pants were on sale. The reputation of their products quickly spread among people in the working class, who wanted clothes durable enough to withstand tough conditions. The reasonable price of the pants also attracted people who did not earn a lot. In addition, once people wore the pants, they found them very easy to move in when they were working. So, the pants became a great hit soon.

Although Levi's is still a top jeans company today, due to the influence of declining sales of jeans, it has a new plan for its future. The company believes it has a new grand path forward. It wants to sell more shirts, cold-weather gear, and women's clothes. It also hopes to grab a bigger piece of the international market, including China, India, and Brazil.

Levi's: The Great Jeans Company

■ The history of jeans

- ▶ The first jeans were made in order to satisfy a customer who wanted stronger pants durable for working.
- ▶ Jacob Davis made Levi Strauss his business partner to produce new types of pants on a commercial basis.
- ▶ These pants became popular among working people for the following reasons: [28] [29] [30]

■ Levi's for the future

- ▶ Levi's' current slogan is "[31]."

問1　Choose the best statement(s) to complete the poster. (**Choose three options**. The order does not matter.) [28] · [29] · [30]

① low-wage workers were able to afford them
② many people found them quite fashionable
③ people liked the business style of Levi and Jacob
④ workers trusted Jacob's skill in making clothes
⑤ people wanted strong clothes to wear while working
⑥ people were able to move actively wearing them

問2　Which of the following is most likely Levi's' current slogan? [31]

① Beyond jeans, beyond borders
② The toughest jeans ever born
③ Jeans for all generations
④ Jeans: The one and only way forward

SKILL TRAINING 14 解答のポイント

（全訳＆語彙▶▶▶別冊 pp.056～057）

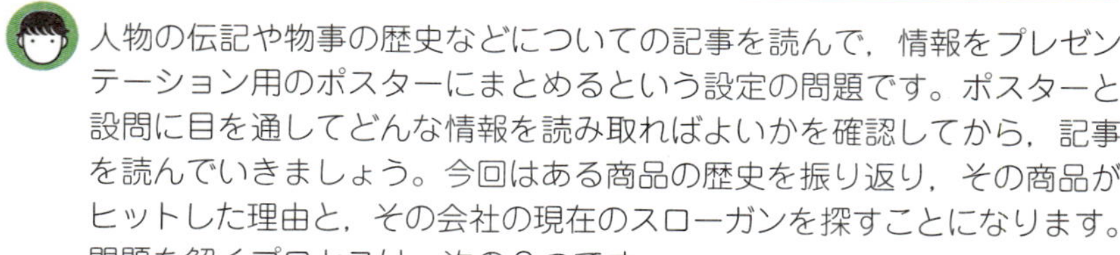

人物の伝記や物事の歴史などについての記事を読んで，情報をプレゼンテーション用のポスターにまとめるという設定の問題です。ポスターと設問に目を通してどんな情報を読み取ればよいかを確認してから，記事を読んでいきましょう。今回はある商品の歴史を振り返り，その商品がヒットした理由と，その会社の現在のスローガンを探すことになります。問題を解くプロセスは，次の３つです。

❶ 英文の設定やテーマを把握する
❷ 設問をチェックする
❸ 本文を読み進める

まずはリード文に目を通し，読み手が置かれている状況を確認しましょう。また，記事にタイトルがついていない場合でも，ポスターにはタイトルがあるはずです。さっと目を通し，これから読むことになる英文のテーマをインプットしておきましょう。

リード文は Your group is preparing a poster presentation entitled "Levi's: The Great Jeans Company," using information from the newspaper article below.（あなたのグループは以下の新聞記事に載っている情報を使って「リーバイス：偉大なるジーンズ企業」というタイトルのポスター発表の準備をしています）となっています。この "Levi's: The Great Jeans Company" というのは，プレゼン用ポスターのタイトルのことですね。これから読むのはリーバイスというジーンズ企業の話で，それをポスターにまとめることがわかります。

このタイプの問題では，プレゼンテーション用のポスターに空所があり，その部分を埋めるのに適切な選択肢を選ぶことになります。つまり，設問だけでなくポスターの小見出しや空所の前後をあらかじめ確認しておく必要があるのです。複数の選択肢を選ぶ設問や，本文には直接書かれていないことを推測する設問などが出題されますが，特に後者は特殊なため注意が必要です。ためしに次の例題を解いてみましょう。

例題 Ken has decided never to tell lies to others.
ケンは決して他人に嘘をつかないと決心した。

問 Which of the following is most likely Ken's policy?
以下のうち，ケンのポリシーである可能性が最も高いものはどれか。

① Be honest 正直であれ
② Be kind to elderly people お年寄りに親切であれ
③ Never give it up 決してあきらめるな
④ Don't be shy 恥ずかしがるな

この例題の場合，本文の「嘘をつかないと決心した」という内容からケンのポリシーを推測します。どの選択肢に含まれる語句も本文には直接登場しませんが，「嘘をつかない」ということは「正直である」と言い換えられますから，①のBe honest（正直であれ）が正解だと判断できます。推測問題ではこのような言い換えを意識して，正しい選択肢を選ぶ必要があります。それでは実際の設問を見てみましょう。

問1 Chose the best statement(s) to complete the poster. (Choose three options. The order does not matter.) [28]・[29]・[30]
ポスターを完成させるのに最もふさわしい記述を選びなさい。(選択肢を3つ選べ。順番は問わない)

▶These pants became popular among working people for the following reasons: [28] [29] [30]
そのズボンは次の理由で労働者の間で人気になった：[28] [29] [30]

問2 Which of the following is most likely Levi's' current slogan? [31]
次のうち，リーバイスの現在のスローガンである可能性が最も高いものはどれか。

■Levi's for the future リーバイスの未来
▶Levi's' current slogan is "[31]."

リーバイスの現在のスローガンは「 31 」である。

SKILL TRAINING 14 ポイント図表化スキル

問1は，ジーンズが人気になったというところまで読み進め，人気になった理由を探せば答えられそうですね。ポスターに3つの空所があることから，人気になった理由を3つ選ぶことがわかります。

問2ではリーバイスの現在のスローガン，つまり目標が書かれている箇所まで読んで，本文の内容を端的にまとめた選択肢を選びましょう。

記事の内容をポスターにまとめるという特殊な問題ではありますが，本文の読み方は変わりません。はじめから記事を読み進め，設問に答える手がかりになりそうな箇所まできたら，選択肢と本文を照らし合わせましょう。それでは，実際に問題を解いていきます。

第1パラグラフから順番に記事を読み進めましょう。登場人物はリーバイ・ストラウスとジェイコブ・デイビスの2人です。伝記文では，人物の生い立ちや物事の起源などから始まって，時間の流れに沿って話が展開されていくことが多いでしょう。

第2パラグラフは，丈夫なズボンを作成する方法を考案したジェイコブが，それを商売にするために知人のリーバイにパートナーシップを求めるという内容。この時点ではまだ設問に答えられそうにありませんね。

第3パラグラフの第3文でようやくjeansという具体的な商品名が登場し，第4文で発売されます。ジーンズの売れ行きや人気の理由が書かれているとしたら，当然発売後になりますよね。第5文以降を詳しく見てみましょう。

The reputation of their products quickly spread among people in the working class, who wanted clothes durable enough to withstand tough conditions. The reasonable price of the pants also attracted people who did not earn a lot. In addition, once people wore the pants, they found them very easy to move in when they were working. So, the pants became a great hit soon.

和訳 彼らの商品の評判は，すぐに労働者階級の人々に広まったが，というのも彼らは厳しい条件に耐えうる丈夫な衣類を欲しがっていたからだ。そのズボンの手頃な価格もまた，十分な稼ぎのない人々を引きつけた。さらに，人々がそのズボンを履いてみると，仕事の際にとても動きやすいことがわかった。その結果，そのズボンはすぐに大ヒットとなった。

最終文から，ジーンズが大人気になったことがわかりますね。人気の理由として挙がっているのは，durable enough to withstand tough conditions（厳しい条件に耐えられるくらい丈夫），The reasonable price（手頃な価格），very easy to move in when they were working（仕事の際にとても動きやすい）といった３つの要素です。問１の選択肢と照らし合わせてみましょう。

① low-wage workers were able to afford them
低賃金の労働者がそれらを買う金銭的余裕があった

② many people found them quite fashionable
多くの人々がそれらをすごくおしゃれだと思った

③ people liked the business style of Levi and Jacob
人々がリーバイとジェイコブのビジネススタイルを気に入った

④ workers trusted Jacobs' skill in making clothes
労働者がジェイコブの衣類を作る技術を信頼していた

⑤ people wanted strong clothes to wear while working
人々は仕事中に着用できる丈夫な衣類が欲しかった

⑥ people were able to move actively wearing them
人々はそれらを着用して活発に動くことができた

本文と選択肢では異なる表現が用いられていますが，「手頃な価格」に該当する①，「丈夫さ」に該当する⑤，「動きやすさ」に該当する⑥が正解です。②の「おしゃれさ」，③の「ビジネススタイル」，④の「技術への信頼」については記事のどこにも書かれていないため，間違いだと判断できます。

続く第４パラグラフでは，リーバイス社の現在の状況と今後の方針が述べられています。最後のパラグラフということもあって，ここに問２の手がかりがありそうです。設問やポスターに含まれるsloganという語は本文中では使われていませんが，必ずどこかにヒントが隠れているはず。詳しく見てみましょう。

Although Levi's is still a top jeans company today, due to the influence of declining sales of jeans, it has a new plan for its future. The company believes it has a new grand path forward. It wants to sell more shirts, cold-weather gear, and women's clothes. It also hopes to grab a bigger piece of the international market, including China, India, and Brazil.

和訳 リーバイスは今日でもジーンズ企業のトップであることに変わりはないが，ジーンズの売り上げ減少の影響を受けて，未来に向けた新たな計画を描いている。同社は目の前に新しい大きな道が広がっていると信じている。同社は，シャツや防寒着，女性服などをもっと売りたいと考えている。さらに同社は，中国やインド，ブラジルを含むより大きな国際市場を手に入れたいと願っている。

第３～４文を見れば，リーバイス社の今後の目標は**to sell more shirts, cold-weather gear, and women's clothes**（シャツや防寒着，女性服などをもっと売ること）と，**to grab a bigger piece of the international market**（より大きな国際市場を手に入れること）の２つだとわかりますね。選択肢をチェックしましょう。

① Beyond jeans, beyond borders
ジーンズを超えて，国境を越えて

② The toughest jeans ever born
これまでに誕生した最も丈夫なジーンズ

③ Jeans for all generations
すべての世代に向けたジーンズ

④ Jeans: The one and only way forward
ジーンズ：前へ進む唯一の道

第３文の内容は「ジーンズ以外のものを売ること」，第４文は「国境を越えて商品を売ること」と言い換えられますから，問２の正解は①の**Beyond jeans, beyond borders**（ジーンズを超えて，国境を越えて）になります。

②のように「最も丈夫なジーンズ」や，③の「すべての世代向けのジーンズ」をリーバイスが目指しているという記述はどこにもありませんで

した。④については，第３文からジーンズ以外の商品を売ろうとしていることがわかるので，間違いだと判断できますね。

学習アドバイス

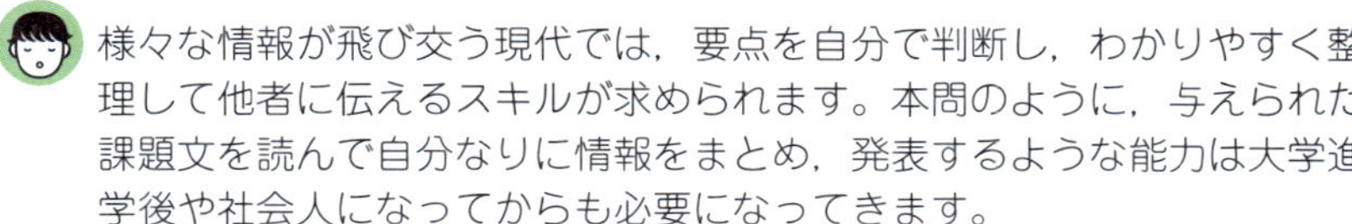

様々な情報が飛び交う現代では，要点を自分で判断し，わかりやすく整理して他者に伝えるスキルが求められます。本問のように，与えられた課題文を読んで自分なりに情報をまとめ，発表するような能力は大学進学後や社会人になってからも必要になってきます。

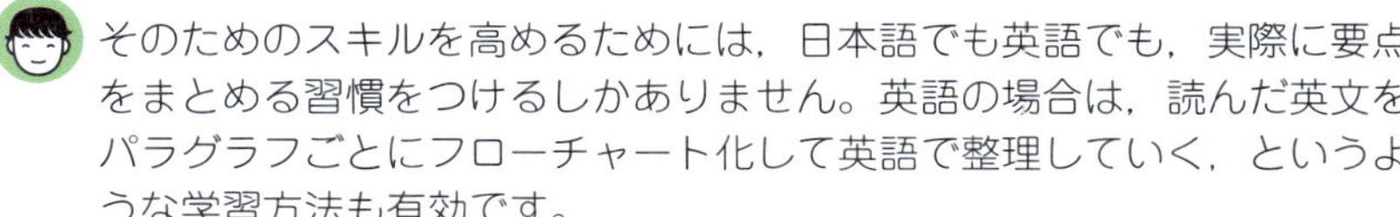

そのためのスキルを高めるためには，日本語でも英語でも，実際に要点をまとめる習慣をつけるしかありません。英語の場合は，読んだ英文をパラグラフごとにフローチャート化して英語で整理していく，というような学習方法も有効です。

SKILL TRAINING 15

時系列把握スキル

Your group is preparing a poster presentation entitled "The First American Woman in Space," using information from the web article below.

Sally Kristen Ride was born on May 26, 1951 in California. Her father was a political science professor, and her mother volunteered as a counselor at a prison. Growing up, Sally became a bright student who loved science and math. She was also an athlete and enjoyed playing tennis. While in her teens, she was ranked among the top 20 junior tennis players in the country.

After graduation from high school in 1968, she thought she might want to become a professional tennis player. However, after practicing every day for months, she realized she did not want her life filled with tennis. Soon, she stopped practicing it and began to think of finding a new career. In 1973, she entered Stanford University in California, where she specialized in physics and did quite well.

In 1977, Sally saw in a newspaper ad that NASA was recruiting astronauts to work on its Space Shuttle program. For the first time, women could also apply. She sent a letter to NASA to apply for the position. Out of some 8,000 candidates, only 25 were hired. Sally was one of the six women picked. Then, Sally went to the Johnson Space Center in Texas to train to become an astronaut. At the Center, she had to go through all sorts of physical training, including parachute jumping and water survival training.

In 1979, Sally was selected to work on a mission on the Space Shuttle Challenger. On June 18, 1983, Sally Ride made history as the first American woman in space. Her main job was to work the robotic arm in space. The flight lasted 147 hours and landed back on Earth successfully. In 1984, Sally went on another shuttle mission. This time, she spent eight days carrying out scientific observations of the Earth.

In 1986, the tragic explosion of Space Shuttle Challenger occurred. This took the lives of seven crew members. Feeling painful because of this tragedy, Sally decided to become a member of investigation commission to find out the cause of the disaster. Finally, in 1987, Sally left NASA. Even after that, she dedicated her life to improving science education until she died in 2012. In 2013, U.S. President Barak Obama described Sally Ride as an American treasure.

The First American Woman in Space

■ The Life of Sally Ride

Age	Events
Teens	32
20's	Sally gave up her career as a tennis player ↓ 33
30's or older	34 ↓ Sally went on her second space travel ↓ 35 ↓ 36

問1 Members of your group listed important events in Sally's life. Put the events into the boxes 32 ～ 36 in the order that they happened.

① Sally devoted herself to science education
② Sally contacted NASA to work for it
③ Sally was one of the most outstanding tennis players
④ Sally made her debut voyage into space
⑤ Sally investigated the accident of Challenger

SKILL TRAINING 15 解答のポイント

（全訳＆語彙▶▶▶別冊 pp.058〜060）

解答 32 : ③ 33 : ② 34 : ④ 35 : ⑤ 36 : ①

SKILL TRAINING 14に続いて，伝記文を読んで情報をプレゼンテーション用のポスターにまとめるという設定の問題です。今回は起こった順番に出来事を並べ替える年表作成問題を取り上げます。時間を表す表現に注意しながら英文を読み進め，選択肢と本文の内容を照らし合わせていきましょう。問題を解くプロセスは，次の３つです。

❶ 英文の設定やテーマを把握する
❷ 設問をチェックする
❸ 本文を読み進める

まずはリード文に目を通し，読み手が置かれている状況を確認しましょう。記事にタイトルがついていない場合でも，ポスターにはタイトルがあるはずです。さっと目を通し，これから読むことになる英文のテーマをインプットしておきましょう。

リード文は Your group is preparing a poster presentation entitled "The First American Woman in Space," using information from the web article below.（あなたのグループは以下のウェブ記事に載っている情報を使って「宇宙に進出した最初のアメリカ人女性」というタイトルのポスター発表の準備をしています）となっています。この "The First American Woman in Space" というのは，プレゼン用ポスターのタイトルのことですね。これから読むのは宇宙に初めて行ったアメリカ人女性の話で，それをポスターにまとめることがわかります。

年表作成問題では，プレゼンテーション用のポスターに空所が含まれていて，空所を埋めるのに適切な選択肢を選ぶことになります。つまり，設問だけでなくポスターの小見出しや空所の前後をあらかじめ確認しておかなければなりません。年表はすべて空所というわけではなく，いくつかの出来事がすでに記入されていることもあります。その出来事が記事のどこに書かれているか，その前後にどんな出来事があったかをきちんと読み取ることがポイントです。

続いて，設問をチェックしましょう。

問1 Members of your group listed important events in Sally's life. Put the events into the boxes [32] ～ [36] in the order that they happened.
あなたのグループのメンバーがサリーの人生における重要な出来事を一覧表にした。出来事を空所 [32] ～ [36] に起こった順番に入れなさい。

① Sally devoted herself to science education
サリーは科学教育に自身を捧げた

② Sally contacted NASA to work for it
サリーはNASAで働くために連絡を取った

③ Sally was one of the most outstanding tennis players
サリーは最も際立ったテニス選手の一人だった

④ Sally made her debut voyage into space
サリーは宇宙への旅のデビューを果たした

⑤ Sally investigated the accident of Challenger
サリーはチャレンジャー号の事故を調査した

記事を参考にして，「宇宙に進出した最初のアメリカ人女性」のポスターを完成させる問題ですね。年表の最上段を見ると，Age（年齢）とEvents（出来事）という項目があります。伝記文の主人公が何歳のときにどんな出来事があったかを探しながら記事を読んでいけばよさそうです。

冒頭から丁寧に記事を読み進めていきましょう。伝記文の場合，パラグラフごとに時代や場面が大きく変わったり，大きな出来事が起こったりすることが予想されます。パラグラフを１つ読み終えるごとに，年表と選択肢を照合していく解き方がオススメです。選択肢は記事とは異なる表現で言い換えられている場合が多いので，注意しましょう。

それでは第１パラグラフから順番に，時間を表す表現に注意して記事を読み進めていきます。まずは第１パラグラフ。ここではサリー・ライドの生い立ちが語られています。第５文に注目しましょう。

While in her teens, she was ranked among the top 20 junior tennis players in the country.

和訳 10代の頃には，国内の若手テニス選手トップ20に格付けられた。

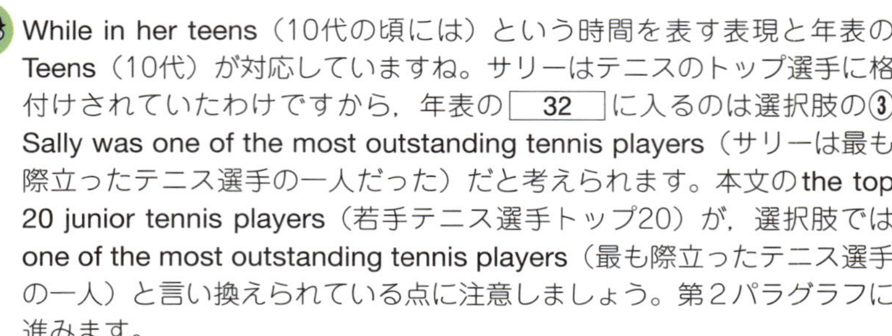

While in her teens（10代の頃には）という時間を表す表現と年表のTeens（10代）が対応していますね。サリーはテニスのトップ選手に格付けされていたわけですから，年表の［ 32 ］に入るのは選択肢の③ Sally was one of the most outstanding tennis players（サリーは最も際立ったテニス選手の一人だった）だと考えられます。本文のthe top 20 junior tennis players（若手テニス選手トップ20）が，選択肢では one of the most outstanding tennis players（最も際立ったテニス選手の一人）と言い換えられている点に注意しましょう。第２パラグラフに進みます。

After graduation from high school in 1968, she thought she might want to become a professional tennis player. However, after practicing every day for months, she realized she did not want her life filled with tennis. Soon, she stopped practicing it and began to think of finding a new career. In 1973, she entered Stanford University in California, where she specialized in physics and did quite well.

和訳 1968年に高校を卒業した後，彼女はプロテニス選手になるのもいいかもしれないと考えた。しかし，数カ月間毎日練習を続けた後，彼女は人生をテニス漬けにしたくはないと悟った。まもなく彼女はテニスの練習をやめ，新しいキャリアを見つけようと考え始めた。1973年，彼女はカリフォルニア州にあるスタンフォード大学に入学し，物理学を専攻して優秀な成績を収めた。

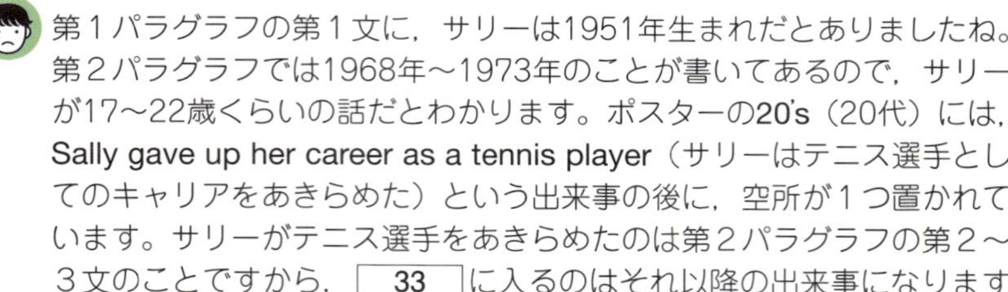

第１パラグラフの第１文に，サリーは1951年生まれだとありましたね。第２パラグラフでは1968年～1973年のことが書いてあるので，サリーが17～22歳くらいの話だとわかります。ポスターの20's（20代）には，Sally gave up her career as a tennis player（サリーはテニス選手としてのキャリアをあきらめた）という出来事の後に，空所が１つ置かれています。サリーがテニス選手をあきらめたのは第２パラグラフの第２～３文のことですから，［ 33 ］に入るのはそれ以降の出来事になります

ね。しかし，第４文の大学入学や物理学専攻の話は選択肢にありません。次の第３パラグラフに進みましょう。

第３パラグラフでは，サリーがNASAの宇宙飛行士募集広告に応募し，採用され，訓練を積んでいく様子が描かれています。第１～３文に注目しましょう。

In 1977, Sally saw in a newspaper ad that NASA was recruiting astronauts to work on its space shuttle program. For the first time, women could also apply. She sent a letter to NASA to apply for the position.

和訳 1977年，NASAがスペースシャトル計画に従事する宇宙飛行士を募集していることをサリーは新聞広告で知った。初めて女性も応募することができたのだ。彼女はその職に申し込むためにNASAに手紙を送った。

第１文に1977年という具体的な年があります。1951年生まれのサリーはこのとき26歳ですから，NASAに申し込みの手紙を送ったのは20代の出来事です。選択肢を見てみると，この内容に当てはまり［ 33 ］に入るのは②のSally contacted NASA to work for it（サリーはNASAで働くために連絡を取った）ですね。第４パラグラフへ進みます。

In 1979, Sally was selected to work on a mission on the Space Shuttle Challenger. On June 18, 1983, Sally Ride made history as the first American woman in space. Her main job was to work the robotic arm in space. The flight lasted 147 hours and landed back on Earth successfully. In 1984, Sally went on another shuttle mission. This time, she spent eight days carrying out scientific observations of the Earth.

和訳 1979年，サリーはスペースシャトル・チャレンジャー号での任務に就くように選出された。1983年６月18日，サリー・ライドは宇宙に進出した最初のアメリカ人女性として歴史を作った。彼女の主な仕事は宇宙空間でロボット・アームを操作することだった。宇宙飛行は147時間継続し，無事地球に帰還した。1984年，サリーは別のシャトルでの任務へ出かけた。今回は，８日間かけて地球の科学的観測を行った。

残るポスターの空所は，いずれも30代以降の出来事です。

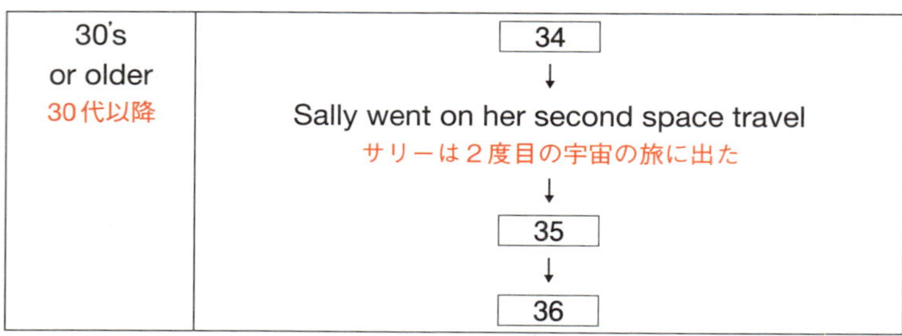

30's or older 30代以降	34 ↓ Sally went on her second space travel サリーは２度目の宇宙の旅に出た ↓ 35 ↓ 36

このうち，**Sally went on her second space travel**（サリーは２度目の宇宙の旅に出た）の部分は，第４パラグラフの第５文**In 1984, Sally went on another shuttle mission.**（1984年，サリーは別のシャトルでの任務へ出かけた）のことを指していると考えられます。つまり，34 に入るのは第５文よりも前に書かれている出来事だと推測できるのです。第２文の**On June 18, 1983, Sally Ride made history as the first American woman in space.**（1983年６月18日，サリー・ライドは宇宙に進出した最初のアメリカ人女性として歴史を作った）に注目しましょう。これは，選択肢でいうと④の**Sally made her debut voyage into space**（サリーは宇宙への旅のデビューを果たした）に該当します。したがって，34 に入るのは④です。

残っている選択肢は①と⑤ですが，どちらも第４パラグラフまで読み終えても，これらの選択肢に該当する記述は出てきません。最後の第５パラグラフに進みましょう。

In 1986, the tragic explosion of Space Shuttle Challenger occurred. This took the lives of seven crew members. Feeling painful because of this tragedy, Sally decided to become a member of investigation commission to find out the cause of the disaster. Finally, in 1987, Sally left NASA. Even after that, she dedicated her life to improving science education until she died in 2012. In 2013, US President Barak Obama described Sally Ride as an American treasure.

和訳 1986年，スペースシャトル・チャレンジャー号の悲劇的な爆発事故が起きた。この爆発は７人の乗組員の命を奪った。この悲劇に心を痛めたサリーは，この大惨事の原因を解明するための調査委員会の一員になることに決めた。最終的に，1987年にサリーはNASAを去った。その後も2012年に亡くなるまで，彼女は科学教育の向上に人生を捧げた。2013年，アメリカのバラク・オバマ大統領は，サリー・ライドをアメリカの至宝と表現した。

残る２つの選択肢を第５パラグラフの内容と照らし合わせましょう。

① Sally devoted herself to science education
サリーは科学教育に自身を捧げた

⑤ Sally investigated the accident of Challenger
サリーはチャレンジャー号の事故を調査した

⑤は，第５パラグラフの第３文 Sally decided to become a member of investigation commission to find out the cause of the disaster（サリーはこの大惨事の原因を解明するための調査委員会の一員になることに決めた）とほぼ同じ内容と考えられますね。記事中の find out the cause of the disaster（大惨事の原因を解明する）という表現が，選択肢では investigated the accident of Challenger（チャレンジャー号の事故を調査した）と言い換えられています。

残る①は，第５文の she dedicated her life to improving science education（彼女は科学教育の向上に人生を捧げた）に該当しています。普段から語彙力を鍛えておけば，dedicate と devote という似たような意味の動詞が使われていることを見抜けたはずです。

以上から，32 には③，33 には②，34 には④，35 には⑤，36 には①が入ると判断できます。

学習アドバイス

伝記文ではパラグラフごとに時代や場面が大きく変わったり，大きな出来事が起こったりするということは先に述べたとおりです。実はこれは，「１トピック＝１パラグラフ」つまり「言いたいことは１パラグラフにつき１つ」という英語の原則に基づいています。この原則は，自分で文章を書くときにも当てはまります。言いたいことを思いつくままに書くのではなく，段落ごとにある程度のまとまりを持たせるように心がけることで読者にとって読みやすくなり，説得力が増します。時間の経過や場面の転換が明らかになるように，段落を区切っていくようにしましょう。

今回のトレーニングでも，「本文と同じ内容を別の表現で言い換えている選択肢」を見抜けるかどうかが，問題を解くためのカギでしたね。その前提となる多彩な語彙の習得や基本文法の習熟を日々の学習で目指しましょう。

SKILL TRAINING 16

タイトル解釈スキル

You are preparing for a group discussion on the issue of global warming in a class. You have found the article below.

Will Santa Give up His Useless Sleigh?

Snow will greatly touch you when you wake up on Christmas morning. However, data suggests the odds of having a white Christmas in Halifax, Canada are decreasing year by year, possibly due to global warming. An environmental organization in Canada has revealed snowfall data in Halifax, analyzing 63 years of weather records between 1955 and 2017. According to the data, taken during the period from 1965 to 1984, the odds of a white Christmas in the region were about 65%.

The figure, however, dropped to 40% between 1994 and 2017. The organization also said that there were 10 green Christmases, with little or no snow on the ground, during a 30-year period between 1955 and 1985. That number doubled during the next 30 years. One expert said, "We're seeing much warmer temperatures in the wintertime than before. The time may come when Santa will give up his sleigh and ride something more practical on dry land. He may not even have to dress warmly."

Not everyone likes a snowy day. It is true that some people enjoy the change of the seasons with snow, and most small children get excited at heavy snowfall. Others, however, may find it harder to drive on snow-clogged streets to their workplaces. Still others just don't like their clothes or boots getting wet. Nonetheless, almost all of us, even those who hate snow, will have special feelings toward snow on Christmas morning. It is a wonderful cccasion when every one of us feels grateful for the holy gift from Heaven: snow.

問1 According to the article, the author describes Santa's sleigh as useless because [37].

① it is quite out of date from the viewpoint of modern technology
② the possibility of people having snow on Christmas day is on the decrease
③ people prefer to welcome a green Christmas instead of a white one
④ what Santa wears and rides should be changed with fashion trends

 SKILL TRAINING 16 解答のポイント

(全訳＆語彙▶▶▶別冊 pp.061〜062)

解答 37：②

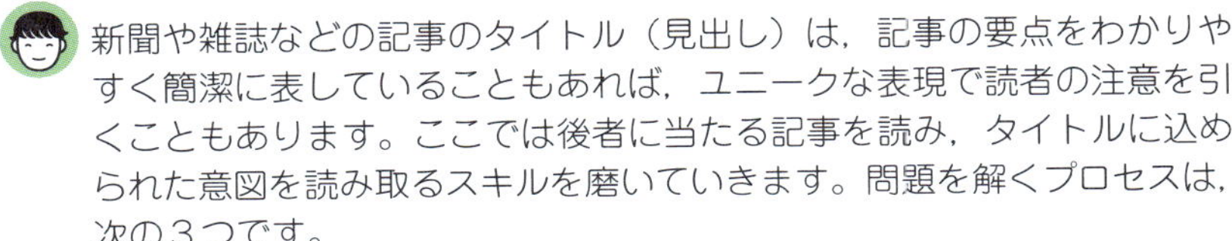

新聞や雑誌などの記事のタイトル（見出し）は，記事の要点をわかりやすく簡潔に表していることもあれば，ユニークな表現で読者の注意を引くこともあります。ここでは後者に当たる記事を読み，タイトルに込められた意図を読み取るスキルを磨いていきます。問題を解くプロセスは，次の３つです。

❶ 英文の設定やテーマを把握する
❷ 設問をチェックする
❸ 本文を読み進める

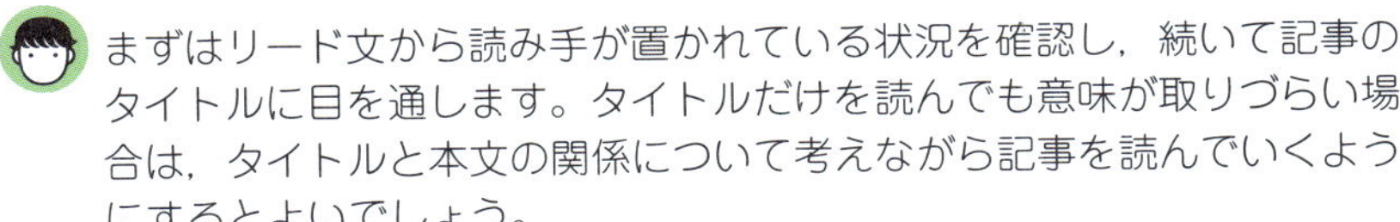

まずはリード文から読み手が置かれている状況を確認し，続いて記事のタイトルに目を通します。タイトルだけを読んでも意味が取りづらい場合は，タイトルと本文の関係について考えながら記事を読んでいくようにするとよいでしょう。

リード文はYou are preparing for a group discussion on the issue of global warming in a class. You have found the article below.（あなたは地球温暖化の問題について授業で行うグループディスカッションの準備をしています。以下の記事を見つけました）となっているので，「地球温暖化に関する記事」をこれから読むことがわかります。

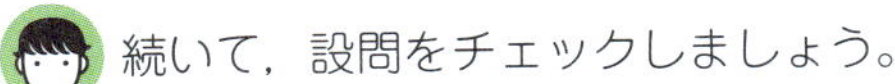

続いて，設問をチェックしましょう。

問1 According to the article, the author describes Santa's sleigh as useless because [37].

記事によると[37]ので，筆者はサンタのソリを役に立たないものだと述べている。

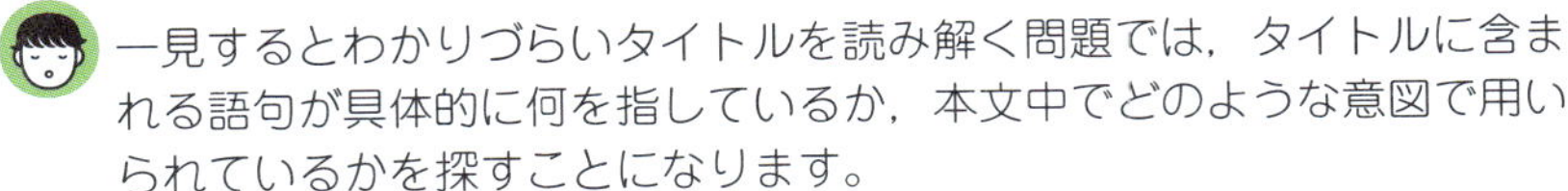

一見するとわかりづらいタイトルを読み解く問題では，タイトルに含まれる語句が具体的に何を指しているか，本文中でどのような意図で用いられているかを探すことになります。

設問中の「サンタのソリが役に立たない」という内容は，**Will Santa Give up His Useless Sleigh?**（サンタは役に立たないソリを手放すだろうか？）という記事のタイトルに含まれています。一見すると，リード文の「地球温暖化に関する記事」とは結びつかないかもしれません。しかし，記事の内容とまったく関係がないことがタイトルになるはずはないので，サンタやソリといった語句についての言及が必ず本文中にあるはずです。まずはその部分を探しましょう。**sleigh**という単語の意味がわからなかった人がいるかもしれませんが，焦る必要はありません。まずはその単語が記事のどこで登場しているかを探し，前後の文脈から意味を推測しましょう。

はじめから記事を読みながら，タイトルに関係していそうな記述を探します。今回扱うような論説文では特に，論理展開や因果関係を正確に押さえながら丁寧に読んでいく必要があります。タイトルに含まれる語句が登場したら，その前後を精読して設問に答えましょう。

それでは，はじめから順番に記事を読み進めていきましょう。第１パラグラフでは，カナダのハリファクスを例に取って，クリスマスに雪が降る可能性が年々下がっていると書かれています。温暖化の影響が示唆されていますね。

第２パラグラフでは，1994年から2017年の間にクリスマスの降雪率が40%にまで減少したという具体的なデータが示されています。第４～６文の専門家の発言に注目。

One expert said, “We're seeing much warmer temperatures in the wintertime than before. The time may come when Santa will give up his sleigh and ride something more practical on dry land. He may not even have to dress warmly.”

和訳 ある専門家は「今の冬季の気温は昔よりもずっと高くなっています。サンタがソリを手放し，乾いた地面を運転するためのもっと実用的な乗り物に乗るときが来るかもしれません。彼は暖かく装うことすらしなくてもよくなるかもしれません」と語った。

設問とタイトルに含まれているサンタとソリが，本文中で初めて登場します。**sleigh**という単語の意味がわからなかった人は，第５文に注目しましょう。「サンタが**sleigh**を手放し，乾いた地面を運転するためのもっと実用的な乗り物に乗るときが来るかもしれません」という内容から，「sleighはサンタが普段乗って運転している乗り物に違いない！」と推測できますね。

設問で問われている「サンタのソリが役に立たない理由」は，この近くに書かれているはずです。第４文の「今の冬季の気温は昔よりもずっと高くなっています」の部分が理由に該当すると見抜けましたか？　つまり，「地球温暖化の結果としてクリスマスの降雪率が減少し，雪を乗り越えるためのソリや暖かい服装といったサンタの必需品が不要になるかもしれない」ということです。これに合致する選択肢を探しましょう。

① it is quite out of date from the viewpoint of modern technology
それは現代テクノロジーの観点からは極めて時代遅れである

② the possibility of people having snow on Christmas day is on the decrease
クリスマスに雪が降る可能性は下がってきている

③ people prefer to welcome a green Christmas instead of a white one
人々はホワイト・クリスマスよりもグリーン・クリスマスを歓迎したがっている

④ what Santa wears and rides should be changed with fashion trends
サンタが着たり乗ったりするものは流行の移り変わりとともに変わるべきである

事前に理由を予測しておけば，②が正解だというのは一目瞭然ですね。

①の「現代テクノロジー」，③の「人々の好み」，④の「流行の移り変わり」については，記事のどこにも書かれていないので間違いです。

学習アドバイス

本や記事のタイトルには，書き手の思いが込められています。読者の興味を引くために，気の利いた表現が使われていることもあります。普段からタイトルに注目し，「なぜこんなタイトルにしたんだろう？」と考えることで，今回のようなタイプの設問に答えるコツが身につくはずです。また，自分がエッセイや記事を書くときは，内容を端的に示し，かつウィットに富んだタイトルを考えてみるとよいでしょう。

SKILL TRAINING 17

意図推測スキル 要約スキル

You are preparing for a group presentation on working conditions in medical fields for your class. You have found the article below.

How Can a Nurse Survive a 12-hour Night Shift?

[1] Usually, hospitals keep the necessary number of nurses on duty 24 hours a day. They have them work various shifts. Commonly, eight-, ten-, or twelve-hour shifts in exchange for more days off, are offered to nurses. The reality is, however, that more hospitals around the world are choosing to operate on 12-hour nursing shifts because it is easier for administrators to manage their nurses.

[2] For nurses, there are some disadvantages in 12-hour shifts. Above all, it has been pointed out that nurses tend to show more diminished performance as they spend longer hours on night shifts. The poorer performance of night-shift nurses has been explained by some scientists through the circadian rhythm, an internal process that regulates the sleep-wake cycle and repeats roughly every 24 hours. It is said that switching sleep schedules can disturb the circadian rhythm, which easily causes fatigue and sleepiness.

[3] Night shift nurses can explore various ways on how to trick the circadian clock. They can do so to a certain extent by being careful of their sleep schedule on their days off. Some night-shift nurses are successful by trying to keep the same waking hours and bedtime on their days off as they do on workdays, so that their body does not have to keep readjusting. Others do well by trying to have a similar schedule to ordinary people when they are not working. Most nurses think each adapts differently and choose their favorite schedule.

[4]　Even so, there are some customary ways they should avoid. According to research at an institution, some 25% of nurses in the U.S. stay up for 12 hours straight or more before their night shift in order to adjust to working on the shift. This is the least effective strategy for adapting one's circadian clock to a night-time schedule. It actually makes it harder for them to overcome sleepiness and exhaustion.

[5]　Despite some demerits, many nurses prefer to work 12-hour shifts. However long and exhausting night hours feel to them, they wake up and work; first and foremost for their patients. The next time your friends feel envy that nurses have more days off than people engaged in other professions do, ask them how many lives they think nurses have saved when they are sleeping in their beds.

問1 In the Paragraph [4], the author most likely mentions some 25% of nurses in the U.S. in order to give an example of [38].

① a good way to adjust nurses' circadian rhythms to the night shift
② a key to keeping a balance between their work and private life
③ something that nurses should not do before their night shift
④ hospital staff who have excellent skills in their jobs

問2 Which of the following best summarizes the article? [39]

① Due to the disadvantages of working night shift, more and more hospitals choose to avoid 12-hour shifts.
② In spite of negative effects working night shift can have on them, many nurses try to cope with it in different ways for the benefit of patients.
③ All nurses know themselves well and adopt safe and effective methods to work 12-hour shifts.
④ 12-hour nursing shifts will become less common as more people are concerned about the risks it will cause to nurses' physical condition.

 SKILL TRAINING 17 解答のポイント

（全訳＆語彙▶▶▶別冊 pp.063～065）

解答 38：③　39：②

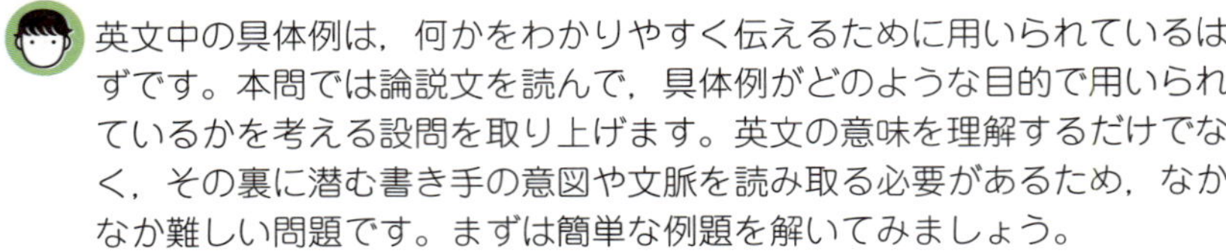

英文中の具体例は，何かをわかりやすく伝えるために用いられているはずです。本問では論説文を読んで，具体例がどのような目的で用いられているかを考える設問を取り上げます。英文の意味を理解するだけでなく，その裏に潜む書き手の意図や文脈を読み取る必要があるため，なかなか難しい問題です。まずは簡単な例題を解いてみましょう。

例題 A lot of women want to gain a slender body by losing weight. There are several ways to do so healthily. One of the simple ways is jogging. All you need is a pair of sports shoes.

多くの女性が，減量することでスレンダーな身体を手に入れたいと思っている。健康的にそれを実現する方法がいくつかある。簡単な方法の１つがジョギングだ。必要なのはスポーツシューズだけだ。

問 In this paragraph, the author most likely mentions jogging in order to give an example of [　　　].

このパラグラフで，筆者はおそらく[　　　]の例を挙げるために，ジョギングについて言及している。

① how to lose weight by eating less
　食べる量を減らすことで減量する方法

② how to make your body strong
　身体を強くする方法

③ how to be able to run faster
　より速く走れる方法

④ how to become slender healthily
　健康的にスレンダーになる方法

このパラグラフの場合，ジョギングは「健康的に減量し，スレンダーな身体を手に入れる方法の例」として挙げられていると判断できるので，

正解は④です。この例題のように，具体例が何のために用いられているかを判断するには，前後の文脈から読み取る必要があります。

もう一方の設問では，本文の要約問題を取り上げます。本文をすべて読み，筆者が最も伝えたいことは何かを自分なりに見当をつけてから，適切な選択肢を選ぶようにしましょう。その他の選択肢がなぜ間違いと判断できるかをきちんと確認することも，共通テストの得点アップにつながります。問題を解くプロセスは，次の３つです。

❶ 英文の設定やテーマを把握する
❷ 設問をチェックする
❸ 本文を読み進める

まずはリード文から読み手が置かれている状況を確認します。続いて記事のタイトルに目を通し，これから読むことになる英文のテーマをインプットしましょう。タイトルは要約問題を解くヒントにもなります。

リード文は You are preparing for a group presentation on working conditions in medical fields for your class. You have found the article below.（あなたは医療分野の労働環境について授業で行うグループ発表の準備をしています。以下の記事を見つけました）となっています。記事のタイトルは How Can a Nurse Survive a 12-hours Night Shift?（看護師はどうやって12時間の夜勤を切り抜けられるのか？）です。これらの情報を合わせると，これから読む英文は，「看護師の労働環境」がテーマだと推測できますね。続いて設問をチェックします。

問1 In the Paragraph [4], the author most likely mentions some 25% of nurses in the U.S. in order to give an example of [38].

第４パラグラフで，筆者がアメリカの看護師の約25%について言及しているのは，[38]の例を示すためである可能性が最も高い。

問2 Which of the following best summarizes the article? [39]

次のうち，記事を最もよく要約しているものはどれか。

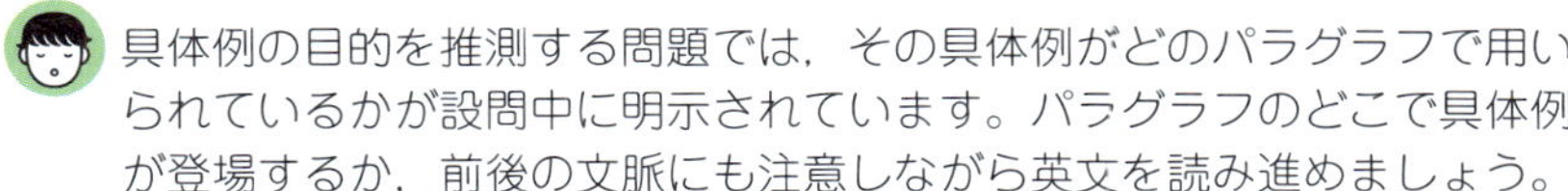

具体例の目的を推測する問題では，その具体例がどのパラグラフで用いられているかが設問中に明示されています。パラグラフのどこで具体例が登場するか，前後の文脈にも注意しながら英文を読み進めましょう。

要約問題の場合は，最後まで本文を読んでから答えるのが原則です。

問１の設問から読み取れるのは，第４パラグラフにsome 25% of nurses in the U.S.（アメリカの看護師の約25％）に該当する語句が登場すること，そしてそれが何かを意味する具体例として挙げられるということですね。第４パラグラフまでたどり着いたらこの語句を探して，前後の文脈を丁寧に押さえましょう。問２は，本文の要約としてふさわしい選択肢を選ぶ問題です。全体を読んでから答えましょう。

第１パラグラフから記事を読んでいきましょう。今回取り上げる論説文では特に，論理展開や因果関係を正確に把握しながら丁寧に読み進める必要があります。

第１パラグラフは，数種類ある看護師の勤務形態（シフト）のうち，12時間シフトが主流になりつつあるという内容です。リード文とタイトルから考えても，どうやら「12時間シフトで勤務する看護師の労働環境」が話題の中心になっていきそうですね。

第２パラグラフへ進みましょう。このパラグラフでは，12時間の夜間シフトの問題点，つまり仕事の質の低下と，その原因について述べられています。第３文にthe circadian rhythm（サーカディアンリズム）という耳慣れない言葉が登場しますが，知らない単語だからといって焦る必要はありません。高校生のレベルを越えた難しい単語が登場する場合，共通テストではその単語の意味を補足するための説明が本文中にあるはずです。ここでは直後でan internal process that regulates the sleep-awake cycle and repeats roughly every 24 hours（睡眠・起床サイクルを制御し，約24時間周期で繰り返される体内のプロセス）と具体的に説明されていますね。

第３パラグラフでは，サーカディアンリズムをごまかし，夜間勤務に身体を順応させるために看護師たちが採用している方法について述べられています。

いよいよ問１で言及されている第４パラグラフにたどり着きました。詳しく見ていきましょう。

[4]　Even so, there are some customary ways they should avoid. According to research at an institution, some 25% of nurses in the U.S. stay up for 12 hours straight or more before their night shift in

order to adjust to working on the shift. This is the least effective strategy for adapting one's circadian clock to a night-time schedule. It actually makes it harder for them to overcome sleepiness and exhaustion.

和訳 それでもなお，避けるべき慣習的な方法がいくつかある。ある機関が行った調査によれば，**アメリカの看護師の約25%**が夜間シフトでの労働に順応するため，夜間シフト前日には12時間以上連続で起きたまま眠らないようにしているということである。これはサーカディアン時計を夜間スケジュールに合わせるための最も効果がない作戦である。実際その方法は，看護師たちが眠気や疲労に打ち勝つのをより困難にするのだ。

問１の設問に含まれる**some 25% of nurses in the U.S.**（アメリカの看護師の約25%）は第２文に登場しています。彼女たちが採用している「夜間シフト前日に12時間以上連続で起きたままいる」という方法は，第３文で「最も効果がない作戦である」とされていますね。さらに最終文では，「その方法は，看護師たちが眠気や疲労に打ち勝つのをより困難にする」とまで厳しく批難されています。つまり，「やらないほうがよい夜間シフトへの順応方法を採用している看護師もいる」ということを伝えるために，具体例として「アメリカの看護師の約25%」について言及していると推測できます。これに合致する選択肢を探しましょう。

① a good way to adjust nurses' circadian rhythms to the night shift
看護師のサーカディアンリズムを夜間シフトに合わせる優れた方法

② a key to keeping a balance between their work and private life
仕事と私生活のバランスを保つための鍵

③ something that nurses should not do before their night shift
看護師が夜間シフトの前に行うべきではないこと

④ hospital staff who have excellent skills in their jobs
仕事の能力が優れている病院のスタッフたち

推測した目的に一番近い③が正解だと判断できますね。

①の「優れた方法」，②の「仕事と私生活のバランス」，④の「優れた仕事の能力」といった内容は第４パラグラフにはないので，問１の正解は③で確定できます。

問２の要約問題を解くために，記事を最後まで読みましょう。第５パラグラフは結論にあたる部分で，看護師という職業の尊さに言及しています。最後まで読んだところで，設問をもう一度見てみましょう。

問2 Which of the following best summarizes the article? [39]
次のうち，記事を最もよく要約しているものはどれか。

① Due to the disadvantages of working night shift, more and more hospitals choose to avoid 12-hour shifts.
夜間シフトで働くデメリットのため，ますます多くの病院が12時間のシフトを避けることを選択している。

② In spite of negative effects working night shift can have on them, many nurses try to cope with it in different ways for the benefit of patients.
夜間シフトが看護師たちにもたらす悪影響にもかかわらず，多くの看護師は患者のために様々な方法で夜間シフトに対応しようとしている。

③ All nurses know themselves well and adopt safe and effective methods to work 12-hour shifts.
看護師はみな自身のことをよく知っており，12時間シフトで働くための安全で効果的な方法を採用している。

④ 12-hour nursing shifts will become less common as more people are concerned about the risks it will cause to nurses' physical condition.
看護師の体調に及ぼす危険性を心配する人が増えるにつれて，12時間の看護シフトはより一般的でなくなっていくだろう。

どの選択肢も長く複雑で情報量が多く，どれが正解かを素早く見抜くのは難しそうですね。このようなときは，選択肢を１つずつ精読して本文と照らし合わせる解き方が有効です。①については，第１パラグラフの第４文にThe reality is, however, that more hospitals around the world are choosing to operate on 12-hour nursing shifts（しかしながら，12時間の看護シフトで稼動することを世界中のより多くの病院が選択しているのが現実だ）とあり，12時間シフトで働く看護師の数は増えていると考えられます。これは①の後半more and more hospitals choose avoid 12-hour shifts（ますます多くの病院が12時間のシフトを避けることを選択している）と矛盾するので，①は不正解です。

②については，まず前半のnegative effects working night shift can

have on them（夜間シフトがもたらす悪影響）の部分が正しいかを確認しましょう。第２パラグラフの第１文でsome disadvantages（いくつかのデメリット）があると述べられていることを思い出すと，前半は正しそうです。後半の内容は，第５パラグラフのDespite some demerits, many nurses prefer to work 12-hour shifts. However long and exhausting night hours feel to them, they wake up and work; first and foremost for their patients.（いくつかあるデメリットにもかかわらず，多くの看護師は12時間シフトで働くほうを好む。どんなに夜間シフトが長く疲れるものだと感じられても，患者のことを最優先して目を覚まして働くのだ）の部分に該当しているので，こちらも問題なさそうですね。さらに②の内容は，本文全体を簡潔にまとめた要約にもなっているので，問２の正解は②だと判断できます。

残った選択肢についても，誤っている点をきちんと確認しましょう。③については，すべての看護師がsafe and effective methods（安全で効果的な方法）を採用しているわけではありませんでしたよね。「夜間シフトの直前に12時間以上起きたままでいる」という最も効果がない方法を取っている看護師の例が，第４パラグラフにありました。④については，「12時間の看護シフトが一般的でなくなっていく」という前半が誤り。第５パラグラフの第１文にDespite some demerits, many nurses prefer to work 12-hour shifts.（いくつかあるデメリットにもかかわらず，多くの看護師は12時間シフトで働くほうを好む）とあるように，看護師や病院は12時間シフトを好むというのがこの記事で一貫している事実だったはずです。

学習アドバイス

「私は○○に賛成だ」「反対だ」と主張するときは，その主張の根拠が必要不可欠です。そのように考える理由や主張を支える具体例を示すことで説得力が生まれます。今回の問題では，12時間の夜間シフトに身体を順応させるために看護師が行っている対策がいくつか述べられ，中でも取るべきでない方法の具体例として「夜間シフトの直前に12時間以上起きたままでいるアメリカの看護師の約25％」が言及されていました。「身体に悪い方法を，実際には４分の１もの看護師が採用している」という具体例を示すことで，「いかに苦心して看護師が12時間の夜間シフトに順応しようとしているか」という切実な問題が，読み手に伝わってきますね。

具体例をうまく活用することで文章はより説得力を増し，わかりやすくなります。自分の意見をまとめるときには，具体例を効果的に組み込むように心がけましょう。具体例を含む文章を自分で書いてみることで，他人の書いた文章を読むときにも，具体例が何を説明するためのものか，どんな効果を生み出しているかを理解しやすくなるはずです。自分で書いた文章は誰かにチェックしてもらい，具体例が妥当かどうか，わかりやすいものだったかどうかを尋ねるとさらに効果的ですよ。

SKILL TRAINING 18

因果関係解明スキル
グラフ照合スキル

You are studying about world social problems. You are going to read the following article to know about the suicide rate in the world.

Suicide, the act of taking one's own life, occurs throughout the world, affecting individuals of all nations, cultures, religions, genders, and classes. According to a worldwide study, the suicide rate is declining at a global level. In 2016, 10.6 people out of every 100,000 committed suicide, a decline of 2.3 people from 2000. The rates have gradually been falling for decades among most Western countries. In Britain, for example, the rate peaked in 1934, during the notorious economic depression, and since then it has been declining. In many Asian countries including Japan, on the other hand, the rate has fallen significantly in the past decade.

Social changes over the decades have probably contributed to the falling figures among Western countries. In many of these countries, society has been stabilized and the economy has gotten better. Consequently, the unemployment rate has declined and working people have become better paid. People have been given more freedom and opportunities than before, by which they feel less stressed. These factors might have driven fewer people to despair in which they hardly see any reason to stay alive. As for many Asian countries, which have experienced a sharp decline only during the last decade or so, a clear explanation for the trend is still difficult to give.

Contrary to these worldwide declines, the U.S. is going in the opposite direction. Though it is lower than that in Japan as of 2016, the suicide rate in the U.S. has increased by nearly 3 people per 100,000 in the last decade. The causes of suicide in the U.S., where society has become more complicated, are varied. Some could come from health factors such as drug addiction, mental illness, or serious physical health conditions. Others could be environmental factors such as stressful life events including divorce, unemployment, or a financial crisis. Some point out that the rise was also closely linked with reductions in social welfare spending between 1960 and 1995. They say that spending on social welfare in the U.S. is extremely low compared to European nations.

問1 Social changes over the decades in many Western countries might have led to [40].

① people's increased satisfaction with their lives, which made the rate of committing suicide decrease

② improvement of people's physical health, which gave them more hope to keep on living

③ worsening of people's working environments, which gave them a lot of stress

④ worsening of economic conditions, which discouraged people from working harder

問2 Out of the following four graphs, which illustrates the situation the best? [41]

①

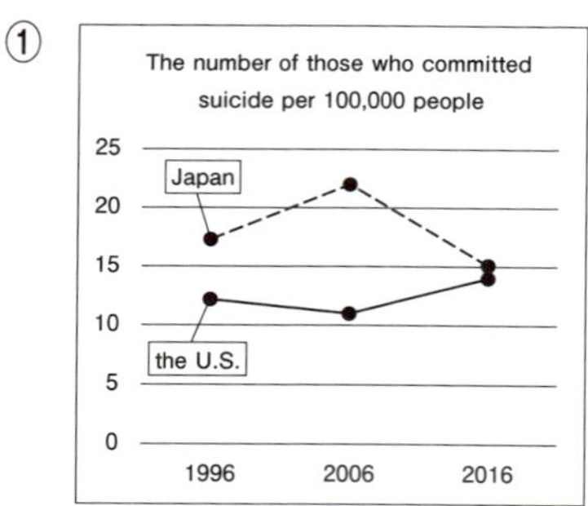

②

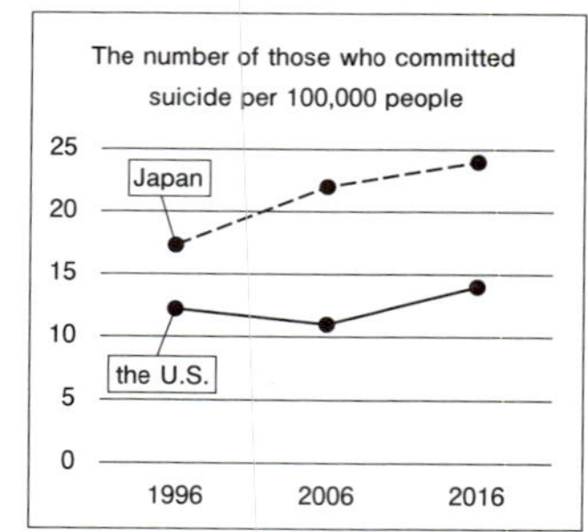

③

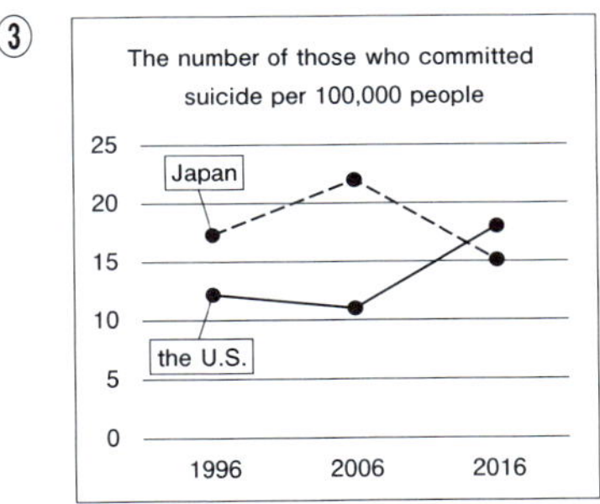

④

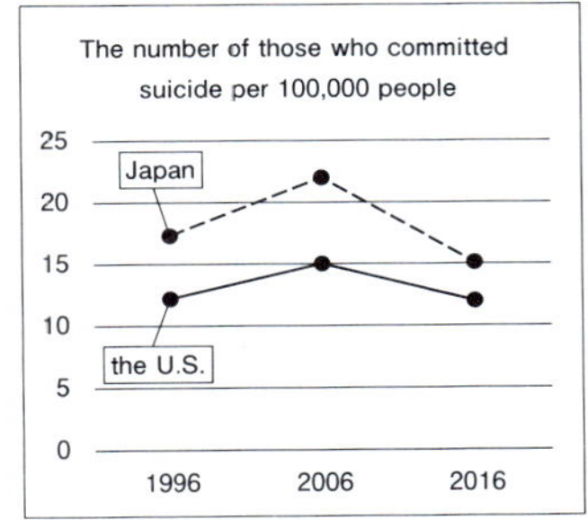

問3 The best title for the article is [42].

① Rise in U.S. Deaths by Suicide
② How Can Governments Prevent Suicide?
③ Background Behind the Declining Suicide Rate
④ Trends in Suicide Rates by Region

 SKILL TRAINING 18 解答のポイント

（全訳＆語彙▶▶▶別冊 pp.066～068）

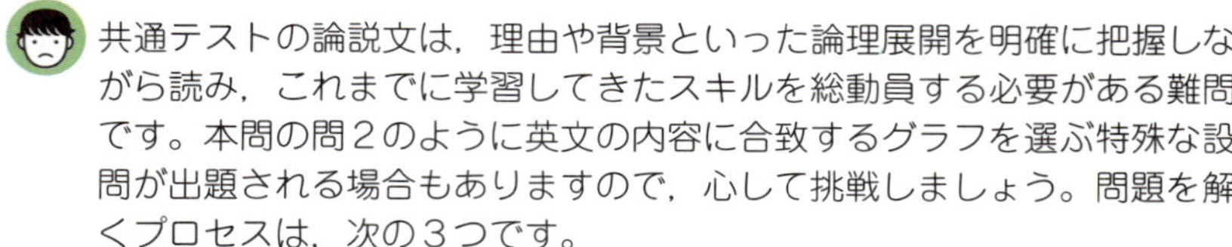
解答 40：① 41：① 42：④

共通テストの論説文は，理由や背景といった論理展開を明確に把握しながら読み，これまでに学習してきたスキルを総動員する必要がある難問です。本問の問２のように英文の内容に合致するグラフを選ぶ特殊な設問が出題される場合もありますので，心して挑戦しましょう。問題を解くプロセスは，次の３つです。

❶ 英文の設定やテーマを把握する
❷ 設問をチェックする
❸ 本文を読み進める

まずはリード文から読み手が置かれている状況を確認します。続いて記事やグラフのタイトルに目を通し，これから読むことになる英文のテーマをインプットしましょう。タイトルは要約問題を解くヒントにもなります。

リード文は，**You are studying about world social problems. You are going to read the following article to know about the suicide rate in the world.**（あなたは世界の社会問題について学んでいます。世界の自殺率について知るために，次の記事を読もうとしています）となっています。グラフからは**The number of those who committed suicide per 100,000 people**（10万人あたりの自殺者数）というタイトルのほか，日本とアメリカの1996年から2016年にわたる20年間の数値を10年ごとに比較していることが読み取れます。国ごとの自殺率の推移についての記事を読むと推測できますね。

続いて，設問をチェックしましょう。

問1 Social changes over the decades in many Western countries might have led to [40].

数十年に及ぶ西洋諸国の社会変化が，[40]につながったのかもしれない。

問2 Out of the following graphs, which illustrates the situation the best? [41]

次の4つのグラフのうち，状況を最もよく表しているものはどれか。

問3 The best title for the article is [42].

この記事に最もふさわしいタイトルは [42] である。

問1は数十年に及ぶ西洋諸国の社会変化という「原因」により，どのような「結果」がもたらされたのかを問う設問。lead to（～につながる）という表現から，因果関係を読み取る問題だと気づけましたか？ 主語と目的語のどちらが原因あるいは結果を表すのかに注意して，因果関係を表す表現を押さえておきましょう。

●原因→結果

- A result in B（Aの結果Bになる）
- A cause B / A bring about B（AはBを引き起こす）
- A lead to B（AはBにつながる）
- A contribute to B（AはBの原因となる）

●結果←原因

- B result from A / B come from A / B arise from A（BはAから生じる）
- B depend on A / B count on A（BはAしだいである）

問2は本文の内容に合致するグラフを選択する問題です。Japanやthe U.S.といった具体的な国の名前や，1996，2006，2016といった年が本文に出てきたら，その前後を精読しましょう。あらかじめそれぞれのグラフの違いを押さえておくことで，問題が解きやすくなります。

問3は英文にふさわしいタイトルをつける問題です。記事全体を読んでから答えましょう。

それでは，第1パラグラフから記事を読んでいきます。論説文では特に，論理展開や因果関係を正確に把握しながら丁寧に読み進める必要があります。それぞれの設問の該当箇所にたどり着いたら，選択肢と照らし合わせましょう。

第1パラグラフでは，第5文のfor example（たとえば）や，第6文のon the other hand（一方では）などのディスコースマーカー（接続語）

を意識しながら読んでいきましょう。因果関係を説明する英文で多用される傾向にあるディスコースマーカーは，論理展開を正しく読み取る上でのカギになります。

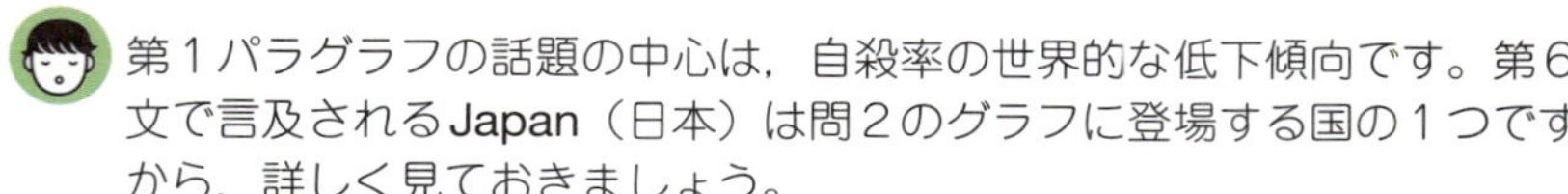

第１パラグラフの話題の中心は，自殺率の世界的な低下傾向です。第６文で言及されるJapan（日本）は問２のグラフに登場する国の１つですから，詳しく見ておきましょう。

> In many Asian countries including Japan, [on the other hand], the rate has fallen significantly in the past decade.
>
> 和訳 [一方]，日本を含むアジアの多くの国々では，過去10年で自殺率が顕著に低下した。

この時点で，2006年から2016年にかけて日本の自殺率が増加している②のグラフは消去できます。

第２パラグラフに進みます。まずは第１文に注目しましょう。

> Social changes over the decades have probably contributed to the falling figures among Western countries.
>
> 和訳 おそらく，数十年かけての社会変化が，西洋の国々での数値の低下に寄与している。

この文の主語であるSocial changes over the decadesは，問１の設問にも含まれていましたね。この「原因」がもたらす「結果」は，この第２パラグラフに隠れていそうです。注意しながら第２文以降を読んでいきましょう。

> In many of these countries, society has been stabilized and the economy has gotten better. [Consequently], the unemployment rate has declined and working people have become better paid. People have been given more freedom and opportunities than before, by which they feel less stressed. These factors might have driven fewer people to despair in which they hardly see any reason to stay alive.

和訳 これらの国の多くで社会が安定し，経済状況がより良くなってきている。その結果，**失業率が低下し，労働者はより高い賃金を支払われるようになった。人々は以前よりも多くの自由と機会を与えられて，それによりストレスも低下した。**これらの要因により，生きていく理由がほとんど何も見出せないほどの絶望に追いやられる人の数が少なくなってきたのかもしれない。

このパラグラフでもディスコースマーカーに注意しましょう。第３文のConsequently（結果的に）は，因果関係を明らかにするためによく用いられる表現です。第５文のThese factors（これらの要因）が具体的に指す内容と，それがもたらす結果はつかめましたか？　簡単にまとめると，「経済状況の改善や社会の自由化によって人々のストレスが減り，自殺率が少なくなった」ということ。ここまで読み解くことができたら，Social changes over the decadesという「原因」がもたらす「結果」を選ぶことができます。選択肢をチェックしましょう。

① people's increased satisfaction with their lives, which made the rate of committing suicide decrease
人々の生活満足度が増し，自殺率が減少したこと

② improvement of people's physical health, which gave them more hope to keep on living
人々の身体的健康が改善し，生き続けようという望みが大きくなったこと

③ worsening of people's working environments, which gave them a lot of stress
人々の労働環境が悪化し，ストレスが大きくなったこと

④ worsening of economic conditions, which discouraged people from working harder
経済状況が悪化し，人々の懸命に働こうという意欲を失わせたこと

第２パラグラフの内容から，①が正解だと判断できます。本文で挙げられた「失業率の低下や高い賃金」といった具体的な内容が，選択肢では「生活満足度の増加」と抽象的に言い換えられていますね。

②の「健康の改善」，③の「労働環境の悪化」，④の「労働意欲の低下」については言及されていません。そもそも，③や④のようなネガティブな内容は，第１パラグラフで述べられていた西洋諸国での自殺率の低下と矛盾しそうですよね。

本文を読み進めます。第３パラグラフの冒頭では，グラフで取り上げられているもう１つの国であるthe U.S.（アメリカ）が登場します。

Contrary to these worldwide declines, the U.S. is going in the opposite direction. Though it is lower than that in Japan as of 2016, the suicide rate in the U.S. has increased by nearly 3 people per 100,000 in the last decade.

和訳 このような世界的低下に反して，アメリカは逆方向に進んでいる。2016年現在，日本よりは低いものの，アメリカの自殺率は過去10年間で10万人あたり約３人上昇している。

第１文から，自殺率が低下している西洋諸国や日本とは反対に，アメリカでは上昇していることがわかりますね。続く第２文に含まれる2016という年や，「日本よりは低い」という情報，「過去10年間で10万人あたり約３人上昇している」といった具体的な数値に注目しましょう。いかにも問２のグラフ問題を解くヒントになりそうですよね。

①

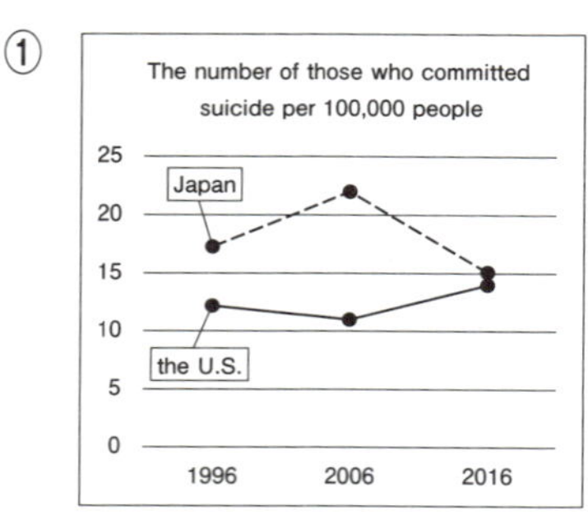

②

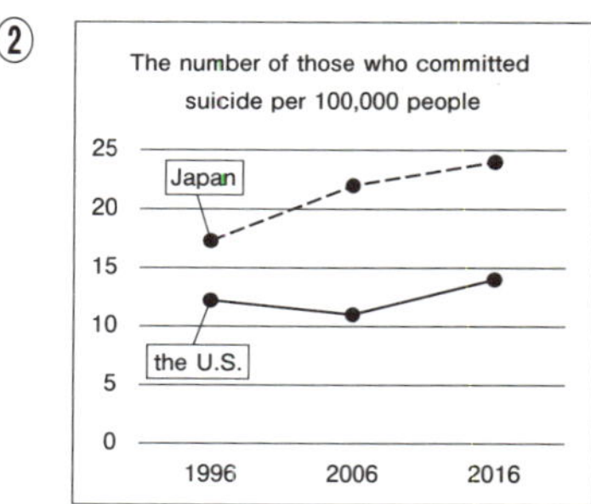

③

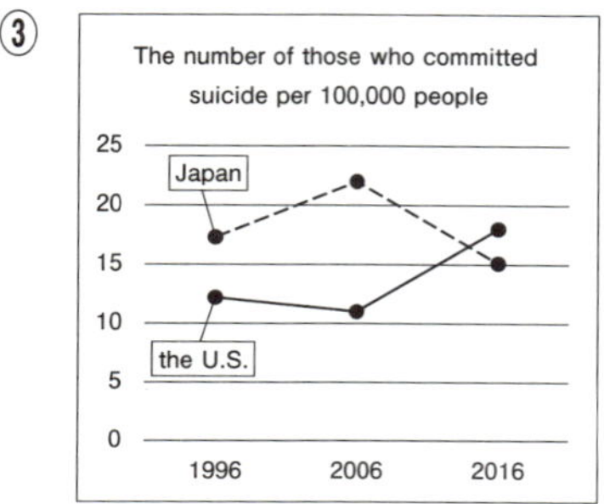

④

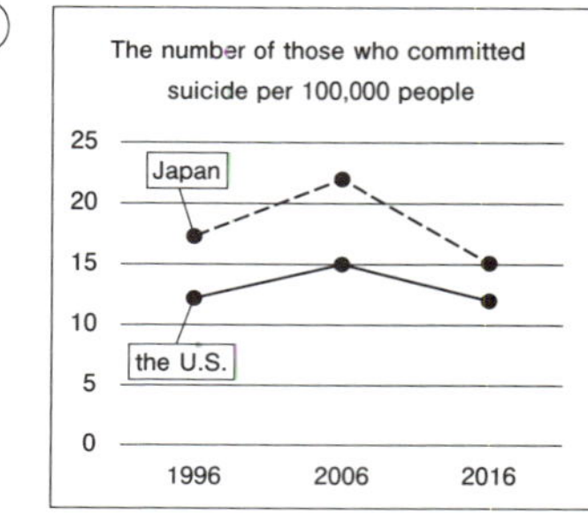

①のグラフは「2016年の時点で日本よりは低い」「過去10年間で10万人あたり約３人上昇している」という２つの条件をクリアしています。②は第１パラグラフの最終文を根拠に削除できましたね。③は「2016年の時点で日本よりは低い」という条件に当てはまりません。④は「過去10年間で10万人あたり約３人上昇している」という条件に当てはまらないので，不適切。以上から，問２の正解は①だと判断できます。

残る問３の要約問題を解くために，第３パラグラフを最後まで読み通しましょう。アメリカで自殺率が上昇している様々な原因が述べられていますね。最後まで読み終えたところで，問３の選択肢を確認します。

① Rise in U.S. Deaths by Suicide
アメリカにおける自殺による死の増加

② How Can Governments Prevent Suicide?
政府はどのようにして自殺を防止しうるか？

③ Background Behind the Declining Suicide Rate
低下する自殺率の背景

④ Trends in Suicide Rates by Region
地域ごとの自殺率の傾向

タイトルをつけるタイプの設問のコツは，「本文全体の要点を簡潔に表しているタイトルを選ぶ」ことでしたよね。パラグラフごとの要点を簡単におさらいしてみましょう。

- 第１パラグラフ…西洋諸国とアジアの自殺率の低下傾向
- 第２パラグラフ…西洋諸国の自殺率低下の原因
- 第３パラグラフ…アメリカの自殺率上昇の原因

これらをまとめるタイトルとして適切なのは，④のTrends in Suicide Rates by Region（地域ごとの自殺率の傾向）ですね。

記事の第１～２パラグラフではアメリカ以外の国の話を詳しくしているので，一部だけを切り取った①は不適切。②の「政府による自殺防止策」はどこにも書かれていません。③については，第２パラグラフの内容には合致しますが，第３パラグラフからアメリカでは自殺率が上昇しているので，全体をまとめるタイトルとしては不適切。以上から，問３の正解は④で確定できます。

学習アドバイス

使用される語彙のレベルも高く，構文的にも難しく，テーマ的にも難しいと思われがちな論説文は，共通テストの最難関です。英文だけでなくグラフまで登場するなど手の混んだ問題形式に最初は戸惑うかもしれませんが，英文だけを見ると超オーソドックスな長文問題です。「高校で学んだ英語の集大成を見せてほしい」という出題者の願いが込められているこの問題には，真っ向勝負を挑むしかありません。

論説文で扱われるような社会性の高いテーマに対応するには，あらかじめそのテーマに関する背景知識を持っている方が断然有利です。新聞を読んだりニュース番組を見たりして，普段から時事問題にアンテナを張っておきましょう。起こった出来事だけに着目するのではなく，その背景にある原因や未来の展望にまで視野を広げることで，より理解を深められます。

これまで繰り返し述べてきたように，語彙力や文法力を身につけ，英語の基礎力を高めることが共通テストの最大の対策になります。高校生活を通して習得した様々な知識や思考力，判断力を最大限に発揮するつもりで，共通テストに臨みましょう。Good luck!

CHAPTER

共通テスト対策模試にチャレンジしよう

SECTION

SECTION 1 共通テスト対策模試

第1問

A You are a member of the Writers' Club. You have received a note from Josephine, an Assistant English Teacher and the club advisor.

Dear members of the Writers' Club,

We are holding the last club meeting of the school year on Monday, March 9. As you know, you can bring your teachers, friends, and family members. Can you tell me the number of people you will invite by February 25? I want to know how many programs I need to print out. This time, the topic of the meeting is "dreams." At the meeting, all of you must present the poems you wrote about your dreams. You can also write an essay about the topic and present it instead, but please let me know ahead of time.

Best wishes,
Josephine

問1　The teacher wants to know [1].

① what club members would like to hear at the meeting
② how many people club members would like to invite to the meeting
③ who club members will bring to the meeting
④ when club members will hold the meeting

問2　The club members can present [2].

① either a poem or an essay about their dreams
② all the poems that they wrote in the club
③ ID cards to enter the writer's club meeting room
④ some idea for the next meeting

B You visited your town's English website and found an interesting notice.

Meet the Technology Solution Society!

This summer, our town is hosting an event run by an organization called Technology Solution Society (TSS). This society was founded ten years ago in New York City, and now has thousands of members worldwide.

The event will be held on April 30. It is expected to welcome hundreds of people from outside the town. Everybody is welcome to participate in the event. There is no age limit.

Event Schedule

8:00 - 8:30	Welcome message by TSS President Eijiro Mitsugi
8:45 - 9:30	What is meant by Technology Solution? Introduction by Kaori Yoshino
9:45 - 10:30	Award-winning computer programs by TSS members
10:45 - 11:30	Film about the most important TSS achievements
Lunch break	Choose any of the restaurants surrounding the location
12:30 - 13:15	Workshops on typing: (1) For children aged 6 to 14 (2) For those who are 15 and older
13:30 - 14:15	Workshops on using the Internet safely: (1) For children aged 6 and older (2) For parents and guardians
14:30 - 16:15	Workshops on creating a home page: (1) For beginners (2) For advanced users

- The event will be held at the West Side Community Center.
- All learning materials, equipment, and software for the workshop will be provided by TSS.
- The workshops are free of charge, but please register by March 15 to reserve your space. Only 20 people are allowed for each.

Please click here for registration.

▶▶Housing and Neighborhood Service of the Town Hall

問1 The purpose of the notice is to encourage people in the town to [3].

① purchase a new product
② join an event
③ sign up for a contest
④ work as volunteers

問2 During the day the participants can [4].

① have discussions about environmental issues
② attend workshops about the use of computers
③ make presentations on their new software
④ play computer games before their release

問3 The event will be a good opportunity for families because [5].

① computers will be on sale at low prices
② they will learn to make videos of their work
③ they may win scientific awards
④ people of all ages can join the event

第2問

A You are a member of Handicraft Club at school, and you are looking for a new activity. On a website, you found some instructions for natural dyeing that looks interesting.

Handicraft: Natural Dyeing

Please try out these easy and simple instructions written by Teresa Wilson, who is an elementary school teacher. These are very basic instructions for natural dyeing, so if you like it you can see other advanced instructions on our website at www.handicraft.com/advancednaturaldyeing.

Materials

1 white handkerchief / Skins of 3 to 4 onions / 1 tablespoon of alum

Tools

2 pots / 1 bowl / Marbles and rubber bands (optional)

Step 1: Make onion dye

1. Place onion skins into a pot and cover them with water.
2. Bring to a boil, and then stew for 30 to 40 minutes.
3. When the water turns to a color you like, take out the skins.
4. Cool the onion dyes.

Step 2: Prepare a handkerchief

1. Boil a handkerchief in the other pot for 10 minutes.
2. Squeeze the handkerchief well.
3. If you want to add your own decoration design, you can do so by using marbles and rubber bands.

Step 3: Dye handkerchief

1. Put the handkerchief in the onion dye, stew for 20 minutes and stir. (DO NOT BOIL)
2. Wash it with water and squeeze well.
3. Put 1 liter of water and 1 tablespoon of alum into a bowl.
4. Soak the handkerchief and gently stir for 20 minutes.
5. Remove marbles and rubber bands.
6. Dry it in the shade.

COMMENTS

Petra Brown *September 15, 2018 at 10:18*

This is my first time trying natural dyeing. I enjoyed making different designs.

Charles Shane *October 7, 2018 at 18:57*

Great activity for kids. I tried natural dyeing with my daughters at a camp site when it rained.

問1 These instructions would be good if you want to [6].

① create something with flowers
② grow some onions
③ make your own original handkerchief
④ try outdoor activities

問2 If you follow the instructions, the handkerchief should be ready to dry in about [7].

① three hours
② one hour and a half
③ fifty minutes
④ two to three days

問3 Someone who has no experience with natural dyeing should try these instructions because [8].

① all the materials are easy to find in the fridge
② the instructions are for beginners
③ the handkerchief is cheap
④ the instructions are free to read

問4 According to the website, one **fact** (not an opinion) about these instructions is that they [9].

① are perfect for school club activities
② are easy to try
③ should not be done alone
④ are written by a teacher

問5 According to the website, one **opinion** (not a fact) about these instructions are that they are [10].

① a good activity for children
② popular among parents
③ good for the environment
④ available on the website

B Your English teacher gave you an article to help you prepare for the debate in the next class. A part of this article with one of the comments is shown below.

New Policy to Stop School Lunch Debt

By Alison Chan, Minnesota
February 3, 2019・3:15PM

In the United States, there are many students who eat school lunches without paying for them. The money such families owe is called "Lunch Debt" and is becoming a big problem. American senator Bernie Sanders has proposed an idea which is to make school lunches free for all students regardless of their family incomes.

Sanders even introduced the idea to provide all three meals for free on school days. He said, "This would take a huge administrative burden off schools, the cost of which is very high at present." He also said that poor families with lunch debt would feel relieved and encourage their children to attend school.

However, not everyone agrees. Principal John Hurst from East Valley High School is the one who opposes Sanders' idea of free lunch for all students. He said, "We have to face reality. It is obvious that many local governments simply cannot afford free lunches for all their students." There are also doubts about whether the government could or would pay the full cost of school lunches nationwide.

15 comments

The most popular

Anne Halloway February 8, 2019・7:47 PM

Finally! A senator who understands that we need a plan that doesn't hurt children for not having enough money, but instead tries to help them! No child should ever go hungry in school, because they cannot learn on an empty stomach.

問1 According to the senator's proposal, students in the United States wouldn't need to [11].

① submit school lunch menu requests
② pay for meals on school days
③ take classes after school lunch
④ go to a cafeteria to eat school lunch

問2 Your team will support the debate topic, "School lunches should be free for everyone." In the article, one **opinion** (not a fact) helpful for your team is that [12].

① schools will be able to collect debts more easily
② the problem of lunch debt is being discussed with many people
③ the government has a responsibility to provide students with sufficient food
④ students from poorer households would feel comfortable going to school

問3 The other team will oppose the debate topic. In the article, one **opinion** (not a fact) helpful for that team is that [13].

① few local governments have enough money to provide lunches for all students
② families should learn to save money for themselves
③ the proposal will only be applied in very poor neighborhoods
④ schools do not have enough funds to give free lunches to all students

問4 In the 3rd paragraph of the article, "We have to face reality" means that governments should [14].

① plan their finances more boldly
② consider their limited financial resources
③ buy more affordable supplies
④ learn new ways to help the poor

問5 According to her comment, Anne Halloway [15] the Sanders' plan stated in the article.

① has no particular opinion about
② partly agrees with
③ strongly agrees with
④ strongly disagrees with

第3問

A You found the following story in a blog written by a male American exchange student in your school.

School Picnic

Friday, June 16

Today, I attended a picnic held by my Japanese school. First, we went to City Park. There used to be an old castle there. One of the volunteer staff explained the history of the castle to us. The talk was very impressive. There is also a city museum in the park which is famous for its unique exhibition. If the museum had not been preparing for their upcoming exhibition, we could have visited there. I want to come back and visit the museum again sometime soon.

Then we had lunch in the park. I brought sandwiches my host mother had made for me. I was surprised to see my friend, Saki, bring sushi called "inari-sushi," because I never thought about taking sushi to picnics. She gave me some and it was really delicious.

After lunch, we took a tour of a factory which produces fruit juice. We saw how orange juice is made. They used a lot of oranges. In the end we could each get one free sample. It was very difficult to choose, but I chose the second most popular juice in the factory. It was very fresh and tasty.

I enjoyed the picnic very much and at the same time, I learned a lot about local history and making fruit juice.

問1 During the school picnic, [16].

① a lecture was conducted in a castle by a social studies teacher
② the city museum was closed in preparation for their event
③ a video about the park's history was shown in the bus
④ sandwiches were distributed to students for lunch

問2 You learned that the writer of this blog [17].

① brought "inari-sushi" for lunch and shared some with friends
② enjoyed the history lecture and made a presentation
③ learned the history of a historical site and drank apple juice
④ participated in the factory tour and tried some orange juice

B You found the following story in a study-abroad magazine.

To Give or Not to Give

Rei Ozaki (Tutor)

Many countries have very complex rituals which are often hard for outsiders to understand. My friend, Michael, found this out.

Michael was 18 when he arrived in Japan to spend a whole year in Osaka as an exchange student. He loved Japanese history and dreamed of living in the western part of Japan, so he felt privileged to be in Osaka. He quickly made a lot of friends and took every opportunity to practice the language, and enjoyed his life in Japan. After four or five months, he became very good friends with Masao, a student who wanted to go to college in the U.S. One day, Masao invited Michael to stay with his family over the weekend. It was Michael's first time going to Japanese friend's house, so he was a little worried if he could behave in a proper way. Michael was aware that, in order not to be seen as rude, he had to bring a gift when visiting a Japanese family. The day before the visit, he went to a department store and bought a picture book of the Rocky Mountains. He asked the shop assistant to wrap it up nicely as a gift.

The next day, Michael was welcomed warmly, and after introducing himself he handed the present to his friend's mother. To his surprise, she strongly refused to accept the gift. Michael did not know what to do, so he put the book back into his backpack and sat down to have dinner with the family.

A few days later during tutoring, Michael explained his awkward experience of visiting the Japanese family and his gift being rejected. I told him that he did nothing wrong. It is customary for Japanese to refuse gifts several times before finally accepting them. Right after Michael learned about this custom, he decided to try offering his gift to his friend again.

問1 According to the story, Michael's feelings changed in the following order: [18].

① privileged → puzzled → nervous → determined → happy
② privileged → puzzled → nervous → astonished → happy
③ privileged → happy → nervous → puzzled → determined
④ privileged → nervous → puzzled → happy → determined
⑤ privileged → nervous → happy → puzzled → determined
⑥ privileged → determined → puzzled → happy → nervous

問2 Masao's family did not take Michael's gift because refusing a gift before accepting it [19].

① is a Japanese practice
② makes people feel welcome
③ implies friendship
④ represents wealth

問3 From this story, you learned that Michael [20].

① chose a book as a present so that he could tell his friend about some good places to visit in the U.S.
② made Japanese friends as well as learned about Japanese culture through visiting a home and his tutor's advice
③ was invited over for dinner by his tutor and his family and enjoyed talking about Japanese customs
④ gave Ms. Ozaki a gift and she explained why she had to refuse it before accepting it

第4問

You are doing research on self-education in Japan. You found two articles.

Lifelong Learning through Self-learning in Japan **by Maria Ogden**

May 23

In Japan, the concept of "lifelong learning through self-education" has been common since the 1970s. There is even a national office that coordinates and promotes learning outside of schools. Libraries, museums, concert halls, and all types of learning centers offer programs on topics ranging from IT to foreign languages. In 2016, the Japanese government conducted a survey to find out how important self-education is for citizens and found that its significance varied with age.

In this survey, over 45% of those aged 15-24 were actively participating in self-education, but this rate fell to a little below 25% for those 75 years and older. This decrease is not surprising, of course, but it is important to note that even people over 85 reported that they spend at least some time on self-learning.

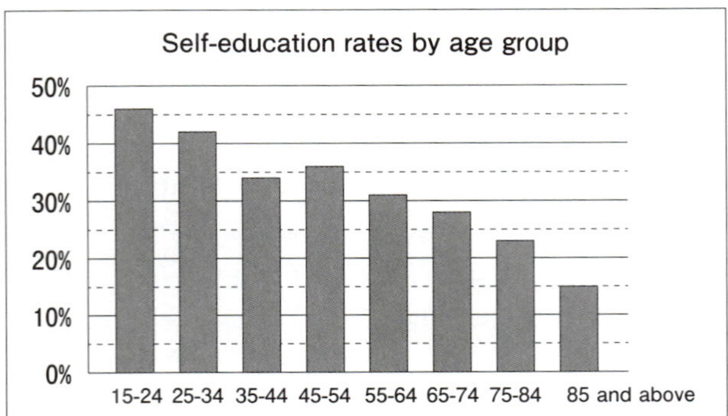

Many people would agree that continued learning improves a person's life. The Japanese seem to understand that and they have taken large steps to becoming a lifelong learning society. They feel that learning, regardless of their age, makes them healthier both mentally and physically. They also think that learning is enjoyable and makes their life more interesting. Even some universities realize how important lifelong learning is and some are thinking about changing their policies. They plan to allow all members of the public to study in their institutions.

I hope the American government follows the Japanese example to support people engaging in lifelong learning outside of schools. In this way, more American people would become aware of the importance of it.

Opinion on "Lifelong Learning through Self-learning in Japan"

by Harry Stiles

June 5

As a geography teacher and a man in his 40s, I found Maria Ogden's article very interesting. I think Japan is doing something unique when it promotes adult learning. It was surprising to read that more than 35% of Japanese people in my age group are engaged in self-education, because I don't know anyone around me who is. More people in America should study something by themselves.

I totally agree with what Maria Ogden writes in her article. Leaning can lead to healthiness, and I especially think that applies well to elderly people. Learning new skills at later stages in life has several advantages. It increases self-confidence, keeps one's mind sharp, and even helps fight boredom. The last one is especially important for retired people. They often have difficulty finding meaningful activities when they stop working. Using modern technology or learning something new can be a challenge for older people, but trying to keep up with it can keep their minds alert. Moreover, lifelong learning can give people valuable job skills and it is helpful for people who want to change their jobs or who are retired.

However, for some people, the cost may prevent them from learning something new. The article mentions courses at universities, but generally speaking, those courses are high-priced. Like some scholarships for university students, I hope the government and universities consider supporting people of all generations who are willing to continue learning financially.

問1 Neither Maria Ogden nor Harry Stiles mentions [21].

① an authority that organizes programs
② examples for topics of courses
③ a shift in the average life expectancy in Japan
④ the importance of learning in adulthood

問2 The teacher's age group is [22].

① 15-24
② 35-44
③ 45-54
④ 75-84

問3 According to the articles, lifelong learning [23] and [24]. (**Choose two options.** The order does not matter.)

① improves salaries
② results in better health condition
③ provides job skills
④ makes entrance exams easier

問4 Maria Ogden states that universities [25] and Harry Stiles states that they [26]. (Choose a different option for each box.)

① may not benefit from learning new skills
② should offer some financial aid for people regardless of age
③ should focus more on teaching technology
④ set a good example for Japanese citizens
⑤ may make their courses available to the public

問5 Based on the information from both articles, you are going to write a report for homework. The best title for your report would be "[27]."

① Why America is Behind Japan in a Certain Area
② Gaining New Knowledge Throughout Your Life
③ Building Schools: Nationally and Internationally
④ How to Raise Bright and Successful Children

第5問

Your group is preparing a poster presentation entitled "The First Woman Doctor in the United States," using the information from the article below.

Elizabeth Blackwell was the first woman who received a medical degree in the United States. Blackwell was born on February 3, 1821 in Bristol, England. In 1832, her family moved to the United States, settling in Cincinnati, Ohio. Shortly afterwards, her father, Samuel Blackwell died, leaving little money to the families. He was an anti-slavery activist and believed in the importance of female education. After his death, his children continued his activities and campaigned for abolishing slavery and supported women's rights. Blackwell then decided to take a teaching job to aid her family financially.

During 19th century in the United States, the gender roles, especially those of middle-class people, were facing some changes. Thanks to the development of factories, women's time spent for spinning and weaving at home was decreasing. Many women then started working outside of their home to earn some money for their families. Mostly they worked at factories or worked as domestic servants, while some other women who had more professional skills worked as teachers or typewriters. Teaching was a well-accepted job for women. In spite of such social phenomena, Blackwell developed an interest towards in the medical field influenced by the words of her friend. Blackwell's dying friend suggested that she could have avoided experiencing the awkwardness of talking about her physical condition, if there were female doctors.

Blackwell applied to many medical colleges but there was only one school which admitted her, Geneva Medical College in rural New York. This acceptance was the result of a joke. School staff asked for the students' opinions about female students entering their school, and taking his question as a joke, students said, "Yes." Her studies and a life facing discrimination had begun in 1847. Professors did not allow her to sit with the male students or enter some labs. Moreover, some townspeople in Geneva were really offended by Blackwell not following the stereotypical role of a female. However, she gradually earned respect from professors and fellow students, and she eventually received her degree and graduated at the top of her class.

After graduating, Blackwell gained some medical experience at hospitals in London and Paris where she was treated mostly as a nurse not as a doctor. As she was working, she realized that some male physicians forgot to wash their hands, which resulted in some infections. She started to set a goal to spread the importance of preventing diseases, and personal hygiene. In 1851, she returned to New York City. Unable to get a job in the hospitals there, she started a hospital with her sister, Emily Blackwell, who was studying to become a doctor and confronting discrimination. Their hospital mostly treated women and children and it provided positions for women physicians. Also, during the American Civil War, the Blackwell sisters trained nurses. Afterwards, in 1868 Blackwell opened a medical college in New York City. The following year, she left her sister in charge and returned to London.

In London, she continued contributing to society by establishing a medical school, and working as a lecturer. Throughout her life, she worked to make medical education available to more women and encouraged them to pursue medical careers. She surely cultivated the path for women in the medical field.

The First Woman Doctor in the United States

■ The Life of Elizabeth Blackwell

Period	Events
1820s	Blackwell spent her childhood in Bristol
1830s	28 ↓ 29
1840s and beyond	30 ↓ 31 ↓ 32

Elizabeth Blackwell

■ Blackwell's activities

▶ Blackwell's aims as a physician: 33 34

▶ Blackwell wrote an autobiography titled " 35 ."

■ About gender roles for women in the 19th century

▶ A change in the lifestyle of women in a number of ways: 36 37

問1 Members of your group listed important events in Blackwell's life. Put the events into the boxes 28 ～ 32 in the order that they happened.

① Blackwell established some hospitals and schools
② Blackwell was accepted by a medical college
③ Blackwell was assigned nursing jobs
④ Blackwell started a teaching career for her family
⑤ Blackwell moved to the United States with her family

問2 Choose the best statements to complete the poster. (**Choose two options.** The order does not matter.) [33] · [34]

① To cure warriors who were injured during the Civil War
② To provide female citizens in the United States with elementary educations
③ To save the life of her best friend with a new medicine
④ To give women the chance to receive a medical education and have a medical career
⑤ To protest about the anti-slave movement to the government
⑥ To appeal for the importance of disease prevention and hygiene

問3 Which of the following is most likely to be the title of Elizabeth Blackwell's autobiography? [35]

① The Life with Researching Women's Body and Psychology
② Pioneer Work in Opening the Medical Profession to Women
③ Founding Geneva Medical College
④ Claiming for Woman's Right to Vote

問4 Choose the best statements to complete the poster. (**Choose two options.** The order does not matter.) [36] · [37]

① Women's work at home decreased due to the development of factories
② Women started going to the college to receive the education degree
③ Hospital divided buildings by gender when giving medication
④ The number of female professors at college increased
⑤ Some women were engaged in some jobs outside of their home
⑥ Women could choose whichever jobs they liked

第6問

A You are preparing for a group presentation on the history of Aboriginal Australians. You have found the article below.

Cultural History Over Modern Desires

[1] Standing 348 meters over the area called the Australian outback, the rock structure known as Uluru is well known for its beautiful colors, especially at sunrise and sunset. Many tourists have visited the area to see and photograph the huge rock. For years, many people also climbed Uluru, enjoying the view from the top and the sense of accomplishment at climbing a world-famous landmark. However, the Australian authorities have recently closed the rock to any future climbs. This change represents years of negotiation around cultural sensitivity for Uluru, which is considered sacred by the aboriginal people of Australia.

[2] It is now widely known that Uluru carries great spiritual and cultural significance for Aboriginal Australians, specifically for the Anangu people. Since they and their ancestors have lived in the area for around 30,000 years, the Anangu believe they are responsible for the management of these ancestral lands. Even though it is now one of the Australia's most popular tourist attractions, Uluru continues to be used for traditional Anangu ceremonies and rituals.

[3] Many people still know Uluru as Ayers Rock, a name chosen to honor the Australian politician Henry Ayers. By the 1950s it had become a tourist attraction, and businesses catering to visitors were established nearby. At this time, non-Aboriginal Australians still had very little sensitivity or understanding of Aboriginal Australians' history and culture, and despite the Anangu's objections, more and more people began to climb the rock. Eventually, the government even sold the area to a private company, which named it Ayers

Rock Resort, and the Anangu were encouraged to stay away from the area because they might affect the growth of tourism.

[4] In the 1970s and 80s, however, the Australian government began to officially recognize Aboriginal Australians' rights to their traditional lands around the country. As part of this, in 1985 the Anangu received the right to control Uluru and the land around it with the government's national parks administrator, Parks Australia. Despite this, Parks Australia still wanted climbing the rock to remain legal because it was the basis of tourism there. Nevertheless, the agreement gave the Anangu more freedom to discourage people from doing so. This included putting signs around the base of the rock asking that visitors respect the Anangu's culture by choosing not to climb Uluru.

[5] In the past, most people who visited the rock wanted to climb it. However, as cultural awareness among visitors grew, fewer and fewer visitors did so. In the 1990s, around three quarters of visitors still climbed the rock. This figure had dropped to 38% by 2010, and in recent years fewer than 15% chose to climb when they visited. As a result, Parks Australia finally agreed that climbing it was not the main reason people came to visit, and agreed to the ban.

[6] For the Anangu elders, this represented the end of a long journey to gain respect for their ancient lands. In recent years, more Anangu people have moved back to the area. What's more, visitors' experiences are now enhanced by a Cultural Center that teaches them about the history of Uluru and the Anangu people.

問1 According to the article, the recent change in Australia is that [38].

① people who visit Uluru must sign an agreement not to touch it
② the number of visitors to Australia each year will be limited
③ tourists must no longer take pictures of a famous tourist attraction
④ visitors are now prohibited from climbing Uluru at any time

問2 In paragraph [3], the sale of the land around Uluru to a private company is most likely mentioned to give an example of [39].

① a disrespect for Aboriginal Australians' customs
② a limited budget of the Australian government
③ a rapid growth of population in the Australian outback
④ a business capability of Anangu people

問3 According to the article, since the 1985 agreement, fewer and fewer tourists to Uluru [40].

① go inside the park's property
② chose to climb the rock
③ try to learn about Aboriginal culture
④ leave the trash they brought

問4 Which of the following statements best summarizes the article? [41]

① After years of negotiations with the Australian government, the Anangu people finally regained control of the ancient land.
② Although Uluru belongs to the Anangu people again, they are likely to allow visitors to climb it.
③ Uluru's fame as a landmark has encouraged more non-Aboriginal Australians to settle near it.
④ A fall in the number of visitors to Uluru convinced the government to return the area to the Anangu people.

B You are studying about the effects of worker migration. You are going to read the following article to understand what is happening in the United States.

People often refer to different areas of the United States as "belts." The Sun Belt, which stretches across the southern portion of the country, got its name in the 1970s as more and more people migrated there. The name referred not only to the warm climate of the area, but also to the economic success that it began to enjoy. Migration to the Sun Belt continued for the remainder of the century. During the same time, as the manufacturing industries and populations of the northeastern and midwestern states experienced a decline, these areas became known as the Rust Belt, an unfavorable name referring to its many unused factories.

Detroit is the most dramatic example of a northern city whose fortunes rose and fell along with the U.S. manufacturing industry. Between 1910 and 1920, Detroit's population doubled to nearly 1,000,000. Over the next thirty years, as its automobile industry boomed, Detroit's population doubled again. When its population peaked in 1950, Detroit had become the fourth largest city in the country. This was followed, however, by decades of migration away from the city as people sought work elsewhere. Nearly seventy years later, its population has returned to under 1,000,000. In contrast, the Sun Belt city of Phoenix saw its population grow to more than twice that of Detroit over the same period.

Now, some Rust Belt cities are hoping that their populations will grow again, because of the effects of climate change. With rising sea levels, southern coastal populations may be threatened. While this threat might seem far off, there are other reasons why some people are choosing to migrate north already. California, for example, is experiencing regular and increasingly large wildfires and droughts due to the effects of climate change. Some Rust Belt cities are already promoting themselves as places that will be favorable to live in as these effects worsen. While in the past, people saw these cities as cold and inhospitable, they are now regarded as potential places for relocation.

The Rust Belt city of Duluth, Minnesota is one of the cities that scientists predict will grow in the future from migration due to climate change. Though Duluth is known for its bitterly cold winters, it is also a popular summer destination for tourists hoping to escape the heat elsewhere. More importantly, as summers across the country become hotter, Duluth's temperatures are expected to remain relatively comfortable. What's more, one of the biggest issues causing some people concern is future access to fresh water, and Duluth is well located for that, beside the largest freshwater lake in the world, Lake Superior. Other Rust Belt cities that lost their populations when their industries declined are also beginning to attract climate migrants. After several difficult decades, the changing climate is now expected to cause the next great migration of people in the United States.

問1 Northeastern and midwestern states in the United States started to be called the Rust Belt because of [42].

① the famous products which were produced in the area
② the large number of factories that were no longer operating
③ the economic success of the companies situated in the area
④ the high labor costs and the shortage in the number of workers

問2 Out of the following four graphs, which illustrates the situation the best?

43

①

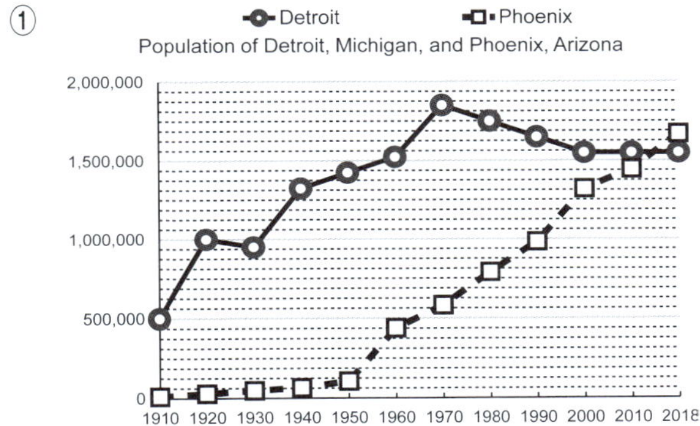

②

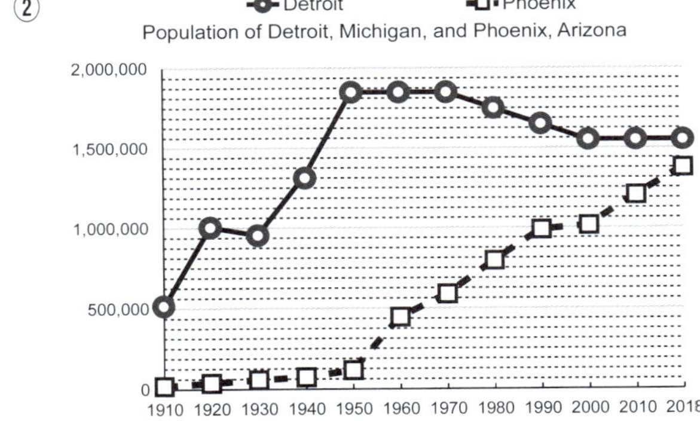

③

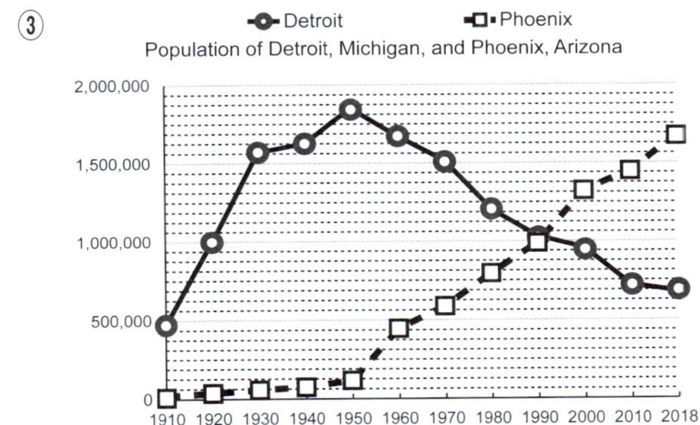

④

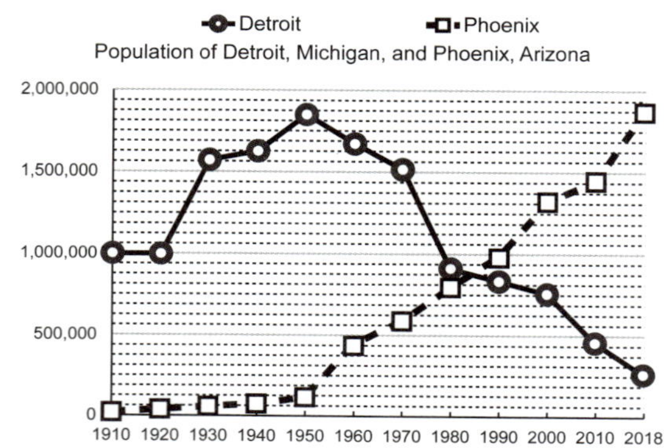

問3 According to the article, which two of the following tell us about the current situation the best? (**Choose two options**. The order does not matter.) [44] · [45]

① Climate change seems to affect some people's relocating.
② Most coastal cities are already beginning to decline in population.
③ People are refusing to relocate to colder northeastern locations.
④ Some cities in the Rust Belt are considered attractive to migrants.
⑤ Studies show that climate change is unlikely to cause population migration.

問4 The best title for this article is [46].

① Americans Continue to Go South
② Learning to Live with Colder Weather
③ Rust Belt Cities See Further Decline
④ Will Americans Be on the Move Again?

SECTION 2

第1問　解説

 第1問A 解答のポイント (全訳＆語彙▶▶▶別冊p.069)

解答 [1]:② [2]:①

問1 The teacher wants to know [1].

先生は[1]を知りたいと思っている。

① what club members would like to hear at the meeting
部員が会で何を聞きたいか

② how many people club members would like to invite to the meeting
部員が会に招待したい人の数

③ who club members will bring to the meeting
部員が会に誰を連れてくるか

④ when club members will hold the meeting
部員がいつ会を開くか

第2章のSKILL TRAINING 1で学んだ告知スキャンスキルを使って，まずは設問中のwants to know（知りたい）という表現を手がかりに該当箇所を探してみよう。第4文にI want to know how many programs I need to print out.（プログラムを何部印刷する必要があるかを知りたいのです）とあるから，先生が知りたがっているのは「プログラムを印刷する部数」だね。でも，どの選択肢を見ても「プログラムの部数」には言及されていない。

先生がプログラムの部数を知りたがっている理由は，必ず近くに書かれているはず。直前にある第3文のCan you tell me the number of people you will invite by February 25?（招待する人数を2月25日までに教えてもらえますか）で使われているCan you tell me ...?という表現に注目しよう。「教えてもらえますか」というのは，「知りたい」と言っ

ているのと同じだね。それに気がつけば②how many people club members would like to invite to the meeting（部員が会に招待したい人の数）が正解だとわかる。つまり先生は，プログラムの印刷部数を決めるために，招待する人数を知りたがっているということだね。①の「会で何を聞きたいか」，③の「会に誰を連れてくるか」，④の「いつ会を開くか」については，どこにも書かれていないから間違いだ。

問2 The club members can present [2].

部員は [2] を発表できる。

① either a poem or an essay about their dreams
自分の夢についての詩もしくはエッセイ

② all the poems that they wrote in the club
部で書いたすべての詩

③ ID cards to enter the writer's club meeting room
文芸部の会議室に入るためのIDカード

④ some idea for the next meeting
次回の会に向けてのアイデア

設問中のpresent（発表する）という表現を手がかりに該当箇所を探してみよう。まず第6文にAt the meeting, all of you must present the poems you wrote about your dreams.（会では皆さん全員に，自分の夢について書いた詩を発表していただきます）とあるね。ここから，「自分の夢について書いた詩」を発表することがわかるよ。

さらに第7文のYou can also write an essay about the topic and present it instead, but please let me know ahead of time.（代わりにこのトピックについてのエッセイを書いて発表することもできますが，事前に私に知らせてください）で使われている，alsoとinsteadに注目しよう。「夢について自分が書いた詩を発表する代わりに（instead），このトピック（＝自分の夢）について書いたエッセイを発表することも（also）できる」ということだね。

第6～7文の内容をまとめると，「夢について書いた詩を発表してもいいし，その代わりに夢について書いたエッセイを発表してもいい」と言っ

ているのだから，①の either a poem or an essay about their dreams（自分の夢についての詩もしくはエッセイ）が正解だとわかるね。either A or B は「AかBかのどちらか一方」という意味の表現だということも確認しておこう。③の「IDカード」や④の「次回のアイデア」についてはどこにも書かれていない。②は「詩を発表する」という点では正しいけれど，その詩が「部で書いた」ものかどうかは本文から読み取れないから間違いだよ。

第1問Aの問題を間違えてしまった場合は，第2章のSKILL TRAINING 1を復習して，告知スキャンスキルをもう一度磨き直しましょう。

第1問B　解答のポイント　（全訳＆語彙▶▶▶別冊 pp.070〜071）

解答　3 :②　4 :②　5 :④

問1　The purpose of the notice is to encourage people in the town to [3].

この告知の目的は，町の人々が [3] よう勧めることである。

① purchase a new product
新しい製品を購入する

② join an event
イベントに参加する

③ sign up for a contest
コンテストへの参加申し込みをする

④ work as volunteers
ボランティアとして働く

「お知らせの目的」は具体的なイベントの中身が書かれたテーブル（表）よりも前の冒頭部に書かれているはず。第2パラグラフの第3文 Everybody is welcome to participate in the event.（イベントへの参加は誰でも歓迎いたします）から，町が主催するイベントへの参加を広く促しているということが読み取れるね。正解は，② join an event（イ

ベントに参加する）だ。

①の「新しい製品」，③の「コンテスト」，④の「ボランティア」については どこにも書かれていないから，不正解だよ。

問2 During the day the participants can [4].
その日，参加者たちは [4] ことができる。

① have discussions about environmental issues
環境問題について討論する

② attend workshops about the use of computers
コンピューターの使い方についてのワークショップに参加する

③ make presentations on their new software
自分たちの新しいソフトウェアについて発表する

④ play computer games before their release
発売前のコンピューターゲームで遊ぶ

第２章のSKILL TRAINING 2で学んだテーブルスキャンスキルを活用しよう。参加者ができることは，イベントのスケジュールに詳しく書かれていると見当がつくはずだよ。

Event Schedule

12:30 - 13:15	Workshops on typing: (1) For children aged 6 to 14 (2) For those who are 15 and older
13:30 - 14:15	Workshops on using the Internet safely: (1) For children aged 6 and older (2) For parents and guardians
14:30 - 16:15	Workshops on creating a home page: (1) For beginners (2) For advanced users

SECTION 2 第1問 解説

参加できるワークショップの中身は，typing（キーボード入力），using the Internet safely（インターネットの安全な利用），creating a home page（ホームページ作成）だ。これらはすべて「コンピューターの使い方」に関係することだから，正解は②attend workshops about the use of computers（コンピューターの使い方についてのワークショップに参加する）だね。テーブル内の具体的な活動内容が，選択肢では「コンピューターの使い方」と抽象的に言い換えられていることを見抜けたかな？

①の「環境問題」，③の「新しいソフトウェア」，④の「発売前のコンピューターゲーム」についてはどこにも書かれていないから，不正解だよ。

問3 The event will be a good opportunity for families because [5].
[5]ので，イベントは家族にとって良い機会になるだろう。

① computers will be on sale at low prices
コンピューターが低価格で販売される

② they will learn to make videos of their work
自分たちの仕事のビデオを作れるようになる

③ they may win scientific awards
科学賞を取れるかもしれない

④ people of all ages can join the event
すべての年齢層の人がイベントに参加できる

「イベントが家族にとって良い機会になる」理由は本文には直接的には書かれていないから，家族向けになりそうな理由を推測しながら本文から手がかりを探す必要がある。第２パラグラフの第３～４文Everybody is welcome to participate in the event. There is no age limit.（イベントへの参加は誰でも歓迎いたします。年齢制限はありません）に注目。「年齢制限がなく誰でも参加できる」ということはつまり「家族で参加するのに適したイベント」だと考えられそうだね。正解は④ people of all ages can join the event（すべての年齢層の人がイベントに参加できる）だ。

この設問では，本文に書かれている情報から推測して，妥当な結論を導き出す必要がある。正解に自信が持てないときは特に，他の選択肢が間違いであることをきちんと確認しよう。①の「コンピューターの安売り」，②の「自分たちの仕事のビデオ作り」，③の「科学賞」については，どこにも書かれていないから，やっぱり④が正解だと確定できるね。

第１問Ｂの問題を間違えてしまった場合は，第２章のSKILL TRAINING 2を復習して，テーブルスキャンスキルをもう一度磨き直しましょう。

SECTION 3

第２問　解説

第２問Ａ 解答のポイント

（全訳＆語彙▶▶▶別冊pp.072～074）

解答　6：③　7：②　8：②　9：④　10：①

問1 These instructions would be good if you want to [6].

この説明書は，あなたが[6]ことを望むならちょうどよいだろう。

① create something with flowers
花で何かを作る

② grow some onions
タマネギを育てる

③ make your own original handkerchief
自分のオリジナルのハンカチを作る

④ try outdoor activities
アウトドアの活動に挑戦する

問１はこの説明書を読んで何ができるかを問う設問だ。第２章のSKILL TRAINING 4で学んだ行間推測スキルを活用しよう。まずはリード文を見てみよう。

You are a member of Handicraft Club at school, and you are looking for a new activity. On a website, you found some instructions for natural dyeing that looks interesting.

和訳 あなたは学校の手芸部の部員で，新しい活動を探しています。ウェブサイトで，面白そうな草木染めの説明書を見つけました。

この説明書がnatural dyeing（草木染め）のやり方を説明するものであることがわかるね。でも，いったい何を染めるんだろう？　Materials（材料）のところに書いてあるはずだ。

Materials

1 white handkerchief / Skins of 3 to 4 onions / 1 tablespoon of alum

和訳 材料

白いハンカチ1枚 / タマネギ3～4個分の皮 / ミョウバン大さじ1杯

タマネギの皮とミョウバンを使って，白いハンカチを染めることがわかるね。この段階では③が最も近そうだけど，「自分のオリジナルの」という部分に当たることはまだ書かれていないから，もうすこし英文を読み進めてみよう。Step 2に注目。

Step 2: Prepare a handkerchief

1. Boil a handkerchief in the other pot for 10 minutes.
2. Squeeze the handkerchief well.
3. If you want to add your own decoration design, you can do so by using marbles and rubber bands.

和訳 ステップ2：ハンカチを準備する

1. もう1つのなべでハンカチを10分間煮沸する。
2. ハンカチをよく絞る。
3. 自分なりの装飾デザインを加えたい場合は，ビー玉や輪ゴムを使って行うのもよい。

設問にも含まれるif you want to（～したいのなら）という表現が出てきたね。「ビー玉や輪ゴムを使えば，自分なりの装飾デザインを加えることができる」ということはつまり，「自分のオリジナルのハンカチを作ることができる」ということ。以上から，正解は③make your own original handkerchief（自分のオリジナルのハンカチを作る）だと判断できるよ。

①の「花」は材料にないし，②の「タマネギの育て方」については説明のどこにも書かれていない。④については，2つ目のコメントにI tried natural dyeing with my daughters at a camp site when it rained.（キャンプ場で雨が降ったときに娘たちと草木染めに挑戦しました）と

いうコメントがあり，この活動はインドアでもできることがわかるから，間違いだよ。

問2　If you follow the instructions, the handkerchief should be ready to dry in about [7].

説明書に従えば，ハンカチは約[7]で乾かす準備ができるはずだ。

第２章のSKILL TRAINING 3で学んだマニュアルスキャンスキルを活用しよう。「ハンカチを乾かす」というのは，Step 3: Dye handkerchief（ハンカチを染める）の6. Dry it in the shade.（日陰で乾かす）に該当するから，その段階にいたるまでに登場する時間の表現を拾っていこう。

Step 1: Make onion dye

1. Place onion skins into a pot and cover them with water.
2. Bring to a boil, and then stew for 30 to 40 minutes.
3. When the water turns to a color you like, take out the skins.
4. Cool the onion dyes.

Step 2: Prepare a handkerchief

1. Boil a handkerchief in the other pot for 10 minutes.
2. Squeeze the handkerchief well.
3. If you want to add your own decoration design, you can do so by using marbles and rubber bands.

Step 3: Dye handkerchief

1. Put the handkerchief in the onion dye, stew for 20 minutes and stir. (DO NOT BOIL)
2. Wash it with water and squeeze well.
3. Put 1 liter of water and 1 tablespoon of alum into a bowl.
4. Soak the handkerchief and gently stir for 20 minutes.

CHAPTER 3 共通テスト対策模試

5. Remove marbles and rubber bands.
6. Dry it in the shade.

かかる時間の合計は30〜40分＋10分＋20分＋20分＝80〜90分だから，最も近い②one hour and a half（1時間半）が正解だ。

問3 Someone who has no experience with natural dyeing should try these instructions because [8].

[8]ので，草木染めに関する経験がない人はこの説明書を試すべきだ。

① all the materials are easy to find in the fridge
すべての材料は冷蔵庫で簡単に見つかる

② the instructions are for beginners
この説明書は初心者向けである

③ the handkerchief is cheap
ハンカチは安い

④ the instructions are free to read
この説明書は無料で読める

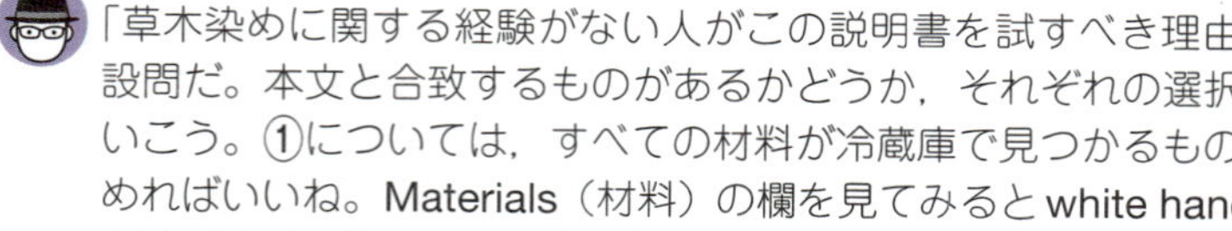

「草木染めに関する経験がない人がこの説明書を試すべき理由」を問う設問だ。本文と合致するものがあるかどうか，それぞれの選択肢を見ていこう。①については，すべての材料が冷蔵庫で見つかるものかを確かめればいいね。Materials（材料）の欄を見てみるとwhite handkerchief（白いハンカチ）とあるけど，普通ハンカチは冷蔵庫に入っていないから，①は間違いだ。

②については，説明書の冒頭に該当箇所があるよ。

Please try out these easy and simple instructions written by Teresa Wilson, who is an elementary school teacher. These are very basic instructions for natural dyeing, so if you like it you can see other advanced instructions on our website at www.handicraft.com/advancednaturaldyeing.

和訳 小学校教員のテレサ・ウィルソンが書いた，この簡単でシンプルな説明書を試してみてください。これはとても基礎的な草木染めの説明書なので，気に入った方は，私たちのウェブサイトのwww.handicraft.com/advancednaturaldyeingで他の上級の説明書をご覧ください。

「簡単でシンプルな説明書」や「とても基礎的な草木染めの説明書」という表現から，「この説明書はとても簡単で基礎的なので，草木染めの経験がない人でも試すべきだ」と判断できるよね。よって正解は②the instructions are for beginners（この説明書は初心者向けである）だ。

③は，「ハンカチが安いかどうか」を本文から判断できないので間違い。④についても，「このウェブサイトが無料で読めるか」は書いていないよね。「ウェブサイト上の説明なんだから，無料のはず！」みたいな勝手な思い込みは捨てて，きちんと本文と照らし合わせることが大切だよ。

問4 According to the website, one **fact** (not an opinion) about these instructions is that they [9].

ウェブサイトによると，この説明書に関する事実（意見ではない）は，[9]ということだ。

① are perfect for school club activities
学校の部活にぴったりだ

② are easy to try
簡単に試せる

③ should not be done alone
一人で行うべきではない

④ are written by a teacher
教師が書いた

第２章のSKILL TRAINING 5で学んだ意見・事実判別スキル１を活用しよう。このタイプの問題では，本文に書かれている「事実」を探して，

１つずつ選択肢をチェックしていけばよかったね。①の「学校の部活」については，リード文から読み手が手芸部に所属していることがわかるけれど，「ぴったりだ」とはどこにも書かれていないし，そもそもperfectという形容詞は主観的で「意見」っぽいよね。②も同様に「簡単でシンプルな説明書」とか「とても基礎的な草木染めの説明書」という表現が冒頭にあったけれど，easy（簡単な）は主観的な形容詞で「意見」になりそうだ。③に含まれるshould（～するべきだ）という助動詞は「意見」に聞こえるし，一人で行うかどうかはどこにも書かれていないよ。

残った④が正解になりそうだから，該当箇所を探そう。マニュアルの書き手については，材料や道具といった具体的な説明に入る前，導入的な役割を果たす冒頭部に手がかりがありそうだね。

Please try out these easy and simple instructions written by Teresa Wilson, who is an elementary school teacher. These are very basic instructions for natural dyeing, so if you like it you can see other advanced instructions on our website at www.handicraft.com/advancednaturaldyeing.

和訳 小学校教員のテレサ・ウィルソンが書いた，この簡単でシンプルな説明書を試してみてください。これはとても基礎的な草木染めの説明書なので，気に入った方は，私たちのウェブサイトのwww.handicraft.com/advancednaturaldyeingで他の上級の説明書をご覧ください。

「小学校教員のテレサ・ウィルソンが書いた」とあるから，④are written by a teacher（教師が書いた）は本文の内容に当てはまるよね。「教師が書いた」というのは「意見」ではなく「事実」だから，正解は④で確定だ。

問5 According to the website, one <u>opinion</u> (not a fact) about these instructions are that they are [10].

ウェブサイトによると，この説明に関する意見（事実ではない）は，[10]ということだ。

① a good activity for children
子どもにとってよい活動だ

② popular among parents
親に人気だ

③ good for the environment
環境によい

④ available on the website
ウェブサイト上で利用できる

今度は正しい「意見」を選ぶ問題だ。「意見」を探すには，どこを見ればよいだろう？　COMMENTS（コメント）のところに手がかりがありそうだよね。

Petra Brown　*September 15, 2018 at 10:18*
This is my first time trying natural dyeing. I enjoyed making different designs.

Charles Shane　*October 7, 2018 at 18:57*
Great activity for kids. I tried natural dyeing with my daughters at a camp site when it rained.

和訳 ペトラ・ブラウン(Petra Brown)　2018年9月15日10:18
草木染めに挑戦したのは今回が初めてでした。いろいろなデザインを作るのが楽しかったです。
チャールズ・シェーン(Charles Shane)　2018年10月7日18:57
子どもたちにとって素晴らしい活動ですね。キャンプ場で雨が降ったときに娘たちと草木染めに挑戦しました。

１つずつ選択肢を本文と照らし合わせよう。①はチャールズ・シェーンのGreat activity for kids.（子どもたちにとって素晴らしい活動ですね）というコメントに一致するし，goodやgreatといった形容詞は「意見」だと判断してよさそうだね。

②の「親に人気かどうか」を判断するには，まず本文から親が登場する場所を探そう。チャールズ・シェーンのコメントの第２文に「娘たちと草木染めに挑戦しました」とあるから，彼は親であることがわかる。第１文は「素晴らしい活動」と褒めているから，「親に人気だ」という選択肢は内容的には正しそうだけど，人気があるというのは「意見」では

なく「事実」だから，②は間違いだ。③の「環境によいか」はマニュアルのどこにも書かれていない。④はリード文からこのマニュアルがウェブサイト上で利用できるものだとわかるけど，これは「意見」ではなく「事実」だから間違い。以上から，正解は①で確定できるよ。

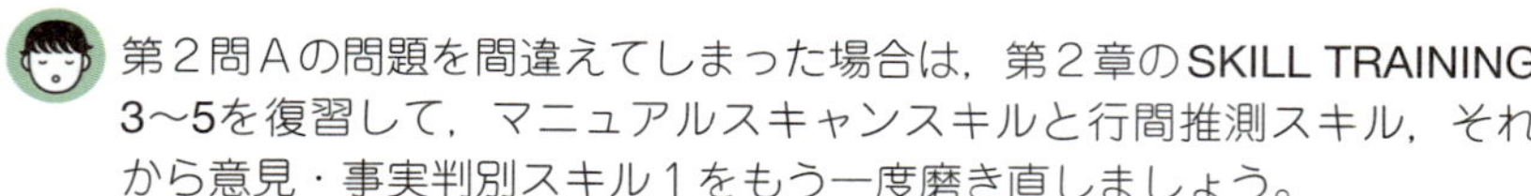

第２問Ａの問題を間違えてしまった場合は，第２章のSKILL TRAINING 3〜5を復習して，マニュアルスキャンスキルと行間推測スキル，それから意見・事実判別スキル１をもう一度磨き直しましょう。

第２問Ｂ 解答のポイント （全訳＆語彙▶▶▶別冊pp.075〜077）

解答 [11]：② [12]：④ [13]：① [14]：② [15]：③

問1 According to the senator's proposal, students in the United States wouldn't need to [11].

上院議員の提案によると，アメリカの生徒は[11]必要がなくなる。

① submit school lunch menu requests
給食メニューのリクエストを提出する

② pay for meals on school days
学校がある日の食事の代金を払う

③ take classes after school lunch
給食の後に授業を受ける

④ go to a cafeteria to eat school lunch
給食を食べにカフェテリアに行く

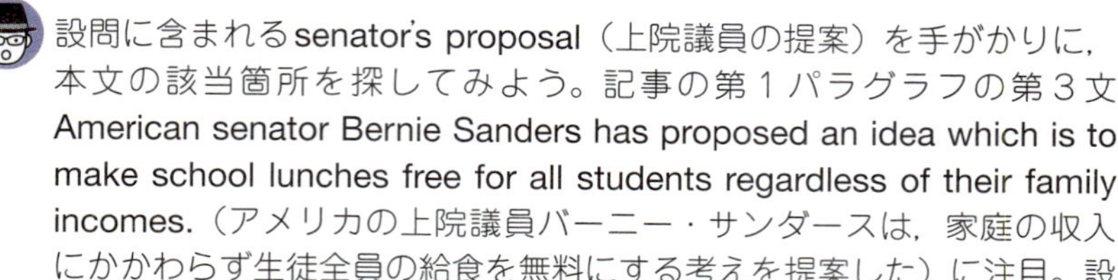

設問に含まれるsenator's proposal（上院議員の提案）を手がかりに，本文の該当箇所を探してみよう。記事の第１パラグラフの第３文 American senator Bernie Sanders has proposed an idea which is to make school lunches free for all students regardless of their family incomes.（アメリカの上院議員バーニー・サンダースは，家庭の収入にかかわらず生徒全員の給食を無料にする考えを提案した）に注目。設

問と同じsenator（上院議員）という語が登場するし，proposal（提案）の動詞形であるproposeが使われているね。この文からわかるのは「上院議員」がバーニー・サンダースを指すことと，「生徒全員の給食を無料にする」という彼の提案だ。

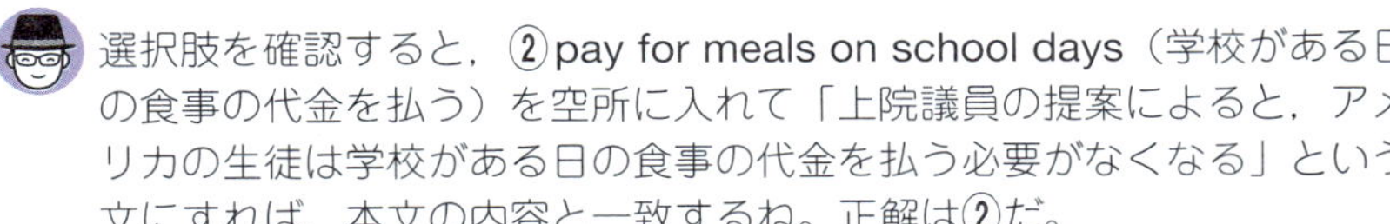

選択肢を確認すると，②pay for meals on school days（学校がある日の食事の代金を払う）を空所に入れて「上院議員の提案によると，アメリカの生徒は学校がある日の食事の代金を払う必要がなくなる」という文にすれば，本文の内容と一致するね。正解は②だ。

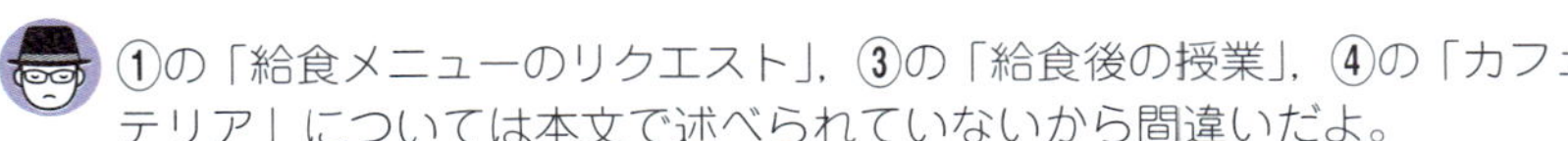

①の「給食メニューのリクエスト」，③の「給食後の授業」，④の「カフェテリア」については本文で述べられていないから間違いだよ。

問2　Your team will support the debate topic, "School lunches should be free for everyone." In the article, one **opinion** (not a fact) helpful for your team is that [12].

あなたのチームは,「給食は全員にとって無料であるべきだ」というディベートの論題を支持する。記事の中で, あなたのチームにとって役立つ**意見**（事実ではない）は, [12] ということである。

① schools will be able to collect debts more easily
学校がより簡単に負債を回収できるようになる

② the problem of lunch debt is being discussed with many people
給食負債の問題は多くの人によって議論されている

③ the government has a responsibility to provide students with sufficient food
政府には生徒に十分な食事を提供する責任がある

④ students from poorer households would feel comfortable going to school
貧しい家庭の生徒が安心して学校に通えるようになる

第２章のSKILL TRAINING 6で学んだ意見・事実判別スキル２を活用したいところだけど，選択肢を見ただけでは「意見」か「事実」かを明確に区別するのは難しそうだ。たとえば，③は誰かが主張していることであれば「意見」と考えられるし，法律などで決められていることであれ

ば「事実」と考えることもできるよね。このような場合には，「給食は全員にとって無料であるべきだ」という論題を支持する意見が本文のどこに書かれているかを探して精読する解き方が有効なんだ。

「給食は全員にとって無料であるべきだ」というのは，サンダースの提案と同じだから，サンダースの提案を紹介している第１パラグラフと第２パラグラフに手がかりがありそうだ。第１パラグラフの第３文にある American senator Bernie Sanders has proposed an idea which is to make school lunches free for all students regardless of their family incomes.（アメリカの上院議員バーニー・サンダースは，家庭の収入にかかわらず生徒全員の給食を無料にする考えを提案した）や，第２パラグラフの第１文 Sanders even introduced the idea to provide all three meals for free on school days.（サンダースは，学校がある日は３食すべてを無料で提供するという考えまでも紹介した）は，「給食は全員にとって無料であるべきだ」という論題と近い発想だね。主張とそれを支える理由や意見はセットになっているはずだから，この近くに問２のヒントが隠れていると考えられるよ。第２パラグラフの第２文以降を詳しく見てみよう。

He said, "This would take a huge administrative burden off schools, the cost of which is very high at present." He also said that poor families with lunch debt would feel relieved and encourage their children to attend school.

和訳 「これは，大きな経営上の負担を学校から取り去るだろう，というのも，現在その費用が非常に高いのである」と彼は語った。給食負債を抱えている貧しい家庭は安心し，子どもたちに学校に通うよう促すだろうとも彼は述べた。

He said や He also said という書き方からわかるように，ここではサンダースの「意見」が述べられているね。第３文に注目しよう。「給食負債を抱えている貧しい家庭は安心し，子どもたちに学校に通うよう促すだろう」という内容は，「給食は全員にとって無料であるべきだ」という論題を支持する意見と判断できる。よって，これに最も近い選択肢の④ students from poorer households would feel comfortable going to school（貧しい家庭の生徒が安心して学校に通えるようになる）が正解だよ。

①の「学校による負債回収」はどこにも書かれていないから間違いだ。

②については第１パラグラフの第２文The money such families owe is called "Lunch Debt" and is becoming a big problem.（そのような家庭が借りているお金は「給食負債」と呼ばれ，大きな問題になりつつある）と合致するけれど，「多くの人によって議論されている」というのは「意見」ではなく「事実」だから間違いだ。③のthe government has a responsibility to provide students with sufficient food（政府には生徒に十分な食事を提供する責任がある）は，記事の下のコメント欄で紹介されているアン・ハロウェイのNo child should ever go hungry in school, because they cannot learn on an empty stomach.（空腹では勉強はできませんから，子どもが学校でお腹を空かせるようなことはなくすべきです）という意見と内容的には似ているけれど，彼女は「政府の責任」にまでは言及していないから，不正解だと判断できるよ。

問3 The other team will oppose the debate topic. In the article, one **opinion** (not a fact) helpful for that team is that [13].

もう一方のチームは，そのディベートの論題に反対する。記事の中で，そちらのチームにとって役立つ意見（事実ではない）は [13] ということである。

① few local governments have enough money to provide lunches for all students
生徒全員の給食を用意するだけのお金がある地方自治体はほとんどない

② families should learn to save money for themselves
家庭は自分たちで貯金することを学ぶべきである

③ the proposal will only be applied in very poor neighborhoods
この提案はとても貧しい地域にのみ適用される

④ schools do not have enough funds to give free lunches to all students
学校には生徒全員に無料の給食を提供するのに十分な資金はない

問２と同様に，まずは「給食は全員にとって無料であるべきだ」という論題に反対する意見が書かれていそうな部分を探そう。第３パラグラフの第１文にHowever, not everyone agrees.（しかし，全員が賛成しているわけではない）とあり，サンダースの提案に反対する立場が述べられているから，このパラグラフで述べられている「意見」が該当箇所になると考えられるね。第３～４文に注目しよう。

He said, "We have to face reality. It is obvious that many local governments simply cannot afford free lunches for all their students."

和訳 「私たちは現実を見なければならない。生徒全員に無料の給食を与える余裕が単純に多くの地方自治体にはないことは明らかである」と彼は語った。

文の主語であるHeというのは，直前の第２文に登場するPrincipal John Hurst from East Valley High School（イースト・バレー高校の校長ジョン・ハースト）を指すよ。この第３～４文では，地方自治体の経済的余裕を根拠にして，論題に反対する立場の意見が述べられているね。これを言い換えたのが選択肢の①few local governments have enough money to provide lunches for all students（生徒全員の給食を用意するだけのお金がある地方自治体はほとんどない）だと考えられるから，正解は①だ。一見するとこの選択肢は「事実」に見えるかもしれないけど，ある個人の発言に含まれている内容だから，「彼の意見」ということになるよ。

②の「家庭での貯金」，③の「適用される地域」，④の「学校側の資金」については述べられていないから，不正解だ。

問4 In the 3rd paragraph of the article, "We have to face reality" means that governments should [14].

記事の第３パラグラフで"We have to face reality"が意味するのは，政府は[14]べきであるということだ。

① plan their finances more boldly
もっと大胆に財源を計画する

② consider their limited financial resources
限られた財源を考慮する

③ buy more affordable supplies
もっと手頃な値段の備品を買う

④ learn new ways to help the poor
貧しい人を助ける新しい方法を学ぶ

We have to face reality（私たちは現実を見なければならない）が意味する具体的内容を問う設問。第２章のSKILL TRAINING 7で学んだ文脈推測スキルを活用しよう。このタイプの問題を解くコツは，前後の文脈を丁寧に押さえることだったね。直後のIt is obvious that many local governments simply cannot afford free lunches for all their students.” There are also doubts about whether the government could or would pay the full cost of school lunches nationwide.（生徒全員に無料の給食を与える余裕が単純に多くの地方自治体にないことは明らかである。また，政府が国全体の給食費を全額払えるのか，あるいは払おうとするのかについての懸念もある）に注目しよう。

「地方自治体には生徒全員の給食費を負担できる財政的な余裕がなく，政府にもあるかわからない」ということを考慮すると，「見なければならない現実」が意味するものは，②に含まれるtheir limited financial resources（限られた財源）のことだと判断できるよ。正解は②だ。

①の「大胆な財源の計画」，③の「手頃な値段の備品」，④の「貧しい人を助ける新しい方法」は，該当する記述が本文のどこにもないから不適切だよ。

問5 According to her comment, Anne Halloway [15] the Sanders plan stated in the article.

アン・ハロウェイのコメントによると，彼女は記事で述べられているサンダースの案に [15]。

① has no particular opinion about
特に意見を持っていない

② partly agrees with
部分的に賛成している

③ strongly agrees with
強く賛成している

④ strongly disagrees with
強く反対している

設問中のアン・ハロウェイは記事の下にあるコメントの投稿者だから，ここに手がかりがあるはず。

Anne Halloway February 8, 2019 7:47 PM

Finally! **A senator who understands that we need a plan that doesn't hurt children for not having enough money, but instead tries to help them!** No child should ever go hungry in school, because they cannot learn on an empty stomach.

和訳 アン・ハロウェイ　2019年2月8日　午後7時47分
ようやくですね！　**十分なお金がないからといって子どもたちを傷つけるのではなく，助けようとする案が必要だということを理解している上院議員です！**　空腹では勉強はできませんから，子どもが学校でお腹を空かせるようなことはなくすべきです。

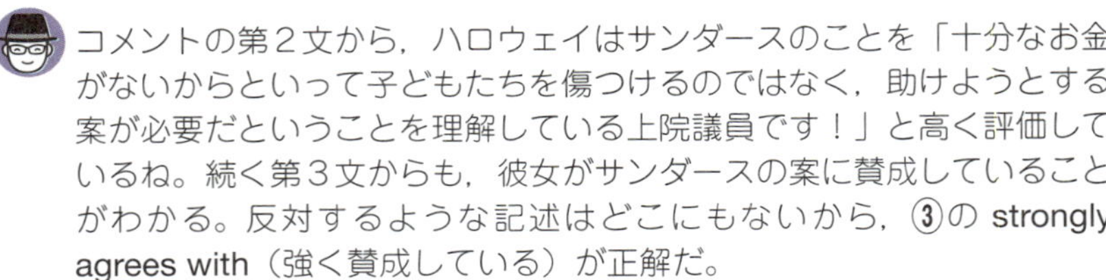
コメントの第２文から，ハロウェイはサンダースのことを「十分なお金がないからといって子どもたちを傷つけるのではなく，助けようとする案が必要だということを理解している上院議員です！」と高く評価しているね。続く第３文からも，彼女がサンダースの案に賛成していることがわかる。反対するような記述はどこにもないから，③の strongly agrees with（強く賛成している）が正解だ。

第２問Ｂの問題を間違えてしまった場合は，第２章のSKILL TRAINING 6〜7を復習して，意見・事実判別スキル２と文脈推測スキルをもう一度磨き直しましょう。

SECTION 4

第３問　解説

第３問Ａ 解答のポイント （全訳＆語彙▶▶▶別冊pp.078～079）

解答　16：②　17：③

問１ During the school picnic, 16 .

学校の遠足の間，16 。

学校の遠足の間にどんなことがあったかを問う設問。設問から得られるヒントが少ない場合は，第２章のSKILL TRAINING 8で学んだ正誤判定スキルを活用しよう。ここでは英文全体に目を通した上で，それぞれの選択肢が正しいかどうかを１つずつチェックしていくよ。

① a lecture was conducted in a castle by a social studies teacher
社会科の先生の講義が城で行われた

第１パラグラフの第３～４文There used to be an old castle there. One of the volunteer staff explained the history of the castle to us.（そこにはかつて，古いお城がありました。ボランティアスタッフの一人が，そのお城の歴史を説明してくれました）から考えよう。お城の歴史を説明したのは社会科の先生ではなくボランティアスタッフだし，There used to be ...（以前～があった）という表現から，お城が今は存在していないことがわかる。①は間違いだね。

② the city museum was closed in preparation for their event
市立博物館はイベントの準備のため閉館していた

第１パラグラフの第７文If the museum had not been preparing for their upcoming exhibition, we could have visited there.（もし博物館

が次回の展示に向けて準備中でなければ，私たちはそこに行けたのですが）から考えよう。この文は仮定法過去完了の文で，過去の事実に反することを述べているね。この仮定法がほのめかしているのは，「実際には博物館が次回の展示に向けて準備中だったので，私たちはそこに行けなかった」ということ。つまり，博物館はイベントの準備のために閉館していたと考えられるから，②は正解になりそうだ。念のため，残りの選択肢を確認しよう。

③ a video about the park's history was shown in the bus
公園の歴史についてのビデオがバスで流された

「バス」や「ビデオ」のことはどこにも書かれていないから，③は間違い。

④ sandwiches were distributed to students for lunch
昼食としてサンドイッチが生徒に配られた

昼食については，第2パラグラフの第2文に**I brought sandwiches my host mother had made for me.**（私はホストマザーが作ってくれたサンドイッチを持っていきました）とある。生徒にサンドイッチが配られたわけではないから，④も間違いだね。正解は②で確定だ。

問2 You learned that the writer of this blog [17].
あなたは，このブログの書き手が [17] ことがわかった。

このブログの書き手がしたことが問われているね。それぞれの選択肢が本文の内容と合致するかどうかを確認していこう。

① brought "inari-sushi" for lunch and shared some with friends
昼食に「いなり寿司」を持っていき，友達と分けた

第２パラグラフの第３文に**I was surprised to see my friend, Saki,**

bring sushi called "inari-sushi,"（友達のサキが「いなり寿司」というお寿司を持ってきたのを見て驚きました）とあるので，いなり寿司を持ってきたのはブログの書き手ではなく，友達のサキだ。①は間違いだね。

② enjoyed the history lecture and made a presentation
歴史の講義を楽しみ，発表をした

第１パラグラフの第４～５文にOne of the volunteer staff explained the history of the castle to us. The talk was very impressive.（ボランティアスタッフの一人が，そのお城の歴史を説明してくれました。その話はとても印象的でした）とあるから，「歴史の講義を楽しんだ」とは言えそうだけど，このブログの書き手が何かの発表をしたという記述はどこにもないから，②は間違いだよ。

③ learned the history of a historical site and drank apple juice
ある史跡の歴史を学び，リンゴジュースを飲んだ

第１パラグラフの第４文にOne of the volunteer staff explained the history of the castle to us.（ボランティアスタッフの一人が，そのお城の歴史を説明してくれました）とある。③に含まれるa historical site（ある史跡）というのはcastle（お城）の言い換えだと考えられるから，前半は正しいね。選択肢の後半に該当する箇所を探すと，第３パラグラフの第５文にI chose the second most popular juice in the factory（私は工場で２番目に人気のジュースを選びました）とある。英文に添えられたイラストから２番目に人気のジュースはリンゴジュースであることがわかるから，「リンゴジュースを飲んだ」の部分も正しいと言えるね。この選択肢③が正解になりそうだ。

④ participated in the factory tour and tried some orange juice
工場見学に参加し，オレンジジュースを試飲した

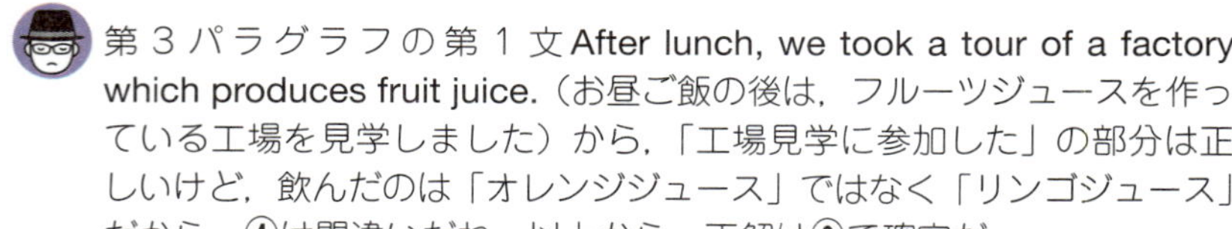

第３パラグラフの第１文 After lunch, we took a tour of a factory which produces fruit juice.（お昼ご飯の後は，フルーツジュースを作っている工場を見学しました）から，「工場見学に参加した」の部分は正しいけど，飲んだのは「オレンジジュース」ではなく「リンゴジュース」だから，④は間違いだね。以上から，正解は③で確定だ。

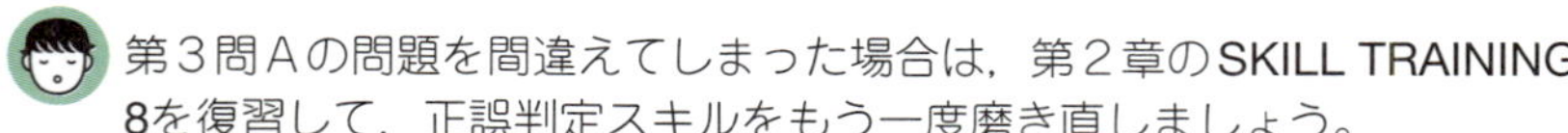

第３問Ａの問題を間違えてしまった場合は，第２章のSKILL TRAINING 8を復習して，正誤判定スキルをもう一度磨き直しましょう。

 第３問Ｂ 解答のポイント （全訳＆語彙▶▶▶別冊 pp.080～081）

解答 18 :③ 19 :① 20 :②

問１ According to the story, Michael's feelings changed in the following order: [18].

この話によると，マイケルの感情は次の順番で変化した：[18]。

① privileged → puzzled → nervous → determined → happy
光栄→戸惑い→不安→決心→うれしい

② privileged → puzzled → nervous → astonished → happy
光栄→戸惑い→不安→驚き→うれしい

③ privileged → happy → nervous → puzzled → determined
光栄→うれしい→不安→戸惑い→決心

④ privileged → nervous → puzzled → happy → determined
光栄→不安→戸惑い→うれしい→決心

⑤ privileged → nervous → happy → puzzled → determined
光栄→不安→うれしい→戸惑い→決心

⑥ privileged → determined → puzzled → happy → nervous
光栄→決心→戸惑い→うれしい→不安

登場人物であるマイケルの感情がどのように変化していったかを問う設問。第２章のSKILL TRAINING 9で学んだ心情変化フォロースキルを活用しよう。物語の展開を追いながら，感情を表す表現に注意して本文を読んでいくよ。第１パラグラフは物語の導入に当たり，マイケルの感情は出てこないね。マイケルの具体的な体験談が始まる第２パラグラフから詳しく見てみよう。

Michael was 18 when he arrived in Japan to spend a whole year in Osaka as an exchange student. He loved Japanese history and dreamed of living in the western part of Japan, so he felt privileged to be in Osaka. He quickly made a lot of friends and took every opportunity to practice the language, and enjoyed his life in Japan. After four or five months, he became very good friends with Masao, a student who wanted to go to college in the U.S. One day, Masao invited Michael to stay with his family over the weekend. It was Michael's first time going to Japanese friend's house, so he was a little worried if he could behave in a proper way. Michael was aware that, in order not to be seen as rude, he had to bring a gift when visiting a Japanese family. The day before the visit, he went to a department store and bought a picture book of the Rocky Mountains. He asked the shop assistant to wrap it up nicely as a gift.

和訳 交換留学生として大阪で丸１年を過ごすために来日したとき，マイケルは18歳だった。彼は日本の歴史が大好きで，西日本に住むことを夢見ていたので，大阪にいることを光栄に思っていた。彼はすぐにたくさんの友人を作り，あらゆる機会を利用して語学の練習をし，日本での生活を楽しんだ。４，５カ月後，アメリカの大学に留学したいと考えているマサオという学生と大変親しくなった。ある日，週末を彼の家族と一緒に過ごさないかとマサオはマイケルを誘った。マイケルは日本人の友人の家に行くのは初めてだったので，礼儀正しくふるまえるかどうか少し心配だった。失礼に思われないために，日本の家族を訪ねるときは贈り物を持っていかなくてはならないということをマイケルは知っていた。訪問前日，彼は百貨店に行き，ロッキー山脈の写真集を購入した。それを贈り物としてきれいに包装してくれるよう彼は店員に頼んだ。

第２パラグラフに登場する感情表現は，he felt privileged（彼は光栄に思った），enjoyed his life in Japan（彼は日本での生活を楽しんだ），he was a little worried（彼は少し心配だった）の３つだね。第３パラグラフに移ろう。

CHAPTER 3 共通テスト対策模試

The next day, Michael was welcomed warmly, and after introducing himself he handed the present to his friend's mother. To his surprise, she strongly refused to accept the gift. Michael did not know what to do, so he put the book back into his backpack and sat down to have dinner with the family.

和訳 翌日, マイケルは温かく迎えられ, 自己紹介をした後, そのプレゼントを友人の母親に手渡した。驚いたことに, 彼女はかたくなにその贈り物を受け取ることを拒んだ。マイケルはどうしてよいかわからず, その本をバックパックの中に戻し, 家族の人たちと夕食を食べるために着席した。

第３パラグラフに登場する感情表現は, Michael did not know what to do（マイケルはどうしてよいかわからなかった）の部分。形容詞はないけれど, マイケルが混乱していることを読み取れたかな？　最後の第４パラグラフに進むよ。

A few days later during tutoring, Michael explained his awkward experience of visiting the Japanese family and his gift being rejected. I told him that he did nothing wrong. It is customary for Japanese to refuse gifts several times before finally accepting them. Right after Michael learned about this custom, he decided to try offering his gift to his friend again.

和訳 数日後の個別指導のとき, マイケルは日本の家庭を訪問し彼の贈り物が拒絶されたという気まずい経験について説明した。彼は何も間違ったことをしていないと私は彼に伝えた。贈り物は数回拒んでから最後には受け取るのが日本人の慣習なのだ。この慣習について学ぶとすぐに, マイケルは友人に贈り物をもう一度渡してみようと決心した。

第４パラグラフに登場する感情表現は, he decided（彼は決心した）の１つだね。最後まで読み終えたら, まずはそれぞれの感情が選択肢に並ぶどの形容詞に該当するかを考えよう。物語の内容を, 物語の展開を表す表現と感情を表す表現を軸にまとめると, 次のようになるよ。

- when he arrived in Japan
  - … felt privileged（光栄に思った）
  - … enjoyed his life in Japan（日本での生活を楽しんだ）

↓

- After four or five months

↓

- One day
  - … a little worried（少し心配になった）

↓

- The day before the visit

↓

- The next day
  - … did not know what to do（どうしてよいかわからなかった）

↓

- A few days later during tutoring

↓

- Right after Michael learned about this custom
  - … decided（決心した）

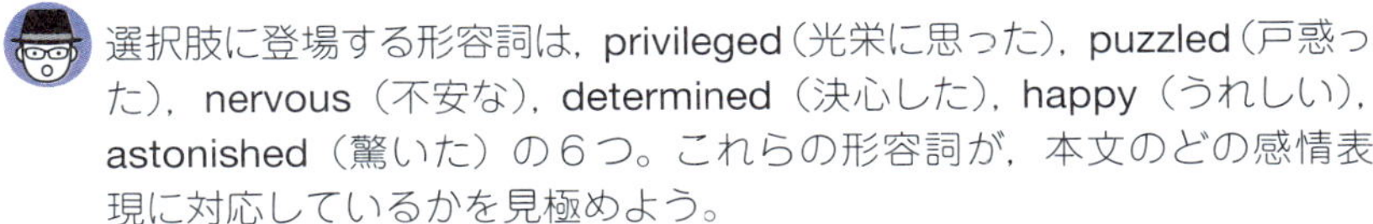

選択肢に登場する形容詞は，privileged（光栄に思った），puzzled（戸惑った），nervous（不安な），determined（決心した），happy（うれしい），astonished（驚いた）の６つ。これらの形容詞が，本文のどの感情表現に対応しているかを見極めよう。

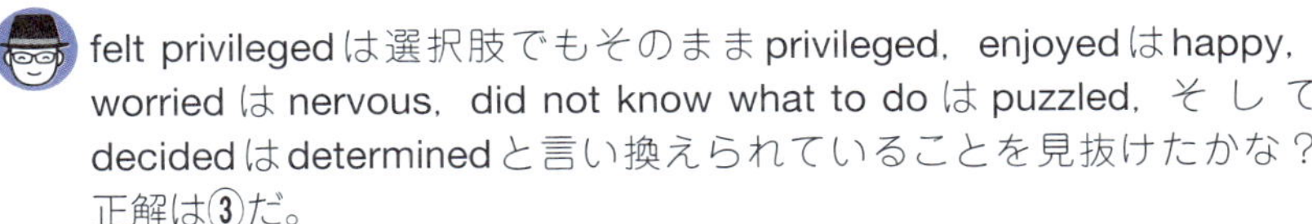

felt privileged は選択肢でもそのまま privileged，enjoyed は happy，worried は nervous，did not know what to do は puzzled，そして decided は determined と言い換えられていることを見抜けたかな？正解は③だ。

問2 Masao's family did not take Michael's gift because refusing a gift before accepting it [19].

贈り物は受け取る前に拒むのが [19] ので，マサオの家族はマイケルの贈り物を受け取らなかった。

① is a Japanese practice
日本の慣行である

② makes people feel welcome
歓迎の気持ちを伝える
③ implies friendship
友情を暗示する
④ represents wealth
富を表す

マサオの家族がマイケルの贈り物を受け取らなかった理由を問う設問。設問に含まれる **refusing a gift before accepting it**（贈り物を受け取る前に拒む）という表現に注意しながら，本文の該当箇所を探そう。第4パラグラフの第３文に **It is customary for Japanese to refuse gifts several times before finally accepting them.**（贈り物は数回拒んでから最後に受け取るのが日本人の慣習なのだ）とあるね。①の **is a Japanese practice**（日本の慣行である）を選べば，「贈り物を受け取る前に拒むのが日本の慣行なので」という適切な理由が完成するよ。

②の「歓迎の気持ち」，③の「友情」，④の「富」についてはどこにも述べられていないから間違いだよ。

問3 From this story, you learned that Michael [20].
この話から，あなたはマイケルが [20] ことがわかった。

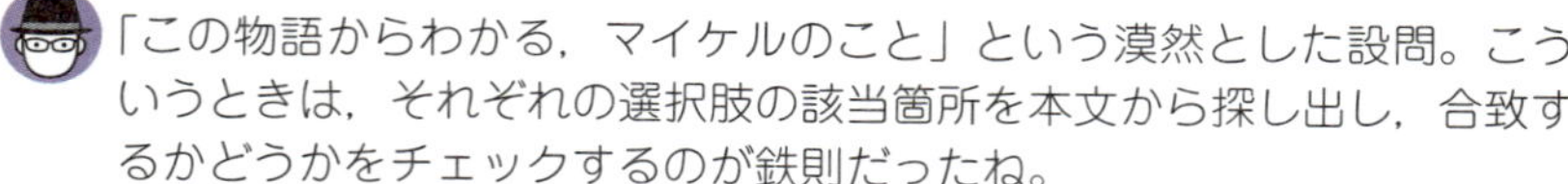
「この物語からわかる，マイケルのこと」という漠然とした設問。こういうときは，それぞれの選択肢の該当箇所を本文から探し出し，合致するかどうかをチェックするのが鉄則だったね。

① chose a book as a present so that he could tell his friend about some good places to visit in the U.S.
彼の友達にアメリカで訪問する良い場所について伝えることができるよう，プレゼントとして本を選んだ

マイケルが贈り物を持っていくことにした理由と贈り物の中身は，第２パラグラフの第７～８文に **Michael was aware that, in order not to be seen as rude, he had to bring a gift when visiting a Japanese family.**

The day before the visit, he went to a department store and bought a picture book of the Rocky Mountains.（失礼に思われないために，日本の家族を訪ねるときは贈り物を持っていかなくてはならないということをマイケルは知っていた。訪問前日，彼は百貨店に行き，ロッキー山脈の写真集を購入した）とあるね。「マイケルが贈り物に本を選んだ」のは正しいけれど，それは「失礼と思われないため」であって，「アメリカで訪問する良い場所について伝えるため」ではないから，①は間違いだ。

② made Japanese friends as well as learned about Japanese culture through visiting a home and his tutor's advice
日本人の友達を作っただけでなく，家の訪問やチューターの助言を通じて，日本文化を学んだ

第２パラグラフの第３文にHe quickly made a lot of friends（彼はすぐにたくさんの友達を作った）とあるから，「日本人の友達を作った」の部分は正しそうだ。また，第３パラグラフの第１文The next day, Michael was welcomed warmly（翌日，マイケルは温かく歓迎された）から，マイケルが「家を訪問した」ことがわかる。さらに，第４パラグラフの第２～４文I told him that he did nothing wrong. It is customary for Japanese to refuse gifts several times before finally accepting them. Right after Michael learned about this custom, he decided to try offering his gift to his friend again.（彼は何も間違ったことをしていないと私は彼に伝えた。贈り物は数回拒んでから最後に受け取るのが日本人の慣習なのだ。この慣習について学ぶとすぐに，マイケルは友人にもう一度贈り物を渡してみようと決心した）から，この物語文の筆者であるチューターのレイ・オザキさんの説明を通じて，マイケルが日本の慣習について学んだことがわかる。よって「チューターの助言を通じて，日本文化を学んだ」の部分も正しいと判断できるから，正解は②になりそうだ。念のため，残りの選択肢も正誤判定をしよう。

③ was invited over for dinner by his tutor and his family and enjoyed talking about Japanese customs
彼のチューターとその家族から夕食に招待され，日本の習慣について話すことを楽しんだ

第２パラグラフの第５文**One day, Masao invited Michael to stay with his family over the weekend.**（ある日，週末を彼の家族と一緒に過ごさないかとマサオはマイケルを誘った）に注目。マイケルを誘ったのは「チューターとその家族」ではなく「友達のマサオ」だから，③は間違い。

④ gave Ms. Ozaki a gift and she explained why she had to refuse it before accepting it
オザキさんに贈り物を渡し，彼女はそれを受け取る前になぜ断らなければならないかを説明した

第３パラグラフの第１文に**after introducing himself he handed the present to his friend's mother**（自己紹介をした後，彼はそのプレゼントを友人の母親に手渡した）とある。「友人の母親」とはマサオの母親のこと。この記事の筆者であるオザキさんとは別人だから，④は間違いだね。以上から，問３の正解は②で確定だ。

第３問Ｂの問題を間違えてしまった場合は，第２章の**SKILL TRAINING 9**を復習して，心情変化フォロースキルをもう一度磨き直しましょう。

SECTION 5

第４問　解説

第４問 解答のポイント （全訳＆語彙▶▶▶別冊 pp.082〜085）

解答　21：③　22：③　23・24：②・③　25：⑤　26：②　27：②

問1　Neither Maria Ogden nor Harry Stiles mentions [21].
マリア・オグデンもハリー・スティルスも，[21] については言及していない。

① an authority that organizes programs
プログラムをまとめる機関

② examples for topics of courses
講座のトピックの例

③ a shift in the average life expectancy in Japan
日本の平均寿命の推移

④ the importance of learning in adulthood
成人期における学習の重要性

どちらの記事でも言及されていないことを問う設問。このタイプの問題は，第２章のSKILL TRAINING 11で練習したことを覚えているかな？ それぞれの記事を読み進めながら選択肢の該当箇所を確認し，消去法で１つずつ削っていく解き方が有効だったね。

まずは１つ目の記事から見ていくよ。第１パラグラフの第２〜３文 There is even a national office that coordinates and promotes learning outside of schools. Libraries, museums, concert halls, and all types of learning centers offer programs on topics ranging from IT to foreign languages.（学校外での学習を取りまとめ，促進する国営企業まで存在する。図書館や博物館，コンサートホールのほか，あらゆる種類の学習センターが，ITから外国語にまでおよぶテーマのプログラムを提供している）に注目しよう。図書館などの具体的な施設が，選択

肢の①では「プログラムをまとめる機関」と抽象的に言い換えられていると考えられるよ。また，「ITから外国語にまでおよぶテーマ」の部分は，②の「講座のトピックの例」に該当するね。本文と合致する①と②は消去しよう。

第2パラグラフはグラフの概要を説明しているだけで，問1の手がかりはなさそうだね。

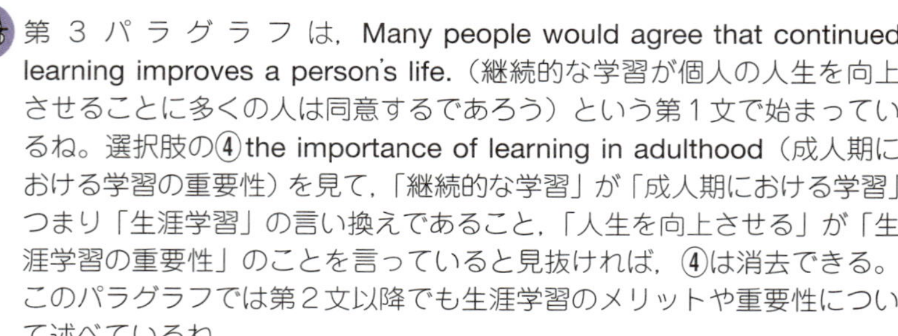

第3パラグラフは，Many people would agree that continued learning improves a person's life.（継続的な学習が個人の人生を向上させることに多くの人は同意するであろう）という第1文で始まっているね。選択肢の④the importance of learning in adulthood（成人期における学習の重要性）を見て，「継続的な学習」が「成人期における学習」つまり「生涯学習」の言い換えであること，「人生を向上させる」が「生涯学習の重要性」のことを言っていると見抜ければ，④は消去できる。このパラグラフでは第2文以降でも生涯学習のメリットや重要性について述べているね。

この時点で残った③a shift in the average life expectancy in Japan（日本の平均寿命の推移）が正解だと推測できるけど，本当に「平均寿命の推移」について書かれていないか，2つ目の記事もきちんと確認しておこう。第1パラグラフでは書き手の身の回りの例が挙げられているけれど，平均寿命については書かれていない。第2パラグラフは全体として「生涯教育の重要性」について述べていて，「平均寿命の推移」の話は出てこないね。

第3パラグラフで述べられているのは「生涯学習にかかる費用」のことで，やはりここにも「平均寿命の推移」は見当たらない。以上から，2つの記事のどちらでも述べられていないのは③だと確定できるよ。

問2 The teacher's age group is [22].
教師の年齢層は [22] である。

① 15-24 15～24歳
② 35-44 35～44歳
③ 45-54 45～54歳

④ 75-84 75～84歳

まずは設問文中のteacherが誰を指すかを確認しよう。２つ目の記事の第１パラグラフの第１文に，こんな記述があったのを覚えているかな？

As a geography teacher and a man in his 40s, ...
和訳 地理の一教師かつ40代の男性として，…

ここから「教師」というのは２つ目の記事の筆者であるハリー・スティルスのことで，年齢層は40代だとわかるね。選択肢を見ると，40代が含まれているのは②と③だ。選択肢は絞れたけど，正解を導き出すにはさらに手がかりを探す必要がありそうだ。

年齢層を問う設問だから，２つ目の記事のなかから年齢に関する表現を探してみよう。第１パラグラフの第３文more than 35% of Japanese people in my age group are engaged in self-education（私の年齢層の日本人の35%以上が自己学習を行っている）に注目。SKILL TRAINING 10で学んだとおり，この情報をグラフと照らし合わせれば，正解が見えてくるはずだ。

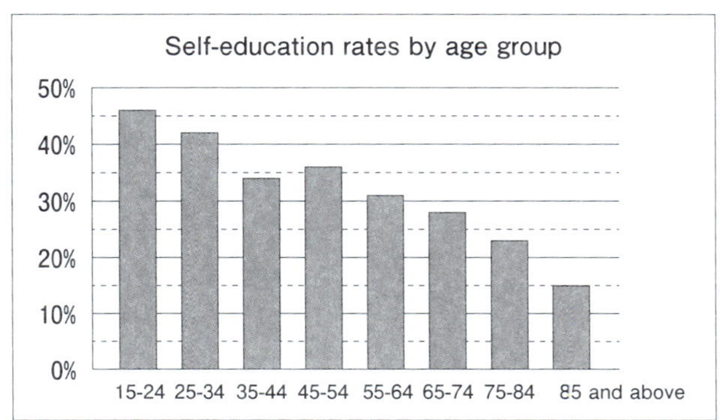

35～44歳の自己学習率は35％未満だけれど，45～54歳の自己学習率は35％を超えていることがグラフから読み取れるね。よって，「私の年齢層の日本人の35％以上が自己学習を行っている」という本文の記述に合致するのは，③の45-54だと判断できるよ。正解は③だ。

問3 According to the articles, lifelong learning [23] and [24]. (**Choose two options.** The order does not matter.)

記事によると，生涯学習は [23] [24]。（選択肢を2つ選べ。順番は問わない）

「生涯学習」について当てはまる選択肢を選ぶ設問。漠然とした設問だけど，SKILL TRAINING 12で学んだとおり，それぞれの選択肢に含まれるキーワードを拾って本文の該当箇所を探し読みしよう。the articlesと複数形になっているから，２つの記事のどちらかに書かれていれば正解になるよ。

① improves salaries
給与を向上させる
② results in better health condition
より良い健康状態をもたらす
③ provides job skills
仕事のスキルを与える
④ makes entrance exams easier
入学試験をより簡単にする

「給与」で探し読みしてもどこにも見当たらないから，①は間違い。

「健康」で探し読みすると，１つ目の記事の第３パラグラフの第３文にThey feel that learning, regardless of their age, makes them healthier both mentally and physically.（年齢にかかわらず，彼らは学習によって心身ともに健康になれると感じている）が引っかかるはず。「年齢にかかわらず，学習が心身を健康にする」ということは，当然「生涯学習」についても言えることだから，②の results in better health condition（より良い健康状態をもたらす）は正解だね。

「仕事のスキル」で探し読みすると，２つ目の記事の第２パラグラフの最終文にlifelong learning can give people valuable job skills and it is helpful for people who want to change their jobs or who are retired（生涯学習は貴重な仕事のスキルを与えるので，転職希望者や退職者に役立つ）が引っかかるはず。③の provides job skills（仕事のスキルを与える）も正解だとわかるよ。

「入学試験」で探し読みしてもどこにも見当たらないから，④は間違い。よって，正解は②と③だ。

問4 Maria Ogden states that universities [25] and Harry Stiles states that they [26]. (Choose a different option for each box.)

マリア・オグデンは大学が [25] と述べており，ハリー・スティルスは大学が [26] と述べている。(それぞれの空所に異なる選択肢を選べ)

① may not benefit from learning new skills
新しいスキルの学習から利益を得ることはないかもしれない

② should offer some financial aid for people regardless of age
年齢にかかわらず，人々に経済的支援をするべきである

③ should focus more on teaching technology
教え方により焦点を当てるべきである

④ set a good example for Japanese citizens
日本国民に良い例を示す

⑤ may make their courses available to the public
一般の人が講座を利用できるようにするかもしれない

1つ目の記事の筆者であるマリア・オグデンと，2つ目の記事の筆者であるハリー・スティルスが，それぞれ「大学」についてどんなことを述べているかを選ぶ設問。2つの記事のそれぞれで，universities（大学）を探し読みしよう。

マリア・オグデンの記事では，第3パラグラフの第5～6文にEven some universities realize how important lifelong learning is and some are thinking about changing their policies. They plan to allow all members of the public to study in their institutions.（生涯学習の重要性を認識する大学さえあるし，方針を変更することを検討している大学もある。彼らは一般のすべての人々が彼らの施設で勉強するのを許可することを計画している）とあるね。この記述に最も近いと考えられる⑤may make their courses available to the public（一般の人が講座を利用できるようにするかもしれない）が，[25] に入るよ。

CHAPTER 3 共通テスト対策模試

ハリー・スティルスの記事では，第３パラグラフの第３文Like some scholarships for university students, I hope the government and universities consider supporting people of all generations who are willing to continue learning financially.（大学生のための奨学金のように，政府や大学が学習を継続する意思のあるすべての年代の人々を経済的に支援することを検討してほしいと思う）にuniversitiesが登場する。この記述に最も近いと考えられる②should offer some financial aid for people regardless of age（年齢にかかわらず，人々に経済的支援をするべきである）が，[26]に入ることが決まるね。

その他の選択肢①，③，④は，「大学」に関することとして本文で述べられてはいないから不正解だ。

問5 Based on the information from both articles, you are going to write a report for homework. The best title for your report would be "[27]."

両方の記事からの情報にもとづいて，あなたは宿題でレポートを書く予定である。レポートに最も ふさわしいタイトルは「[27]」になるだろう。

① Why America is Behind Japan in a Certain Area
なぜアメリカはある分野において日本に遅れているのか

② Gaining New Knowledge Throughout Your Life
生涯を通して新しい知識を得ること

③ Building Schools: Nationally and Internationally
学校の建設：国内外において

④ How to Raise Bright and Successful Children
頭が良く成功を収める子どもの育て方

レポートのタイトルとして適切なのは，両方の記事で共通して述べられていることだとSKILL TRAINING 13で学習したね。オグデンの主張がまとめられた１つ目の記事の最後のパラグラフと，オグデンの主張に対するスティルスの意見が記された２つ目の記事の第２パラグラフに注目すれば，両者の主張の共通点がつかみやすいよ。

I hope the American government follows the Japanese example to support people engaging in lifelong learning outside of schools.

和訳 私はアメリカ政府が日本の例にならい，学校外での生涯学習に携わる人を支援することを望んでいる。

I totally agree with what Maria Ogden writes in her article. Leaning can lead to healthiness, and I especially think that applies well to elderly people. Learning new skills at later stages in life has several advantages.

和訳 マリア・オグデンが記事で書いていることにはまったく同感である。学習は健康につながり，それは高齢者に当てはまると私は特に思っている。老後に新しい技術を学習することにはいくつかの利点がある。

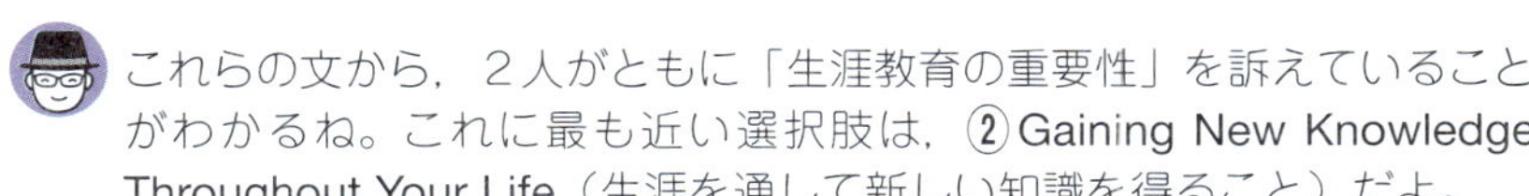

これらの文から，２人がともに「生涯教育の重要性」を訴えていることがわかるね。これに最も近い選択肢は，②Gaining New Knowledge Throughout Your Life（生涯を通して新しい知識を得ること）だよ。

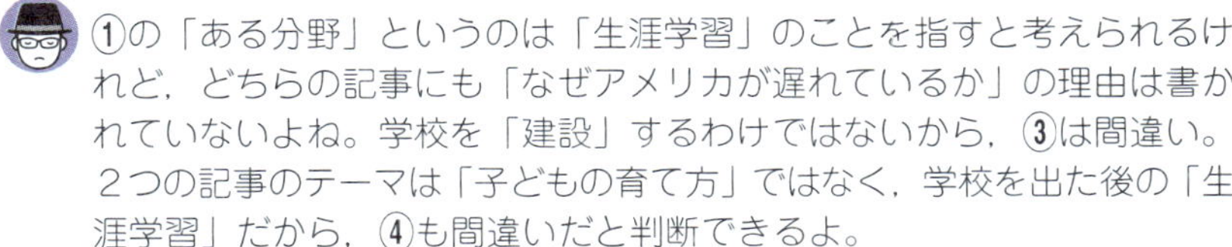

①の「ある分野」というのは「生涯学習」のことを指すと考えられるけれど，どちらの記事にも「なぜアメリカが遅れているか」の理由は書かれていないよね。学校を「建設」するわけではないから，③は間違い。２つの記事のテーマは「子どもの育て方」ではなく，学校を出た後の「生涯学習」だから，④も間違いだと判断できるよ。

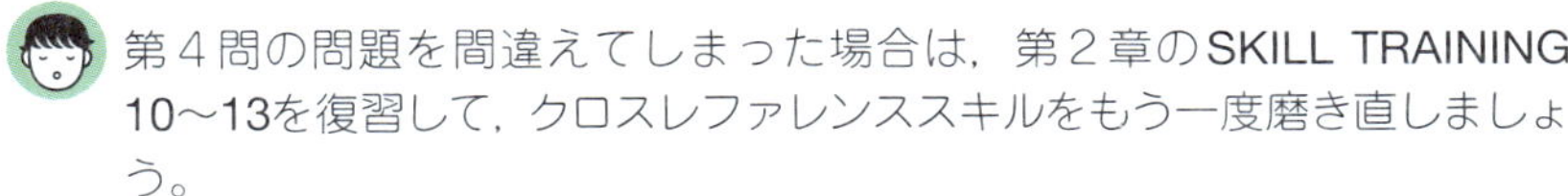

第４問の問題を間違えてしまった場合は，第２章のSKILL TRAINING 10〜13を復習して，クロスレファレンススキルをもう一度磨き直しましょう。

SECTION 6

第５問　解説

第５問 解答のポイント

（全訳＆語彙▶▶▶別冊pp.086〜089）

解答 28 :⑤　29 :④　30 :②　31 :③　32 :①
33 · 34 :④·⑥　35 :②　36 · 37 :①·⑤

問1 Members of your group listed important events in Blackwell's life. Put the events into the boxes 28 〜 32 in the order that they happened.
あなたのグループのメンバーがブラックウェルの人生の重要な出来事を一覧表にした。出来事を空所 28 〜 32 に起こった順番に入れなさい。

① Blackwell established some hospitals and schools
ブラックウェルはいくつかの病院と学校を設立した

② Blackwell was accepted by a medical college
ブラックウェルは医科大学に受け入れられた

③ Blackwell was assigned nursing jobs
ブラックウェルは看護師の仕事を割り当てられた

④ Blackwell started a teaching career for her family
ブラックウェルは家族のために教師の仕事を始めた

⑤ Blackwell moved to the United States with her family
ブラックウェルは家族と共にアメリカに移った

■ **The Life of Elizabeth Blackwell**
エリザベス・ブラックウェルの生涯

Period 年代	Events 出来事

1820s 1820年代	Blackwell spent her childhood in Bristol ブラックウェルはブリストルで子ども時代を過ごした
1830s 1830年代	28 ↓ 29
1840s and beyond 1840年代以降	30 ↓ 31 ↓ 32

Elizabeth Blackwell
エリザベス・ブラックウェル

第２章のSKILL TRAINING 15で学んだ時系列把握スキルを活用しよう。時間を表す表現に注意しながら英文を読み進め，選択肢を本文の内容と照らし合わせるのがコツだったね。年表を見ると，1830年代に起こった出来事が２つ，1840年代以降に起こった出来事が３つ空所になっているね。英文を読み進めながら，該当する年代が出てきたら，どんな出来事が起こったかをチェックしていこう。まずは第１パラグラフからだ。

Elizabeth Blackwell was the first woman who received a medical degree in the United States. Blackwell was born on February 3, 1821 in Bristol, England. In 1832, her family moved to the United States, settling in Cincinnati, Ohio. Shortly afterwards, her father, Samuel Blackwell died, leaving little money to the families. He was an anti-slavery activist and believed in the importance of female education. After his death, his children continued his activities and campaigned for abolishing slavery and supported women's rights. Blackwell then decided to take a teaching job to aid her family financially.

和訳 エリザベス・ブラックウェルはアメリカで医学学位を取得した最初の女性だった。ブラックウェルはイギリスのブリストルで1821年２月３日に生まれた。1832年に，家族はアメリカに移住し，オハイオ州シンシナティに居を定めた。その後間もなく，父のサミュエル・ブラックウェルが亡くなり，家族にはほとんどお金が残されなかった。彼は反奴隷制度の活動家であり，女性教育の重要性を信じていた。彼の死後，子どもたちは彼の活動を続け，奴隷制度廃止の推進運動に携わり，女性の権利を支援した。その後，ブラックウェルは家族を経済的に助けるため教職に就くことを決めた。

まずは第１パラグラフの第２文に登場する1821年という数字に注目。Blackwell was born on February 3, 1821 in Bristol, England.（ブラックウェルはイギリスのブリストルで1821年２月３日に生まれた）というこの文は，表のBlackwell spent her childhood in Bristol（ブラックウェルはブリストルで子ども時代を過ごした）に対応しているよね。問１で問われているのは1930年代以降の話だから，このあとに手がかりが書かれていそうだ。注意深く読んでいこう。

第３文の冒頭にあるIn 1932に注目。ここから1930年代の出来事に移っているよ。her family moved to the United States（家族はアメリカに移住した）という出来事は，選択肢でいうと⑤Blackwell moved to the United States with her family（ブラックウェルは家族と共にアメリカに移った）に該当するね。

第４文以降にも様々な出来事が書かれているけど，最終文に注目しよう。Blackwell then decided to take a teaching job to aid her family financially.（その後ブラックウェルは家族を経済的に助けるため教職に就くことを決めた）という出来事は，選択肢の④Blackwell started a teaching career for her family（ブラックウェルは家族のために教師の仕事を始めた）に該当するね。続いて第２パラグラフを読み進めよう。

During 19th century in the United States, the gender roles, especially those of middle-class people, were facing some changes. Thanks to the development of factories, women's time spent for spinning and weaving at home was decreasing. Many women then started working outside of their home to earn some money for their families. Mostly they worked at factories or worked as domestic servants, while some other women who had more professional skills worked as teachers or typewriters. Teaching was a well-accepted job for women. In spite of such social phenomena, Blackwell developed an interest towards in the medical field influenced by the words of her friend. Blackwell's dying friend suggested that she could have avoided experiencing the awkwardness of talking about her physical condition, if there were female doctors.

和訳 19世紀のアメリカでは，性別による役割分担，特に中産階級のそれはいくつかの変化に直面していた。工場の発展のおかげで，女性が家庭で糸紡ぎや機織りに費やしていた時間は減少していった。その結果，多くの女性が家族のためにお金を稼ぐため，家の外で働き始めた。たいてい，彼女らは工場で働いたり，家政婦として働いたりしたが，より専門的な技術を持ち教師やタイピストとして働く女性もいた。教職は女性のための広く認められている職業だった。そのような社会現象にもかかわらず，ブラックウェルは友人の言葉に影響を受け，医学の分野に関心を深めた。もし女性の医師がいたなら，自分の身体の状態について語るときに気まずい経験をせずにすんだのにというようなことを，ブラックウェルの友人が死ぬ間際に言ったのだった。

冒頭にDuring 19th centuryとあるとおり，第２パラグラフの前半は19世紀のアメリカにおける女性の職業に関する一般的な話が展開されているね。後半にはブラックウェルの身に起こった具体的な出来事が少しだけ出てくるけれど，該当する選択肢は見当たらないから，このパラグラフには問１の手がかりはないと判断しよう。第３パラグラフに移るよ。

Blackwell applied to many medical colleges but there was only one school which admitted her, Geneva Medical College in rural New York. This acceptance was the result of a joke. School staff asked for the students' opinions about female students entering their school, and taking his question as a joke, students said, "Yes." Her studies and a life facing discrimination had begun in 1847. Professors did not allow her to sit with the male students or enter some labs. Moreover, some townspeople in Geneva were really offended by Blackwell not following the stereotypical role of a female. However, she gradually earned respect from professors and fellow students, and she eventually received her degree and graduated at the top of her class.

和訳 ブラックウェルはいくつもの医科大学に出願したが，彼女の入学を認めたのはニューヨークの郊外にあるジュネーブ医科大学だけだった。この受け入れは冗談の結果であった。学校の職員は女性の学生が学校に入学することについて学生たちに意見を求めたのだが，学生たちはその質問を冗談だと思い，「賛成」と答えたのだ。彼女の勉強と，差別に直面する生活は1847年に始まった。彼女が他の男子学生と机を並べて座ったり，いくつかの実験室に入ったりすることを教授たちは許さなかった。さらに，ジュネーブの町の一部の人たちは，ブラックウェルが典型的な女性の役割分担に従わないことに非常に腹を立てていた。しかし，彼女は次第に教授や同級生から尊敬を集めるようになり，最終的には学位を取得し，クラストップの成績で卒業した。

第３パラグラフの出来事のうち，選択肢に関連しているのは第１文の Blackwell applied to many medical colleges but there was only one school which admitted her, Geneva Medical College in rural New York.（ブラックウェルは多くの医科大学に出願したが，彼女の入学を認めたのはニューヨークの郊外にあるジュネーブ医科大学だけだった）だ。これは，②の Blackwell was accepted by a medical college（ブラックウェルは医科大学に受け入れられた）に該当するよね。第４文の in 1847という部分から，ブラックウェルが医科大学に進んだのは表でいう1840年代のことだと確認できるね。残る空所は２つ。第４パラグラフに進もう。

After graduating, Blackwell gained some medical experience at hospitals in London and Paris where she was treated mostly as a nurse not as a doctor. As she was working, she realized that some male physicians forgot to wash their hands, which resulted in some infections. She started to set a goal to spread the importance of preventing diseases, and personal hygiene. In 1851, she returned to New York City. Unable to get a job in the hospitals there, she started a hospital with her sister, Emily Blackwell, who was studying to become a doctor and confronting discrimination. Their hospital mostly treated women and children and it provided positions for women physicians. Also, during the American Civil War, the Blackwell sisters trained nurses. Afterwards, in 1868 Blackwell opened a medical college in New York City. The following year, she left her sister in charge and returned to London.

和訳 卒業後，ブラックウェルはロンドンとパリの病院で医療の経験を積んだが，そこで彼女は主に医師でなく看護師として扱われた。働いていたとき，男性医師が手洗いを忘れ，そのことがいくつかの感染症をもたらしたことに彼女は気づいた。彼女は病気の予防と個人の衛生観念の重要性を広めることを目標にし始めた。1851年に，彼女はニューヨーク市に戻った。そこの病院では職を得られなかったため，彼女は妹のエミリー・ブラックウェルと一緒に病院を始めたが，妹も医師になるために勉強をしていて差別に直面していた。彼女たちの病院は主に女性と子どもを治療し，女性医師に仕事を提供した。また，南北戦争中には，ブラックウェル姉妹は看護師を養成した。その後1868年に，ブラックウェルはニューヨーク市に医科大学を開校した。翌年，彼女は妹にその管理を任せてロンドンに戻った。

第４パラグラフのうち，選択肢に絡むのは３箇所。第１文のshe was treated mostly as a nurse not as a doctor（彼女は主に医師でなく看護師として扱われた）は，③のBlackwell was assigned nursing jobs（ブラックウェルは看護師の仕事を割り当てられた）に該当する。第５文のshe started a hospital（彼女は病院を始めた）と第８文のBlackwell opened a medical college in New York City（ブラックウェルはニューヨーク市に医科大学を開校した）は，①のBlackwell established some hospitals and schools（ブラックウェルはいくつかの病院と学校を設立した）に該当しそうだ。念のため，最後の第５パラグラフも確認しよう。

In London, she continued contributing to society by establishing a medical school, and working as a lecturer. Throughout her life, she worked to make medical education available to more women and encouraged them to pursue medical careers. She surely cultivated the path for women in the medical field.

和訳 ロンドンで彼女は医学学校を設立し，講師として働きながら社会への貢献を続けた。生涯を通じ，彼女はより多くの女性が医学の教育を受けられるようにするために働き，彼女たちに医学のキャリアを追求するよう奨励した。彼女は確かに，医療分野で女性のための道を切り開いたのだ。

第１文のshe continued contributing to society by establishing a medical school（彼女は医学学校を設立し，社会への貢献を続けた）からも，やはり最後の選択肢は①で間違いないと判断できるよ。以上から，[28]～[32]に入る選択肢を時系列に並べると，⑤→④→②→③→①の順だ。

問２ Choose the best statement(s) to complete the poster. (**Choose two options.** The order does not matter.) [33]・[34]

ポスターを完成させるのに最もふさわしい記述を選びなさい。（選択肢を２つ選べ。順番は問わない）

① To cure warriors who were injured during the Civil War.
南北戦争中に負傷した兵士たちを治療すること

CHAPTER 3 共通テスト対策模試

② To provide female citizens in the United States with elementary educations
アメリカの女性市民に初等教育を提供すること

③ To save the life of her best friend with a new medicine
新薬で親友の命を救うこと

④ To give women the chance to receive a medical education and have a medical career
医学教育を受け, 医学のキャリアを積む機会を女性に与えること

⑤ To protest about the anti-slave movement to the government
奴隷反対運動について政府に抗議すること

⑥ To appeal for the importance of disease prevention and hygiene
疾病予防と衛生の重要性を訴えること

▶ Blackwell's aims as a physician: [33] [34]
ブラックウェルの医師としての目標: [33] [34]

本文の内容をポスターにまとめるポイント図表化スキルは，第２章のSKILL TRAINING 14で学習したよ。問２は「ブラックウェルの医師としての目標」が何であったかを問う設問。ブラックウェルは第３パラグラフで学校を卒業したのだから，医師になった後のことが書かれている第４パラグラフ以降に手がかりがありそうだね。「目標」や「目的」を表す表現に注意しながら，選択肢に該当する箇所を探そう。

まずは第４パラグラフの第３文 She started to set a goal to spread the importance of preventing diseases, and personal hygiene.（彼女は病気の予防と個人の衛生観念の重要性を広めることを目標にし始めた）に注目。set a goal（目標にする）という表現からも，この文がブラックウェルの目標を述べる文だということは明らかだよね。「病気の予防と個人の衛生観念の重要性を広める」という目標に該当する選択肢は，⑥の To appeal for the importance of disease prevention and hygiene（疾病予防と衛生の重要性を訴えること）だね。

さらに，第５パラグラフの第２文 Throughout her life, she worked to make medical education available to more women and encouraged them to pursue medical careers.（生涯を通じ，彼女はより多くの女

性が医学の教育を受けられるようにするために働き，彼女たちに医学のキャリアを追求するよう奨励した）に注目しよう。she worked to ...（彼女は〜するために働いた）と，「目的」を表す不定詞の副詞的用法が用いられているね。「より多くの女性が医学の教育を受けられるようにするために働き，彼女たちに医学のキャリアを追求するよう奨励した」という内容に最も近いのは，④のTo give women the chance to receive a medical education and have a medical career（医学教育を受け，医学のキャリアを積む機会を女性に与えること）だね。よって，問２の正解は④と⑥だよ。

問3 Which of the following is most likely to be the title of Elizabeth Blackwell's autobiography? 35

次のうち，エリザベス・ブラックウェルの自伝のタイトルである可能性が最も高いものはどれか。

① The Life with Researching Women's Body and Psychology
女性の身体と心理学を研究する生涯

② Pioneer Work in Opening the Medical Profession to Women
医療職の門戸を女性に開く先駆的な活動

③ Founding Geneva Medical College
ジュネーブ医科大学の設立

④ Claiming for Woman's Right to Vote
女性の選挙権を求めて

▶ Blackwell wrote an autobiography titled " 35 ."
ブラックウェルは「 35 」というタイトルの自伝を書いた。

設問に含まれるmost likely（最も可能性が高い）という表現から，本文に答えが直接書かれているわけではなく，本文を手がかりにして最もふさわしいタイトルを推測する問題だとわかるね。

ブラックウェルの生涯を追っていくと，彼女が様々な差別を乗り越えて医者となり，女性のために医学の道を開くことに人生を捧げた人物であると読み取れるね。これは第５パラグラフの第２～３文 Throughout her life, she worked to make medical education available to more women and encouraged them to pursue medical careers. She surely cultivated the path for women in the medical field.（生涯を通じ，彼女はより多くの女性が医学の教育を受けられるようにするために働き，彼女たちに医学のキャリアを追求するよう奨励した。彼女は確かに，医療分野で女性のための道を切り開いたのだ）からも明らかだ。ブラックウェルの自伝は彼女の人生や生き方について書かれたもののはずだから，そのタイトルとして最も ふさわしい選択肢は，②の Pioneer Work in Opening the Medical Profession to Women（医療職の門戸を女性に開く先駆的な活動）だと判断できるよ。

ブラックウェルが「女性の身体と心理学を研究した」という記述は本文にないから，①は間違い。③の「ジュネーブ医科大学」は第３パラグラフ第１文に登場するけれど，この大学はブラックウェルが設立したわけではなく，彼女を受け入れてくれた大学なので正しくないね。彼女が「女性の選挙権」に関与したという具体的な記述はないから，④も不適切だ。

問4 Choose the best statements to complete the poster. (**Choose two options.** The order does not matter.) [36]・[37]

ポスターを完成させるのに最もふさわしい記述を選びなさい。(選択肢を２つ選べ。順番は問わない)

① Women's work at home decreased due to the development of factories
工場の発展により，家庭内での女性の仕事が減少した

② Women started going to the college to receive the education degree
女性は教育学位を取得するために大学に行き始めた

③ Hospital divided buildings by gender when giving medication
病院は投薬治療を行うとき，性別により病棟を分けた

④ The number of female professors at college increased
女性の大学教授の数が増加した

⑤ Some women were engaged in some jobs outside of their home
家の外での仕事に従事する女性もいた

⑥ Women could choose whichever jobs they liked
女性は好きな職業を何でも選択できた

■ **About gender roles for women in the 19th century**
19世紀における女性の役割分担について

▶ A change in the lifestyle of women in a number of ways:
36 37
いくつかの点における女性のライフスタイルの変化: 36 37

「19世紀における女性のライフスタイルの変化」については，第2パラグラフの前半に書かれているよ。

During 19th century in the United States, the gender roles, especially those of middle-class people, were facing some changes. Thanks to the development of factories, women's time spent for spinning and weaving at home was decreasing. Many women then started working outside of their home to earn some money for their families. Mostly they worked at factories or worked as domestic servants, while some other women who had more professional skills worked as teachers or typewriters. Teaching was a well-accepted job for women.

和訳 19世紀のアメリカでは，性別による役割分担，特に中産階級のそれはいくつかの変化に直面していた。工場の発展のおかげで，女性が家庭で糸紡ぎや機織りに費やしていた時間は減少していった。その結果，多くの女性が家族のためにお金を稼ぐため，家の外で働き始めた。たいてい，彼女らは工場で働いたり，家政婦として働いたりしたが，より専門的な技術を持ち教師やタイピストとして働く女性もいた。教職は女性のための広く認められている職業だった。

第2～3文の記述に該当する，①のWomen's work at home decreased due to the development of factories（工場の発展により，家庭内での女性の仕事が減少した）と，⑤のSome women were engaged in some jobs outside of their home（家の外での仕事に従事する女性もいた）が正解だ。

CHAPTER 3 共通テスト対策模試

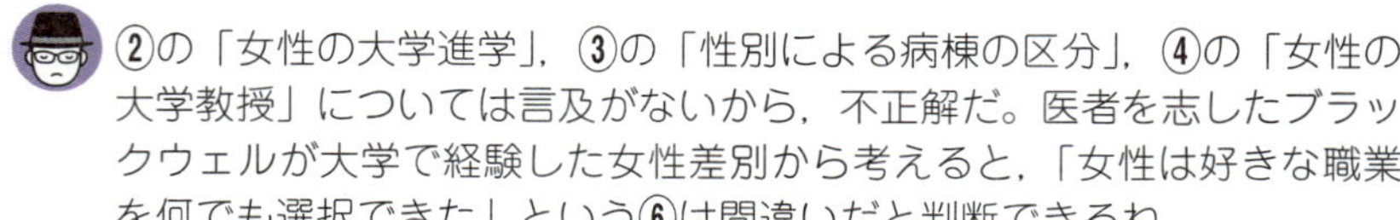

②の「女性の大学進学」，③の「性別による病棟の区分」，④の「女性の大学教授」については言及がないから，不正解だ。医者を志したブラックウェルが大学で経験した女性差別から考えると，「女性は好きな職業を何でも選択できた」という⑥は間違いだと判断できるね。

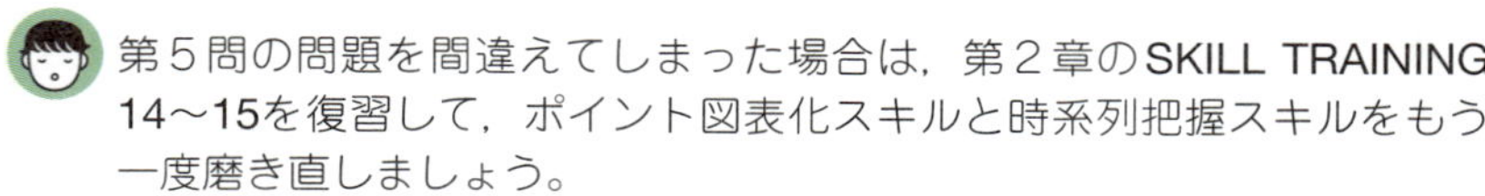

第５問の問題を間違えてしまった場合は，第２章のSKILL TRAINING 14～15を復習して，ポイント図表化スキルと時系列把握スキルをもう一度磨き直しましょう。

SECTION 7

第6問　解説

第6問A 解答のポイント

（全訳＆語彙▶▶▶別冊pp.090～092）

解答 38：④ 39：① 40：② 41：①

問1 According to the article, the recent change in Australia is that 38 .

記事によると，オーストラリアでの最近の変化とは 38 というものである。

① people who visit Uluru must sign an agreement not to touch it
ウルルを訪れる人はそれに触らないという同意書に署名しなくてはならない

② the number of visitors to Australia each year will be limited
オーストラリアへの年間訪問者数は制限される

③ tourists must no longer take pictures of a famous tourist attraction
観光客はもはや有名な観光名所の写真を撮ることはできない

④ visitors are now prohibited from climbing Uluru at any time
訪問者は現在いかなるときもウルルへの登山が禁止されている

設問中のthe recent change in Australia（オーストラリアでの最近の変化）というキーワードに注目して，本文から「変化」に当たる内容を探そう。第1パラグラフの第3～5文にある該当箇所に気がつけたかな？

For years, many people also climbed Uluru, enjoying the view from the top and the sense of accomplishment at climbing a world-famous landmark. However, the Australian authorities have recently closed the rock to any future climbs. This change represents years of negotiation around cultural sensitivity for Uluru, which is considered sacred by the aboriginal people of Australia.

和訳 長年の間，多くの人がウルルに登山もし，頂上からの景色や世界的に有名な名所に登頂する達成感を味わった。しかし，最近オーストラリア当局は，今後のこの岩での登山を禁止した。この変化は，ウルルに対する文化的感受性をめぐる長年の交渉の現れだが，それというのもウルルはオーストラリア先住民にとって神聖とみなされているからである。

recentlyやchangeといった，設問に関係がありそうな表現が使われているね。第5文のThis change（この変化）が具体的に何を指すかを考えてみよう。

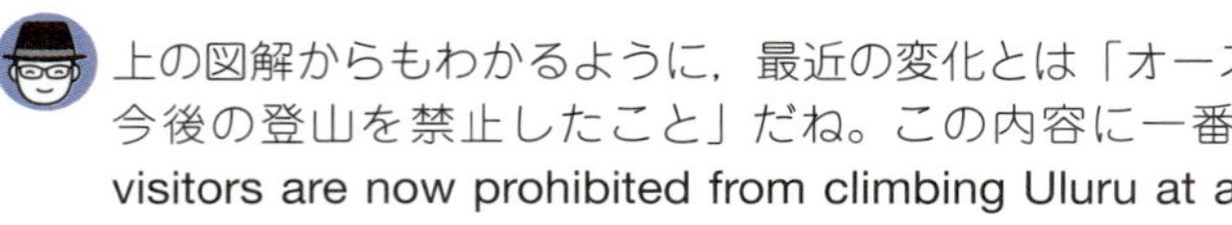

●長年の間…多くの人がウルルに登山した

↕ しかし（However）

●最近………オーストラリア当局は登山を禁止した（＝変化）

上の図解からもわかるように，最近の変化とは「オーストラリア当局が今後の登山を禁止したこと」だね。この内容に一番近い選択肢は④ visitors are now prohibited from climbing Uluru at any time（訪問者は現在いかなるときもウルルへの登山が禁止されている）だから，これが正解だ。

①の「同意書への署名」，②の「オーストラリアへの訪問者数の制限」，③の「写真撮影の禁止」については，どこにも述べられていないね。

問2 In paragraph [3], the sale of the land around Uluru to a private company is most likely mentioned to give an example of [39].

第3パラグラフで，ウルル周辺の土地の民間会社への売却は，[39]の例を示すために言及されている可能性が最も高い。

① a disrespect for Aboriginal Australians' customs
オーストラリア先住民の慣習に対する軽視

② a limited budget of the Australian government
オーストラリア政府の限られた予算

③ a rapid growth of population in the Australian outback
オーストラリアのアウトバックにおける人口の急増

④ a business capability of Anangu people
アナング族のビジネス手腕

第２章のSKILL TRAINING 17で学んだ意図推測スキルを活用しよう。まずは設問にあるとおり，第３パラグラフでthe sale of the land around Uluru to a private company（ウルル周辺の土地の民間会社への売却）について言及されている箇所を探そう。該当箇所は，第４文にあるよね。

Eventually, the government even sold the area to a private company, which named it Ayers Rock Resort, and the Anangu were encouraged to stay away from the area because they might affect the growth of tourism.

和訳 ついには，政府はその地域を民間会社に売却しさえし，その地域はエアーズロックリゾートと名付けられ，アナング族は観光事業の発展に影響を与える可能性があるとしてその地域から離れることを促された。

なぜ筆者が「民間会社への売却」という具体例を持ち出したのか，その意図を読み取るには，前後の文脈から推測するしかない。直前の第３文に注目。

At this time, non-Aboriginal Australians still had very little sensitivity or understanding of Aboriginal Australians' history and culture, and despite the Anangu's objections, more and more people began to climb the rock.

和訳 当時は先住民でないオーストラリア人は先住民の歴史や文化に対する感受性や理解がまだまるでなかったため，アナング族の反対にもかかわらず，ますます多くの人がその岩に登り始めた。

第３～４文の内容を考え合わせると，「先住民の歴史や文化に対する感受性や理解のなさ」が原因となって，「政府がその地域（＝ウルル）を民間会社に売却する」事態を招いた，ということが言えそうだ。つまり，筆者が「民間会社への売却」を話題にしているのは，その結果を招いた原因に目を向けさせるためだと推測できるよね。正解は① a disrespect for Aboriginal Australians' customs（オーストラリア先住民の慣習に対する軽視）だ。本文のhistory and cultureが，選択肢ではcustomsと言い換えられていることに注意しよう。

②の「政府の予算」，③の「人口の急増」，④の「アナング族のビジネス手腕」については，本文で述べられていなから間違いだよ。

問3 According to the article, since the 1985 agreement, fewer and fewer tourists to Uluru [40].

記事によると，1985年の協定以来，[40] ウルルへの観光客は減少している。

① go inside the park's property
公園の敷地内に入る

② choose to climb the rock
岩に登ることを選ぶ

③ try to learn about Aboriginal culture
先住民の文化について学ぼうとする

④ leave the trash they brought
持参したゴミを置き去りにする

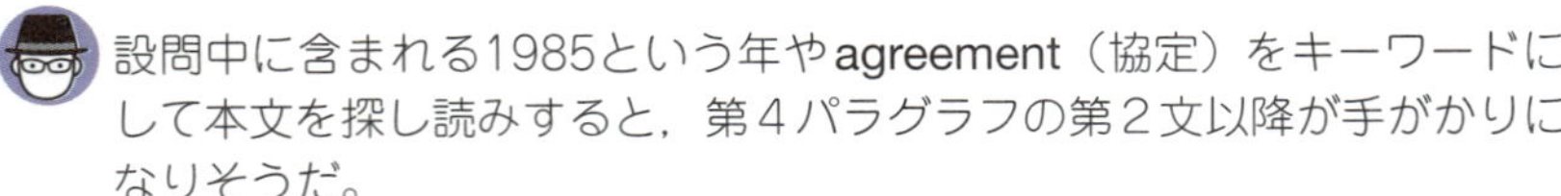
設問中に含まれる1985という年やagreement（協定）をキーワードにして本文を探し読みすると，第4パラグラフの第2文以降が手がかりになりそうだ。

As part of this, in 1985 the Anangu received the right to control Uluru and the land around it with the government's national parks administrator, Parks Australia. Despite this, Parks Australia still wanted climbing the rock to remain legal because it was the basis of tourism there. Nevertheless, the agreement gave the Anangu more freedom to discourage people from doing so. This included putting signs around the base of the rock asking that visitors respect the Anangu's culture by choosing not to climb Uluru.

和訳 この一環として1985年, アナング族は, 国立公園を管理する政府機関であるパークス・オーストラリアと共に, ウルルとその周辺地域を管理する権利を取得した。それにもかかわらずパークス・オーストラリアは, 地域の観光の土台であるという理由で, その岩への登山が合法であり続けることを望んだ。しかしこの協定は, 人々にそうさせないようにするためのより多くの自由をアナング族に与えた。訪れる人々がウルルに登らない選択をすることでアナング族の文化を尊重するように要望する看板を岩のふもと近くに掲げるというのもその1つであった。

まずは第2文から，1985年の協定の中身が「アナング族が，政府機関であるパークス・オーストラリアと共に，ウルルとその周辺地域を管理する権利を取得する」というものだとわかる。第4文の主語になっているthe agreementが指すのも，この協定のことだね。そしてこの協定には「人々に登山させないようにするための自由をアナング族に与えること」,「訪れる人々がウルルに登らないように要望する看板を立てること」が含まれていたことが第4～5文からわかる。この結果として，ウルルに登山する人の数が減少していったことが第5パラグラフに書かれているね。これらの本文の内容と合致するように 40 の空所を埋めるには，②choose to climb the rock（岩に登ることを選んでいる）を選んで,「1985年の協定以来，岩に登ることを選ぶウルルへの観光客は減少している」とすればいいね。

①のように「公園の敷地内に入る観光客」や，④の「ゴミを置き去りにする観光客」が少なくなっているという話はどこにも書かれていないから不適切だ。③を選ぶと「アボリジニ文化について学ぼうとするウルルへの観光客は減少している」という文になってしまうけれど，これは第6パラグラフの最終文と矛盾するから間違いだと判断できるよ。

問4 Which of the following statements best summarizes the article? 41

次の記述のうち, 記事を最もよく要約しているものはどれか。

① After years of negotiations with the Australian government, the Anangu people finally regained control of the ancient land.

オーストラリア政府との長年の交渉の末, アナング族の人々はついに古来の土地の支配権を取り戻した。

② Although Uluru belongs to the Anangu people again, they are likely to allow visitors to climb it.
ウルルはアナング族の人々に再び帰属しているが，彼らは訪問者の登山を認めそうである。

③ Uluru's fame as a landmark has encouraged more non-Aboriginal Australians to settle near it.
名所としてのウルルの名声は，より多くの先住民でないオーストラリア人が近くに定住するのを促進した。

④ A fall in the number of visitors to Uluru convinced the government to return the area to the Anangu people.
ウルルへの訪問者数の減少が，政府にその地域をアナング族に返却することを納得させた。

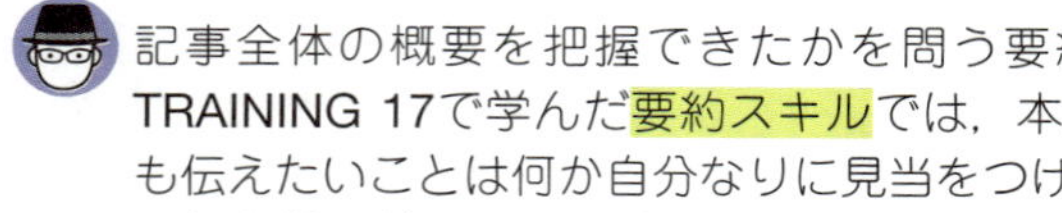

記事全体の概要を把握できたかを問う要約問題だ。第２章のSKILL TRAINING 17で学んだ要約スキルでは，本文をすべて読み，筆者が最も伝えたいことは何か自分なりに見当をつけてから，選択肢を精読することを学んだよね。まずはそれぞれのパラグラフの重要箇所を抜き出して，さくっと要点を確認してみよう。

[1] For years, many people also climbed Uluru, enjoying the view from the top and the sense of accomplishment at climbing a world-famous landmark. However, the Australian authorities have recently closed the rock to any future climbs.

和訳 長年の間，多くの人がウルルに登山もし，頂上からの景色や世界的に有名な名所に登頂する達成感を味わった。しかし，最近オーストラリア当局は，今後のこの岩での登山を禁止した。

[2] It is now widely known that Uluru carries great spiritual and cultural significance for Aboriginal Australians, specifically for the Anangu people.

和訳 ウルルがオーストラリア先住民，特にアナング族にとって，精神的かつ文化的に非常に重要な意味を持っていることは今や広く知られている。

[3] ... the government even sold the area to a private company, which named it Ayers Rock Resort, and the Anangu were

encouraged to stay away from the area because they might affect the growth of tourism.

和訳 政府はその地域を民間会社に売却しさえし，その地域はエアーズロックリゾートと名付けられ，アナング族は観光事業の発展に影響を与える可能性があるとしてその地域から離れることを促された。

[4]　In the 1970s and 80s, however, the Australian government began to officially recognize Aboriginal Australians' rights to their traditional lands around the country.

和訳 しかしながら1970年代と1980年代に，オーストラリア政府は国中にあるオーストラリア先住民の伝統的な土地に対する彼らの権利を公式に認め始めた。

[5]　In the past, most people who visited the rock wanted to climb it. However, as cultural awareness among visitors grew, fewer and fewer visitors did so.

和訳 過去には岩を訪れるほとんどの人がそれに登ることを望んだ。しかし，訪問者の間で文化的意識が高まるにつれ，そのような訪問者はだんだん減少した。

[6]　For the Anangu elders, this represented the end of a long journey to gain respect for their ancient lands.

和訳 アナング族の長老たちにとって，これは古来の土地に対する敬意を勝ち取る長い旅の終わりを意味した。

各段落の要点をさらに短く要約してみると，次のようになるよ。

POINT

オーストラリアの先住民アナング族にとって精神的・文化的に非常に重要な意味を持っているウルルは，一時期は民間会社に売却され，アナング族はその地域を離れるように促されたが，1970年代以降，政府が先住民の伝統的な土地に対する権利を認めるようになると，観光目的で登山する人も減少し，アナング族は古来の土地に対する敬意を勝ち取ることができた。

この要約をヒントにして選択肢を選ぼう。①の After years of negotiations with the Australian government, the Anangu people finally regained

control of the ancient land.（オーストラリア政府との長年の交渉の末，アナング族の人々はついに古来の土地の支配権を取り戻した）が要点に一番近そうだね。長い論説文の要点をまとめた要約問題の選択肢は，英文的にも長く複雑なことが予想されるから，他の選択肢が間違いであることをきちんと確認しておこう。

②は前半の「ウルルはアナング族の人々に再び帰属している」という部分は正しいけれど，後半の「訪問者の登山を認めそうである」という記述は本文にないから間違いだ。③のような「先住民でないオーストラリア人がウルルに定住した」という話は，どこにも書かれていないね。④の「ウルルへの訪問者数の減少」についてはどこにも書かれていないから間違いだ。以上から，正解は①で確定できるよ。

第6問Aの問題を間違えてしまった場合は，第2章のSKILL TRAINING 17を復習して，意図推測スキルと要約スキルをもう一度磨き直しましょう。

第6問B 解答のポイント （全訳＆語彙▶▶▶別冊pp.093～096）

解答 42：② 43：③ 44・45：①・④ 46：④

問1 Northeastern and midwestern states in the United States started to be called the Rust Belt because of 42 .

アメリカの東北部や中西部の州は 42 のせいで，ラストベルトと呼ばれ始めた。

① the famous products which were produced in the area
その地域で製造された有名な製品

② the large number of factories that were no longer operating
もはや稼働していない多数の工場

③ the economic success of the companies situated in the area
その地域に位置する企業の経済的成功

④ the high labor costs and the shortage in the number of workers
高い人件費と労働者数の不足

第２章のSKILL TRAINING 18で学んだ**因果関係解明スキル**を思い出そう。問１の設問ではbecause of（〜のために）という原因を表す表現が使われている。つまり，「アメリカの東北部や中西部の州がラストベルトと呼ばれるようになった」というのが「結果」で，その「結果」をもたらした「原因」を選ぶ問題ということだね。Northeastern and midwestern statesやRust Beltなどのキーワードを探しながら英文を読むと，第１パラグラフの第５文に目が止まるはずだ。

> During the same time, as the manufacturing industries and populations of the northeastern and midwestern states experienced a decline, these areas became known as the Rust Belt, **an unfavorable name referring to its many unused factories**.
>
> 和訳 同時期，東北部や中西部のいくつかの州が製造業と人口の落ち込みを経験すると，これらの地域はラストベルトとして知られるようになったが，これは数多くの**使われていない工場を意味する好ましくない名であった**。

rust（錆（さび））という単語の意味がわからなくても大丈夫。やや難しい語句が使われているときは，後ろに説明があるはずだったよね。ここでもその法則が当てはまるよ。ラストベルトという名前の由来がmany unused factories（数多くの使われていない工場）にあることさえ読み取れれば，正解は②the large number of factories that were no longer operating（もはや稼働していない多数の工場）だと判断できるね。

①の「有名な製品」や④の「高い人件費と労働者数の不足」については言及されていないから間違いだ。③の「経済的成功」については第２パラグラフで述べられているけれど，これは工場が稼動していた頃の話であって，ラストベルトという名前の由来になったというような記述は見当たらないね。

問２ Out of the following four graphs, which illustrates the situation the best? 43

次の４つのグラフのうち，状況を最もよく表しているものはどれか。

①

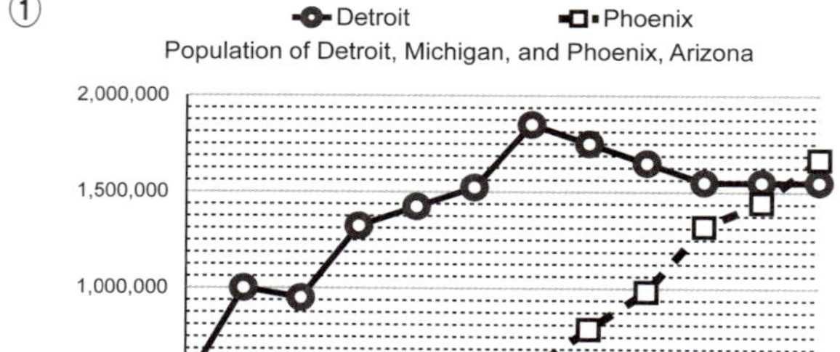
Detroit
Phoenix
Population of Detroit, Michigan, and Phoenix, Arizona
2,000,000
1,500,000
1,000,000
500,000
0

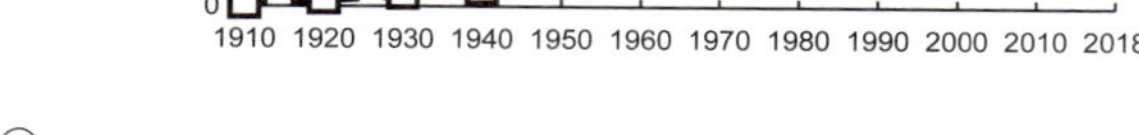
1910 1920 1930 1940 1950 1960 1970 1980 1990 2000 2010 2018

②

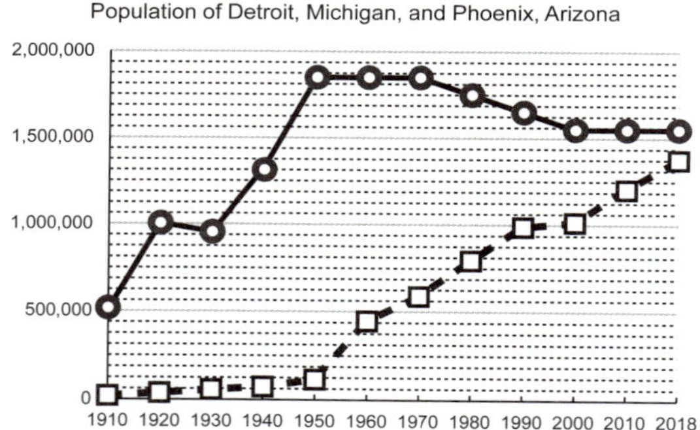
Detroit
Phoenix
Population of Detroit, Michigan, and Phoenix, Arizona
2,000,000
1,500,000
1,000,000
500,000
0
1910 1920 1930 1940 1950 1960 1970 1980 1990 2000 2010 2018

③

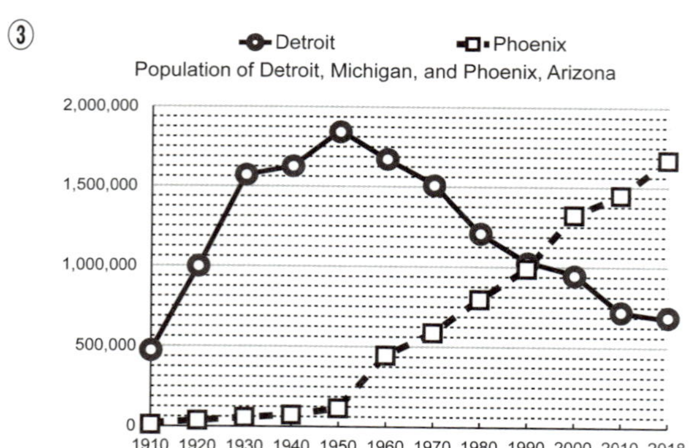
Detroit
Phoenix
Population of Detroit, Michigan, and Phoenix, Arizona
2,000,000
1,500,000
1,000,000
500,000
0
1910 1920 1930 1940 1950 1960 1970 1980 1990 2000 2010 2018

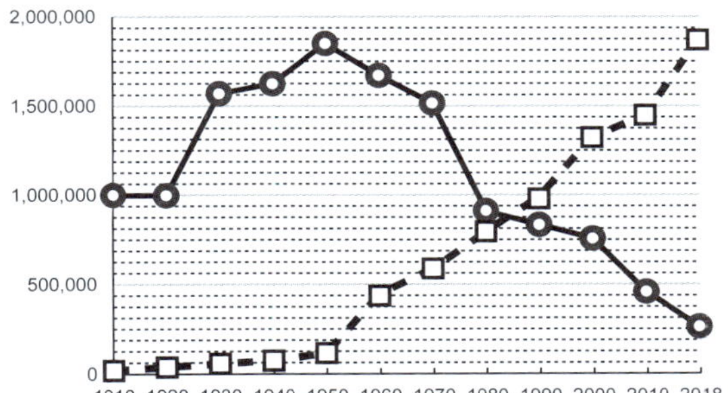

第３章のSKILL TRAINING 18で学んだグラフ照合スキルを活用する問題だ。まずは選択肢のグラフをさっと眺めて，どのような情報を本文から探せばよいかを割り出そう。Population of Detroit, Michigan, and Phoenix, Arizonaというタイトルから，ミシガン州デトロイトとアリゾナ州フェニックスの２つの都市における人口の推移を示すグラフだとわかるね。縦軸は人口，横軸は年代だから，時間を表す表現に注意しながら，２つの都市の人口増減を追っていこう。これらの都市が登場するのは第２パラグラフだ。具体的な年や人口について言及されている第２文から，詳しく見ていこう。

Between 1910 and 1920, Detroit's population doubled to nearly 1,000,000.

和訳 1910年から1920年の間，デトロイトの人口は1,000,000人近くまで倍増した。

「1910～1920年の間に100万人近くまで倍増した」ということはつまり，1910年には50万人程度だったということ。①，②，③のグラフはこの文に当てはまるけど，人口が倍増していない④は不適切だとわかるね。

Over the next thirty years, as its automobile industry boomed, Detroit's population doubled again.

和訳 その後の30年間にわたって，自動車産業が景気づいたため，デトロイトの人口は再度倍増した。

「その後の30年間で人口が再度倍増した」ということはつまり，1920〜1950年で人口は100万人から倍の200万人まで増えたということ。1950年の段階で人口が150万人程度に留まっている①は不適切だ。この時点で残っているグラフは②と③だね。

When its population peaked in 1950, Detroit had become the forth largest city in the country.

和訳 1950年に人口のピークを迎えたとき，デトロイトは国内で４番目の大都市となっていた。

デトロイトの人口は「1950年にピークを迎えた」ことがわかるけど，②と③どちらのグラフも1950年がピークになっているから，この情報からは選択肢を絞れない。

This was followed, however, by decades of migration away from the city as people sought work elsewhere. Nearly seventy years later, its population has returned to under 1,000,000.

和訳 しかしその後，人々は他所に仕事を求めたため，数十年間，市からの移住が続いた。およそ70年後，市の人口は再び1,000,000人以下となった。

「およそ70年後，市の人口は再び100万人以下となった」ということはつまり，1950年から約70年後の2018年の時点で100万人以下になったということ。これに当てはまるグラフは③だけだから，これが正解だ。第２パラグラフの最終文ではフェニックスに言及されているから，③のグラフが当てはまるかどうかを念のため確認しておこう。

In contrast, the Sun Belt city of Phoenix saw its population grow to more than twice that of Detroit over the same period.

和訳 対照的に，サンベルトにあるフェニックスは同時期にデトロイトの２倍以上の人口にまで増加した。

③のグラフの2018年の人口を見ると，確かにフェニックスの人口がデトロイトの２倍以上になっているから，正解は③で確定だね。

問3 According to the article, which two of the following tell us about the current situation the best? (**Choose two options**. The order does not matter.) [44]・[45]

記事によると，現在の状況を最もよく示しているのは次のうちどの2つか。(選択肢を2つ選べ。順番は問わない)

① Climate change seems to affect some people's relocating.
気候変動が人々の移住に影響するようだ。

② Most coastal cities are already beginning to decline in population.
沿岸の都市のほとんどではすでに人口減少が始まっている。

③ People are refusing to relocate to colder northeastern locations.
人々はより寒い北東部に移住することを拒否している。

④ Some cities in the Rust Belt are considered attractive to migrants.
ラストベルトの都市のいくつかは移住者にとって魅力的に思われている。

⑤ Studies show that climate change is unlikely to cause population migration.
気候変動は人口移動を引き起こす可能性が低いことを研究が示している。

the current situationつまり「現在の状況」がどうなっているかを問う設問だ。第３パラグラフのNowという書き出しに注目すると，このパラグラフで現在のことが書かれていると推測できるよ。また，第１～２パラグラフの英文の多くが過去形で書かれていたのに対して，第３～４パラグラフの英文の多くは現在形になっていることに気づいたかな？これら第３～４パラグラフの内容と，それぞれの選択肢を１つずつ照らし合わせていこう。

①については，記事の結論部に当たる第４パラグラフの最終文を確認しよう。After several difficult decades, the changing climate is now expected to cause the next great migration of people in the United States.（困難な数十年の後，気候変動はアメリカで次の住民大移動を引き起こすと見込まれている）ということから，気候変動が人々の移動に影響するという予想は正しいものだと考えられるね。よって①は正解の１つだ。

②については，第３パラグラフの第２文With rising sea levels, southern coastal populations may be threatened.（海面上昇のため，南部沿岸の住民が脅かされる可能性がある）が該当箇所だ。でも，この文は助動詞のmay（～かもしれない）を使って可能性を述べているだけで，「すでに人口減少が始まっている」というような現状を述べるものではないから，②は不適切だ。

③については，第３パラグラフの第３文some people are choosing to migrate north already（一部の人々がすでに北に移住することを選択している）と矛盾してしまうから不適切。

④については，第４パラグラフの第１文The Rust Belt city of Duluth, Minnesota is one of the cities that scientists predict will grow in the future from migration due to climate change.（ラストベルトにあるミネソタ州のダルースは，気候変動による移住のため将来成長するだろうと科学者が予測している都市の１つだ）や，第５文Other Rust Belt cities that lost their populations when their industries declined are also beginning to attract climate migrants.（産業衰退時に人口を失ったラストベルトの他の都市も気候に起因する移住者を引き付け始めている）を考え合わせると，正解だと判断できるよ。

念のため残っている選択肢⑤も確認しよう。この選択肢の内容は第４パラグラフの最終文と矛盾するから間違いだね。以上から，問３の答えは①と④で確定だ。

問4 The best title for this article is [46].
この記事に最もふさわしいタイトルは [46] である。

① Americans Continue to Go South
南下を続けるアメリカ人

② Learning to Live with Colder Weather
寒い気候とともに生活することを学ぶ

③ Rust Belt Cities See Further Decline
ラストベルト都市はさらなる衰退に遭遇する

④ Will Americans Be on the Move Again?
アメリカ人は再度移動するのか？

第２章のSKILL TRAINING 18で学んだとおり，記事にタイトルをつける問題のコツは，全体の概要を押さえた上で「本文全体の要旨を簡潔に表しているタイトルを選ぶ」ことだったよね。まずは記事全体の要点をざっくり振り返ろう。

POINT

【第１パラグラフ】
アメリカには南部のサンベルト，東北部や中西部のラストベルトと呼ばれる地域がある

【第２パラグラフ】
北部にあるデトロイトは，20世紀初頭から大きな人口の浮き沈みを経験した

【第３パラグラフ】
人口の減少が続いたラストベルトだが，現在では気候変動による人口増加が見込まれている

【第４パラグラフ】
ラストベルトの都市が移住を招くと考えられる具体的な理由と，起きるかもしれない次の住民大移動

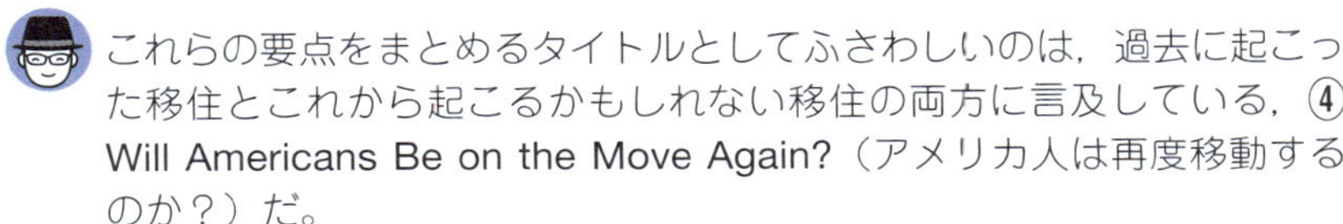

これらの要点をまとめるタイトルとしてふさわしいのは，過去に起こった移住とこれから起こるかもしれない移住の両方に言及している，④ Will Americans Be on the Move Again?（アメリカ人は再度移動するのか？）だ。

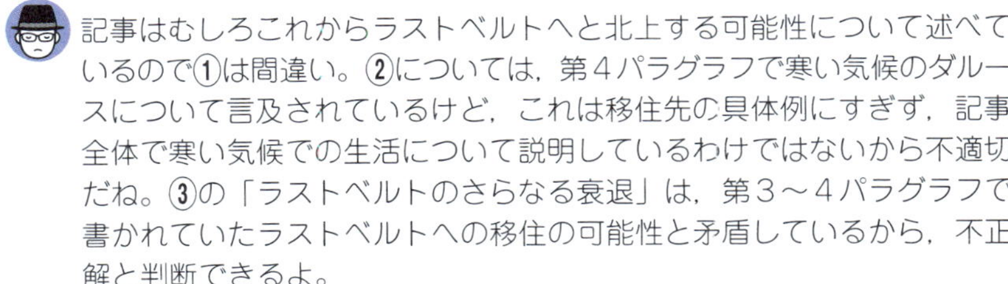

記事はむしろこれからラストベルトへと北上する可能性について述べているので①は間違い。②については，第４パラグラフで寒い気候のダルースについて言及されているけど，これは移住先の具体例にすぎず，記事全体で寒い気候での生活について説明しているわけではないから不適切だね。③の「ラストベルトのさらなる衰退」は，第３～４パラグラフで書かれていたラストベルトへの移住の可能性と矛盾しているから，不正解と判断できるよ。

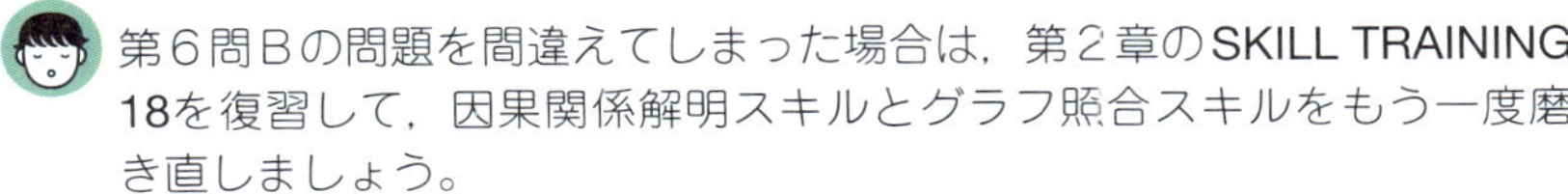

第６問Ｂの問題を間違えてしまった場合は，第２章のSKILL TRAINING 18を復習して，因果関係解明スキルとグラフ照合スキルをもう一度磨き直しましょう。

［著者］

福崎 伍郎　Fukuzaki Goro

香川県生まれ，京都大学卒業。駿台予備学校，河合塾，東進ハイスクールを経て，現在，代々木ゼミナール教育総合研究所主幹研究員。基本を大切にし，ゼロからでも無理なく実力をアップさせる授業や参考書は，全国の受験生の間で人気を博している。「どんな問題にも通用する本物の実力を，すべての受験生に！」をモットーに書き上げた本書は，共通テスト対策の決定版。

緒方 孝　Ogata Takashi

島根県隠岐郡生まれ。島根英語エキスパート教員。英検1級，TOEICスコア990取得。入試指導，英検，GTEC指導，洋楽歌唱指導，洋画学習指導，スピーチコンテスト指導(自身も全国大会出場)等，指導の引き出しの多さが強み。試験の性質と傾向を見切った上で作成する対策教材には定評がある。英語資格検定対策問題集，私立高校入試問題等執筆実績あり。

きめる！　共通テスト　英語リーディング

staff

カバーデザイン	野条友史（BALCOLONY.）
本文デザイン	宮嶋章文
本文イラスト	大津萌乃
編集協力	株式会社 メディアビーコン
校正	岡悦子，Malcolm Hendricks
データ制作	株式会社　四国写研
印刷所	株式会社 リーブルテック
編集担当	清水雄輔

読者アンケートご協力のお願い

※アンケートは予告なく終了する場合がございます。

この度は弊社商品をお買い上げいただき、誠にありがとうございます。本書に関するアンケートにご協力ください。右のQRコードから、アンケートフォームにアクセスすることができます。ご協力いただいた方のなかから抽選でギフト券（500円分）をプレゼントさせていただきます。

アンケート番号：305106

Gakken

ER

きめる! KIMERU SERIES

［別冊］

英語リーディング English Reading

全訳＆語彙ハンドブック

この別冊は取り外せます。矢印の方向にゆっくり引っぱってください。→

全訳＆語彙ハンドブック

CHAPTER 1

プレテストの問題を解いてみよう

第1問A　全訳＆語注

和訳

あなたは英語部の部員です。部員の一人であるマレーシア出身のヤスミンのために送別会を開く予定です。外国語指導助手（ALT）で部の顧問でもあるアメリアからメモを受け取りました。

> 英語部の皆さんへ
> 　ヤスミンのための英語部による送別会をいつ行うかをそろそろ決めるときです。彼女は12月15日に日本を離れるので，部員は来週のどこかで集まった方がいいでしょう。パーティに来るのに都合のいいのがどの日かをヤスミンに聞いて，私に知らせてくれませんか。パーティの日が決まったら，いくつか素敵なサプライズを計画して皆さんのお手伝いをします。それから，他の生徒たちを招待してもいいでしょうか。この6カ月間，ヤスミンとテニスをしてとても楽しく過ごしたのでパーティに参加したがっているテニス部の部員を何人か知っているのです。
>
> それでは
> アメリア

問1　先生はあなたたちに，ヤスミンに［　1　］を尋ねてほしいと思っている。

① 彼女がパーティで何を食べたいか
② 彼女がいつパーティに出席できるか
③ 彼女がどこでパーティをしたいか
④ 彼女が誰をパーティに招待したいか

問2　先生は［　2　］も招待したいと思っている。

① 英語部に所属していない少数の生徒
② 英語部とテニス部のすべての部員
③ ヤスミンを教えている他の英語の先生たちの何人か
④ マレーシアに留学したいと思っている生徒たち

本文の語注

- □ farewell party　送別会
- □ advisor　名 顧問
- □ convenient　形 都合のいい
- □ assistant　名 助手
- □ It's about time ～　そろそろ～するときです
- □ take part　参加する

設問・選択肢の語注

- □ would like to *do*　～したいと思う
- □ belong to ～　～に所属する
- □ attend　動 ～に出席する
- □ study abroad　留学する

第１問B　全訳＆語注

和訳

あなたは自分の住む町の英語のウェブサイトにアクセスして，面白そうな告知を見つけました。

参加者募集：姉妹都市若者ミーティング
「共生を学ぶ」

ドイツ，セネガル，メキシコにある私たちの町の３つの姉妹都市が，次の３月にそれぞれ15歳から18歳までの若者10人を派遣してきます。「共生を学ぶ」という８日間の若者ミーティングが開かれることになっています。私たちがお招きした方々にとって初めての日本訪問となります。

参加者を探しています：町内の高校の生徒30人からなるホストチーム，町を訪れる若者たちのための30のホームステイ・ファミリー，イベントを運営するための20人のスタッフが必要です。

プログラムのスケジュール

3月20日	オリエンテーション，歓迎パーティ
3月21日	４カ国混合の少人数グループでの観光
3月22日	伝統的な舞踊についての２つのプレゼンテーション (1)セネガルの学生　(2)日本の学生
3月23日	伝統的な食べ物についての２つのプレゼンテーション (1)メキシコの学生　(2)日本の学生
3月24日	伝統的な衣装についての２つのプレゼンテーション (1)ドイツの学生　(2)日本の学生
3月25日	４カ国混合の少人数グループでの観光
3月26日	ホストファミリーとの自由時間
3月27日	お別れパーティ

●パーティとプレゼンテーションはコミュニティセンターで行われます。
●ミーティングで使用される言語は英語となります。訪れる皆さんは英語を母国語とする人たちではありませんが，基本的な英語のスキルの持ち主です。

登録するには，12月20日午後5時までにこちらをクリックしてください。

▶▶町役場国際業務課

問1 この告知の目的は, 主催側の町から [3] 人を見つけることである。

① 活動のスケジュールを決める
② イベントに参加する
③ 姉妹都市のすべてを訪問する
④ ミーティングについてのレポートを書く

問2 ミーティング期間中, 学生たちは [4] 予定である。

① 地球規模の問題について討論する
② 自国の文化についてプレゼンテーションをする
③ 大部分の時間を観光をして過ごす
④ 言語を教えるために地域の高校を訪れる

問3 すべての学生が [5] ので, ミーティングは良いコミュニケーションの機会になるだろう。

① 様々な年齢からなるグループに分けられる
② 日本語と英語のレッスンを受ける
③ お互いに英語で話す
④ 3つの姉妹都市出身の家族のところに滞在する

☑ 本文の語注

- □ website 名 ウェブサイト
- □ participant 名 参加者
- □ youth 名 若者
- □ participate 動 参加する
- □ staff member スタッフ
- □ schedule 名 スケジュール
- □ sightseeing 名 観光
- □ presentation 名 プレゼンテーション
- □ clothing 名 衣装, 衣類
- □ community center コミュニティセンター
- □ non-native speaker 母国語としない人
- □ skill 名 スキル, 技術
- □ click 動 クリックする, カチッと音をたてる
- □ town hall 町役場
- □ call for ～ ～を募集する, 必要とする
- □ sister-city 名 姉妹都市
- □ guest 名 招待客
- □ host 名 ホスト, 主催
- □ manage 動 ～を運営する
- □ orientation 名 オリエンテーション
- □ mixed 形 混合の
- □ traditional 形 伝統的な
- □ farewell party お別れパーティ
- □ visitor 名 訪問者, 訪れる人
- □ basic 形 基本的な
- □ register 動 登録する
- □ International Affairs Division 国際業務課

☑ 設問・選択肢の語注

- □ take part in ～ ～に参加する
- □ global 形 地球規模の, 世界的な
- □ communication 名 コミュニケーション
- □ be divided into ～ ～に分けられる
- □ discussion 名 討論
- □ issue 名 問題
- □ opportunity 名 機会
- □ one another お互いに

第2問A　全訳&語注

和訳

あなたは学校の料理部の部員で，いつもと違った料理を作りたいと思っています。ウェブサイトでおいしそうな料理のレシピを見つけました。

簡単なオーブン料理のレシピ

ここでご紹介するのは，私たちのウェブサイトで上位10位に評価されたオーブンを使う焼き料理の1つです。この料理はヘルシーで満足のいくものになるでしょう。

ミート・ポテトパイ

材料（約4人分）

A　タマネギ…1個　ニンジン…2本　牛ひき肉…500 g
　小麦粉…スプーン2杯　トマトペースト…スプーン1杯
　ウスターソース…スプーン1杯
　植物油…スプーン1杯　だし汁…カップ2杯　塩・コショウ

B　ゆでたジャガイモ…3個　バター…40 g

C　スライスチーズ

作り方

ステップ1：Aを作る

1. 野菜をみじん切りにして油を熱し，5分間炒める。
2. 肉を加え，色が変わるまで炒める。
3. 小麦粉を加え，2分間かき混ぜる。
4. だし汁とウスターソースとトマトペーストを加える。約30分間加熱調理する。
5. 塩・コショウで味つけする。

ステップ2：Bを作る

1. その間に，ジャガイモを薄くスライスする。
2. フライパンを熱してバターを溶かす。ジャガイモを加え，3分間炒める。

ステップ3：A, B, Cを合わせて焼く

1. オーブンを200度に温める。
2. Aをオーブン用の耐熱皿に入れてBで覆い，その上にCをかける。
3. 10分間焼く。熱いうちに出す。

レビューとコメント

cooking@master 2018年1月15日 15:14
これは本当においしい！　雪の日には最高。

Seaside Kitchen 2018年2月3日 10:03
うちの子どもたちは，この料理が大好きです。作るのは全然難しくないし，子どもたちにこれまで何度も作ってあげました。

問1　このレシピは，あなたが［ 6 ］ことを望むなら，ちょうどよいだろう。

① 昼食に鶏肉を料理する
② 甘いものを食べる
③ 寒い日に温かい料理を楽しむ

④ 火を使わずに手早く料理を作る

問2 作り方に従えば, この料理は約 [7] で食べられるようになるはずだ。

① 30分
② 1時間
③ 20分
④ 2時間から3時間

問3 [8] ので, 生のニンジンが好きではない人でも, この料理は食べるかもしれない。

① ニンジンが使われていない
② いろいろな種類のスパイスが使われている
③ ニンジンに火を通して調理してある
④ ニンジンがとても新鮮である

問4 ウェブサイトによると, このレシピに関する<u>事実</u>(意見ではない)は, [9] ということである。

① ウェブサイトで高く順位が付けられている
② ベジタリアン(菜食主義者)向けに作られている
③ パーティに持っていくのに最適である
④ とてもおいしい

問5 ウェブサイトによると, このレシピに関する<u>意見</u>(事実ではない)は, [10] ということである。

① ある親がこの料理を何度も作った
② 作るのが簡単だ
③ 友達と一緒に作るのが楽しい
④ レシピを作ったのが有名な料理人だ

☑ 本文の語注

□ website	名 ウェブサイト	□ recipe	名 レシピ
□ oven	名 オーブン	□ oven-baked	オーブンで焼いた
□ satisfying	形 満足させるような	□ ingredient	名 材料
□ minced beef	牛ひき肉	□ flour	名 小麦粉
□ paste	名 ペースト	□ Worcestershire sauce	ウスターソース
□ vegetable oil	植物油	□ soup stock	だし汁
□ boiled	形 ゆでた	□ instructions	作り方, 指示
□ stir	動 かき混ぜる	□ season	動 味つけをする
□ meanwhile	副 その間に	□ pan	名 フライパン
□ melt	動 〜を溶かす	□ put 〜 together	〜を合わせる
□ put A into B	AをBに入れる	□ baking dish	耐熱皿
□ review	名 レビュー	□ snowy day	雪の日

☑ 設問・選択肢の語注

□ raw	形 生の	□ spice	名 スパイス
□ according to 〜	〜によると	□ highly	副 高く
□ rank	動 〜を順位付ける		

第２問Ｂ　全訳＆語注

和訳

　あなたの英語の先生が，次の授業で行うディベートの準備に役立つように，ある記事をくれました。その記事の一部とコメントの１つが以下に示されています。

フランスの学校で携帯電話が禁止に

トレイシー・ウルフ，パリ
2017年12月11日　午後４時７分

フランス政府は2018年9月から，生徒が学校で携帯電話を使用することを禁止する。生徒は学校に携帯電話を持ってくることは許されるが，特別の許可がなければ，いかなる場合でも校内で携帯電話を使用することが許されなくなる。この規則は，国内の小中学校のすべての生徒に適用されることになる。

フランスの教育相であるジャン＝ミシェル・ブランケールは，「最近ではもはや，生徒たちは休み時間に遊ばなくなっている。生徒たちは皆スマートフォンと向かい合ってばかりいて，教育的な観点からすれば，これは問題である」と述べた。彼はまた「携帯電話は緊急の場合には必要になるかもしれないが，その使用は何らかの形で制限されるべきだ」とも述べた。

しかしながら，すべての親がこの規則を喜んでいるわけではない。「人は時代とともに生きなければなりません。私たちが過ごしたのと同じ子ども時代を過ごすように子どもたちに強いるのは筋の通らないことです」と言う親もいた。さらに，それに付け加えて「だれが携帯電話を回収し，どこに保管するのですか。どうやって持ち主に返すのですか。もしすべての学校が，携帯電話を保管するためのロッカーを子どもたちに提供しなければならなくなったら，巨額のお金と広大な場所が必要になるでしょう」と言う親もいた。

21のコメント
最新
ダニエル・マッカーシー　2017年12月19日 午後6時11分
よくやった，フランス！　学校は，ただ単に生徒たちに計算の仕方を学ばせようとしているだけではない。生徒たちが学校で学ぶべきことは他にもたくさんある。若者は，他人とうまくやっていく方法のような社会的なスキルを身につける必要がある。

問1　記事で説明されている規則によると，フランスの小中学校の生徒たちは　11　ことが許されなくなる。

① 親に自分の携帯電話の料金を払ってくれるように頼む
② 自分の携帯電話を学校に持っていく
③ 卒業するまで自分の携帯電話を持つ
④ 特別な場合を除いて学校で自分の携帯電話を使用する

問2　あなたのチームは，「学校での携帯電話の使用は制限されるべきだ」というディベートの論題を支持する。記事の中で，あなたのチームにとって役立つ意見（事実ではない）は，　12　ということである。

① 生徒は，授業中は勉強に集中することが必要である
② 生徒は授業と授業の合間は，友達と遊ぶべきである
③ 政府は学校での携帯電話の使用についての新しい規則を導入するだろう
④ 携帯電話を長時間使いすぎると，生徒の視力が損なわれる可能性がある

問3　もう一方のチームは，そのディベートの論題に反対する。記事の中で，そのチームにとって役立つ意見（事実ではない）は，　13　ということである。

① 携帯電話の使用を制限する方法を生徒に教える方がよい
② 生徒は日々のコミュニケーションに携帯電話を使うべきである
③ 生徒の携帯電話を保管する費用があまりにも高くなりすぎる
④ その規則は国内の小中学校のすべての生徒に適用されることになる

問4　記事の第３パラグラフで“One must live with the times”が意味するのは，人々は　14　べきだということだ。

① 自分が生きている時代に合わせてライフスタイルを変える
② 流行に関係なく自分のやり方で生きる
③ 子どもの頃の思い出を覚えておく
④ 学校に遅刻しないようにする

問5　ダニエル・マッカーシーのコメントによると，彼は記事で述べられている規則に　15　。

① 特に意見を持っていない
② 部分的に賛成している
③ 強く賛成している
④ 強く反対している

本文の語注

【記事】

- □ article　名 記事
- □ debate　名 ディベート
- □ be allowed to *do*　～するのを許される
- □ apply to ～　～に適用される
- □ education minister　教育相
- □ anymore　副 もう（～ない）
- □ educational　形 教育的な
- □ emergency　名 緊急
- □ make sense　筋が通る，意味をなす
- □ childhood　名 子ども時代
- □ collect　動 ～を回収する，集める
- □ owner　名 持ち主
- □ a huge amount of ～　巨額の～
- □ help A *do*　Aが～するのを手伝う，役立つ
- □ prohibit A from *doing*　Aが～するのを禁止する
- □ permission　名 許可
- □ primary and middle school　小中学校
- □ break time　休み時間
- □ from ～ point of view　～の観点からすれば
- □ in case of ～　～の場合には
- □ somehow　副 何らかの形で
- □ force A to *do*　Aに～するのを強いる
- □ moreover　副 さらに
- □ store　動 ～を保管する
- □ provide A for B　AをBに提供する

【コメント】

- □ calculate　動 ～を計算する
- □ get along with ～　～とうまくやる，うまく付き合う
- □ skill　名 スキル，技術

設問・選択肢の語注

- □ according to ～　～によると
- □ graduation　名 卒業
- □ topic　名 論題，トピック
- □ helpful　形 役立つ
- □ introduce　動 ～を導入する
- □ oppose　動 ～に反対する
- □ lifestyle　名 ライフスタイル，生活様式
- □ popular trend　流行
- □ partly　副 部分的に
- □ pay for ～　～の料金を払う
- □ except for ～　～を除いて
- □ limit　動 ～を制限する
- □ be focused on ～　～に集中する
- □ damage　動 ～を損なう，損害を与える
- □ communication　名 コミュニケーション
- □ regardless of ～　～に関係なく
- □ particular　形 特別な
- □ disagree with ～　～に反対する

第3問A　全訳＆語注

和訳

自分の学校に交換留学で来ている女子生徒が書いたブログで，あなたは次の話を見つけました。

学園祭

9月15日（日）

私は友達のタクヤと彼の高校の学園祭に行きました。私はそれまで日本の学校の学園祭に行ったことがありませんでした。最初に私たちは，お化け屋敷に行ってみました。お化け屋敷はよくできていて，プロジェクターと良い音響システムを使って怖い雰囲気を作り出していました。

それから，私たちは生徒が演じるダンスショーを見ました。彼らはカッコよくてダンスが上手でした。天気が悪かったのが残念でした。もし晴れていたら，彼らは外で踊ることができたでしょうに。ランチタイムには，私たちは屋台でハワイアンパンケーキとタイカレーとメキシカンタコスを食べました。どれもおいしかったのですが，私たちがピザの屋台を見つけたときには，イタリアンピザはもう売り切れていました。

私たちはふたりとも歌うのが好きなので，午後にはカラオケ大会に参加しました。驚いたことに私たちはもう少しで優勝するところでしたが，大会には20組がエントリーしていたので，素晴らしい結果でした。多くの人が私たちのパフォーマンスを気に入ってくれてとてもうれしかったです。私たちは，生徒が作ったデジタル絵画や短編映画も楽しみました。

生徒がこのような大規模なイベントを自分たちでまとめあげ準備したなんて信じられないほどです。学園祭はとても印象的でした。

問1　学園祭では, [16] 。

① 屋台の食べ物のほとんどがランチタイムよりも前に売り切れていた
② ダンスショーは悪天候のため屋内で行われた
③ お化け屋敷は電子機器を使わずに運営されていた
④ カラオケ大会は午前中に行われた

問2　あなたは, このブログの書き手が [17] ことがわかった。

① お化けツアーとダンスショーと教師による芸術作品を楽しんだ
② カラオケ大会で歌って3位になった
③ いろいろな料理を食べてみて, カラオケ大会で２位になった
④ 自分のダンスと学園祭についての自分の短編映画に満足した

本文の語注

- □ blog　名 ブログ
- □ exchange student　交換留学生
- □ ghost house　お化け屋敷
- □ projector　名 プロジェクター
- □ atmosphere　名 雰囲気
- □ pity　名 残念なこと
- □ sell out　売り切れる
- □ competition　名 大会, 競技会
- □ amazing　形 素晴らしい
- □ performance　名 パフォーマンス
- □ painting　名 絵画
- □ pretty　副 とても
- □ female　形 女性の
- □ school festival　学園祭
- □ well-made　形 よくできている
- □ frightening　形 怖い, ぞっとさせる
- □ perform　動 ～を演じる
- □ food stall　屋台
- □ participated in ～　～に参加する
- □ surprisingly　副 驚いたことに
- □ entry　名 エントリー, 出場
- □ digital　形 デジタルの
- □ organize　動 ～をまとめる
- □ impressive　形 印象的な

設問・選択肢の語注

- □ due to ～　～のため
- □ electronic device　電子機器
- □ run　動 ～を運営する
- □ work　名 作品

第3問B　全訳＆語注

あなたは留学雑誌で次の話を見つけました。

花と, 花が持つ隠れた意味

ナオコ・マエヤマ（指導助手）

花を贈ることは間違いなく素敵なことです。しかし, あなたが外国にいるときには, 文化の違いを意識した方がいいでしょう。

デボラは, 3週間の語学プログラムで日本にある私たちの学校に来ていたのですが, 自分の母国のカナダから来ている生徒がいなかったので, 最初は不安な気持ちでした。しかし, 彼女はすぐにたくさんの友達ができて, 教室の中でも外でも楽しく過ごしていました。ある日, 彼女は自分に日本語を教えてくれているハヤシ先生が駅の階段から落ちて入院していることを耳にしました。彼女は本当に驚き動揺して, できるだけ早くお見舞いに行きたいと思いました。デボラは, クラスメイトと病院に行くことに決め, 先生を喜ばせるために赤いベゴニアの鉢植えを持っていきました。彼らが病室に入ったとき, 先生は満面の笑みを浮かべて彼らを歓迎しました。ところが, デボラがその赤い花をあげたときに, 先生の表情は突然変わったのです。デボラは少し戸惑いましたが, 先生をわずらわせたくなかったので, その理由を尋ねませんでした。

その後, デボラは初歩的な日本語で辞書の力を借りながら, 自分が病院を訪れたこと, そしてベゴニアを贈ったときに先生の表情がどのように変わったかを私に話してくれました。デボラは, 「赤は情熱の色なので, それは私のお気に入りの花なのです。いつも先生は教えることに情熱的なので, 先生もきっと気に入ってくれるだろうと思ったのです」と言いました。

残念なことに鉢植えの花は, 日本では病院に持っていくべきではないものなのです。これは, 鉢植えの植物には根があるために, 簡単には動かせないことに理由があります。日本の文化では, こうした事実を病院に留まり続けることと結びつけて考える人もいます。鉢植えのベゴニアの持つ隠れた意味を聞いてすぐに, デボラはハヤシ先生のもとを再び訪れ, 謝ったのでした。

問1 この話によると，デボラの感情は次の順番で変化した： 18 。

① 不安 → 困惑 → うれしい → ショック → 申し訳ない
② 不安 → 困惑 → 申し訳ない → ショック → うれしい
③ 不安 → うれしい → ショック → 困惑 → 申し訳ない
④ 不安 → うれしい → 申し訳ない → ショック → 困惑
⑤ 不安 → ショック → うれしい → 申し訳ない → 困惑
⑥ 不安 → 申し訳ない → 困惑 → うれしい → ショック

問2 デボラが選んだ贈り物が日本では適切でなかったのは，それが 19 を暗示するかもしれないからである。

① 長く留まること
② お祝い
③ 怒りをつのらせること
④ 生きることに対する情熱

問3 この話から，あなたはデボラが 20 ことがわかった。

① 授業でいくつかの花の持つ意味を学んだので，先生のためにベゴニアを選んだ
② 日本語を練習しただけでなく，ベゴニアのおかげで日本の文化についても学んだ
③ 先生を見舞うために指導助手と病院を訪れて，おしゃべりを楽しんだ
④ ハヤシ先生からベゴニアについて説明してもらい，その花の持つ隠れた意味を知った

✔ 本文の語注

- □ study-abroad　形 留学の
- □ definitely　間違いなく，確実に
- □ cultural　形 文化の
- □ make friends　友達ができる
- □ stairs　名 階段
- □ as soon as possible　できるだけ早く
- □ flower pot　植木鉢
- □ puzzled　形 戸惑って
- □ elementary　形 初歩的な
- □ passion　名 情熱
- □ surely　副 きっと，確かに
- □ root　名 根
- □ associate A with B　AをBと結びつけて考える
- □ hidden　形 隠れた，隠された
- □ be aware of ～　～を意識する
- □ nervous　形 不安な気持ちで，緊張して
- □ fall down　落ちる
- □ upset　形 動揺して
- □ begonia　名 ベゴニア
- □ expression　名 表情
- □ trouble　動 ～をわずらわせる
- □ favorite　形 お気に入りの
- □ passionate　形 情熱的な
- □ unfortunately　副 残念なことに
- □ easily　副 簡単に
- □ apologize　動 謝る

✔ 設問・選択肢の語注

- □ according to ～　～によると
- □ order　名 順序
- □ shocked　形 ショックな
- □ imply　動 ～を暗示する
- □ anger　名 怒り
- □ assistant　名 助手
- □ explanation　名 説明
- □ feelings　名 感情
- □ confused　形 困惑した
- □ appropriate　形 適切な
- □ congratulation　名 お祝い
- □ not only A but also B　AだけでなくBも
- □ chat　動 おしゃべりする

第４問　全訳＆語注

和訳

あなたは生徒の読書習慣について調べています。２つの記事を見つけました。

生徒の読書習慣

ディビッド・ムーア
2010年７月

楽しみのための読書とは，学校の宿題や研究のためというよりむしろ，ただ楽しむためだけに本を読むということである。楽しむための読書と教育的成果とを結びつけるたしかな証拠がある。日常的に楽しみのために読書をしている生徒は，そうでない生徒よりもテストの成績が良いことが研究により示されている。研究者はまた，毎日少しであったとしても，楽しむために読書をすることは，ただ勉強や情報を収集するためだけに何時間も読書に費やすよりも，実はより有益であることを発見した。さらに，楽しみのための頻繁な読書は，紙の本を読むか電子書籍を読むかにかかわらず，読み書きの能力の向上と強く結びついている。

2009年に行われたある国際的な研究によると，15歳の生徒の３分の２が日常的に楽しむための読書をしている。グラフには，６カ国における楽しみのための読書をする生徒の割合が示されている。読書習慣は国によって異なり，一部の国においては読書をめぐる著しい男女差があった。

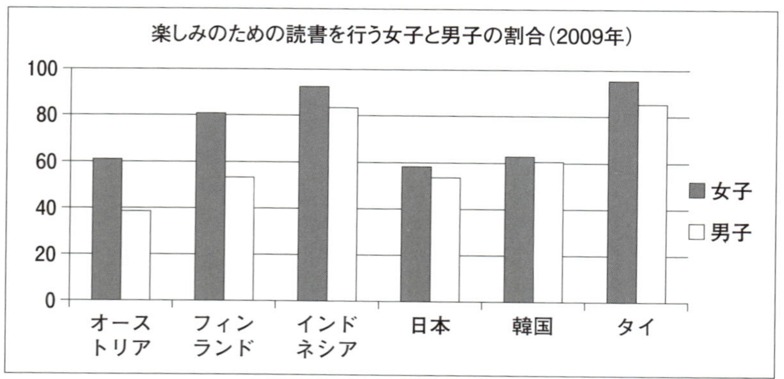

多くの国では，日常的に楽しみのために読書をする生徒の割合は，2000年に行われた前回の研究以来減少していた。2000年には，平均で77％の女子と60％の男子が楽しみのための読書をしていた。2009年までに，これらの割合はそれぞれ74％と54％にまで低下した。

私の意見では，今日の多くの生徒は，自分がどんな本を読むべきかがわからないのである。彼らは自分には好みのジャンルやシリーズがないと言う。そういうわけで，日常的に楽しみのための読書をする生徒の割合は減少してきているのである。親や教師は，楽しみのための読書を日課にするために，生徒が興味をひかれる本を見つけられるように手助けをしてやるべきである。

「生徒の読書習慣」についての意見 **Y. T.**

2010年8月

学校の司書として, 私は多くの異なる国で働いてきました。楽しみのための読書を日常的にする生徒が世界中で以前よりも少なくなっていることを知って, 私は少し悲しくなりました。ディビット・ムーアさんの記事によると, 私の母国では約60%の女子生徒が楽しみのための読書をすると報告されており, 男女差は約20%あります。私はこのことにがっかりしています。

もっと多くの生徒が読書の利点を知る必要があります。ディビッド・ムーアさんが述べたように, 楽しみのための読書をすることは, 生徒の学力に良い影響を与えます。定期的に多くの本を読む生徒は, 読解や数学や論理的問題解決でより良い得点を取っています。また, 楽しみのために本を読むことは, 生徒の精神の健康にも良い影響を与えます。楽しみのために定期的に読書をすることと, ストレスや精神的落ち込みの程度が低下することとの間には, 強い関係があることが研究によって示されています。

このような利点があるにもかかわらず, 一般的に生徒は読書に十分な時間を費やしていません。私たちの日常生活は, 今や画面を主体とした娯楽にあふれています。生徒はテレビゲームをしたり, ソーシャルメディアを使ったり, テレビを見たりするのにたくさんの時間を費やしているのです。生徒は画面の前で過ごす時間を減らし, 毎日短時間でもいいので本を読むべきだと私は思います。子どもの頃に読書の習慣をつけることは, 後の読解力と関係があると言われています。学校の図書館は, 生徒が数多くの資源を見つけるのに適した場所なのです。

問1 ディビッド・ムーアも司書も, [21] については言及していない。

① 読書習慣における男女差
② 電子書籍を読むことに関連する問題
③ 生徒の読書習慣の変化
④ 子どもの頃に定期的に本を読むことの重要性

問2 司書は [22] 出身である。

① オーストリア
② フィンランド
③ 日本
④ 韓国

問3 記事によれば, 楽しみのための読書は, 生徒の [23] に良い影響を与える。
（2つ以上の選択肢を選んでもよい）

① 職業の選択
② 教育面での成功
③ 精神の健康
④ ソーシャルメディアについての見解

問4 ディビッド・ムーアは生徒が [24] と述べており, 図書館員は生徒が [25] と述べている。（それぞれの空所に異なる選択肢を選べ）

① かつてないほど忙しい
② どんな本を読むべきか決められない
③ 親と似通った本を選ぶ
④ 電子機器で遊ぶのを楽しんでいる
⑤ テレビから有益な情報を得ている

問5 両方の記事からの情報にもとづいて, あなたは宿題でレポートを書く予定である。レポートに最もふさわしいタイトルは「[26]」になるだろう。

① 好きかどうかにかかわらず, 古典小説を読むことは重要である
② 楽しみのための読書を日常生活の一部にしよう
③ 楽しむための読書は様々な国で人気になりつつある
④ 学校の図書館:学校の課題をするための重要な資源

1

プレテスト

本文の語注

- research 名 調査
- article 名 記事

【1つ目の記事】

- pleasure 名 楽しみ
- assignment 名 宿題
- link 動 ～を結びつける
- educational 形 教育の
- perform well on ～ ～の成績が良い
- researcher 名 研究者
- beneficial 形 有益な
- furthermore 副 さらに
- regardless of ～ ～にかかわらず
- digital book 電子書籍
- improvement 名 向上
- according to ～ ～によると
- on a daily basis 日常的に
- differ 動 異なる
- gender gap 男女差
- previous study 前回の研究
- respectively 副 それぞれ
- help A *do* Aが～するのを手助けする
- habit 名 習慣
- rather than ～ ～よりもむしろ
- evidence 名 証拠
- enjoyment 名 楽しみ
- outcome 名 成果
- those who ～ ～する人々
- actually 副 実は
- gather 動 ～を収集する
- frequent 形 頻繁な
- whether A or B AかBか
- be related with ～ ～に関係がある
- literacy 名 読み書きの能力
- two-thirds 名 3分の2
- percentage 名 割合
- significant 形 著しい
- decrease 動 減少する
- on average 平均で
- genre 名 ジャンル
- routine 名 日課

【2つ目の記事】

- librarian 名 司書
- female 形 女性の
- benefit 名 利点, ためになること
- academic skill 学力
- score 名 得点, 成績
- logical 形 論理的な
- positive 形 良い, ポジティブな
- relationship 名 関係
- depression 名 精神的落ち込み
- screen-based 形 画面を主体とした
- reduce 動 ～を減らす
- be said to *do* ～すると言われている
- reading proficiency 読解力
- resources 名 資源
- approximately 副 約, およそ
- disappointing 形 がっかりさせる
- mention 動 述べる
- regularly 副 定期的に
- mathematics 名 数学
- problem solving 問題解決
- mental health 精神の健康
- stress 名 ストレス, 精神的重圧
- generally 副 一般的に
- entertainment 名 娯楽
- childhood 名 子どもの頃
- be associated with ～ ～と関係がある
- numerous 形 数多くの

設問・選択肢の語注

- connect 動 ～を関連させる
- option 名 選択肢
- mental 形 精神の
- electronic device 電子機器
- classic 形 古典の
- project 名 課題
- importance 名 重要性
- career 名 職業
- well-being 名 健康
- based on ～ ～にもとづいて
- novel 名 小説

第5問　全訳＆語注

和訳

あなたのグループは以下の雑誌記事に載っている情報を使って「アメリカのジャーナリズムを変革した人物」というタイトルのポスター発表の準備をしています。

ニューイングランド出身の印刷工であったベンジャミン・デイは，ニューヨーク市の新聞ザ・サンを発刊したときに，アメリカのジャーナリズムを永久に変えた。ベンジャミン・デイは1810年4月10日にマサチューセッツ州スプリングフィールドで生まれた。彼は，10代の頃に印刷工として働き，20歳のときにニューヨークの印刷所と新聞社で働き始めた。1831年に十分なお金が貯まると，彼は自分で印刷業を始めたが，その翌年にニューヨーク市がコレラの流行に見舞われると，その会社は苦しくなり始めた。会社が倒産するのを防ぐために，デイは新聞を始めることにしたのである。

1833年，アメリカには650の週刊新聞と65の日刊新聞があり，平均の売り上げはおよそ1,200部だった。国の他の地域には安い新聞があったが，ニューヨークでは新聞は通常6セントもした。多くの労働者階級の人々が新聞を読むことができるのに買わない選択をしているのは，新聞が彼らの興味に応えず値段も高すぎるからだとデイは信じていた。1833年9月3日に，デイはザ・サンを1部たった1セントで売り出した。安価な新聞の呼び名として知られるようになった「ペニープレス」の登場は，アメリカのジャーナリズム史における重要な転換点になった。

デイの新聞の記事は当時の他の新聞の記事と異なっていた。政治についての報道や書評や劇評を載せる代わりに，ザ・サンは人々の日常生活に焦点を当てた。それは，個人的な出来事や犯罪を報道した最初の新聞だった。それはアメリカのジャーナリズムにパラダイム・シフトを引き起こし，新聞は地域社会と読者の生活の重要な一部となった。デイはまた，別の新しいアイデアを思いついたが，それは新聞売りの少年が街角で新聞を売るというものだった。人々は新聞を買うために店に入る必要さえなくなったのだ。

安さと手に入れやすさを兼ね備えた新聞は成功を収め，すぐにデイはザ・サンを発行することで多額の収入を得るようになった。ザ・サンの発行部数は6カ月以内に5,000部に達し，1年後には10,000部にまで増えた。1835年までに，ザ・サンの売り上げは19,000部に達し，当時の他のどの日刊紙よりも多くなった。その後数年の間に，約12の新しい安価な新聞が創刊され，新聞競争の新時代が始まった。ザ・サンの成功は，他のジャーナリストが低価格で新聞を発行することを促した。南北戦争の頃までに，ニューヨーク市の新聞の標準的な価格はたった2セントまで下がっていた。

成功を収めたにもかかわらず，ザ・サンを5年間運営した後，デイは新聞の発行という毎日の仕事への興味を失った。1838年に，彼はザ・サンを義理の兄弟のモーゼス・イェール・ビーチに40,000ドルで売り，新聞は長年発行され続けた。新聞の売却後，デイは雑誌の出版を含む他の事業分野に移っていったが，1860年代までには基本的に引退した。1889年12月21日に亡くなるまで彼は静かに暮らした。アメリカの新聞事業に関わったのは比較的短期間だったが，新聞が大衆読者にとって魅力的なものになりうることを示した革命的な人物としてデイは記憶されている。

1

プレテスト

アメリカのジャーナリズムを変革した人物

■ **ベンジャミン・デイの人生**

年代	出来事
1810年代	スプリングフィールドで幼少期を過ごした
1820年代	27
1830年代以降	28 ↓ 29 ↓ 30 ↓ 31

ベンジャミン・デイ

■ **ザ・サンについて**

- ▶ デイは1833年9月3日にザ・サンを売り出した。
- ▶ この新聞は次の理由で大成功した: 32

■ **アメリカのジャーナリズムにおける転換:新しいモデル**

- ▶ ザ・サンのモットーは「 33 」であった。
- ▶ ザ・サンはアメリカのジャーナリズムと社会を多くの点で変えた: 34

問1 あなたのグループのメンバーがデイの人生の重要な出来事を一覧表にした。出来事を空所 [27] ～ [31] に起こった順番に入れなさい。

① デイは他の出版物を作った
② デイは印刷会社を設立した
③ デイは地元で印刷工として経験を積んだ
④ デイは新聞事業を始めた
⑤ デイの事業は死に至る病によって脅かされた

問2 ポスターを完成させるのに最もふさわしい記述を選びなさい。(2つ以上の選択肢を選んでもよい) [32]

① デイは労働者階級の読み書き能力のレベルの向上に重点的に取り組んだ。
② デイは新聞の新しい配布方法を導入した。
③ デイは手頃な値段の新聞に潜在的な需要があることに気づいた。
④ デイは理解しやすい方法で政治問題を報道した。
⑤ デイはすべての家庭に多くの新聞を提供した。
⑥ デイはどんな種類の記事が読者の興味をひくかを理解していた。

問3 次のうち, ザ・サンのモットーであった可能性が最も高いものはどれか。[33]

① 政治ほど価値のあるものはない
② アメリカンドリームの日々の記録
③ ザ・サン:それは万人のために輝く
④ 上流階級の人間がザ・サンを講読する

問4 ポスターを完成させるのに最もふさわしい記述を選びなさい。(2つ以上の選択肢を選んでもよい) [34]

① 情報が普通の人にも広く手に入るようになった。
② ジャーナリストは政治的な事柄をより意識するようになった。
③ ジャーナリストは地域社会にとって興味のある話題についてより多く書き始めた。
④ 新聞は中流階級の読者の間で人気がなくなっていった。
⑤ 新聞は読み書きの教育を提供することにおいて学校に取って代わった。
⑥ 新聞の役割は以前よりもずっと重要になった。

本文の語注

- □ presentation 名 プレゼンテーション, 発表
- □ revolutionize 動 ～を変革する

【第1パラグラフ】

- □ printer 名 印刷工
- □ work for ～ ～として働く
- □ printing business 印刷業
- □ cholera 名 コレラ
- □ in an attempt to *do* ～しようとして
- □ go under 倒産する
- □ entitled ～ ～というタイトルの
- □ journalism 名 ジャーナリズム
- □ forever 副 永遠に
- □ teenager 名 10代
- □ struggle 動 苦しむ, もがく
- □ epidemic 名 流行
- □ prevent A from *doing* Aが～するのを防ぐ

【第2パラグラフ】

- □ weekly [形] 週刊の
- □ sales [名] 売り上げ
- □ working-class [形] 労働者階級の
- □ expensive [形] 値段が高い
- □ introduction [名] 導入, 登場
- □ average [形] 平均の
- □ as much as ～ ～も(強調)
- □ address [動] ～に応える, 取り組む
- □ launch [動] ～を売り出す, 刊行する
- □ milestone [名] 転換点, 節目

【第3パラグラフ】

- □ be different from ～ ～と異なる
- □ politics [名] 政治
- □ the theater 演劇
- □ crime [名] 犯罪
- □ paradigm shift パラダイム・シフト
- □ reader [名] 読者
- □ novel [形] 新しい
- □ instead of ～ ～の代わりに
- □ review [名] 批評
- □ focus on ～ ～に焦点を当てる
- □ lead to ～ ～を引き起こす
- □ community [名] 地域社会
- □ come up with ～ ～を思いつく
- □ newsboy [名] 新聞売りの少年

【第4パラグラフ】

- □ combination [名] 組み合わせ
- □ easily available 手に入りやすい
- □ make a good living 多額の収入を得る
- □ circulation [名] 発行部数
- □ establish [動] ～を設立する
- □ competition [名] 競争
- □ by the time of ～ ～の頃までには
- □ A as well as B BだけでなくAも
- □ successful [形] 成功して
- □ publish [動] ～を発行する
- □ dozen [形] 12の
- □ era [名] 時代
- □ encourage A to *do* Aに～するよう促す
- □ the Civil War 南北戦争

【第5パラグラフ】

- □ despite [前] ～にもかかわらず
- □ brother-in-law [名] 義理の兄弟
- □ publication [名] 出版
- □ retired [形] リタイアした, 引退した
- □ be involved in ～ ～に関わる
- □ revolutionary [形] 革命的な
- □ appeal to ～ ～に魅力的なものとなる
- □ operate [動] ～を運営する
- □ continue to *do* ～し続ける
- □ basically [副] 基本的には
- □ quietly [副] 静かに
- □ relatively [副] 比較的
- □ figure [名] 人物
- □ mass audience 大衆読者

【ポスター】

- □ period [名] 年代
- □ ～ and beyond ～以降
- □ shift [名] 転換
- □ a number of ～ 多くの～
- □ childhood [名] 幼少期
- □ highly [副] 大いに, 高く
- □ motto [名] モットー

✓ 設問・選択肢の語注

- □ in the order that ～ ～という順番で
- □ threaten [動] ～を脅かす
- □ disease [名] 病
- □ complete [動] ～を完成させる
- □ improve [動] ～を向上させる
- □ introduce [動] ～を導入する
- □ realize [動] ～に気づく
- □ demand [名] 需要
- □ political affairs 政治問題
- □ household [名] 家庭
- □ valuable [形] 価値のある
- □ widely [副] 広く
- □ be conscious of ～ ～を意識する
- □ middle-class [形] 中流階級の
- □ provide [動] ～を提供する
- □ gain experience 経験を積む
- □ deadly [形] 死に至る
- □ statement [名] 記述
- □ option [名] 選択肢
- □ literacy [名] 読み書きの能力
- □ distribute [動] ～を配布する
- □ potential [形] 潜在的な
- □ affordable [形] 手頃な値段の
- □ supply [動] ～を提供する
- □ attract [動] ～の興味をひく
- □ daily [形] 日々の
- □ ordinary [形] 普通の, 一般の
- □ political concerns 政治的な事柄
- □ replace [動] ～に取って代わる
- □ role [名] 役割

第6問A　全訳＆語注

あなたは授業で行うジェンダーとキャリアアップについてのグループ発表の準備をしています。以下の記事を見つけました。

女性パイロットはアジアのパイロット危機を解決できるか？

[1]　アジアでは飛行機旅行の急成長にともない，航空機のパイロット不足が重大な関心事になりつつある。統計によると，アジアでの飛行機の乗客数は，現在1年間におよそ1億人増えつつある。もしこの傾向が続けば，この地域には今後20年間で22万6千人の新しいパイロットが必要になるだろう。この従業員数をすべて満たすには，航空会社は女性をもっと雇う必要があるが，女性が現在世界中の全パイロットに占める割合は3%で，日本やシンガポールなどのアジアの国々ではたったの1%の割合しか占めていない。これほどまでに多くの新しいパイロットを見つけるためには，女性パイロットがこれほどまでに少ないことを説明する要因を詳しく調べ，可能な解決策を探す必要がある。

[2]　女性がパイロットになるための潜在的な障害の1つは，女性はこの仕事にあまり適していないという，多くの社会に昔から存在してきた固定観念かもしれない。これは1つには，男子は女子よりも機械の扱いに優れている傾向があり，また身体的により強いという考えから生じているように思える。若い女性は成功する見込みがほとんどない職業を避ける傾向があることが最近の研究からわかった。それゆえに，この男女差をめぐる固定観念のせいで，女性は挑戦しようという気持ちさえなくしてしまっているのかもしれない。これは，たとえばマレーシア航空学校ではしばしば入学した全研修生のうち女性がたった10%しかいない理由を説明するかもしれない。

[3]　また別の問題は安全性に関するものだ。人々は女性パイロットが操縦する飛行機の安全性を心配するかもしれないが，そのような心配はデータにもとづいていない。たとえば，アメリカで行われたパイロットに関する膨大なデータベースの直近の分析によると，男性パイロットと女性パイロットとの間で事故発生率の有意な差は見られなかった。その代わりに研究からわかったことは，パイロットの年齢やフライト経験などの他の要因の方が，パイロットが事故に巻き込まれそうかどうかをよりよく予測できるということであった。

[4]　男性パイロットの方がより優れた操縦技術を持っているだろうという予想があるにもかかわらず，男性パイロットと女性パイロットは仕事においてそれぞれ異なる強みをもたらす技術を持っているだけなのかもしれない。一方では，男性パイロットの方が女性パイロットよりも，飛行機の操縦方法を楽に身につけられることが多い。コックピットの操縦装置は，体が大きい人の方が手が届きやすく使いやすいことが多い。平均すると，男性は女性よりも体が大きい傾向がある。実際，女性の方が男性よりも，ほとんどの国が定めている最低身長の必要条件を満たしていない傾向が強い。しかし他方では，ある日本人の女性機長が述べたように，女性のパイロットは搭乗員同士のコミュニケーションを円滑に進める点でより優れているようである。

[5]　若い乗客たちが自分の乗っている飛行機を女性が操縦しているのを見れば，彼らは女性パイロットを当然の現象として受け入れるようになる。今日の女性パイロッ

トは, 女性は家族と一緒に家庭にいる必要があるというような固定観念や伝統的な慣習を打破するための良い手本である。すでにベトナム航空が行っているように, 柔軟な労働形態を提供することで, 女性パイロットの数を増やし, 彼女たちがその仕事を続けられるように促すのに役立つかもしれない。

[6]　男性も女性も, 飛行機のパイロットとして同じようにうまく働くことができるようである。飛行機のパイロットは男性であるべきという根拠のない考えをなくすためには, この点についての強いメッセージを若い世代に送らねばならない。

問1　記事によると, 筆者がアジアの現状を危機と呼んでいるのは, [35] という理由からである。

① これまでよりもずっと多くの男性パイロットが仕事を辞めている
② 男性パイロットと女性パイロットの両方で事故発生率が増えている
③ 女性パイロットの数が過去数十年であまり変わっていない
④ 将来必要となるパイロットの数が現在よりもずっと多くなる

問2　記事によると, [36] の点で男性と女性の間にほとんど違いはない。

① 飛行機の操縦方法をどれだけ容易に習得できるか
② 事故に巻き込まれる可能性がどれだけ高いか
③ 仕事にどれだけの量の時間を費やすことができるか
④ 仕事に対する自分の適性をどのようにとらえているか

問3　第４パラグラフで, 筆者が日本人の女性機長に言及しているのは, [37] の例を示すためである可能性が最も高い。

① 女性パイロットが職場に対してなしうる貢献
② 飛行機を操縦する技術がとても優れている女性パイロット
③ 飛行機のパイロットの研修における現在の制度の問題点
④ まれにみる業績を上げた航空会社の従業員

問4　次の記述のうち, 記事を最もよく要約しているものはどれか。[38]

① 女性パイロットに対してはいくつかの否定的な見方があるが, 彼女たちは男性パイロットと同じくらい成功する可能性がある。
② 経済的な問題のために, アジアにおけるパイロット養成学校の女性生徒の割合はあまりにも低い。
③ 将来, 世界中の多くの国はアジア諸国と同じように, 女性パイロットをより多く雇い始める必要が出てくるかもしれない。
④ 女性パイロットに対する主な障害は取り除かれたので, 将来女性パイロットを増やすことについて懸念すべきことはほとんどない。

本文の語注

- □ presentation on ～ ～についての発表
- □ career development キャリアアップ
- □ female [形] 女性の
- □ crisis [名] 危機
- □ gender [名] ジェンダー
- □ article [名] 記事
- □ solve [動] ～を解決する

【第1パラグラフ】

- □ rapid [形] 急な
- □ shortage [名] 不足
- □ statistics [名] 統計, 統計資料
- □ currently [副] 現在
- □ region [名] 地域
- □ hire [動] ～を雇う
- □ worldwide [形] 世界中の
- □ examine [動] ～を調べる
- □ seek [動] ～を探す
- □ growth [名] 成長
- □ issue of serious concern 重大な関心事
- □ passenger [名] 乗客
- □ trend [名] 傾向
- □ decade [名] 10年
- □ account for ～ ～を占める
- □ factor [名] 要因
- □ solution [名] 解決策

【第2パラグラフ】

- □ potential [形] 潜在的な
- □ stereotype [名] 固定観念
- □ well-suited [形] よく適した
- □ partly [副] ある程度, 一部分は
- □ excel [動] 優れる
- □ physically [副] 身体的に
- □ tendency [名] 傾向
- □ profession [名] 職業
- □ succeed [動] 成功する
- □ discourage A from *doing* Aに～する気持ちをなくさせる, 思いとどまらせる
- □ no more than ～ たった, ほんの
- □ enroll [動] ～を入学させる
- □ obstacle [名] 障害
- □ exist [動] 存在する
- □ arise from ～ ～から生じる
- □ tend to *do* ～する傾向がある
- □ mechanics [名] 機械, 機械工学
- □ study [名] 研究
- □ avoid [動] ～を避ける
- □ prospect [名] 見込み
- □ therefore [副] それゆえに
- □ for instance たとえば
- □ trainee [名] 研修生

【第3パラグラフ】

- □ involve [動] ～に関わる
- □ be concerned about ～ ～を心配する
- □ previous [形] 直近の, 以前の
- □ database [名] データベース
- □ meaningful [形] 有意な
- □ be likely to *do* ～しそうだ
- □ be involved in ～ ～に巻き込まれる
- □ safety [名] 安全性, 安全
- □ aircraft [名] 飛行機
- □ analysis [名] 分析
- □ conduct [動] ～を行う
- □ accident [名] 事故
- □ predict [動] ～を予測する

【第4パラグラフ】

- □ despite [前] ～にもかかわらず
- □ advantage [名] 強み, 長所
- □ control [名] 操縦装置
- □ in fact 実際は
- □ minimum [形] 最低の
- □ on the other hand 他方では
- □ crew member 乗務員
- □ expectation [名] 予想
- □ on the one hand 一方では
- □ on average 平均すると
- □ meet a requirement 必要条件を満たす
- □ height [名] 身長
- □ facilitate [動] ～を円滑に進める, 容易にする

【第5パラグラフ】

- □ come to *do* ～するようになる
- □ role model 手本, ロールモデル
- □ traditional [形] 伝統的な
- □ flexible [形] 柔軟な
- □ phenomenon [名] 現象
- □ stereotypical view 固定観念
- □ practice [名] 慣習
- □ work arrangement 労働形態

【第6パラグラフ】

- □ equally [副] 同じように
- □ eliminate [動] ～をなくす, 除去する
- □ belief [名] 考え
- □ generation [名] 世代
- □ unfounded [形] 根拠のない

設問・選択肢の語注

□ according to ～	～によれば
□ current	形 現在の
□ operate	動 ～を操縦する
□ suitability	名 適性
□ contribution	名 貢献
□ excellent	形 優れている
□ rare	形 まれにみる, 珍しい
□ statement	名 記述
□ negative	形 否定的な
□ financial	形 経済的な
□ remove	動 ～を取り除く
□ author	名 筆者
□ quit	動 ～をやめる
□ perceive	動 ～をとらえる, 理解する
□ mention	動 ～に言及する
□ workplace	名 職場
□ employee	名 従業員
□ achievement	名 業績
□ summarize	動 ～を要約する
□ due to ～	～のため
□ percentage	名 割合

第6問B　全訳＆語注

和訳

あなたは世界の生態系の問題について学んでいます。イエローストーン国立公園で起こったことを理解するために，次の記事を読もうとしています。

アメリカ合衆国北部に位置するイエローストーン国立公園は，1872年に世界で最初の国立公園となった。この220万エーカーの公園の主な魅力の1つは，様々な種類の動物にある。イエローストーンは，オオカミを見るのに世界で最も適した場所だと言う人もいる。2016年12月時点で，公園には少なくとも108匹のオオカミと11個の群れ（群居集団）がいた。ところが1940年代までには，オオカミがイエローストーン国立公園からほとんどいなくなっていたのである。現在では，これらのオオカミは戻ってきて問題なく暮らしている。なぜ彼らは戻ってきたのだろうか。

オオカミの数は1920年代までに狩猟によって減少してしまったが，狩猟は政府によって規制されていなかった。牛，馬，羊を飼育している大規模農場の牧場主は，オオカミが牧場の動物を殺すので，オオカミを好まなかった。狩猟によってオオカミが絶滅しかけたとき，他の問題が生じた―ヘラジカの群れの数が増えたのである。大型の鹿の一種であるヘラジカは，オオカミにとって冬の主な食料源である。ヘラジカの個体数があまりに増えてしまったために，植物をたくさん食べることでヘラジカは地域の生態系のバランスを崩してしまった。人々はヘラジカを見るのが好きかもしれないが，科学者たちは個体数が過度に増えることで引き起こされる被害について心配していた。

この問題を解決するためにアメリカ政府は，カナダから連れてきた若いオオカミを放つという意向を発表した。オオカミがヘラジカを狩り，ヘラジカの個体数を減らすのに役立つことが期待された。ところが，多くの牧場主がオオカミを戻すことに反対したので，政府と牧場主が計画について合意するのに約20年かかった。1974年に，あるチームが任命されて，オオカミの再導入を監督することになった。政府は1982年，1985年，そして最後は1987年に，公式の回復計画を発表した。長期間の研究の後で環境への影響に関する公式声明が発表され，1995年から1996年にかけて31匹のオオカミがイエローストーンに放たれた。

ヘラジカの数を減らすことを目的としたこの計画は，大きな成功を収めた。2006年までに，イエローストーン国立公園のオオカミの推定個体数は100匹を上回った。さらにオオカミの導入後最初の10年間で，オオカミが原因となって，ヘラジカの個体数が2万頭近くから1万頭未満にまで減ったと監督者たちは考えている。その結果，多くの植物が再び成長し始めた。オオカミが牧場主所有の動物に及ぼす危険のために，オオカミを狩ることが再び許可されることにさえなっているほどである。オオカミが脅威であるとわかっているからオオカミを狩るということは一見すると明白な解決策と思われるかもしれないが，新しい問題を引き起こすかもしれない。2014年に発表された研究が示しているように，オオカミを狩ることで，オオカミが牧場主所有の動物を殺す頻度が高まる可能性があるのだ。オオカミの群れのリーダーが殺されると，その群れはバラバラになる可能性がある。そしてより小さくなった群れや個々のオオカミは，牧場主所有の動物を襲うかもしれない。そのため現在では，狩ることのできるオオカミの数に制限が設けられている。長期間にわたってオオカミの個体数を管理するためには, このような措置が重要となるのである。

問1　1900年代初めのイエローストーン国立公園におけるオオカミの減少がもたらした結果は［39］。

① ハンターの数の減少であり, それはオオカミにとって良いことであった
② 牧場主の数の減少であり, そのことが人口を減少させた
③ ヘラジカの数の増加であり, そのことが地域の生態系に害をもたらした
④ 木や植物の数の増加であり, そのことがヘラジカが身を隠すのに役立った

問2　次の４つのグラフのうち, 状況を最もよく表しているものはどれか。［40］

①
イエローストーン国立公園における
動物の数
ヘラジカ
オオカミ
20, 000
15, 000
10, 000
5, 000
0
400
300
200
100
0
1987
1996
2006
2016

②
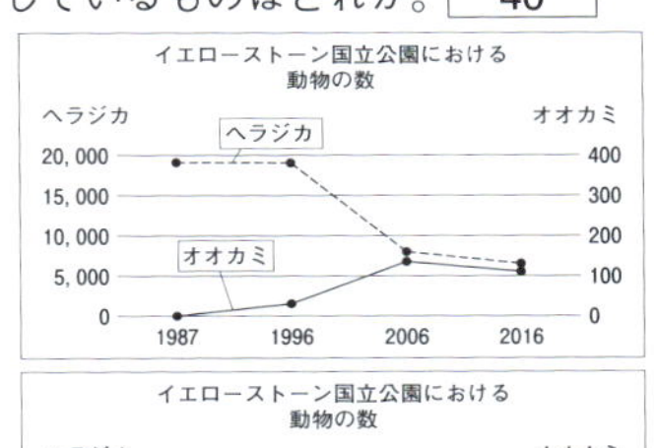

③
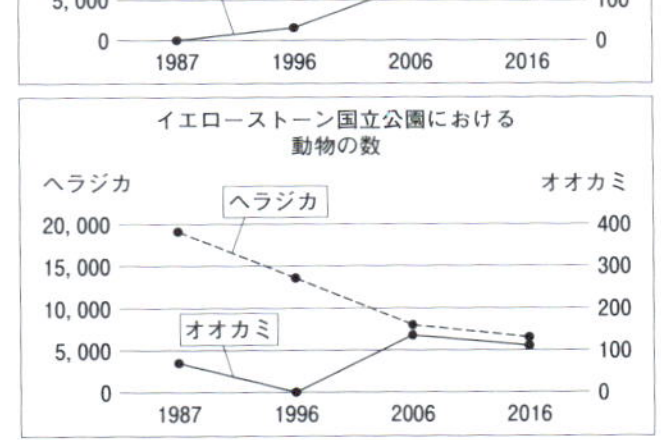

④
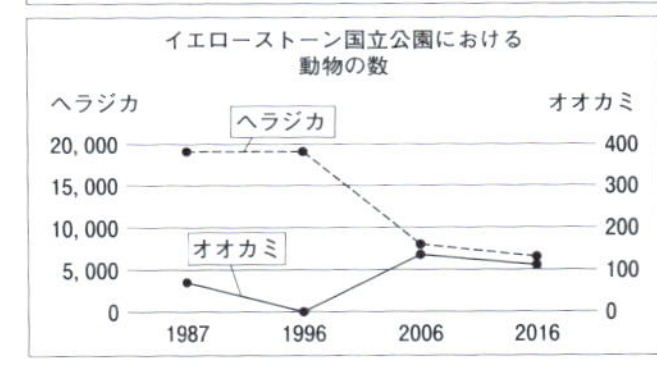

問3　記事によると, 公園の現在の状況を示しているのは次のうちどの２つか。（２つの選択肢を選べ。順番は問わない）［41］・［42］

① 30年前よりも多くの観光客が公園を訪れている。
② ある種が救われたが, その代わりに別の種が絶滅した。
③ 人々は再びこの地域周辺でオオカミを狩り始めている。
④ その公園にはオオカミとヘラジカの両方が生息し, 豊かな植物もある。
⑤ 公園内のヘラジカの個体数を減らすための新たな規則がある。

問4　この記事に最もふさわしいタイトルは［43］である。

① 牧場主所有の動物の数の減少
② 自然のバランスに関する問題への取り組み
③ 世界中の自然保護
④ 国立公園にヘラジカを放つ

本文の語注

☐ ecological	形 生態系の	☐ article	名 記事

【第1パラグラフ】

☐ located	位置して	☐ northern	形 北部の
☐ attraction	名 魅力, ひきつけるもの	☐ acre	名 エーカー
☐ a large variety of ～	様々な種類の～	☐ wolf	名 オオカミ
☐ as of ～	～の時点で	☐ pack	名 群れ
☐ disappear	動 いなくなる, 姿を消す		

【第2パラグラフ】

☐ decline	動 減少する	☐ hunting	名 狩猟
☐ regulate	動 ～を規制する	☐ rancher	名 牧場主
☐ raise	動 ～を飼育する	☐ cattle	名 牛
☐ sheep	名 羊	☐ be on the point of *doing*	～しかかる
☐ wipe out ～	～を全滅させる	☐ arise	動 生じる
☐ elk	名 ヘラジカ	☐ herd	名 群れ
☐ species	名 種	☐ deer	名 シカ
☐ principal	形 主な	☐ source	名 源
☐ upset	動 ～を崩す, ひっくり返す	☐ ecosystem	名 生態系
☐ be worried about ～	～について心配する	☐ damage	名 被害
☐ overly	副 過度に		

【第3パラグラフ】

☐ solve	動 ～を解決する	☐ announce	動 ～を発表する
☐ intention	名 意向	☐ release	動 ～を放つ, 解放する
☐ bring down ～	～を減らす, 下げる	☐ agree on ～	～について合意する
☐ appoint	動 ～を任命する, 指名する	☐ oversee	動 ～を監督する, 監視する
☐ reintroduction	名 再導入	☐ publish	動 ～を発表する
☐ official	形 公式の	☐ recovery	名 回復
☐ research	名 研究	☐ environmental	形 環境の
☐ impact	名 影響	☐ statement	名 声明
☐ issue	動 ～を発表する		

【第4パラグラフ】

☐ project	名 計画	☐ reduce	動 ～を減らす
☐ estimated	形 推定の	☐ furthermore	副 さらに
☐ observer	名 監督者, 観察者	☐ be responsible for ～	～の原因となる
☐ introduction	名 導入	☐ as a result	その結果として
☐ risk	名 危険	☐ be perceived as ～	～だとわかる
☐ threat	名 脅威	☐ obvious	形 明白な
☐ frequency	名 頻度	☐ therefore	副 そのため, したがって
☐ restriction	名 制限	☐ measures	名 措置

設問・選択肢の語注

☐ result in ～	～をもたらす	☐ decrease	名 減少
☐ increase	名 増加	☐ damage	動 ～に害をもたらす
☐ hide	動 隠れる	☐ illustrate	動 ～を表す
☐ according to ～	～によると	☐ current	形 現在の
☐ extinct	形 絶滅している	☐ vegetation	名 植物
☐ address	動 ～に取り組む	☐ conservation	名 保護

CHAPTER 2

共通テスト攻略のためのスキル・トレーニング

SKILL TRAINING 1 全訳&語注

和訳

あなたは高校生です。学校の校長先生からの告知を読んでいます。

親愛なる生徒諸君,

ご存じのように,校則では授業中に携帯電話を使用することは許可されていません。しかし,ここ2週間で,生徒諸君がこの規則を破ったケースを10件耳にしています。これは,本校すべての生徒諸君に,授業中は電話の電源を切っておくことを求める警告通知です。

授業と授業の合間は電話を使用しても構いませんが,教室外でのみ使用できます。生徒諸君全員がこの規則を守ることを私たちは願っており,今後諸君を一人たりとも罰したくはありません。

学校長
セシル・ジョンソン

問1 この告知は,生徒たちに [1] を要求している。

① いかなる理由でも携帯電話を学校に持ってこないこと
② 家にいるときだけ携帯電話を使うこと
③ 授業に出席している間は携帯電話を使わないこと
④ 家に帰るまで携帯電話の電源を切っておくこと

問2 この告知から, [2] ということがわかる。

① この学校の携帯電話についての規則は時代遅れである
② 携帯電話の規則に従わない生徒は,何らかの罰を受ける
③ これまでのところ,携帯電話の規則を破った生徒はいない
④ 校長は,学校を卒業した後の生徒たちの将来を心配している

本文の語注

- senior high school student 高校生
- principal 名 校長
- allow A to *do* Aに～することを許可する
- violate 動 (規則など)を破る
- ask A to *do* Aに～することを求める
- punish 動 ～を罰する
- notice 名 告知
- as you know ご存じのように
- case 名 ケース, 事例
- warning notice 警告通知
- obey 動 (規則など)を守る

設問・選択肢の語注

- request A to *do* Aに～することを要求する
- attend 動 ～に出席する
- be out of date 時代遅れである
- so far これまでに
- graduate from ～ ～を卒業する
- for any reason (否定文で)いかなる理由でも
- can tell ～ ～だとわかる
- penalty 名 罰
- be worried about ～ ～を心配している

SKILL TRAINING 2　全訳＆語注

和訳

あなたは何かボランティア活動をしたいと思っており，校内の掲示板に面白そうな告知を見つけました。

学生ボランティア募集！
「演劇フェスティバル」

10月13日の午後2時から5時まで，モンテグロ高校では講堂にて演劇フェスティバルを開催します。多くの有名ダンサーと俳優がこの特別イベントに参加します。この演劇フェスティバルを成功させるために，準備の手助けとフェスティバル中に私たちを補助してくれる学生ボランティアを必要としています。

業務名	業務詳細	日付	時間
ポスター製作	イベントの告知ポスターを作る	10月2日 水曜日	午後3時～ 午後6時
手紙書き	幼稚園と老人ホームに送る招待状を書く	10月2日 水曜日	午後3時～ 午後5時
講堂の準備	床掃除と椅子並べをし，教員が講堂に飾りつけをするのを手伝う	10月12日 土曜日	午後2時～ 午後5時
演者の歓迎	ダンサーと俳優を控え室に案内し，コーヒーや紅茶を出す	10月13日 日曜日	午前11時～ 午後1時
訪問客の案内	校門に立って，訪問客に講堂への行き方を案内する	10月13日 日曜日	午後1時～ 午後4時

●興味のある人は直接，演劇担当教員のハマー先生に連絡を取ってください。
●フェスティバルで手伝いをしたい学生は，親または保護者の書面による許可が必要です。

問1 この告知の目的は, [3] 学生を見つけることである。

① イベントを手伝う
② 演者になりたい
③ 演劇を見たい
④ フェスティバルで踊れる

問2 たとえ週末は忙しくても, あなたは [4] によっても手助けができる。

① 門でダンサーや俳優を出迎えること
② ハマー先生に他の仕事を与えてもらうようにお願いすること
③ イベントの1週間前に講堂の飾りつけをすること
④ イベントを告知するために必要な準備をすること

✔ 本文の語注

- □ volunteer 名 ボランティア
- □ drama 名 演劇
- □ auditorium 名 講堂
- □ actor 名 俳優
- □ help *do* 〜するのを手助けする
- □ task 名 業務, 仕事
- □ poster 名 ポスター
- □ invitation 名 招待状
- □ old-age home 老人ホーム
- □ help A *do* Aが〜するのを手伝う
- □ performer 名 演者, パフォーマー
- □ visitor 名 訪問客
- □ would like to *do* 〜したい
- □ guardian 名 保護者
- □ bulletin board 掲示板
- □ festival 名 フェスティバル, 祭り
- □ dancer 名 ダンサー, 踊る人
- □ successful 形 成功している
- □ assist 動 〜を補助する
- □ detail 名 詳細
- □ announce 動 〜を告知する
- □ kindergarten 名 幼稚園
- □ arrange 動 〜を並べる, 準備する
- □ decorate 動 〜を飾り付ける
- □ waiting room 控え室, 待合室
- □ directly 副 直接に
- □ written permission 書面による許可

✔ 設問・選択肢の語注

- □ even if 〜 たとえ〜しても
- □ preparation 名 準備
- □ over the weekend 週末にかけて

SKILL TRAINING 3　全訳＆語注

和訳

あなたは夜にひどい頭痛に襲われ, ドラッグストアで何か薬を買いたいと思っています。今, 店でパッケージの取扱説明書を読んでいます。

アスピリンによる中毒を防ぐために

アスピリンは頭痛や歯痛など様々な痛みを緩和するためのものです。本薬を服用する前に, この取扱説明書をお読みください。

A. アスピリンの服用方法と服用時間

1. 4〜6時間おきに2錠を服用してください。一度に3錠以上の服用は絶対にしないでください。
2. 最後の服用から最低4時間はおいてください。
3. アスピリンは食べ物と一緒に服用することをお勧めします。それにより, 腹痛を起こしにくくなります。

B. アスピリンを服用可能な人, 服用不可能な人

1. 本薬に含まれる物質であるNSAIDsに強いアレルギー反応のある方は, 服用しないでください。
2. ごくまれですが子どもの肝臓や脳に損傷を与えることがありますので, 医者が処方していない限り, 16歳未満の子どもにはこの薬を与えないでください。
3. アスピリンは妊娠30週以内に服用するのであれば通例, 安全です。30週以降は通例, 認められません。
4. 過去に以下のいずれかの症状があったが現在は罹患していない場合は, アスピリンがご自身にとって安全であるかを医師に確認してください。
   ・胃疾患　・高血圧　・肺病　・肝臓または腎臓疾患

注意

●妊娠中の方は, アスピリンの服用がご自身にとって安全であるかを医師にご確認ください。

問1 取扱説明書に従えば, 12時間以内で最大 [5] を服用できる。

① 2錠
② 3錠
③ 6錠
④ 9錠

問2 もしあなたが [6] ならば, アスピリンを服用することは決して認められない。

① 14歳の少年または少女である
② 妊娠3カ月である
③ 5年前に胃疾患にかかった
④ NSAIDsに対して悪い反応を示す

本文の語注

- □ headache　名 頭痛
- □ instructions　名 取扱説明書, 指示
- □ aspirin　名 アスピリン
- □ prevention　名 防止, 予防
- □ ache　名 痛み
- □ toothache　名 歯痛
- □ every ~ hours　~時間ごとに
- □ at a time　一回で, 一度に
- □ dose　名 服用
- □ be less likely to *do*　~しにくい, しそうにない
- □ allergy　名 アレルギー
- □ unless　接 ~でない限り
- □ rarely　副 まれに
- □ liver　名 肝臓
- □ generally　副 通例
- □ suffer from ~　~に罹患している, をわずらう
- □ stomach　名 胃
- □ blood pressure　血圧
- □ disease　名 疾患, 病気
- □ pregnant　形 妊娠している
- □ drugstore　名 ドラッグストア
- □ package　名 パッケージ
- □ poisoning　名 中毒
- □ relieve　動 ~を緩和する
- □ headache　名 頭痛
- □ tablet　名 錠, 錠剤
- □ ~ or more　~以上
- □ at least　最低, 少なくとも
- □ that way　それにより, そのほうが
- □ stomachache　名 腹痛
- □ substance　名 物質
- □ prescribe　動 ~を処方する
- □ do damage to ~　~に損傷を与える
- □ brain　名 脳
- □ pregnancy　名 妊娠
- □ make sure ~　~を確認する
- □ illness　名 疾患, 病気
- □ lung　名 肺
- □ kidney　名 腎臓
- □ check with ~　~に相談する

設問・選択肢の語注

- □ at most　最大でも
- □ reaction　名 反応

 SKILL TRAINING 4　全訳＆語注

和訳

あなたは学校のボランティア部に所属しており，次の会合でリサイクルのアイデアを紹介する予定です。ウェブサイトで，この買い物バッグの作り方のガイドを見つけました。

簡単なリサイクルアイデア
「もうレジ袋はいらない」

もう着ることのないＴシャツがクローゼットに眠っていませんか？　もしそうなら，そのＴシャツを買い物バッグとして新しく生まれ変わらせませんか？　Ｔシャツバッグはとても優れています。軽くて，たくさんの重い商品を持てるほど十分な耐久性があります。おしゃれをして，環境にも優しくなりましょう！

Ｔシャツ買い物バッグ

必要なもの
1. Ｔシャツ１枚
2. はさみ
3. ミシン（針と糸で手で縫うこともできます）

作り方

ステップ1：Ｔシャツの底を閉じる。

1. Ｔシャツを裏返しにします。
2. 底を切り取ります。中をどれくらい深くしたいかに応じて，バッグの長さを変えられます。
3. Ｔシャツの底を縫って閉じます。

ステップ2：バッグを持ち運ぶための２つの持ち手を作ります。

1. 袖部分を切り取ります。縫い目のところを切ってはいけません。
2. 首回りを切り取ります。切る量は，どれくらいバッグの開口部を大きくしたいかによります。

最終ステップ：ＴシャツバッグをⅠ表に返す。完成です！

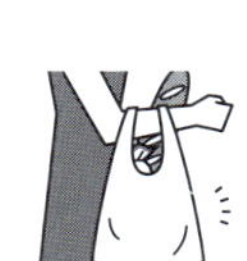

注意

●針と糸を使って手で縫うこともできますが，底を頑丈にしたい場合は，ミシンをお使いください。

●既製品の買い物バッグの中には，簡単に洗えないものもあり，バクテリア繁殖の原因となります。しかしTシャツバッグは，他の衣類と一緒に簡単に洗濯機で洗えます。そのため，食材を持ち運べるよう，常に清潔で安全に保てます。

レビュー

カナ　2019年6月5日19時17分

完璧です！　他の誰も持ってないバッグを使えることが自慢です。

ベン　2020年3月18日11時33分

ありがとうございます。かなり簡単にできました。これからはビニール袋をもらう必要がありません！

問1　この説明書は，あなたが［ 7 ］ことを望むなら役に立つだろう。

① 友達にユニークな買い物バッグを買ってあげる
② 環境のために何か行動を起こす
③ 自分自身の服を縫う方法を学ぶ
④ リサイクル計画のボランティアとして働く

問2　［ 8 ］ので，食中毒を心配する人もこのバッグを気に入るかもしれない。

① その中では食べ物を冷たく保てる
② 自然由来の生地で作られている
③ バクテリアが簡単に洗い流される
④ 特殊な素材が使われている

☑ 本文の語注

- □ belong to ～　～に所属する
- □ introduce　動 ～を紹介する
- □ website　名 ウェブサイト
- □ in that case　もしそうなら
- □ durable　形 耐久性のある
- □ item　名 商品
- □ fashionable　形 おしゃれな，流行の
- □ sewing machine　ミシン
- □ needle　名 針
- □ inside out　裏返しに
- □ depending on ～　～に応じて
- □ sleeve　名 袖
- □ cut out ～　～を切り取る
- □ depend on ～　～によって決まる
- □ final　形 最終の
- □ done　形 完了した
- □ easily　副 簡単に
- □ bacteria　名 バクテリア
- □ perfect　形 完璧な
- □ no one else　他の誰も～ない
- □ volunteer　名 ボランティア
- □ recycling　名 リサイクル，再生利用
- □ closet　名 クローゼット
- □ light in weight　軽い
- □ enough to *do*　…するほど十分に～
- □ eco-friendly　形 環境にやさしい
- □ scissors　名 はさみ
- □ sew　動 縫う
- □ thread　名 糸
- □ cut off ～　～を切り取る，切り落とす
- □ handle　名 持ち手
- □ seam　名 縫い目
- □ neckline　名 首回りライン
- □ opening　名 開口部
- □ right side out　表を出して
- □ ready-made　形 既成の
- □ let A *do*　Aに～させる
- □ review　名 レビュー
- □ be proud of *one's doing*　Aが～するのを自慢する
- □ from now on　これからは

☑ 設問・選択肢の語注

- □ unique　形 ユニークな
- □ environment　名 環境
- □ poisoning　名 中毒
- □ take action　行動を起こす
- □ project　名 計画，プロジェクト

SKILL TRAINING 5　全訳&語注

和訳

あなたはお気に入りのミュージシャンの新しく発売されたDVDを買うかどうか考えています。ウェブサイトで,商品の情報を見つけました。

BUY DVD. com

ステファン・オブライエン“ベストヒット選 DVD”

ステファン・オブライエンのベストヒット30選！　一度再生したら,あなた方ファンはその素晴らしさに気づくことを約束します。伝説の歌手ピーター・ジャクソンは,この作品を奇跡と評しています。

商品詳細
形式：DVD
発売日：2019年12月21日
価格：40.22 USドル(税込)
製作者：バブーンレコード
カスタマーレビュー平均：★★★★☆(星5.0のうち4.0)
　星5つ(＝素晴らしい)50%　星4つ(＝良い)31%　星3つ(＝まずまず)9%
　星2つ(＝いまひとつ)4%　星1つ(＝悪い)6%

20ドル以上の商品は送料無料です

カスタマーレビュー

ジャック・ジェイムズ
あらゆる人,特に30代～40代の人にお薦めです。とても感動的です。

シルヴィア・ウィルソン
予定通りに商品を受け取りました。ついに手に入った！　古き良き時代を思い出します！

問1 ウェブサイトによると，この商品に関する事実(意見ではない)は，[9]ということである。

① それは素晴らしいDVDだ
② それを配達してもらうには追加料金を支払う必要がある
③ それはある有名歌手に賞賛されている
④ それはすべての音楽愛好家に薦(すす)められる

問2 ウェブサイトによると，この商品に関する意見(事実ではない)は，[10]ということである。

① それはとても感動的な作品だ
② 10代には好まれないかもしれない
③ 予定通りにある顧客に届いた
④ ある顧客に昔の日々のことを思い出させた

✔ 本文の語注

□ wonder if ～	～かどうか考える	□ newly-released	[形] 新しく発売された
□ favorite	[形] お気に入りの	□ musician	[名] ミュージシャン
□ website	[名] ウェブサイト	□ hit selection	ヒット選
□ fan	[名] ファン，熱心な愛好者	□ amazing	[形] 素晴らしい
□ legendary	[形] 伝説の	□ singer	[名] 歌手
□ miracle	[名] 奇跡	□ detail	[名] 詳細
□ release	[名] 発売，公開	□ including tax	税込み(の)
□ producer	[名] 製作者	□ average	[形] 平均の
□ customer review	カスタマーレビュー	□ out of ～	～の中から
□ awful	[形] 悪い，ひどい	□ ～ or more	～以上
□ recommend	[動] ～を薦める	□ in one's 30's and 40's	30代～40代の
□ moving	[形] 感動させるような	□ on schedule	予定通り
□ recall	[動] ～を思い出す	□ good-old times	古き良き時代

✔ 設問・選択肢の語注

□ according to ～	～によると	□ excellent	[形] 素晴らしい
□ extra	[副] 余分に	□ deliver	[動] ～を配達する
□ admire	[動] ～を賞賛する	□ lover	[名] 愛好家
□ touching	[形] 感動的な	□ a piece of ～	1つの～
□ teenager	[名] 10代の人	□ on schedule	予定通りに
□ remind A of B	AにBを思い出させる		

SKILL TRAINING 6 全訳＆語注

和訳

あなたは以下の記事にもとづいて，ディベートの授業の準備をしています。

いまだにスカート着用を強いられる女子

メグ・モーガン
2017年4月30日

オーストラリアの多くの公立校や私立校では，女子にスカート着用を要求するのはいまだに普通のことである。彼女たちは男子のようにショートパンツやズボンを着ることはできない。女子にズボンの選択肢を与えるように多くの州政府が学校に要望したが，その伝統を変えた私立校や公立校はほとんどない。

ある教育の専門家は「女子は女子らしくすべきという考えは時代遅れです。今は男女平等の時代です。スカートはズボンほどには自由を与えてくれないと考えます。身体の動きを制限します。制服は生徒たちが学校の様々な活動を快適に楽しむのに十分な実用性があるべきです」と言う。「今日，街中ではズボン姿の少女を多く見かけますから，なぜ学校が校内での女子のスカート着用に固執するのか不明です」と彼女は付け加える。

女子が学校でズボンを着用することへの反対意見があることもわかっています。「女性が日常的にスカートを履くのは長く続いている伝統です。いくつかの調査が明らかにしていますが，国内の多くの職場がこの伝統にこだわっています。女性や女の子はスカートを履いたほうが確実によりかわいく，美しく見えるんです。性別による違いがあるんです。ズボンを履いた男子が素敵に見えるように，スカートを履いた女子は素敵に見えます。これのどこが悪いんですか？」と語る親もいます。

1件のコメント

ヘレン・マーキュリー　2017年6月11日

信じられません！　どうして21世紀にそんな非合理的なことにこだわるんでしょうか。学校は女子にズボンの選択肢を与えないことで，校内での快適さも奪っているんですよ。こんなことが許されていいものでしょうか。そんなわけありません。これは深刻な男女差別です。

問1　あなたのチームは，「女子は学校でズボンを着用できるべきだ」というディベートの論題を支持する。記事の中で，あなたのチームにとって役立つ意見（事実ではない）は［ 11 ］ということである。

① ズボンを履くことは，スカートを履くことより生徒をおしゃれに見せる
② 多くの州政府は学校に女子の学校でのスカート着用を許可してもらいたいと思っている
③ スカートはズボンほどには学校での活動に向いていないことがある
④ ある程度の性差を認めることが大切だ

問2 もう一方のチームは，そのディベートの論題に反対する。記事の中で，そのチームにとって役立つ意見（事実ではない）は，[12]ということである。

① 男性が職場でズボンを着用することは重要だ
② 男子が男子らしい服装をすべきであるように，女子は女子らしい服装をすべきだ
③ オーストラリアの多くの職場は，女性従業員にスカート着用を要求している
④ 現代社会では，性の不平等を取り除くことが大切だ

問3 ヘレン・マーキュリーのコメントによると，彼女は記事で述べられている規範に[13]。

① 強く賛成している
② 部分的に賛成している
③ 特に意見を持っていない
④ 強く反対している

本文の語注

- □ debate　名 ディベート
- □ force A to *do*　Aに～することを強いる
- □ require A to *do*　Aに～するよう要求する
- □ shorts　名 ショートパンツ
- □ although　接 ～だけれども
- □ tradition　名 伝統
- □ education　名 教育
- □ out of date　時代遅れの
- □ gender equality　男女平等
- □ freedom　名 自由
- □ movement　名 動き
- □ practical　形 実用性がある，実用的な
- □ see A *doing*　Aが～しているのを見る
- □ insist on A *doing*　Aが～することに固執する，～を主張する
- □ long-lasting　形 長く続いている
- □ regularly　副 日常的に，定期的に
- □ reveal　動 ～を明らかにする
- □ across the nation　国内に，全国に
- □ certainly　副 確かに
- □ comment　名 コメント
- □ wonder why ～　どうして～なのかと思う
- □ deny A B　AにBを与えない
- □ serious　形 深刻な
- □ based on ～　～に基づいて
- □ skirt　名 スカート
- □ norm　名 規範，普通のこと
- □ pants　名 ズボン
- □ option　名 選択肢
- □ expert　名 専門家
- □ notion　名 考え
- □ era　名 時代
- □ equality　名 平等
- □ restrict　動 ～を制限する
- □ uniform　名 制服
- □ comfortably　副 快適に
- □ unclear　形 不明な
- □ objection　名 反対意見
- □ tradition　名 伝統
- □ survey　名 調査
- □ workplace　名 職場
- □ stick to ～　～にこだわる，従う
- □ so do A　Aもまたそうである
- □ incredible　形 信じられない
- □ irrational　形 非合理的な
- □ comfort　名 快適さ
- □ gender discrimination　男女差別

設問・選択肢の語注

- □ topic　名 トピック
- □ fashionable　形 おしゃれな
- □ admit　動 ～を認める
- □ oppose　動 ～に反対する
- □ female　形 女性の
- □ get rid of ～　～を取り除く
- □ according to ～　～によれば
- □ partly　副 部分的に
- □ helpful　形 助けとなる，役に立つ
- □ be suitable for ～　～に向いている，適した
- □ a certain degree of ～　ある程度の～
- □ dress　動 服を着る
- □ employee　名 従業員
- □ gender inequality　男女不平等
- □ strongly　副 強く
- □ disagree with ～　～に反対する

SKILL TRAINING 7　全訳＆語注

和訳

授業であなたは以下の記事を読み，ディベートの準備をするように指示されます。

教師が賃上げを要求

トレイ・アンダーソン

2019年11月，シカゴでは数千人の教師によるストライキが起こった。主な問題はお金であった。こんなにも安い給与で働かなければならないのであれば，モチベーションが維持できない，と教師たちは語った。

シカゴ市長によれば，教師の給与を増額するのに十分なお金が市には残されていないとのことである。だが，市は不必要なことにお金を使いすぎている，と教師たちは考えている。

優れた教育は市の将来の発展の鍵を握る，と市長は常に主張してきた。そうであるならば，彼女は「お金が世界を動かす」ということを知っておくべきだ。だから，十分に支払いがなければ，教師は一生懸命に働かないだろう。

問1　記事の第3パラグラフで“money makes the world go round”が意味するのは，お金は［ 14 ］ということだ。

① 1つの目的ではなく，様々な目的のために使われなければならない
② 将来の世代のために残しておかれなければならない
③ 人々が一生懸命働くよう促すために重要である
④ 世界を平和に暮らす場所にできる

本文の語注

□ debate	名 ディベート	□ demand	動 ～を要求する
□ wage	名 賃金	□ strike	名 ストライキ
□ thousands of ～	数千の～	□ keep up ～	～を維持する
□ motivation	名 モチベーション	□ salary	名 給料
□ mayor	名 市長	□ spend A on B	A(お金・時間)をBに使う
□ unnecessary	形 不必要な	□ argue	動 ～を主張する
□ education	名 教育	□ development	名 発展
□ therefore	副 そうであるならば，したがって	□ make A go round	Aを動かす

設問・選択肢の語注

□ paragraph	名 パラグラフ	□ generation	名 世代
□ encourage A to *do*	Aが～するよう促す	□ peaceful	形 平和な

SKILL TRAINING 8　全訳＆語注

和訳

日本で暮らし始めたばかりのアメリカ人男性が書いたブログで，あなたは次の話を見つけました。

日本のレストランでの食事

7月11日（月）

昨夜，東京の有名なステーキレストランに行った。そのビルに近づくと，10人かそれ以上の人が入り口で中に呼ばれるのを待っていた。そのレストランは大人気で大抵混んでいると友人が言っていたので，驚きはしなかった。約30分後，スタッフの一人が私を中に呼んでくれた。

私は他のお客さんの行動を観察した。彼らはサービスカウンターで料理を注文し，事前に支払いを済ませていた。だから私もそれに続いた。私が注文したのは標準的なステーキディナーだった。テーブルに座って，料理が来るのを待った。約20分後，ウェイターが料理を運んできた。巨大なステーキだった。周りの客の何人かは自分のステーキを食べ切るのに苦労しているようだった。

ステーキは素晴らしかった！　味とボリュームにすっかり満足した私は，母国で普段やっているように，ウェイターにチップを手渡そうとした。だが，彼は他のお客さんの給仕をするのにすごく忙しそうだった。私がそのレストランにいる間，どのテーブルも文字通り１分間隔で新しいお客さんが座ってきた。ウェイターを邪魔したくなかったので，かわりに500円玉をテーブルに置いてきたが，これはアメリカでチップを渡す普通のやり方だ。

まさにレストランを出ようとしたとき，背後から男の人が叫んでいるのが聞こえた。私は振り返った。なんだかよくわからない日本語を話しながら，私に駆け寄ってくるウェイターに気づいた。奇妙に感じたが，立ち止まって彼の話を聞いた。するとウェイターは，私がテーブルに残した硬貨を見せ，「お金をお忘れです」と英語で言った。忘れたのではなく，わざとチップとして置いたのだ，と私は彼に伝えた。彼はチップは必要ないと言い張った。最終的に私は折れた。ウェイターは私に次回来店したときのための割引クーポンまでくれた。

帰宅すると，妻は私に「私たちアメリカ人と違って，日本のレストランでは客からのチップを期待する従業員はほとんどいないのよ」と言った。慣習は文化によって異なるのだということを私は理解できた。

問1 レストランでは, [15]。

① 食事は支払いがされた後に出された
② ステーキは客の食欲を満たせるほど大きいものではなかった
③ ほとんどの時間いくつかのテーブルは空いていた
④ 割引クーポンは男性客だけに提供された

問2 あなたは, このブログの筆者が [16] ことがわかった。

① 食事を大いに楽しみ, ウェイターにチップを手渡した
② 偶然, 硬貨をテーブルに置き忘れ, ウェイターに持ってきてもらった
③ 日本のチップの慣習についての知識がほとんどなく, 誤解された
④ 最終的にチップをウェイターに受け取ってもらうことに成功した

本文の語注

- □ blog 名 ブログ
- □ come close to ～ ～に近づく
- □ entrance 名 入口
- □ call ～ in ～を中に呼び入れる
- □ counter 名 カウンター
- □ follow suit 続いて同じようにする, 人のするとおりにする
- □ huge 形 巨大な
- □ fully 副 すっかり, 完全に
- □ taste 名 味
- □ tip 名 チップ
- □ literally 副 文字通り
- □ coin 名 硬貨
- □ hurry 動 急ぐ
- □ on purpose わざと
- □ finally 副 最終的に
- □ discount 名 割引
- □ unlike 前 ～と違って
- □ custom 名 慣習
- □ steak 名 ステーキ
- □ find A *doing* Aが～しているのに気づく
- □ staff 名 スタッフ
- □ customer 名 客
- □ in advance 事前に
- □ normal 形 標準の
- □ awesome 形 素晴らしい
- □ content with ～ ～に満足して
- □ volume 名 ボリューム, 量
- □ wait on ～ ～の給仕をする
- □ interrupt 動 ～を邪魔する
- □ about to *do* ～しそうである
- □ odd 形 変な, 妙な
- □ insist 動 ～と言い張る, 主張する
- □ give in 譲歩する, あきらめる
- □ coupon 名 クーポン
- □ worker 名 従業員, 労働者
- □ vary 動 異なる

設問・選択肢の語注

- □ pay for ～ ～の支払いをする
- □ vacant 形 空いている
- □ accidentally 副 偶然
- □ misunderstand 動 ～を誤解する
- □ appetite 名 食欲
- □ male 形 男性の
- □ tip 動 チップをあげる
- □ succeed in ～ ～に成功する

SKILL TRAINING 9　全訳＆語注

和訳

あなたは学校新聞で次の話を見つけました。

男子が好きな女子をデートに誘うこと
マサコ・ハナダ(スクールカウンセラー)

10代の男子にとって，女子をデートに誘うには大変な勇気と強い決意が必要だ。デジタル機器によって他者と連絡を取ることが容易になるにつれて，彼らが経験する悩み事や問題も変化してきている。

16歳の男子であるネイトは，高校生活初日にたまたま教室でレベッカと席が隣になった。2人はすぐに仲良くなり，よくおしゃべりを楽しんだ。ほぼ毎晩，彼らは携帯電話のメッセージでチャットした。ネイトは少しずつレベッカに恋心を抱くようになり，デートに誘いたいと思うようになった。ある日，ネイトは次の日曜日にレベッカをランチに誘うことを決意した。それでその晩，彼はレベッカにメッセージを送り，深夜まで返信を待った。しかし，メッセージは既読にすらなっていないようだった。彼はレベッカに何か起きたのではないかと心配になった。病気でスマートフォンに触れる気にならないのかもしれない，と彼は考えた。

翌朝，校門の近くでレベッカはネイトを見つけ，彼に話しかけた。「ごめんなさい，ネイト，夕べは疲れてたからすごく早く寝ちゃって，今までメッセージに気づかなかったの」日曜の都合がいいかどうか予定を確認してみる，と彼女は言った。別れ際，ネイトの心臓はどきどきしていたが，それは喜びのためではなく，少なくともレベッカが彼の誘いを考えてくれているという安堵のためだった。

その晩，ネイトはそわそわしながら彼女のメッセージを待った。しかし，その日は何も送られてこなかった。ネイトは不安に感じた。レベッカにメッセージを送って，その日に都合がつくかどうかを尋ねたほうがいいだろうか，と彼は悩んだが，そうはしないことにした。自分は寛大で辛抱強い男子だと彼女に示したかったのだ。彼はその晩，ほとんど眠らずに過ごした。

翌朝2人が顔を合わせたとき，レベッカはネイトにランチに行けないことを謝った。彼女が言うには，バンクーバーのいとこがその日曜日に家にやってくる予定で，お昼頃に空港に迎えに行かないといけない，とのことだった。ネイトは彼女に微笑んで，大丈夫だよと言ったものの，心の中では涙を流していた。「また今度ね。いとこによろしくね」と彼は彼女に言った。

日曜日の朝，ネイトはレベッカから予想外の電話をもらった。いとこのフライトは悪天候のため，夕方まで到着が遅れるとのことだった。彼女は彼に，まだランチの都合がつけられるかを尋ねた。ネイトには断る理由などなかった。とうとう彼女とデートできるんだ！　ネイトは雲の上を歩いているような気持ちだった。

問1　この語によると, ネイトの感情は次の順番で変化した: [17]。

① 心配→喜んだ→心配→安心→落ち込んだ
② 心配→落ち込んだ→喜んだ→安心→心配
③ 心配→安心→落ち込んだ→心配→喜んだ
④ 心配→落ち込んだ→喜んだ→心配→安心
⑤ 心配→安心→心配→落ち込んだ→喜んだ
⑥ 心配→喜んだ→安心→心配→落ち込んだ

問2　この語から, あなたはレベッカが [18] ということがわかった。

① その日は他に予定がなかったが, ネイトとのランチには行く気がしなかった
② ランチの都合がつきそうになかったが, 予想外の出来事のおかげで最終的には都合がついた
③ 両親が男子とデートに行くことを許してくれなかったので, ネイトの誘いを断らざるを得なかった
④ 最初はネイトのことがあまり好きではなかったが, 時間がたつにつれて少しずつ好きになっていった

本文の語注

ask out ～	～をデートに誘う
counselor	名 カウンセラー
courage	名 勇気
digital device	デジタル機器
happen to *do*	たまたま～する
friendly	形 仲が良い
text message	携帯電話のメッセージ
fall for ～	～に恋をするようになる, ～を好きになる
date	動 ～とデートする
midnight	名 深夜
see if ～	～かどうかを確かめる
part	動 別れる
joy	名 喜び, うれしさ
invitation	名 誘い
uneasy	形 不安な
generous	形 寛大な
apologize to A for B	AにBのことで謝罪する
some other time	また別のときに
flight	名 フライト
refusal	名 断り, 拒否
be in love with ～	～を好きな, に恋してる
teenage	形 10代の
determination	名 決意
suffer	動 (苦痛など)を経験する
next to ～	～の隣に
chat	動 チャットする, おしゃべりする
little by little	少しずつ
feel like *doing*	～したいと思う
reply	名 返信
wonder	動 ～と心配に思う
convenient	形 都合がいい
beat	動 (心臓が)ドキドキする, 鼓動する
relief	名 安堵, 安心
impatiently	副 今か今かと, 我慢できずに
available	形 都合が良い
awake	形 眠らずに, 目が覚めて
in tears	泣いて
unexpected	形 予想外の
delay	動 ～を遅らせる
as if ～	まるで～するかのように

設問・選択肢の語注

according to ～	～によると
anxious	形 心配して
disappointed	形 落ち込んで, がっかりして
finally	副 最終的に
turn down ～	～を断わる, 拒絶する
come to *do*	～するようになる
delighted	形 喜んで
relieved	形 安心して
appointment	名 約束
thanks to ～	～のおかげで
go out with ～	～とデートに行く

SKILL TRAINING 10　全訳＆語注

和訳

あなたは若者の社会への関心について調べています。2つの記事を見つけました。

18歳は社会にどの程度関心があるか？　J.M.

2020年1月

2019年，日本財団は数ヵ国で18歳を対象とした調査を行った。その調査は，彼らがときどき友人や家族と社会問題について話し合う機会があるかを尋ねるものだった。

下のグラフからわかるように，調査によると，若者の社会問題に関する関心は国によって大きく異なる。たとえば，日本で社会問題について誰かと議論する18歳の割合は30％未満である一方，インドでは80％以上を占める。

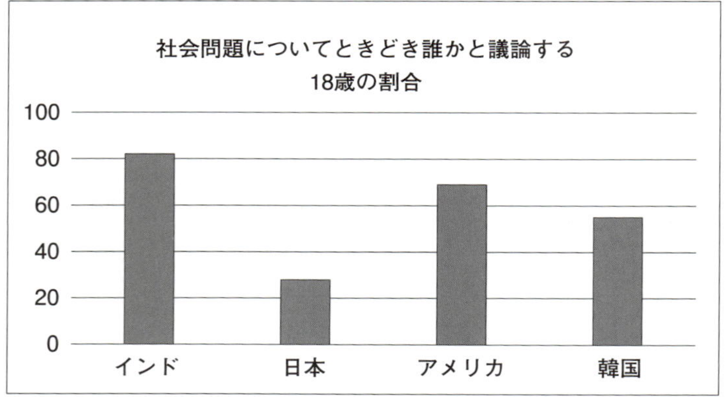

私の国に関して言えば，結果は落胆すべきものである。18歳の約半数が誰かと社会問題について話し合う傾向にない。私には理由はわからないが，この結果を広く大衆に伝えることが私の記者としての使命だと思う。控えめに言っても，学校での社会科教育には劇的な変化が必要だ。

「18歳は社会にどの程度関心があるか？」を読んで　K.A.

2020年3月

記者は，自分の国の若者の社会問題への関心の低さに落胆していた。悲しいことに，私の国の状況は彼の国よりもずっと悪いのだ。若者の大半が，自分たちの生活は社会と関係ないと思っているようだ。これで国の明るい未来など期待できるだろうか？これは深刻な問題だ。3歳の男の子の父親として私は，息子が理解できる歳になったら，社会問題について話をすることを決意している。

問1　記者は[19]出身である。
① インド
② 日本
③ アメリカ
④ 韓国

問2　父親は[20]出身である。
① インド
② 日本
③ アメリカ
④ 韓国

本文の語注

【1つ目の英文】

- □ research　名 研究
- □ foundation　名 財団
- □ opportunity　名 機会
- □ according to ～　～によると
- □ issue　名 問題
- □ differ　動 異なる
- □ percent　名 パーセント
- □ percentage　名 割合
- □ disappointing　形 落胆させるような
- □ duty　名 使命, 任務
- □ widely　副 広く
- □ to say the least　控えめに言っても
- □ education　名 教育
- □ have an interest in ～　～に関心がある
- □ carry out ～　～を実行する
- □ discuss　動 ～について話し合う
- □ youth　名 若者
- □ greatly　副 大きく, 非常に
- □ graph　名 グラフ
- □ account for ～　～(の割合)を占める
- □ as for ～　～に関して言えば
- □ be likely to *do*　～しそうだ
- □ journalist　名 記者
- □ the public　大衆
- □ drastic　形 劇的な

【2つ目の英文】

- □ be disappointed with ～　～に落胆している
- □ far　副 ずっと, はるかに
- □ have nothing to do with ～　～と関係がない
- □ alas　間 悲しいことに
- □ majority　名 大半, 過半数
- □ look forward to ～　～に期待する

 SKILL TRAINING 11　全訳＆語注

和訳

あなたはスマートフォンの効果的な使用法について調べています。2つの記事を見つけました。

新しい家庭学習の方法

サム・エリオット

今や私たちの生活に深く根付いているスマートフォンは，しばしば仕事や勉強で実用的に使用されます。2019年，日本のある調査会社による調査が行われました。調査によれば，94.5%の高校生が家で勉強をするためにスマートフォンを使用しているとのことです。彼らのスマートフォンの使用方法は以下のグラフに示されています。

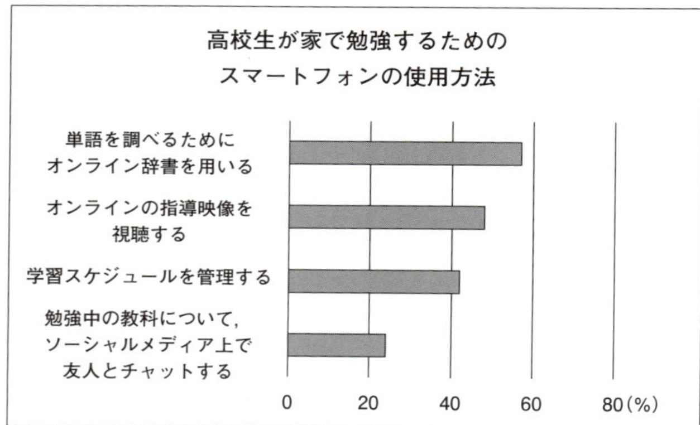

スマートフォンはいくつかの点で勉強を効率的にすることができると私は思います。たとえば，生徒が家でオンライン講義を視聴すれば，塾に出かけて勉強する時間とお金が節約できます。ソーシャルメディアを使えば，彼らはネット上でチャットをすることで宿題について話し合うことができます。さらに，彼らはもうデジタル機器での入力に慣れているので，オンライン辞書で単語を調べるのは紙の辞書を使うよりもずっと時間がかからないでしょう。

いまや時代は変わりつつあります。電話は通話とメールのためだけのもの，という古い考えは捨てませんか？

「新しい家庭学習の方法」を読んで

ナオミ・ワダ

エリオット氏の記事を読みました。勉強のためにスマートフォンを使うことの有効性は認めますが，生徒がそれらをどう使うかについては，大人によるある程度の管理が必要です。一度この魅力的な機器に触れてしまったら，それを勉強のためだけでなく，勉強以外の楽しみのために使うのをやめられる若者がいるでしょうか？　少

なくとも子どもが家でスマートフォンを使って勉強しているとき,親は目を離すべきではありません。特に,親は子どもたちが勉強中に友人と連絡を取れるアプリを使わないように注意すべきです。ネットで友達とチャットをしていると,勉強への集中力が落ちてしまいます。

同時に,学習用のオンライン教材は必ずしも有益だとは限りません。私の16歳の娘は,よくオンラインの指導映像を見ている途中で居眠りしています。これはおそらく,教師が生徒に話しかけるだけの一方通行の講義だからでしょう。オンライン辞書は最近の生徒が単語を調べるのに役立つかもしれないことは認めないといけません。しかし,いったんスマートフォンでネットに接続してしまえば,彼らはただ単語を探す代わりに,自然と他のサイトやゲームを楽しみたくなるでしょう。不必要な魅力で誘惑してくるようなものがなにもないので,机について教科書を使って一人で勉強する方がはるかによいです。

問1 サム・エリオットもナオミ・ワダも, 21 の利点については言及していない。
① 塾に通うこと
② オンライン辞書で単語を調べること
③ 勉強でソーシャルメディアを利用すること
④ 教科書を使って一人で勉強すること

問2 サム・エリオットもナオミ・ワダも, 22 と言っている。
① オンライン辞書を使うことは生徒が単語を探すのをより容易にする
② 指導映像の視聴は推奨されるべきだ
③ ソーシャルメディアは生徒が家で勉強するときには不必要だ
④ 親は子どものスマートフォン使用方法について管理すべきだ

本文の語注

- research 名 研究
- smartphone 名 スマートフォン
- effective 形 効果的な

【1つ目の記事】
- deeply 副 深く
- practically 副 実用的に
- carry out ～ ～を行う
- graph 名 グラフ
- look up ～ (辞書で単語など)を調べる
- schedule 名 スケジュール
- social media ソーシャルメディア
- for instance たとえば
- discuss 動 ～について話し合う
- search for ～ ～を調べる
- digital device デジタル機器
- get rid of ～ ～を捨てる
- rooted 形 根付いた
- survey 名 調査
- make use of ～ ～を使用する
- online 形 オンラインの
- manage 動 ～を管理する
- chat 動 チャットする,おしゃべりする
- efficient 形 効率的な
- cram school 塾
- furthermore 副 さらに
- get used to ～ ～に慣れる
- why not *do* ～してはどうですか
- obsolete 形 古い,旧式の

【2つ目の記事】

□ admit	動 ～を認める
□ adult	名 成人
□ enjoyment	名 楽しみ
□ keep an eye on ～	～から目を離さない
□ make sure that ～	必ず～であるようにする
□ decrease	動 ～を低下させる
□ beneficial	形 有益な
□ one-way	形 一方通行の
□ naturally	副 自然と
□ instead of ～	～の代わりに
□ by oneself ～	一人で
□ unnecessary	形 無益な, 不必要な
□ effectiveness	名 有効性
□ attractive	形 魅力的な
□ at the very least	少なくとも
□ above all	特に, 中でも
□ application	名 アプリ
□ concentration	名 集中力
□ fall asleep	居眠りする
□ connect	動 接続する, つながる
□ website	名 ウェブサイト
□ merely	副 ただ, 単に
□ lure	動 ～を誘惑する
□ attraction	名 魅力

設問・選択肢の語注

□ mention	動 ～に言及する
□ recommend	動 ～を推奨する
□ benefit	名 利点

SKILL TRAINING 12　全訳＆語注

和訳

あなたは人々の睡眠習慣について調べています。2つの記事を見つけました。

眠らない世界

ディビッド・スミス
2019年6月

長期間にわたる極めて少ない睡眠は，私たちに様々な不利益をもたらすと信じられています。たとえば睡眠不足によって，私たちは物忘れしやすくなる可能性があることが科学により示されています。睡眠不足はまた，私たちを怒りっぽくさせたり，イライラさせやすくもします。さらに，十分な睡眠を取らないと，集中力や創造力，問題解決能力が弱くなります。

世界的な統計によれば，人々は平均で一晩あたり7時間2分眠っています。最も眠らない国は日本で，国全体の平均はわずか5時間59分です。この数値は，推奨される一晩7〜9時間の睡眠時間を大きく下回ります。最もよく眠る国であるニュージーランドでさえ，7時間30分しか眠りません。

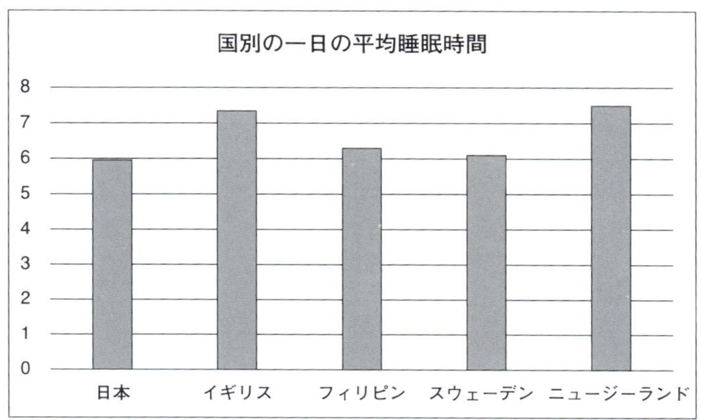

この世界的な睡眠不足に共通する原因は，数十年前と比べると今日では，人々が実際に確保できる睡眠時間が少なくなったことにあると思います。成人の多くは，ほぼ毎日長時間働き，夜遅くに帰宅します。帰宅後に仕事を続けさえする人もいます。同様に今日の生徒は，以前よりも多くの宿題を与えられています。また，生徒たちはボランティア活動や運動部といった放課後の活動に参加することを期待されていて，自然と眠る時間は少なくならざるをえません。

「眠らない世界」を読んで

ブレア・コーエン

2019年7月

世界的な睡眠不足の主な原因は，今日の人々が昔よりずっと忙しくなったことだ，という意見に私は反対です。睡眠時間減少の背景にある最大の変化は，科学技術の進歩によってコンピューターやスマートフォンのようなデジタル機器が1日24時間楽しめるようになったことだと思います。動画を見たりゲームをしたりして明るい画面を見ていると脳が活発になり，眠りにつくのがより難しくなります。

さらに，ソーシャルメディアの流行により，私たちは常に人々と連絡を取り合っていたいと思うようになってきています。きわめて頻繁に，ときには夜から深夜に及ぶまで，私たちはSNSのサイトをチェックして，友達からのメッセージや返信を待ちつづけます。いったんソーシャルメディア上でチャットしたり，オンラインゲームを始めたりしてしまうと，途中で切り上げるのが難しくなるかもしれません。

不十分な睡眠時間は知的能力や感情に悪影響を及ぼすとディビッド・スミスは言っていますが，身体の健康に対する悪影響も見過ごせません。風邪やインフルエンザなどを引き起こすウィルスに対抗する免疫システムが備えている防御力が睡眠不足によって弱められる可能性があることが，科学的に明らかにされています。さらに，一晩の睡眠時間が5時間未満の人は，高血圧のリスクを高めているとも言われています。

私たちは寝る時間がないわけではなく，本当は寝る時間があるのに，他のことにその時間を使う選択をしてしまっているのです。たしかに現代のテクノロジーは私たちの生活を便利で楽しくしていますが同時に，私たちに時間を浪費させ，不健康にしてもいます。

問1 2つの記事によると，睡眠不足は人々の［23］と［24］に悪影響をもたらす可能性がある。(選択肢を2つ選べ。順番は問わない)

① 病気への抵抗力
② 食習慣
③ 経済状況
④ 機嫌

問2 ディビッド・スミスは［25］ことが理由で今日の人々の睡眠時間が減少していると述べ，ブレア・コーエンは［26］ことが理由でそうなっていると述べている。(それぞれの空所に異なる選択肢を選べ)

① 人々が健康状態に全く注意していない
② 人々が現代テクノロジーに支配されている
③ 人々がより長時間働くために早起きしなくてはならない
④ 人々が数十年前よりも多くの家事を抱えている
⑤ 人々が多くの負担を課す多忙な社会で暮らしている

✔ 本文の語注

- research 名 研究

【1つ目の記事】

- on a long-term basis 長期間にわたる
- lack 名 不足, 欠乏
- irritated 形 イライラした
- concentration 名 集中力
- problem-solving 形 問題解決の
- weaken 動 ～を弱める
- worldwide 形 世界的な
- on average 平均で
- well 副 大きく, かなり
- decade 名 10年
- keep on *doing* ～し続ける
- be expected to *do* ～することを期待されている
- naturally 副 当然, 自然に
- habit 名 習慣
- disadvantage 名 不利益
- forgetful 形 物忘れしやすい
- in addition さらに
- creativity 名 創造力
- skill 名 スキル, 技術
- according to ～ ～によれば
- data 名 データ, 資料
- figure 名 数値
- recommended 形 推奨される
- adult 名 大人
- similarly 副 同様に
- volunteer 名 ボランティア
- force A to *do* Aに～することを強いる

【2つ目の記事】

- be against ～ ～に反対している
- technological 形 科学技術の
- enable *A* to *do* Aが～できるようにさせる
- screen 名 画面
- active 形 活発な
- keep in touch with ～ ～と連絡を取り合う
- site 名 サイト, 場所
- reply 名 返信
- chat 動 チャットする, おしゃべりする
- have difficulty *doing* ～することが困難だ
- mention 動 ～を言う, 述べる
- insufficient 形 不十分な
- emotion 名 感情
- ignore 動 ～を見過ごす, 無視する
- defense 名 防御(力)
- virus 名 ウィルス
- moreover 副 さらに
- blood pressure 血圧
- convenient 形 便利な
- waste 動 ～を浪費する
- decline 名 減少
- advance 名 進歩
- digital device デジタル機器
- brain 名 脳
- fall asleep 眠りにつく
- all the time 常に
- midnight 名 深夜
- once 接 いったん～すると
- online 形 オンラインの
- cut short ～ ～を途中でやめる
- negative 形 マイナスの
- mental ability 知的能力
- physical 形 身体の
- reveal 動 ～を明らかにする
- immune 形 免疫の
- flu 名 インフルエンザ
- risk 名 リスク, 危険
- technology 名 テクノロジー, 科学技術
- exciting 形 楽しい, 興奮させる
- unhealthy 形 不健康な

✔ 設問・選択肢の語注

- negatively 副 マイナスに
- resistance 名 抵抗力, 抵抗
- temper 名 機嫌, 気分
- affect 動 ～に影響する
- economic 形 経済の
- housework 名 家事

 SKILL TRAINING 13　全訳＆語注

和訳

あなたはサンタ・クロースについて調べています。2つの記事を見つけました。

子どもたちのサンタ信仰　　カースティン・ロバーツ

2012年12月17日

「何歳までサンタ・クロースを信じていましたか？」　これは大人が仲良くなるためにお互いに尋ね合うありがちな質問です。2012年に日本のある教育企業が約2,500人の親を対象にして，彼らの子どもたちはまだサンタ・クロースの存在を信じているかどうかを尋ねました。以下のグラフは，親によるとまだサンタを信じている6歳から12歳までの子どもの割合を示しています。その割合は子どもたちの年齢が上がるにしたがって少なくなりますが，11歳の50％以上がいまだにサンタを信じています。

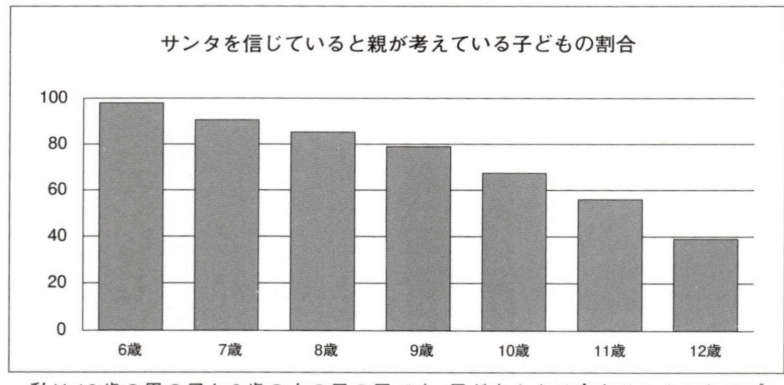

私は12歳の男の子と8歳の女の子の母です。子どもたちは今もサンタからのプレゼントを楽しみにしています。私は子どもたちにサンタの秘密を話すつもりはありません。どんなに時間がかかっても，自分たちでそれに気づくまで待つつもりです。ファンタジーを信じることは，子どもたちに大切な教訓を教えてくれます。ファンタジーを通じて子どもたちは，夢を持つことや他人に優しくすること，物事をいろんな角度から見ることの大切さを学べるのです。

「子どもたちのサンタ信仰」についての意見　　ウェンディ・ユウキ

2012年12月19日

先日，うちの息子はもうサンタを信じていないことがわかりました。「世界中の子どもたちみんなにプレゼントを渡せるくらい素早く移動するなんて人間にはできないよ。僕のクラスメイトは誰もサンタを信じていないよ」と彼は私に言いました。だから，息子と同い年の子の約3分の2がサンタをまだ信じているというデータは信用しません。それくらいの歳の子どもたちは論理的に物事が判断できるくらいには利口です。彼らのほとんどは，サンタについての真実をもう知っているはずです。彼らはそのことについて知らないふりをしているだけで，カースティン・ロバーツさんの

お子さんも同じだと思います。
　子どもたちがファンタジーから多くを学べるということは否定しません。ファンタジーは子どもたちの想像力と創造性を育ててくれます。そうだとしても，論理的に物事をとらえる力のほうが，現在のテクノロジーの時代を生きるには大切です。どこかの時点で，まあ遅くとも小学校入学までには，私は自分の子どもたちに，サンタが本当は誰であるかを伝えるつもりです。

問1　両方の記事からの情報にもとづいて，あなたはエッセイを書こうとしている。エッセイに最もふさわしいタイトルは「 27 」になるだろう。
① 子どもたちにサンタの秘密を話すべきか，話さないべきか？
② サンタ・クロースのファンタジーは永遠に子どもたちの心に残るだろう
③ 今日では以前より，サンタの存在を信じる子どもたちは少なくなった
④ 子どもたちにとって，物事を論理的なやり方で判断することは大切だ

本文の語注

【1つ目の記事】
□ research　名 リサーチ，研究
□ belief in ～　～に対する信仰
□ friendly　形 仲が良い
□ graph　名 グラフ
□ according to ～　～によれば
□ secret　名 秘密
□ fantasy　名 ファンタジー，空想
□ angle　名 角度
□ Santa Claus　サンタ・クロース
□ believe in ～　～を信じる
□ education　名 教育
□ percentage　名 割合
□ decline　動 減少する
□ no matter how ～　どんなに～であろうと
□ importance　名 大切さ

【2つ目の記事】
□ no longer　もはや～しない
□ two-thirds　名 3分の2
□ judge　動 ～を判断する
□ truth　名 真実
□ deny　動 ～を否定する
□ creativity　名 創造性
□ technology　名 テクノロジー
□ at the latest　遅くとも
□ trust　動 ～を信用する
□ smart　形 利口な
□ logically　副 論理的に
□ pretend to *do*　～するふりをする
□ imagination　名 想像力
□ logical　形 論理的な
□ elementary school　小学校

設問・選択肢の語注

□ based on ～　～に基づいて
□ title　名 タイトル
□ essay　名 エッセイ
□ forever　副 永遠に

SKILL TRAINING 14　全訳＆語注

あなたのグループは以下の新聞記事に載っている情報を使って「リーバイス：偉大なるジーンズ企業」というタイトルのポスター発表の準備をしています。

1853年，リーバイ・ストラウスはアメリカ西部のゴールド・ラッシュのうわさを聞き，服飾雑貨業を展開しようとサンフランシスコに移住した。主に彼は布を取り扱った。客の一人に，ジェイコブ・デイビスというネバダ州出身の仕立て屋がいた。ジェイコブはテントや馬用の毛布などの実用的な商品を作っていた。

ある日，地元の労働者の妻が，夫のために簡単には破れにくいズボンを作ってほしい，とジェイコブに依頼してきた。ジェイコブはズボンを頑丈にする方法を考えようとして，ポケットの隅のように負荷のかかる部分を補強するために金属のリベットを取り付けるという案を思いついた。ジェイコブはその工程についての特許をとろうとして，ビジネスパートナーを必要とした。彼は即座にリーバイ・ストラウスのことを思い出した。

ジェイコブはリーバイに手紙を書き，2人で一緒に特許を持つことを提案した。リーバイはその新商品に可能性を見出し，ジェイコブの提案に同意した。これが，いま私たちがジーンズと呼んでいるものの起源である。まもなく，最初のリベット付きのズボンは販売された。彼らの商品の評判は，すぐに労働者階級の人々に広まったが，というのも彼らは厳しい条件に耐えうる丈夫な衣類を欲しがっていたからだ。そのズボンの手頃な価格もまた，十分な稼ぎのない人々を引きつけた。さらに，人々がそのズボンを履いてみると，仕事の際にとても動きやすいことがわかった。その結果，そのズボンはすぐに大ヒットとなった。

リーバイスは今日でもジーンズ企業のトップであることに変わりはないが，ジーンズの売り上げ減少の影響を受けて，未来に向けた新たな計画を描いている。同社は目の前に新しい大きな道が広がっていると信じている。同社は，シャツや防寒着，女性服などをもっと売りたいと考えている。さらに同社は，中国やインド，ブラジルを含むより大きな国際市場を手に入れたいと願っている。

リーバイス：偉大なるジーンズ企業

■ジーンズの歴史

▶最初のジーンズは，労働に耐えうる丈夫なズボンを欲しがる顧客を満足させるために製作された。

▶新たなズボンを商業的に生産するため，ジェイコブ・デイビスはリーバイ・ストラウスをビジネスパートナーにした。

▶このズボンは次の理由で労働者の間で人気になった：

28	29	30

■リーバイスの未来

▶リーバイスの現在のスローガンは「 31 」である。

問1 ポスターを完成させるのに最も ふさわしい記述を選びなさい。(選択肢を3つ選べ。順番は問わない) 28 · 29 · 30

① 低賃金の労働者がそれらを買う金銭的余裕があった
② 多くの人々がそれらをすごくおしゃれだと思った
③ 人々がリーバイとジェイコブのビジネススタイルを気に入った
④ 労働者がジェイコブの衣類を作る技術を信頼していた
⑤ 人々は仕事中に着用できる丈夫な衣類が欲しかった
⑥ 人々はそれらを着用して活発に動くことができた

問2 次のうち, リーバイスの現在のスローガンである可能性が最も高いものはどれか。 31

① ジーンズを超えて, 国境を越えて
② これまでに誕生した最も丈夫なジーンズ
③ すべての世代に向けたジーンズ
④ ジーンズ:前へ進む唯一の道

本文の語注

- presentation 名 発表
- jeans 名 ジーンズ
- mainly 副 主に
- cloth 名 布
- practical 形 実用的な
- tent 名 テント
- laborer 名 労働者
- easily 副 簡単に
- come up with ～ ～を思いつく
- rivet 名 リベット, びょう
- stress 名 負荷, 圧力
- partner 名 パートナー
- potential 名 可能性
- origin 名 起源
- on sale 販売されて
- the working class 労働者階級
- withstand 動 ～に耐える
- reasonable 形 手ごろな
- earn a lot たくさんの稼ぎがある
- due to ～ ～のため
- declining 形 減少していく
- path 名 道
- grab 動 ～を手に入れる
- on a commercial basis 商業的に
- entitle A B AにBとタイトルをつける
- dry goods 服飾雑貨
- deal in ～ ～を取り扱う
- tailor 名 仕立て屋
- item 名 商品, 品目
- blanket 名 毛布
- tear 動 破れる
- strengthen 動 ～を強くする
- metal 形 金属の
- reinforce 動 ～を補強する
- patent 名 特許
- immediately 副 即座に
- proposal 名 提案
- rivet 動 ～にリベットをつける, ～をリベットで留める
- reputation 名 評判
- durable 形 丈夫な
- tough 形 厳しい
- attract 動 ～を引きつける
- in addition さらに, 加えて
- influence 名 影響
- grand 形 大きな
- gear 名 装備品
- satisfy 動 ～を満足させる
- slogan 名 スローガン

設問・選択肢の語注

- statement 名 記述
- be able to afford to *do* ～する(金銭的)余裕がある
- trust 動 ～を信頼する
- actively 副 活発に
- border 名 国境
- option 名 選択肢
- fashionable 形 おしゃれな
- skill 名 技術
- beyond 前 ～を超える, 越える
- generation 名 世代

SKILL TRAINING 15　全訳＆語注

和訳

あなたのグループは以下のウェブ記事に載っている情報を使って「宇宙に進出した最初のアメリカ人女性」というタイトルのポスター発表の準備をしています。

サリー・クリステン・ライドは1951年5月26日にカリフォルニア州で生まれた。彼女の父は政治学の教授で，母は刑務所でカウンセラーのボランティアをしていた。成長するにつれて，サリーは科学と数学を愛する聡明な学生になっていった。彼女はアスリートでもあり，テニスを楽しんだ。10代の頃には，国内の若手テニス選手トップ20に格付けられた。

1968年に高校を卒業した後，彼女はプロテニス選手になるのもいいかもしれないと考えた。しかし，数カ月間毎日練習を続けた後，彼女は人生をテニス漬けにしたくはないと悟った。まもなく彼女はテニスの練習をやめ，新しいキャリアを見つけようと考え始めた。1973年，彼女はカリフォルニア州にあるスタンフォード大学に入学し，物理学を専攻して優秀な成績を収めた。

1977年，NASAがスペースシャトル計画に従事する宇宙飛行士を募集していることをサリーは新聞広告で知った。初めて女性も応募することができたのだ。彼女はその職に申し込むためにNASAに手紙を送った。約8,000人の候補者の中から，わずか25人が雇用された。サリーは選ばれた6人の女性のうちの一人だった。その後，彼女はテキサス州にあるジョンソン宇宙センターを訪れ，宇宙飛行士になるための訓練を積んだ。センターでは，パラシュートジャンプや水中生存訓練など，あらゆる種類の身体訓練を受けなければならなかった。

1979年，サリーはスペースシャトル・チャレンジャー号での任務に就くように選出された。1983年6月18日，サリー・ライドは宇宙に進出した最初のアメリカ人女性として歴史を作った。彼女の主な仕事は宇宙空間でロボット・アームを操作することだった。宇宙飛行は147時間継続し，無事地球に帰還した。1984年，サリーは別のシャトルでの任務へ出かけた。今回は，8日間かけて地球の科学的観測を行った。

1986年，スペースシャトル・チャレンジャー号の悲劇的な爆発事故が起きた。この爆発は7人の乗組員の命を奪った。この悲劇に心を痛めたサリーは，この大惨事の原因を解明するための調査委員会の一員になることに決めた。最終的に，1987年にサリーはNASAを去った。その後も2012年に亡くなるまで，彼女は科学教育の向上に人生を捧げた。2013年，アメリカのバラク・オバマ大統領は，サリー・ライドをアメリカの至宝と表現した。

宇宙に進出した最初のアメリカ人女性

■ サリー・ライドの生涯

年齢	出来事
10代	32
20代	サリーはテニス選手としてのキャリアをあきらめた ↓ 33

30代以降	34 ↓ サリーは2度目の宇宙の旅に出た ↓ 35 ↓ 36

問1 あなたのグループのメンバーがサリーの人生の重要な出来事を一覧表にした。出来事を空所 32 ～ 36 に起こった順番に入れなさい。

① サリーは科学教育に自身を捧げた
② サリーはNASAで働くために連絡を取った
③ サリーは最も際立ったテニス選手の一人だった
④ サリーは宇宙への旅のデビューを果たした
⑤ サリーはチャレンジャー号の事故を調査した

本文の語注

- □ poster 名 ポスター
- □ entitle A B AにBとタイトルをつける
- □ presentation 名 発表
- □ web 名 ウェブ

【第1パラグラフ】
- □ political science 政治学
- □ volunteer 動 ボランティアをする
- □ prison 名 刑務所
- □ math 名 数学
- □ teens 名 10代
- □ professor 名 教授
- □ counselor 名 カウンセラー
- □ grow up 成長する
- □ athlete 名 アスリート
- □ rank 動 ～を格付けする

【第2パラグラフ】
- □ graduation 名 卒業
- □ (be) filled with ～ ～でいっぱいである
- □ specialize in ～ ～を専攻する
- □ do well 好成績を挙げる
- □ professional 形 プロの
- □ career 名 キャリア
- □ physics 名 物理学

【第3パラグラフ】
- □ ad 名 広告
- □ astronaut 名 宇宙飛行士
- □ apply 動 応募する，申し込む
- □ out of ～ ～の中から
- □ candidate 名 候補者
- □ pick 動 ～を選ぶ
- □ physical 形 身体的な
- □ including 前 ～を含む
- □ survival 名 生存
- □ recruit 動 ～を募集する
- □ space shuttle スペースシャトル
- □ position 名 職
- □ some 副 約，およそ
- □ hire 動 ～を雇用する
- □ go through ～ ～を受ける，経験する
- □ training 名 訓練
- □ parachute 名 パラシュート

【第4パラグラフ】
- □ select 動 ～を選出する
- □ work 動 ～を動かす
- □ successfully 副 無事に，首尾よく
- □ scientific 形 科学的な
- □ mission 名 任務
- □ flight 名 飛行
- □ carry out ～ ～を行う
- □ observation 名 観測

【第5パラグラフ】

□ tragic	形 悲劇的な	□ explosion	名 爆発
□ occur	動 起きる	□ crew member	乗組員
□ feel painful	心を痛める	□ tragedy	名 悲劇
□ investigation	名 調査	□ commission	名 委員会
□ disaster	名 大惨事	□ finally	副 最終的に
□ dedicate A to B	AをBに捧げる	□ education	名 教育
□ describe A as B	AをBと表現する	□ treasure	名 至宝

設問・選択肢の語注

□ devote A to B	AをBに捧げる	□ work for ～	～で働く
□ outstanding	形 際立っている	□ debut	名 デビュー
□ voyage	名 旅	□ investigate	動 ～を調査する
□ accident	名 事故		

SKILL TRAINING 16　全訳＆語注

和訳

あなたは地球温暖化の問題について授業で行うグループディスカッションの準備をしています。以下の記事を見つけました。

サンタは役に立たないソリを手放すだろうか？

クリスマスの朝，目覚めたときの雪はとても心を打つ。しかしながら，データによれば，カナダのハリファクスにおけるホワイト・クリスマスの確率は，おそらくは地球温暖化のために年々下がってきている。カナダのある環境団体は1955年から2017年までの63年間の気象記録を分析し，ハリファクスの降雪データを明らかにした。1965年から1984年の間に取られたデータによれば，その地域のホワイト・クリスマスの確率は65％だった。

しかしその数値は，1994年から2017年の間に40％にまで落ちた。その団体はまた，1955年から1985年の30年間に，地面に雪がほとんど見られないか，まったく見られない状態のグリーン・クリスマスが10回あったとも述べている。その数は次の30年では倍に増えている。ある専門家は「今の冬季の気温は昔よりもずっと高くなっています。サンタがソリを手放し，乾いた地面を運転するためのもっと実用的な乗り物に乗るときが来るかもしれません。彼は暖かく装うことすらしなくてもよくなるかもしれません」と語った。

誰もが雪の日を好きなわけではない。確かに，雪とともに季節の移り変わりを楽しむのが好きな人もいるし，小さい子どもはたいてい大雪が降るとわくわくするものだ。しかし一方で，雪でふさがれた道路を職場まで運転するのに苦労する人もいるかもしれない。また衣服やブーツが濡れるのをただ嫌がる人もいる。それでも，雪が嫌いな人も含めて私たちのほとんどが，クリスマスの朝の雪には特別な気持ちになるものだ。それは，私たち一人一人が，天からの聖なる贈り物である雪に感謝する素敵な機会なのである。

問1　記事によると，［ 37 ］ので，筆者はサンタのソリを役に立たないものだと述べている。

① それは現代テクノロジーの観点からは極めて時代遅れである
② クリスマスに雪が降る可能性は下がってきている
③ 人々はホワイト・クリスマスよりもグリーン・クリスマスを歓迎したがっている
④ サンタが着たり乗ったりするものは流行の移り変わりとともに変わるべきである

本文の語注

- □ discussion　[名] ディスカッション
- □ global warming　地球温暖化
- □ sleigh　[名] そり
- □ issue　[名] 問題
- □ useless　[形] 役に立たない

【第1パラグラフ】

- □ greatly　[副] とても, おおいに
- □ wake up　目覚める
- □ decrease　[動] 下がる
- □ possibly　[副] おそらくは
- □ environmental　[形] 環境の
- □ reveal　[動] ～を明らかにする
- □ analyze　[動] ～を分析する
- □ region　[名] 地域
- □ touch　[動] ～の心を打つ, 感動させる
- □ odds　[名] 確率
- □ year by year　年々
- □ due to ～　～のために
- □ organization　[名] 団体, 組織
- □ snowfall　[名] 降雪
- □ according to ～　～によれば

【第2パラグラフ】

- □ figure　[名] 数値
- □ double　[動] 2倍になる
- □ temperature　[名] 気温
- □ practical　[形] 実用的な
- □ ground　[名] 地面
- □ expert　[名] 専門家
- □ wintertime　[名] 冬季
- □ warmly　[副] 暖かく

【第3パラグラフ】

- □ snowy day　雪の日
- □ workplace　[名] 職場
- □ nonetheless　[副] それでも
- □ occasion　[名] 機会
- □ holy　[形] 聖なる
- □ snow-clogged　雪でふさがれた
- □ boots　[名] ブーツ
- □ hate　[動] ～を嫌う
- □ grateful　[形] 感謝して
- □ heaven　[名] 天

設問・選択肢の語注

- □ author　[名] 筆者
- □ viewpoint　[名] 観点
- □ possibility　[名] 可能性
- □ prefer　[動] ～のほうを好む
- □ fashion trend　流行の移り変わり
- □ out of date　時代遅れの
- □ technology　[名] テクノロジー
- □ on the decrease　次第に減少して
- □ instead of ～　～よりも, ～の代わりに

SKILL TRAINING 17　全訳＆語注

あなたは医療分野の労働環境について授業で行うグループ発表の準備をしています。以下の記事を見つけました。

看護師はどうやって12時間の夜勤を切り抜けられるのか？

[1]　通常，病院は1日24時間，必要な数の看護師を勤務にあたらせている。病院は，看護師を様々なシフトで働かせる。一般的には，8時間や10時間，あるいはより多くの休日と引き換えになる12時間のシフトが看護師に与えられる。しかしながら，管理者が看護師を管理しやすいという理由で，12時間の看護シフトで稼働することを世界中の多くの病院が選択しているのが現実だ。

[2]　看護師からすれば，12時間シフトにはいくつかのデメリットがある。とりわけ，夜間シフトに費やす時間が長くなるほど，看護師たちの仕事の質が落ちる傾向にあることが指摘されている。夜間シフトの看護師の仕事の質の低下は，サーカディアンリズム，すなわち睡眠・起床サイクルを制御し，約24時間周期で繰り返される体内のプロセスを通じて，科学者たちによって説明されてきた。睡眠スケジュールの入れ替えはサーカディアンリズムを混乱させ，疲労や眠気を引き起こしやすくなると言われている。

[3]　夜間シフトの看護師は，サーカディアン時計をごまかすために，さまざまな方法を追求してきた。休日の睡眠スケジュールに注意することで，ある程度それは可能である。夜間シフトで働く看護師の中には，身体が再調整しつづけなくても済むように，休日の起きている時間と寝ている時間を勤務日と同じように維持しようとすることで，うまくやっている人もいる。また，仕事をしていないときには，一般人と同じようなスケジュールで生活しようとすることでうまくやっている人もいる。看護師の多くは，それぞれが違う方法で順応すると考えていて，自分の好みのスケジュールを選択する。

[4]　それでもなお，避けるべき慣習的な方法がいくつかある。ある機関が行った調査によれば，アメリカの看護師の約25％が夜間シフトでの労働に順応するため，夜間シフト前日には12時間以上連続で起きたまま眠らないようにしているということである。これはサーカディアン時計を夜間スケジュールに合わせるための最も効果がない作戦である。実際その方法は，看護師たちが眠気や疲労に打ち勝つのをより困難にするのだ。

[5]　いくつかあるデメリットにもかかわらず，多くの看護師は12時間シフトで働くほうを好む。どんなに夜間シフトが長く疲れるものだと感じられても，患者のことを最優先して目を覚まして働くのだ。今度あなたの友人が，他の職業に従事している人よりも休日が多いという理由で看護師をうらやましがるようなことがあれば，彼らがベッドで眠っている間に，看護師がどれだけの命をこれまで救ってきたと思うかを聞いてみるとよいだろう。

問1 第4パラグラフで，筆者がアメリカの看護師の約25％に言及しているのは，［ 38 ］の例を示すためである可能性が最も高い。

① 看護師のサーカディアンリズムを夜間シフトに合わせる優れた方法
② 仕事と私生活のバランスを保つための鍵
③ 看護師が夜間シフトの前に行うべきではないこと
④ 仕事の能力が優れている病院のスタッフたち

問2 次のうち，記事を最もよく要約しているものはどれか。［ 39 ］

① 夜間シフトで働くデメリットのため，ますます多くの病院が12時間のシフトを避けることを選択している。
② 夜間シフトが看護師たちにもたらす悪影響にもかかわらず，多くの看護師は患者のために様々な方法で夜間シフトに対応しようとしている。
③ 看護師はみな自身のことをよく知っており，12時間シフトで働くための安全で効果的な方法を採用している。
④ 看護師の体調に及ぼす危険性を心配する人が増えるにつれて，12時間の看護シフトはより一般的でなくなっていくだろう。

✓ 本文の語注

- □ presentation　名 発表

【第1パラグラフ】
- □ nurse　名 看護師
- □ shift　名 シフト
- □ have A *do*　Aに～させる
- □ in exchange for ～　～と引き換えに
- □ reality　名 現実
- □ administrator　名 管理者

【第2パラグラフ】
- □ disadvantage　名 欠点
- □ point out ～　～を指摘する
- □ diminish　動 ～を落とす，減らす
- □ circadian rhythm　サーカディアンリズム
- □ regulate　動 ～を制御する
- □ repeat　動 繰り返す
- □ switch　動 ～を入れ替える
- □ disturb　動 ～を混乱させる，妨害する
- □ fatigue　名 疲労

【第3パラグラフ】
- □ explore　動 ～を探る
- □ to a certain extent　ある程度

- □ workday　名 勤務日
- □ ordinary　形 一般の
- □ differently　副 異なって

- □ working conditions　労働環境

- □ survive　動 ～を生き抜く
- □ on duty　勤務中で
- □ commonly　副 一般に
- □ day off　休業日
- □ operate　動 稼働する
- □ manage　動 ～を管理する

- □ above all　とりわけ
- □ tend to *do*　～する傾向がある
- □ performance　名 仕事の質
- □ internal　形 体内の
- □ cycle　名 サイクル
- □ roughly　副 約，大体
- □ schedule　名 スケジュール
- □ easily　副 容易に

- □ sleepiness　名 眠気

- □ trick　動 ～をごまかす
- □ successful　形 うまくいって，成功して
- □ readjust　動 ～を再調整する
- □ adapt　動 適応する，順応する
- □ favorite　形 好みの

【第4パラグラフ】

- □ even so　それでもなお
- □ avoid　動 ～を避ける
- □ research　名 調査
- □ some　副 約, およそ
- □ straight　副 連続で
- □ the least ～　最も～でない
- □ strategy　名 作戦
- □ overcome　動 ～に打ち勝つ
- □ customary　形 慣習的な
- □ according to ～　～によると
- □ institution　名 機関, 団体
- □ stay up　起きている
- □ adjust to ～　～に順応する
- □ effective　形 効果がある
- □ adapt A to B　AをBに合わせる
- □ exhaustion　名 疲労

【第5パラグラフ】

- □ despite　前 ～にもかかわらず
- □ prefer to *do*　～をする方を好む
- □ exhausting　形 疲れさせる
- □ the next time ～　今度～すれば
- □ (be) engaged in ～　～に従事している
- □ demerit　名 短所
- □ however ～　どんなに～でも
- □ first and foremost　最優先して
- □ envy　名 うらやましさ
- □ profession　名 職業

✔ 設問・選択肢の語注

- □ author　名 筆者
- □ adjust A to B　AをBに合わせる
- □ staff　名 スタッフ
- □ skill　名 能力, スキル
- □ due to ～　～のため, ～が原因で
- □ negative　形 悪い
- □ cope with ～　～に対応する
- □ adopt　動 ～を採用する
- □ be concerned about ～　～を心配する
- □ mention　動 ～について言及する
- □ balance　名 バランス
- □ excellent　形 優れている
- □ summarize　動 ～を要約する
- □ in spite of ～　～にもかかわらず
- □ have an effect on ～　～に影響を与える
- □ benefit　名 利点, 利益
- □ less ～　より～でない
- □ risk　名 危険

SKILL TRAINING 18 全訳＆語注

和訳

あなたは世界の社会問題について学んでいます。世界の自殺率について知るために，次の記事を読もうとしています。

自殺，すなわち自分自身の命を奪う行為は世界中で起き，あらゆる国，文化，宗教，性そして階級の人々に影響を及ぼしている。世界的な調査によれば，自殺率は地球規模で低下している。2016年には，人口10万人あたり10.6人が自殺し，これは2000年の数値から2.3人の減少であった。ほとんどの西洋諸国で自殺率は数十年間少しずつ低下している。たとえばイギリスでは，悪名高い恐慌の最中であった1934年に自殺率はピークを迎え，それ以来低下し続けている。一方，日本を含むアジアの多くの国々では，過去10年で自殺率が顕著に低下した。

おそらく，数十年かけての社会変化が，西洋の国々での数値の低下に寄与している。これらの国の多くで社会が安定し，経済状況がより良くなってきている。その結果，失業率が低下し，労働者はより高い賃金を支払われるようになった。人々は以前よりも多くの自由と機会を与えられて，それによりストレスも低下した。これらの要因により，生きていく理由がほとんど何も見出せないほどの絶望に追いやられる人の数が少なくなってきたのかもしれない。多くのアジアの国々に関しては，急激な自殺率低下はほんの最近10年かそこらであるため，その傾向を明確に説明することはいまだに困難である。

このような世界的低下に反して，アメリカは逆方向に進んでいる。2016年現在，日本よりは低いものの，アメリカの自殺率は過去10年で10万人あたり約3人上昇している。社会がより複雑化しているアメリカでは，自殺の原因は多様である。薬物依存症や心の病，深刻な身体の状態など，健康状態が要因の場合もあるようだ。または，離婚や失業，財政危機といったストレスの多い生活などの環境的要因が原因の場合もあるようだ。自殺率の上昇は，1960年から1995年までの社会福祉経費の削減とも密接に関係していると指摘する人もいる。ヨーロッパ諸国に比べ，アメリカでは社会福祉にかけられる費用が極端に少ないということである。

問1　数十年に及ぶ西洋諸国の社会変化が， 40 につながったのかもしれない。

① 人々の生活満足度が増し，自殺率が減少したこと
② 人々の身体的健康が改善し，生き続けようという望みが大きくなったこと
③ 人々の労働環境が悪化し，ストレスが大きくなったこと
④ 経済状況が悪化し，人々の懸命に働こうという意欲を失わせたこと

問2　次の4つのグラフのうち，状況を最もよく表しているものはどれか。 41

①
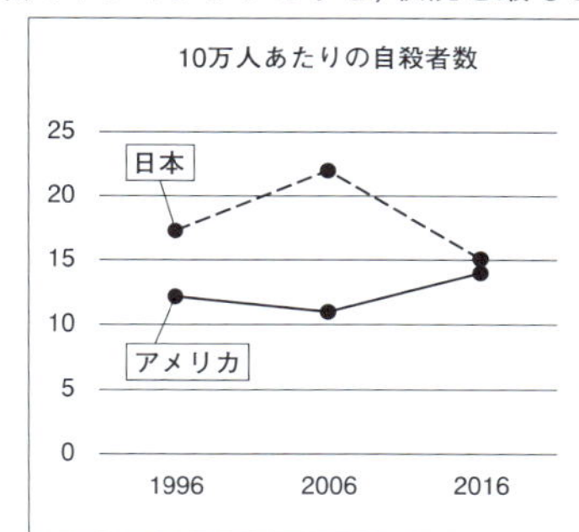

②
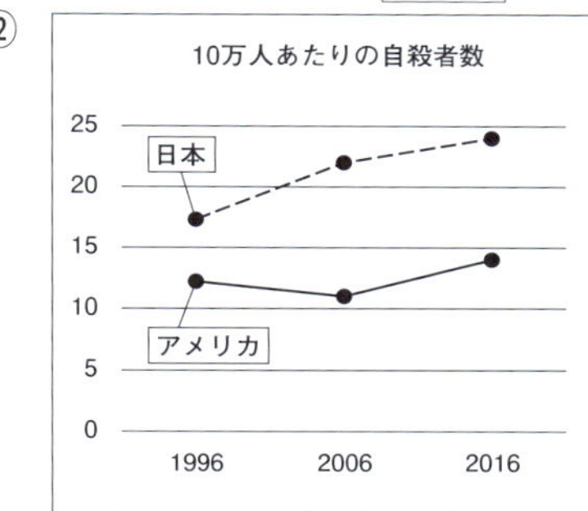

③
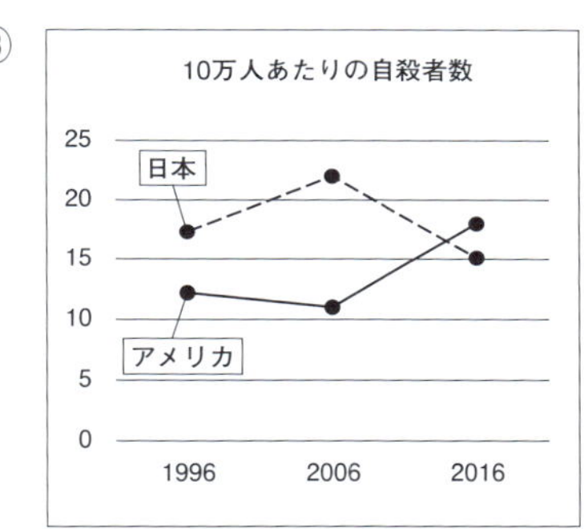

④
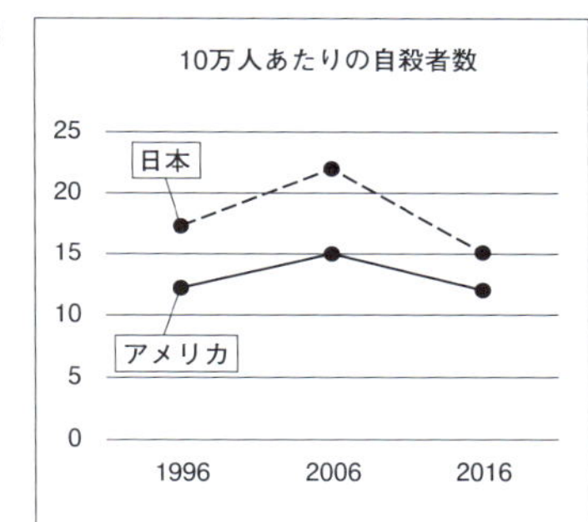

問3　この記事に最もふさわしいタイトルは 42 である。

① アメリカにおける自殺による死の増加
② 政府はどのようにして自殺を防止しうるか？
③ 低下する自殺率の背景
④ 地域ごとの自殺率の傾向

2

スキル・トレーニング

✔ 本文の語注

- □ suicide [名] 自殺
- □ rate [名] 比率, 割合

【第1パラグラフ】

- □ take one's life 自殺する
- □ throughout the world 世界中で
- □ individual [名] 個人
- □ gender [名] ジェンダー
- □ according to ～ ～によると
- □ decline [動] 低下する [名] 減少
- □ out of ～ ～あたり, ～のうち
- □ gradually [副] 少しずつ
- □ peak [動] ピークを迎える
- □ economic depression 恐慌, 経済不況
- □ on the other hand 一方で
- □ occur [動] 発生する
- □ affect [動] ～に影響を及ぼす
- □ religion [名] 宗教
- □ class [名] 階級
- □ worldwide [形] 世界的な
- □ at a global level 世界規模で
- □ commit suicide 自殺する
- □ decade [名] 十年間
- □ notorious [形] 悪名高い
- □ including [前] ～を含む, ～などの
- □ significantly [副] 顕著に

【第2パラグラフ】

- □ contribute to ～ ～に寄与する
- □ stabilize [動] ～を安定させる
- □ unemployment rate 失業率
- □ figure [名] 数値
- □ consequently [副] その結果
- □ be better paid より高い賃金が支払われる

- □ freedom [名] 自由
- □ feel less stressed ストレスが低下する
- □ drive A to despair Aを絶望に追いやる
- □ stay alive 生きていく, 生き続ける
- □ sharp [形] 急激な
- □ trend [名] 傾向
- □ opportunity [名] 機会
- □ factor [名] 要因
- □ hardly [副] ほとんど～ない
- □ as for ～ ～に関しては
- □ explanation [名] 説明

【第3パラグラフ】

- □ contrary to ～ ～に反して
- □ direction [名] 方向
- □ per [前] ～あたり, ～につき
- □ vary [動] ～を多様にする
- □ mental illness 心の病
- □ stressful [形] ストレスの多い
- □ unemployment [名] 失業
- □ point out that ～ ～と指摘する
- □ be linked with ～ ～に関係している
- □ social welfare 社会福祉
- □ extremely [副] 極端に
- □ opposite [形] 逆の
- □ as of ～ ～現在で
- □ complicated [形] 複雑な
- □ drug addiction 薬物依存症
- □ environmental [形] 環境的な
- □ divorce [名] 離婚
- □ financial crisis 財政危機
- □ closely [副] 密接に
- □ reduction [名] 削減
- □ spending [名] 経費
- □ compared to ～ ～に比べて

✔ 設問・選択肢の語注

- □ lead to ～ ～につながる
- □ improvement [名] 改善
- □ worsening [名] 悪化
- □ economic conditions 経済状況
- □ satisfaction [名] 満足度
- □ keep on *doing* ～し続ける
- □ working environment 労働環境
- □ discourage A from *doing* Aの～する気を失わせる

- □ graph [名] グラフ
- □ the number of ～ ～の数
- □ prevent [動] ～を防止する
- □ region [名] 地域
- □ illustrate [動] ～を説明する
- □ those who ～ ～する人々
- □ background [名] 背景

共通テスト対策模試にチャレンジしよう

第1問A　全訳&語注

和訳

あなたは文芸部の部員です。英語の補助教員（ALT）で部の顧問でもあるジョセフィンからメモを受け取りました。

文芸部員の皆さんへ

学年最後の部会を5月9日の月曜日に開催します。ご存じの通り，先生や友達，ご家族の方を連れてくることができます。招待する人数を2月25日までに教えてもらえますか。プログラムを何部印刷する必要があるかを知りたいのです。今回の会のトピックは「夢」です。会では皆さん全員に，自分の夢について書いた詩を発表していただきます。代わりにこのトピックについてのエッセイを書いて発表することもできますが，事前に私に知らせてください。

よろしくお願いします
ジョセフィン

問1　先生は［　1　］を知りたいと思っている。

① 部員が会で何を聞きたいか
② 部員が会に招待したい人の数
③ 部員が会に誰を連れてくるか
④ 部員がいつ会を開くか

問2　部員は［　2　］を発表できる。

① 自分の夢についての詩もしくはエッセイ
② 部で書いたすべての詩
③ 文芸部の会議室に入るためのIDカード
④ 次回の会に向けてのアイデア

本文の語注

- □ assistant　形 補助の
- □ hold　動 ～を開催する
- □ topic　名 トピック
- □ poem　名 詩
- □ let me know　私に知らせてください
- □ Best wishes　よろしくお願いします
- □ advisor　名 顧問，アドバイザー
- □ print out　～を印刷する
- □ present　動 ～を発表する
- □ essay　名 エッセイ
- □ ahead of time　事前に

第1問B　全訳＆語注

和訳

あなたは自分の住む町の英語のウェブサイトにアクセスして，面白そうな告知を見つけました。

テクノロジー・ソリューション協会がやってきます！

この夏，私たちの町はテクノロジー・ソリューション協会（TSS）という組織が運営するイベントを開催いたします。この協会は10年前にニューヨーク市で設立されましたが，今では世界中に数千人の会員がいます。

イベントは4月30日に開催されます。町の外からも数百人の方々を迎える予定です。イベントへの参加は誰でも歓迎いたします。年齢制限はありません。

イベントの予定

8:00-8:30	TSS会長エイジロウ・ミツギによる歓迎のあいさつ
8:45-9:30	テクノロジー・ソリューションとは何か？ カオリ・ヨシノによる概論
9:45-10:30	TSS会員による受賞歴のあるコンピュータープログラム
10:45-11:30	最も重要なTSSの功績に関する映画
昼休憩	会場周辺のお好きなレストランをお選びください
12:30-13:15	キーボード入力のワークショップ： (1) 6～14才の子ども向け (2) 15才以上の方向け
13:30-14:15	インターネットの安全な利用のワークショップ： (1) 6才以上の子ども向け (2) 親と保護者向け
14:30-16:15	ホームページ作成のワークショップ： (1) 初心者向け (2) 上級ユーザー向け

- イベントはウエストサイド・コミュニティセンターで行われます。
- ワークショップ用の教材，機器，ソフトウェアのすべてはTSSによって提供されます。
- ワークショップは無料ですが，3月15日までに登録をして席を確保してください。定員はそれぞれ20人のみです。

登録はこちらをクリックしてください。

▶市役所による住宅および近隣サービス

問1　この告知の目的は，町の人々が［ 3 ］よう勧めることである。
① 新しい製品を購入する
② イベントに参加する
③ コンテストへの参加申し込みをする
④ ボランティアとして働く

問2　その日，参加者たちは［ 4 ］ことができる。
① 環境問題について討論する
② コンピューターの使い方についてのワークショップに参加する
③ 自分たちの新しいソフトウェアについて発表する
④ 発売前のコンピューターゲームで遊ぶ

問3　［ 5 ］ので，イベントは家族にとって良い機会になるだろう。
① コンピューターが低価格で販売される
② 自分たちの仕事のビデオを作れるようになる
③ 科学賞を取れるかもしれない
④ すべての年齢層の人がイベントに参加できる

本文の語注

- □ website　名 ウェブサイト
- □ society　名 協会，組合
- □ run　動 ～を運営する
- □ found　動 ～を設立する
- □ hold　動 ～を開催する
- □ limit　名 制限
- □ What is meant by ～?　～はどういう意味か？
- □ award-winning　形 受賞歴のある
- □ surrounding the location　会場周辺の
- □ typing　名 キーボード入力
- □ guardian　名 保護者
- □ advanced user　上級ユーザー
- □ free of charge　無料の
- □ reserve　動～を確保する，予約する
- □ registration　名 登録
- □ notice　名 告知，お知らせ
- □ host　動 ～を開催する
- □ organization　名 組織
- □ worldwide　副 世界中に
- □ participate in ～　～に参加する
- □ schedule　名 予定，スケジュール
- □ introduction　名 概論，序論
- □ achievement　名 功績，成果
- □ workshop　名 ワークショップ
- □ safely　副 安全に
- □ beginner　名 初心者
- □ equipment　名 機器
- □ register　動 登録する
- □ town hall　市役所
- □ neighborhood　名 近隣，近所

設問・選択肢の語注

- □ encourage A to *do*　Aが～するよう勧める
- □ sign up for ～　～の参加を申し込む
- □ participant　名 参加者
- □ attend　動 ～に参加する
- □ release　名 発売，公開
- □ be on sale　販売される
- □ award　名 賞
- □ purchase　動 ～を購入する
- □ volunteer　名 ボランティア
- □ environmental issue　環境問題
- □ make a presentation on ～　～について発表する
- □ opportunity　名 機会
- □ scientific　形 科学の

第2問A　全訳&語注

和訳

あなたは学校の手芸部の部員で，新しい活動を探しています。ウェブサイトで面白そうな草木染めの説明書を見つけました。

手芸：草木染め

小学校教員のテレサ・ウィルソンが書いた，この簡単でシンプルな説明書を試してみてください。これはとても基礎的な草木染めの説明書なので，気に入った方は，私たちのウェブサイトのwww.handicraft.com/advancednaturaldyeingで他の上級の説明書をご覧ください。

材料

白いハンカチ１枚／タマネギ３～４個分の皮／ミョウバン大さじ１杯

道具

なべ２つ／ボウル１つ／ビー玉や輪ゴム（任意）

ステップ１：タマネギの染料を作る

1. タマネギの皮をなべに入れ，水に浸す。
2. 沸騰させ，30～40分間とろ火で煮る。
3. お湯が好みの色になったら，皮を取り出す。
4. タマネギの染料を冷ます。

ステップ２：ハンカチを準備する

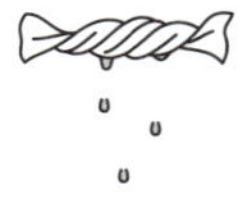

1. もう１つのなべでハンカチを10分間煮沸する。
2. ハンカチをよく絞る。
3. 自分なりの装飾デザインを加えたい場合は，ビー玉や輪ゴムを使って行うのもよい。

ステップ３：ハンカチを染める

1. ハンカチをタマネギの染料に入れ，20分間煮てかき混ぜる。（沸騰させないこと）
2. ハンカチを水で洗いよく絞る。
3. 水１リットルとミョウバン大さじ１杯をボウルに入れる。
4. ハンカチを浸し，20分間やさしくかき混ぜる。
5. ビー玉と輪ゴムを取り除く。
6. 日陰で乾かす。

コメント

ペトラ・ブラウン　　2018年9月15日10:18

草木染めに挑戦したのは今回が初めてでした。いろいろなデザインを作るのが楽しかったです。

チャールズ・シェーン　　2018年10月7日18:57

子どもたちにとって素晴らしい活動ですね。キャンプ場で雨が降ったときに娘たちと草木染めに挑戦しました。

問1 この説明書は，あなたが［ 6 ］ことを望むならちょうどよいだろう。

① 花で何かを作る
② タマネギを育てる
③ 自分のオリジナルのハンカチを作る
④ アウトドアの活動に挑戦する

問2 説明書に従えば，ハンカチは約［ 7 ］で乾かす準備ができるはずだ。

① 3時間
② 1時間半
③ 50分
④ 2～3日

問3 ［ 8 ］ので，草木染めに関する経験がない人はこの説明書を試すべきだ。

① すべての材料は冷蔵庫で簡単に見つかる
② この説明書は初心者向けである
③ ハンカチは安い
④ この説明書は無料で読める

問4 ウェブサイトによると，この説明書に関する事実（意見ではない）は，［ 9 ］ということだ。

① 学校の部活にぴったりだ
② 簡単に試せる
③ 一人で行うべきではない
④ 教師が書いた

問5 ウェブサイトによると，この説明書に関する意見（事実ではない）は，［ 10 ］ということだ。

① 子どもにとってよい活動だ
② 親に人気だ
③ 環境によい
④ ウェブサイト上で利用できる

本文の語注

□ handicraft	名 手芸
□ instructions	名 説明書, 指示
□ elementary school	小学校
□ advanced	形 上級の
□ onion	名 タマネギ
□ alum	名 ミョウバン
□ bowl	名 ボウル, 鉢
□ rubber band	輪ゴム
□ dye	名 染料 動 ～を染める
□ stew	動 とろ火で煮る
□ squeeze	動 ～を絞る
□ stir	動 かき混ぜる
□ soak	動 ～を浸す
□ remove	動 ～を取り除く
□ comment	名 コメント
□ website	名 ウェブサイト
□ dyeing	名 染色
□ basic	形 基礎的な
□ handkerchief	名 ハンカチ
□ tablespoon	名 大さじ
□ tool	名 道具
□ marbles	名 ビー玉, おはじき
□ optional	形 任意の
□ boil	名 沸点 動 ～を沸騰させる
□ take out ～	～を取り出す
□ decoration design	装飾デザイン
□ liter	名 リットル
□ gently	副 やさしく
□ shade	名 日陰
□ camp site	キャンプ場

設問・選択肢の語注

□ original	形 オリジナルの, 独創的な
□ fridge	名 冷蔵庫
□ according to ～	～によると
□ environment	名 環境
□ outdoor	形 アウトドアの, 野外の
□ beginner	名 初心者
□ perfect	形 理想的な, 完全な
□ available	形 利用できる

 第２問Ｂ　全訳＆語注

和訳

あなたの英語の先生が, 次の授業で行うディベートの準備に役立つように, ある記事をくれました。その記事の一部とコメントの１つが以下に示されています。

給食負債を止めるための新しい政策

アリソン・チャン, ミネソタ

2019年2月3日　午後3時15分

アメリカには, 費用を払わずに給食を食べている生徒が多数存在する。そのような家庭が借りているお金は「給食負債」と呼ばれ, 大きな問題になりつつある。アメリカの上院議員バーニー・サンダースは, 家庭の収入にかかわらず生徒全員の給食を無料にする考えを提案した。

サンダースは, 学校がある日は3食すべてを無料で提供するという考えまでも紹介した。「これは, 大きな経営上の負担を学校から取り去るだろう, というのも, 現在その費用が非常に高いのである」と彼は語った。給食負債を抱えている貧しい家庭は安心し, 子どもたちに学校に通うよう促すだろうとも彼は述べた。

しかし, 全員が賛成しているわけではない。すべての生徒に無料の給食を提供するというサンダースの考えに反対している人の一人がイースト・バレー高校の校長ジョン・ハーストである。「私たちは現実を見なければならない。生徒全員に無料の給食を与える余裕が単純に多くの地方自治体にはないことは明らかである」と彼は語った。また, 政府が国全体の給食費を全額払えるのか, あるいは払おうとするのかについての懸念もある。

15のコメント

一番人気のコメント

アン・ハロウェイ　2019年2月8日　午後7時47分

ようやくですね！　十分なお金がないからといって子どもたちを傷つけるのではなく, 助けようとする案が必要だということを理解している上院議員です！　空腹では勉強はできませんから, 子どもが学校でお腹を空かせるようなことはなくすべきです。

問1 上院議員の提案によると, アメリカの生徒は［ 11 ］必要がなくなる。

① 給食メニューのリクエストを提出する
② 学校がある日の食事の代金を払う
③ 給食の後に授業を受ける
④ 給食を食べにカフェテリアに行く

問2 あなたのチームは,「給食は全員にとって無料であるべきだ」というディベートの論題を支持する。記事の中で, あなたのチームにとって役立つ意見(事実ではない)は,［ 12 ］ということである。

① 学校がより簡単に負債を回収できるようになる
② 給食負債の問題は多くの人によって議論されている
③ 政府には生徒に十分な食事を提供する責任がある
④ 貧しい家庭の生徒が安心して学校に通えるようになる

問3 もう一方のチームは, そのディベートの論題に反対する。記事の中で, そちらのチームにとって役立つ意見(事実ではない)は,［ 13 ］ということである。

① 生徒全員の給食を用意するだけのお金がある地方自治体はほとんどない
② 家庭は自分たちで貯金することを学ぶべきである
③ この提案はとても貧しい地域にのみ適用される
④ 学校には生徒全員に無料の給食を提供するのに十分な資金はない

問4 記事の第3パラグラフで“We have to face reality”が意味するのは, 政府は［ 14 ］べきであるということだ。

① もっと大胆に財源を計画する
② 限られた財源を考慮する
③ もっと手頃な値段の備品を買う
④ 貧しい人を助ける新しい方法を学ぶ

問5 アン・ハロウェイのコメントによると, 彼女は記事で述べられているサンダースの案に［ 15 ］。

① 特に意見を持っていない
② 部分的に賛成している
③ 強く賛成している
④ 強く反対している

3

共通テスト対策模試

本文の語注

□ debate	名 ディベート, 討論会
□ debt	名 負債
□ senator	名 上院議員
□ regardless of ～	～にかかわらず
□ introduce	動 ～を紹介する
□ huge	形 大きな
□ burden	名 負担
□ feel relieved	安心する
□ attend	動 ～に通う
□ oppose	動 ～に反対する
□ obvious	形 明らかな
□ doubt	名 懸念, 疑念
□ finally	副 ようやく, ついに
□ policy	名 政策, 方針
□ owe	動 ～を借りている
□ propose	動 ～を提案する
□ income	名 収入
□ take A off B	AをBから取り去る
□ administrative	形 経営上の
□ at present	現在
□ encourage A to *do*	Aが～するよう促す
□ principal	名 校長
□ face reality	現実を見る
□ afford	動 ～の余裕がある
□ nationwide	形 国全体の
□ empty stomach	空腹

設問・選択肢の語注

□ according to ～	～によると
□ submit	動 ～を提出する
□ support	動 ～を支持する
□ helpful	形 役に立つ
□ easily	副 簡単に
□ responsibility	名 責任
□ household	名 家庭
□ oppose	動 ～に反対する
□ neighborhood	名 地域, 近隣
□ finances	名 財源
□ limited resources	限られた財源
□ supplies	名 備品
□ strongly	副 強く
□ proposal	名 提案
□ cafeteria	名 カフェテリア
□ topic	名 論題, テーマ
□ collect	動 ～を回収する, 集める
□ discuss	動 ～を議論する
□ sufficient	形 十分な
□ feel comfortable	快適に感じる
□ apply	動 ～を適用する
□ fund	名 資金
□ boldly	副 大胆に
□ affordable	形 手頃な値段の, 入手可能な
□ partly	副 部分的に
□ disagree	動 反対する

第3問A　全訳&語注

和訳

あなたは自分の学校に交換留学で来ているアメリカ人の男子生徒が書いたブログで次の話を見つけました。

学校の遠足
6月16日(金)

今日は,私が通っている日本の学校で行われた遠足に参加しました。最初に,私たちは市営公園に行きました。そこにはかつて,古いお城がありました。ボランティアスタッフの一人が,そのお城の歴史を説明してくれました。その話はとても印象的でした。公園には,独自の展示で有名な市立博物館もありました。もし博物館が次回の展示に向けて準備中でなければ,私たちはそこに行けたのですが。近いうちにまた博物館を訪ねたいです。

次に,私たちは公園でお昼ご飯を食べました。私はホストマザーが作ってくれたサンドイッチを持っていきました。遠足にお寿司を持っていくなんて考えたことがなかったので,友達のサキが「いなり寿司」というお寿司を持ってきたのを見て驚きました。彼女はお寿司を少し分けてくれて,それはとてもおいしかったです。

お昼ご飯の後は,フルーツジュースを作っている工場を見学しました。私たちは,どのようにオレンジジュースが作られているのかを見ました。工場ではたくさんのオレンジを使っていました。最後に私たちはそれぞれ,試供品を1つもらいました。選ぶのがとても難しかったですが,私は工場で2番目に人気のジュースを選びました。とても新鮮でおいしかったです。

遠足はとても楽しかったですし,同時に,地域の歴史やフルーツジュースの製造についてもたくさん学びました。

問1　学校の遠足の間, [16] 。

① 社会科の先生の講義が城で行われた
② 市立博物館はイベントの準備のため閉館していた
③ 公園の歴史についてのビデオがバスで流された
④ 昼食としてサンドイッチが生徒に配られた

問2　あなたは,このブログの書き手が [17] ことがわかった。

① 昼食に「いなり寿司」を持っていき,友達と分けた
② 歴史の講義を楽しみ,発表をした
③ ある史跡の歴史を学び,リンゴジュースを飲んだ
④ 工場見学に参加し,オレンジジュースを試飲した

本文の語注

- [ ] blog　名 ブログ
- [ ] exchange student　交換留学生
- [ ] male　形 男性の

【第1段落】

- [ ] attend　動 ～に参加する
- [ ] castle　名 城
- [ ] staff　名 スタッフ, 職員
- [ ] museum　名 博物館
- [ ] exhibition　名 展示
- [ ] used to *do*　以前は～した
- [ ] volunteer　形 ボランティアの
- [ ] impressive　形 印象的な
- [ ] unique　形 独自の, 珍しい
- [ ] upcoming　形 次回の

【第2段落】

- [ ] host mother　ホストマザー, ホームステイ先の母
- [ ] delicious　形 おいしい

【第3段落】

- [ ] take a tour of ～　～の見学をする
- [ ] juice　名 ジュース
- [ ] in the end　最後に
- [ ] second most ～　2番目に～な
- [ ] factory　名 工場
- [ ] orange　名 オレンジ
- [ ] free sample　試供品
- [ ] tasty　形 おいしい

設問・選択肢の語注

- [ ] lecture　名 講義
- [ ] social studies　社会科
- [ ] video　名 ビデオ
- [ ] presentation　名 プレゼンテーション
- [ ] participate in ～　～に参加する
- [ ] conduct　動 ～を行う
- [ ] preparation　名 準備
- [ ] distribute　動 ～を配る
- [ ] historical site　史跡

第３問Ｂ　全訳＆語注

和訳

あなたは留学雑誌で次の話を見つけました。

渡すか, 渡さないか
レイ・オザキ（チューター）

部外者にはしばしば理解しにくい非常に複雑な慣習が多くの国にある。友人のマイケルが体験したのは, こんな話だ。

交換留学生として大阪で丸１年を過ごすために来日したとき, マイケルは18歳だった。彼は日本の歴史が大好きで, 西日本に住むことを夢見ていたので, 大阪にいることを光栄に思っていた。彼はすぐにたくさんの友人を作り, あらゆる機会を利用して語学の練習をし, 日本での生活を楽しんだ。4, 5カ月後, アメリカの大学に留学したいと考えているマサオという学生と大変親しくなった。ある日, 週末を彼の家族と一緒に過ごさないかとマサオはマイケルを誘った。マイケルは日本人の友人の家に行くのは初めてだったので, 礼儀正しくふるまえるかどうか少し心配だった。失礼に思われないために, 日本の家族を訪ねるときは贈り物を持っていかなくてはならないということをマイケルは知っていた。訪問前日, 彼は百貨店に行き, ロッキー山脈の写真集を購入した。それを贈り物としてきれいに包装してくれるよう彼は店員に頼んだ。

翌日, マイケルは温かく迎えられ, 自己紹介をした後, そのプレゼントを友人の母親に手渡した。驚いたことに, 彼女はかたくなにその贈り物を受け取ることを拒んだ。マイケルはどうしてよいかわからず, その本をバックパックの中に戻し, 家族の人たちと夕食を食べるために着席した。

数日後の個別指導のとき, マイケルは日本の家庭を訪問し彼の贈り物が拒絶されたという気まずい経験について説明した。彼は何も間違ったことをしていないと私は彼に伝えた。贈り物は数回拒んでから最後には受け取るのが日本人の慣習なのだ。この慣習について学ぶとすぐに, マイケルは友人にもう一度贈り物を渡してみようと決心した。

問1　この話によると, マイケルの感情は次の順番で変化した: [18]。

① 光栄→戸惑い→不安→決心→うれしい
② 光栄→戸惑い→不安→驚き→うれしい
③ 光栄→うれしい→不安→戸惑い→決心
④ 光栄→不安→戸惑い→うれしい→決心
⑤ 光栄→不安→うれしい→戸惑い→決心
⑥ 光栄→決心→戸惑い→うれしい→不安

問2　贈り物は受け取る前に拒むのが［ 19 ］ので，マサオの家族はマイケルの贈り物を受け取らなかった。

① 日本の慣行である
② 歓迎の気持ちを伝える
③ 友情を暗示する
④ 富を表す

問3　この話から，あなたはマイケルが［ 20 ］ことがわかった。

① 彼の友達にアメリカで訪問する良い場所について伝えることができるよう，プレゼントとして本を選んだ
② 日本人の友達を作っただけでなく，家の訪問やチューターの助言を通じて日本文化を学んだ
③ 彼のチューターとその家族から夕食に招待され，日本の習慣について話すことを楽しんだ
④ オザキさんに贈り物を渡し，彼女はそれを受け取る前になぜ断らなければならないかを説明した

本文の語注

- □ study-abroad　海外留学
- □ tutor　名 チューター，家庭教師

【第1段落】
- □ complex　形 複雑な
- □ outsider　名 部外者
- □ ritual　名 慣習

【第2段落】
- □ exchange student　交換留学生
- □ privileged to *do*　～して光栄な
- □ college　名 大学
- □ stay with ～　～の家に滞在する
- □ proper　形 礼儀正しい
- □ in order not to *do*　～しないために
- □ gift　名 贈り物
- □ shop assistant　店員
- □ nicely　副 きれいに，きちんと
- □ dream of ～　～を夢見る
- □ take an opportunity　機会を利用する
- □ one day　ある日
- □ behave　動 ふるまう
- □ aware　形 知っている
- □ rude　形 失礼な
- □ department store　百貨店
- □ wrap up ～　～を包装する

【第3段落】
- □ warmly　副 温かく
- □ hand　動 ～を手渡す
- □ strongly　副 かたくなに
- □ backpack　名 バックパック
- □ introduce *oneself*　自己紹介をする
- □ to *one's* surprise　驚いたことに
- □ refuse to *do*　～することを拒む

【第4段落】
- □ tutor　動 個別指導をする，家庭教師をする
- □ reject　動 ～を拒絶する
- □ finally　副 最終的に
- □ awkward　形 気まずい，ぶざまな
- □ customary　形 慣習の
- □ custom　名 慣習

設問・選択肢の語注

- □ according to ～　～によると
- □ nervous　形 不安な
- □ astonished　形 驚いて
- □ imply　動 ～を暗示する
- □ represent　動 ～を表す
- □ A as well as B　AだけでなくBも
- □ puzzled　形 戸惑って
- □ determined　形 決心して
- □ practice　名 慣行，慣習
- □ friendship　名 友情
- □ wealth　名 富
- □ advice　名 助言

第４問　全訳＆語注

和訳

あなたは日本の自己学習について調べています。2つの記事を見つけました。

日本における，自己学習による生涯学習　　**マリア・オグデン**

5月23日

日本では，1970年代から「自己学習による生涯学習」という概念が一般的になった。学校外での学習を取りまとめ，促進する国営企業まで存在する。図書館や博物館，コンサートホールのほか，あらゆる種類の学習センターが，ITから外国語にまでおよぶテーマのプログラムを提供している。2016年に，日本政府は自己学習が国民にとっていかに重要かを明らかにするために調査を行い，その重要性は年齢によって変わることがわかった。

この調査によると，15-24歳の45%以上の人々が自己学習に積極的に参加しているが，75歳以上になるとその割合は25%を少し下回る。この減少はもちろん驚くべきものではないが，85歳以上の人でさえ少なくともいくらかの時間を自己学習に費やしていると報告していることは注目に値する。

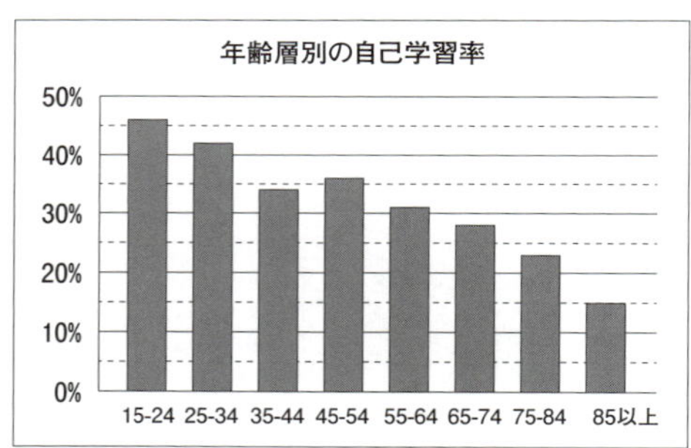

継続的な学習が個人の人生を向上させることに多くの人は同意するであろう。日本人はそのことを理解していると思われ，生涯学習社会になるために大きく歩みだした。年齢にかかわらず，彼らは学習によって心身ともに健康になれると感じている。また彼らは学習が楽しいものであり，人生をより面白くするものであると考えている。生涯学習の重要性を認識する大学さえあるし，方針を変更することを検討している大学もある。彼らは一般のすべての人々が彼らの施設で勉強するのを許可することを計画している。

私はアメリカ政府が日本の例にならい，学校外での生涯学習に携わる人を支援することを望んでいる。こうすることによって，より多くのアメリカ人がその大切さを認識するだろう。

「日本における，自己学習による生涯学習」についての意見　**ハリー・スティルス**

6月5日

地理の一教師かつ40代の男性として，マリア・オグデンの記事はとても興味深かった。日本は成人の学習を促進するという点でユニークなことをしていると思う。私の年齢層の日本人の35％以上が自己学習を行っているということを読んで驚いたが，なぜなら，私のまわりにはそんな人は全くいないからだ。もっと多くのアメリカ人が自分で何かを勉強すべきだ。

マリア・オグデンが記事で書いていることには全く同感である。学習は健康につながり，それは高齢者によく当てはまると私は特に思っている。老後に新しい技術を学習することにはいくつかの利点がある。自信を増加させ，鮮明な思考を保ち，退屈を克服する助けにさえなる。最後の1つは特に退職者に重要だ。働くことをやめたとき，彼らは意味のある活動を見出すことに苦労をすることが多い。現代技術を使用したり，何か新しいことを学習したりすることは高齢者にとって難しいことかもしれないが，それに遅れずについていこうとすることが彼らの意識をはっきりと保つのだ。さらには，生涯学習は貴重な仕事のスキルを与えてくれるので，転職希望者や退職者に役立つ。

しかし一部の人にとっては，その費用が新しいことを学ぶ妨げになるかもしれない。記事では大学講座について触れているが，一般的に言って，それらの講座は高価である。大学生のための奨学金のように，政府や大学が学習を継続する意思のあるすべての年代の人々を経済的に支援することを検討してほしいと思う。

問1 マリア・オグデンもハリー・スティルスも, [21] については言及していない。

① プログラムをまとめる機関
② 講座のトピックの例
③ 日本の平均寿命の推移
④ 成人期における学習の重要性

問2 教師の年齢層は [22] である。

① 15-24歳
② 35-44歳
③ 45-54歳
④ 75-84歳

問3 記事によると, 生涯学習は [23] [24]。(選択肢を2つ選べ。順番は問わない)

① 給与を向上させる
② より良い健康状態をもたらす
③ 仕事のスキルを与える
④ 入学試験をより簡単にする

問4 マリア・オグデンは大学が [25] と述べており, ハリー・スティルスは大学が [26] と述べている。(それぞれの空所に異なる選択肢を選べ)

① 新しいスキルの学習から利益を得ることはないかもしれない
② 年齢にかかわらず, 人々に経済的支援をするべきである
③ 教え方により焦点を当てるべきである
④ 日本国民に良い例を示す
⑤ 一般の人が講座を利用できるようにするかもしれない

問5 両方の記事からの情報にもとづいて, あなたは宿題でレポートを書く予定である。レポートに最もふさわしいタイトルは「[27]」になるだろう。

① なぜアメリカはある分野において日本に遅れているのか
② 生涯を通して新しい知識を得ること
③ 学校の建設:国内外において
④ 頭が良く成功を収める子どもの育て方

3

共通テスト対策模試

本文の語注

- research 名 調査

【1つ目の記事】

- lifelong learning 生涯学習
- concept 名 概念, 考え
- promote 動 ～を促進する
- topic 名 テーマ, 話題
- conduct 動 ～を行う
- find out ～ ～を明らかにする, 発見する
- significance 名 重要性
- actively 副 積極的に
- decrease 名 減少
- continued 形 継続する
- mentally 副 精神的に
- enjoyable 形 楽しい
- institution 名 施設
- aware of ～ ～を認識している, 気がついている
- self-education 名 自己学習, 独学
- self-learning 名 自己学習, 独学
- coordinate 動 ～を調整する
- museum 名 博物館
- range from A to B AからBまでおよぶ
- survey 名 調査
- citizen 名 国民
- vary with ～ ～によって変わる
- participate in ～ ～に参加する
- at least 少なくとも
- regardless of ～ ～にかかわらず
- physically 副 身体的に
- policy 名 方針
- engage in ～ ～に携わる, 従事する
- importance 名 大切さ

【2つ目の記事】

- geography 名 地理
- adult 名 成人, 大人
- healthiness 名 健康であること
- elderly people 高齢者
- advantage 名 利点
- sharp 形 鮮明な
- retired people 退職者
- meaningful 形 意味のある
- alert 形 抜け目のない
- valuable 形 貴重な
- prevent A from *doing* Aが～するのを妨げる
- generally speaking 一般的に言って
- scholarship 名 奨学金
- be willing to *do* ～する意志がある
- unique 形 ユニークな, 独自の
- totally 副 全く
- apply to ～ 動 ～にあてはまる
- later stages in life 老後, 人生の後期
- self-confidence 名 自信
- boredom 名 退屈
- have difficulty *doing* ～するのに苦労する
- keep up with ～ ～に遅れずついていく
- moreover 副 さらに
- helpful 形 役に立つ
- mention 動 ～について触れる, 言及する
- high-priced 高価な
- generation 名 年代, 世代
- financially 副 経済的に

設問・選択肢の語注

- authority 名 機関
- shift 名 推移, 変化
- adulthood 名 成人期
- option 名 選択肢
- entrance exam 入学試験
- financial aid 経済的支援
- technology 名 技術
- based on ～ ～に基づいて
- throughout 前 ～を通して
- internationally 副 国際的に
- successful 形 成功を収めた
- organize 動 ～をまとめる, 組織する
- average life expectancy 平均寿命
- according to ～ ～によると
- salary 名 給与
- benefit from ～ ～から利益を得る
- focus on ～ ～に焦点を当てる
- available 形 利用できる
- gain 動 ～を得る
- nationally 副 国内的に, 全国的に
- raise 動 ～を育てる

第5問　全訳＆語注

和訳

あなたのグループは以下の記事に載っている情報を使って「アメリカ初の女性医師」というタイトルのポスター発表の準備をしています。

エリザベス・ブラックウェルはアメリカで医学学位を取得した最初の女性だった。ブラックウェルはイギリスのブリストルで1821年2月3日に生まれた。1832年に，家族はアメリカに移住し，オハイオ州シンシナティに居を定めた。その後間もなく，父のサミュエル・ブラックウェルが亡くなり，家族にはほとんどお金が残されなかった。彼は反奴隷制度の活動家であり，女性教育の重要性を信じていた。彼の死後，子どもたちは彼の活動を続け，奴隷制度廃止の推進運動に携わり，女性の権利を支援した。その後，ブラックウェルは家族を経済的に助けるため教職に就くことを決めた。

19世紀のアメリカでは，性別による役割分担，特に中産階級のそれはいくつかの変化に直面していた。工場の発展のおかげで，女性が家庭で糸紡ぎや機織りに費やしていた時間は減少していった。その結果，多くの女性が家族のためにお金を稼ぐため，家の外で働き始めた。たいてい，彼女らは工場で働いたり，家政婦として働いたりしたが，より専門的な技術を持ち教師やタイピストとして働く女性もいた。教職は女性のための広く認められている職業だった。そのような社会現象にもかかわらず，ブラックウェルは友人の言葉に影響を受け，医学の分野に関心を深めた。もし女性の医師がいたなら，自分の身体の状態について語るときに気まずい経験をせずにすんだのにというようなことを，ブラックウェルの友人が死ぬ間際に言ったのだった。

ブラックウェルはいくつもの医科大学に出願したが，彼女の入学を認めたのはニューヨークの郊外にあるジュネーブ医科大学だけだった。この受け入れは冗談の結果であった。学校の職員は女性の学生が学校に入学することについて学生たちに意見を求めたのだが，学生たちはその質問を冗談だと思い，「賛成」と答えたのだ。彼女の勉強と，差別に直面する生活は1847年に始まった。彼女が他の男子学生と机を並べて座ったり，いくつかの実験室に入ったりすることを教授たちは許さなかった。さらに，ジュネーブの町の一部の人たちは，ブラックウェルが典型的な女性の役割分担に従わないことに非常に腹を立てていた。しかし，彼女は次第に教授や同級生から尊敬を集めるようになり，最終的には学位を取得し，クラストップの成績で卒業した。

卒業後，ブラックウェルはロンドンとパリの病院で医療の経験を積んだが，そこで彼女は主に医師でなく看護師として扱われた。働いていたとき，男性医師が手洗いを忘れ，そのことがいくつかの感染症をもたらしたことに彼女は気づいた。彼女は病気の予防と個人の衛生観念の重要性を広めることを目標にし始めた。1851年に，彼女はニューヨーク市に戻った。そこの病院では職を得られなかったため，彼女は妹のエミリー・ブラックウェルと一緒に病院を始めたが，妹も医師になるために勉強をしていて差別に直面していた。彼女たちの病院は主に女性と子どもを治療し，女性医師に仕事を提供した。また，南北戦争中には，ブラックウェル姉妹は看護師を養成した。その後1868年に，ブラックウェルはニューヨーク市に医科大学を開校した。翌年，彼女は妹にその管理を任せてロンドンに戻った。

ロンドンで彼女は医学学校を設立し，講師として働きながら社会への貢献を続けた。生涯を通じ，彼女はより多くの女性が医学の教育を受けられるようにするために働き，彼女たちに医学のキャリアを追求するよう奨励した。彼女は確かに，医療分野で女性のための道を切り開いたのだ。

アメリカ初の女性医師

■エリザベス・ブラックウェルの生涯

年代	出来事
1820年代	ブラックウェルはブリストルで子ども時代を過ごした
1830年代	28 ↓ 29
1840年代以降	30 ↓ 31 ↓ 32

エリザベス・ブラックウェル

■ブラックウェルの活動

▶ ブラックウェルの医師としての目標： 33 34
▶ ブラックウェルは「 35 」というタイトルの自伝を書いた。

■ 19世紀における女性の役割分担について

▶ いくつかの点における女性のライフスタイルの変化： 36 37

問1 あなたのグループのメンバーがブラックウェルの人生の重要な出来事を一覧表にした。出来事を空所 28 ～ 32 に起こった順番に入れなさい。

① ブラックウェルはいくつかの病院と学校を設立した
② ブラックウェルは医科大学に受け入れられた
③ ブラックウェルは看護師の仕事を割り当てられた
④ ブラックウェルは家族のために教師の仕事を始めた
⑤ ブラックウェルは家族と共にアメリカに移った

問2 ポスターを完成させるのに最もふさわしい記述を選びなさい。（選択肢を2つ選べ。順番は問わない） 33 ・ 34

① 南北戦争中に負傷した兵士たちを治療すること
② アメリカの女性市民に初等教育を提供すること
③ 新薬で親友の命を救うこと
④ 医学教育を受け，医学のキャリアを積む機会を女性に与えること

⑤ 奴隷反対運動について政府に抗議すること
⑥ 疾病予防と衛生の重要性を訴えること

問3 次のうち，エリザベス・ブラックウェルの自伝のタイトルである可能性が最も高いものはどれか。 35

① 女性の身体と心理学を研究する生涯
② 医療職の門戸を女性に開く先駆的な活動
③ ジュネーブ医科大学の設立
④ 女性の選挙権を求めて

問4 ポスターを完成させるのに最も ふさわしい記述を選びなさい。(選択肢を2つ選べ。順番は問わない) 36 · 37

① 工場の発展により，家庭内での女性の仕事が減少した
② 女性は教育学位を取得するために大学に行き始めた
③ 病院は投薬治療を行うとき，性別により病棟を分けた
④ 女性の大学教授の数が増加した
⑤ 家の外での仕事に従事する女性もいた
⑥ 女性は好きな職業を何でも選択できた

✔ 本文の語注

□ poster　名 ポスター
□ entitle A B　AにBとタイトルをつける
□ presentation　名 発表

【第1段落】
□ medical degree　医学学位
□ shortly　副 間もなく
□ anti-slavery　形 奴隷制度反対の
□ believe in ～　～を信じる
□ female　形 女性の
□ campaign for ～　～の推進運動をする
□ right　名 権利
□ financially　副 経済的に
□ settle　動 居を定める，移住する
□ afterwards　副 その後
□ activist　名 活動家
□ importance　名 重要性
□ education　名 教育
□ abolish　動 ～を廃止する
□ aid　動 ～を助ける

【第2段落】
□ gender　名 性別
□ middle-class　形 中産階級の
□ thanks to ～　～のおかげで
□ factory　名 工場
□ weave　動 機を織る
□ earn　動 ～を稼ぐ
□ domestic servant　家政婦
□ skill　名 技術
□ role　名 役割分担
□ face　動 ～に直面する
□ development　名 発展
□ spin　動 糸を紡ぐ
□ decrease　動 減少する
□ mostly　副 たいてい，主に
□ professional　形 専門的な
□ typewriter　名 タイピスト，タイプライター

□ well-accepted　形 広く認められた
□ social phenomena　社会現象
□ in spite of ～　～にもかかわらず
□ develop an interest in ～　～に関心を深める

□ influence　動 ～に影響を与える
□ avoid *doing*　～するのを避ける
□ physical condition　健康状態
□ dying　形 死ぬ間際の
□ awkwardness　名 気まずさ，ぎこちなさ

【第3段落】

- □ apply to ～ ～に出願する
- □ admit [動] ～の入学を認める
- □ acceptance [名] 受け入れ, 受諾
- □ discrimination [名] 差別
- □ male [形] 男性の
- □ moreover [副] さらに
- □ stereotypical [形] 典型的な
- □ respect [名] 尊敬
- □ eventually [副] 最終的に
- □ college [名] 大学
- □ rural [形] 郊外の, 田舎の
- □ joke [名] 冗談
- □ professor [名] 教授
- □ lab [名] 実験室
- □ be offended by ～ ～に腹を立てる
- □ gradually [副] 次第に
- □ fellow [形] 仲間の
- □ graduate [動] 卒業する

【第4段落】

- □ gain experience 経験を積む
- □ physician [名] 医師
- □ infection [名] 感染症
- □ prevent [動] ～を予防する
- □ unable to *do* ～することができない
- □ the American Civil War 南北戦争
- □ treat A as B AをBとして扱う
- □ result in ～ ～をもたらす
- □ set a goal 目標を設定する
- □ personal hygiene 個人の衛生観念
- □ confront [動] ～に直面する
- □ leave A in charge Aに管理を任せる

【第5段落】

- □ contribute to ～ ～に貢献する
- □ lecturer [名] 講師
- □ available [形] 受けられる, 得られる
- □ pursue [動] ～を追求する
- □ surely [副] 確かに
- □ path [名] 道, 進路
- □ establish [動] ～を設立する
- □ throughout [前] ～を通じて
- □ encourage A to *do* Aに～するよう奨励する
- □ career [名] キャリア, 経歴
- □ cultivate [動] ～を切り開く, 耕す

【ポスター】

- □ childhood [名] 幼少期
- □ autobiography [名] 自伝
- □ lifestyle [名] ライフスタイル, 生活様式
- □ aim [名] 目標
- □ title A B AにBとタイトルをつける

✔ 設問・選択肢の語注

- □ assign A B AにBを割り当てる
- □ statement [名] 記述
- □ cure [動] ～を治療する
- □ injured [形] 負傷した
- □ elementary education 初等教育
- □ movement [名] 運動
- □ prevention [名] 予防
- □ pioneer [形] 先駆的な
- □ found [動] ～を設立する
- □ right to vote 参政権
- □ divide [動] ～を分ける
- □ be engaged in ～ ～に従事する
- □ nursing [名] 看護
- □ option [名] 選択肢
- □ warrior [名] 兵士
- □ citizen [名] 市民
- □ protest [動] 抗議する
- □ appeal [動] 訴える
- □ psychology [名] 心理学
- □ profession [名] 職業
- □ claim for ～ ～を主張する
- □ due to ～ ～により
- □ give medication 投薬治療を行う

第6問A　全訳&語注

和訳

あなたはオーストラリア先住民の歴史についてのグループ発表の準備をしています。次の記事を見つけました。

現代の欲望に打ち勝った文化の歴史

[1]　オーストラリアのアウトバック(奥地)と呼ばれる地域にそびえ立つ348メートルの岩の構造物はウルルという名で知られ,特に日の出と日没時の美しい色で有名だ。多くの観光客がこの巨大岩を見て写真を撮るためにこの地を訪れている。長年の間,多くの人がウルルに登山もし,頂上からの景色や世界的に有名な名所に登頂する達成感を味わった。しかし,最近オーストラリア当局は,今後この岩での登山を禁止した。この変化は,ウルルに対する文化的感受性をめぐる長年の交渉の現れだが,それというのもウルルはオーストラリア先住民にとって神聖とみなされているからである。

[2]　ウルルがオーストラリア先住民,特にアナング族にとって,精神的かつ文化的に非常に重要な意味を持っていることは今や広く知られている。彼らとその祖先はおよそ3万年の間その地域で暮らしているので,アナング族はこれらの祖先の土地の管理は自分たちの責務だと信じている。今やオーストラリアの最も人気の観光名所の1つであるにもかかわらず,ウルルはアナング族の伝統的な儀式などに使用され続けている。

[3]　今でも多くの人がエアーズロックとしてウルルを知っているが,それはオーストラリアの政治家ヘンリー・エアーズを称えるために選ばれた名称である。1950年代には観光地となり,訪問客向けにサービスを提供する事業が近隣に設立された。当時は先住民でないオーストラリア人は先住民の歴史や文化に対する感受性や理解がまだまるでなかったため,アナング族の反対にもかかわらず,ますます多くの人がその岩に登り始めた。ついには,政府はその地域を民間会社に売却しさえし,その地域はエアーズロックリゾートと名付けられ,アナング族は観光事業の発展に影響を与える可能性があるとしてその地域から離れることを促された。

[4]　しかしながら1970年代と1980年代に,オーストラリア政府は国中にあるオーストラリア先住民の伝統的な土地に対する彼らの権利を公式に認め始めた。この一環として1985年,アナング族は国立公園を管理する政府機関であるパークス・オーストラリアと共に,ウルルとその周辺地域を管理する権利を取得した。それにもかかわらずパークス・オーストラリアは,地域の観光の土台であるという理由で,その岩への登山が合法であり続けることを望んだ。しかしこの協定は,人々にそうさせないようにするためのより多くの自由をアナング族に与えた。訪れる人々がウルルに登らない選択をすることでアナング族の文化を尊重するように要望する看板を岩のふもと近くに掲げるというのもその1つであった。

[5]　過去には岩を訪れるほとんどの人がそれに登ることを望んだ。しかし,訪問者の間で文化的意識が高まるにつれ,そのような訪問者はだんだん減少した。1990年代には,訪問者の約4分の3がまだ岩に登った。2010年までにはその数は38パーセントまで下がり,近年では訪問時に登山を選択する人は15パーセントに満たない。

その結果, パークス・オーストラリアは岩に登ることが訪問者の主な理由ではないということをついに認め, 禁止令に合意した。

[6]　アナング族の長老たちにとって, これは古来の土地に対する敬意を勝ち取る長い旅の終わりを意味した。近年では, 多くのアナング族の人々がこの地域に戻ってきている。さらに, ウルルやアナング族の歴史について教えてくれる文化センターのおかげで, 今ではここを訪れる人の経験はさらに豊かなものになっている。

問1　記事によると, オーストラリアでの最近の変化とは [38] というものである。

① ウルルを訪れる人はそれに触らないという同意書に署名しなくてはならない
② オーストラリアへの年間訪問者数は制限される
③ 観光客はもはや有名な観光名所の写真を撮ることはできない
④ 訪問者は現在いかなるときもウルルへの登山が禁止されている

問2　第3パラグラフで, ウルル周辺の土地の民間会社への売却は, [39] の例を示すために言及されている可能性が最も高い。

① オーストラリア先住民の慣習に対する軽視
② オーストラリア政府の限られた予算
③ オーストラリアのアウトバックにおける人口の急増
④ アナング族のビジネス手腕

問3　記事によると, 1985年の協定以来, [40] ウルルへの観光客は減少している。

① 公園の敷地内に入る
② 岩に登ることを選ぶ
③ 先住民の文化について学ぼうとする
④ 持参したゴミを置き去りにする

問4　次の記述のうち, 記事を最もよく要約しているものはどれか。[41]

① オーストラリア政府との長年の交渉の末, アナング族の人々はついに古来の土地の支配権を取り戻した。
② ウルルはアナング族の人々に再び帰属しているが, 彼らは訪問者の登山を認めそうである。
③ 名所としてのウルルの名声は, より多くの先住民でないオーストラリア人が近くに定住するのを促進した。
④ ウルルへの訪問者数の減少が, 政府にその地域をアナング族に返却することを納得させた。

本文の語注

- □ aboriginal　形 先住民の
- □ desire　名 欲望
- □ cultural history　文化史

【第1段落】

- □ outback　名 奥地
- □ sunrise　名 日の出
- □ tourist　名 観光客
- □ sense of accomplishment　達成感
- □ landmark　名 名所
- □ represent　動 ～を象徴する, 示す
- □ sensitivity　名 感受性, 配慮
- □ structure　名 構造物
- □ sunset　名 日没
- □ photograph　動 ～を写真に撮る
- □ world-famous　形 世界的に有名な
- □ authority　名 当局
- □ negotiation　名 交渉
- □ sacred　形 神聖な

【第2段落】

- □ widely　副 広く
- □ significance　名 意味, 重要性
- □ ancestor　名 祖先
- □ management　名 管理
- □ tourist attraction　観光名所
- □ ceremony　名 儀式
- □ spiritual　形 精神的な
- □ specifically　副 特に
- □ be responsible for ～　～に責任がある
- □ ancestral　名 祖先の
- □ traditional　形 伝統的な
- □ ritual　名 儀式

【第3段落】

- □ honor　動 ～を称える
- □ cater　動 (サービスなどを)提供する
- □ establish　動 ～を設立する
- □ despite　前 ～にもかかわらず
- □ eventually　副 ついに
- □ encourage A to *do*　Aが～するよう勧める
- □ growth　名 発展, 成長
- □ politician　名 政治家
- □ visitor　名 訪問客
- □ nearby　副 近隣に
- □ objection　名 反対
- □ private company　民間会社
- □ affect　動 ～に影響を与える
- □ tourism　名 観光事業

【第4段落】

- □ officially　副 公式に
- □ administrator　名 管理者
- □ basis　名 土台, 基本
- □ agreement　名 協定, 合意
- □ discourage A from *doing*　Aが～することを思いとどまらせる
- □ recognize　動 ～を認める
- □ legal　形 合法な
- □ nevertheless　副 それにもかかわらず
- □ freedom　名 自由
- □ respect　動 ～を尊重する

【第5段落】

- □ awareness　名 意識
- □ as a result　その結果
- □ ban　名 禁止令
- □ figure　名 数字
- □ finally　副 ついに

【第6段落】

- □ elder　名 長老, 年長者
- □ gain　動 ～を勝ち取る, 得る
- □ what's more　さらに
- □ journey　名 旅
- □ ancient　形 古来の
- □ enhance　動 ～をさらに豊かにする, 高める

設問・選択肢の語注

- □ limit　動 ～を制限する
- □ mention　動 ～に言及する
- □ custom　名 慣習
- □ rapid　形 急な
- □ property　名 敷地, 所有地
- □ statement　名 記述
- □ regain　動 ～を取り戻す
- □ fame　名 名声
- □ convince　動 ～を納得させる
- □ prohibit A from *doing*　Aが～するのを禁止する
- □ disrespect　名 軽視
- □ budget　名 予算
- □ capability　名 手腕, 能力
- □ trash　名 ゴミ
- □ summarize　動 ～を要約する
- □ belong to ～　～に帰属する
- □ settle　動 定住する

第6問B　全訳＆語注

和訳

あなたは労働者の移住について学んでいます。アメリカで起こっていることを理解するために，次の記事を読もうとしています。

人々はアメリカの様々な地域のことをしばしば「ベルト」と呼ぶ。国の南部に広がるサンベルトは，多くの人がそこに移住した1970年代に名付けられた。その名は地域の温暖な気候だけでなく，地域が享受し始めた経済的成功のことも指している。サンベルトへの移住は世紀末まで続いた。同時期，東北部や中西部のいくつかの州が製造業と人口の落ち込みを経験すると，これらの地域はラストベルトとして知られるようになったが，これは数多くの使われていない工場を意味する好ましくない名であった。

デトロイトはアメリカの製造業と共に浮き沈みの運命をたどった北部の都市の最も劇的な例である。1910年から1920年の間，デトロイトの人口は1,000,000人近くまで倍増した。その後の30年間にわたって，自動車産業が景気づいたため，デトロイトの人口は再度倍増した。1950年に人口のピークを迎えたとき，デトロイトは国内で4番目の大都市となっていた。しかしその後，人々は他所に仕事を求めたため，数十年間，市からの移住が続いた。およそ70年後，市の人口は再び1,000,000人以下となった。対照的に，サンベルトにあるフェニックスは同時期にデトロイトの2倍以上の人口にまで増加した。

現在，気候変動の影響により，ラストベルトには人口が再度増加することを期待している都市もある。海面上昇のため，南部沿岸の住民が脅かされる可能性がある。この脅威は遠い先のことのように思えるかもしれないが，一部の人々がすでに北に移住することを選択しているのには他の理由がいくつかある。例えば，カリフォルニア州は気候変動の影響により定期的かつますます頻繁な大規模の山火事や干ばつに襲われている。これらの影響が悪化している中で，ラストベルト内の都市の中にはすでに彼らの土地が住むのに好都合な場所であると自らを宣伝しているところもある。過去にはこれらの都市は寒く住みにくいとみなされていたが，現在では有力な移住先候補となっている。

ラストベルトにあるミネソタ州のダルースは，気候変動による移住のため将来成長するだろうと科学者が予測している都市の1つだ。ダルースはひどく寒い冬で有名だが，暑さからどこかへ逃れたい観光客に人気の夏の旅行先でもある。さらに重要なことには，国内の夏はだんだん暑くなっているが，ダルースの気温は比較的快適なままであると予測されていることだ。さらには，一部の人々が懸念する最も大きな問題の1つは将来的な淡水の獲得であるが，ダルースはスペリオル湖という世界最大の淡水湖のそばという好立地にある。産業衰退時に人口を失ったラストベルトの他の都市も気候に起因する移住者を引き付け始めている。困難な数十年の後，気候変動はアメリカで次の住民大移動を引き起こすと見込まれている。

問1　アメリカの東北部や中西部の州は［ 42 ］のせいで，ラストベルトと呼ばれ始めた。

① その地域で製造された有名な製品
② もはや稼働していない多数の工場
③ その地域に位置する企業の経済的成功
④ 高い人件費と労働者数の不足

問2　次の4つのグラフのうち，状況を最もよく表しているものはどれか。［ 43 ］

①

デトロイト　フェニックス
デトロイト（ミシガン州）とフェニックス（アリゾナ州）の人口

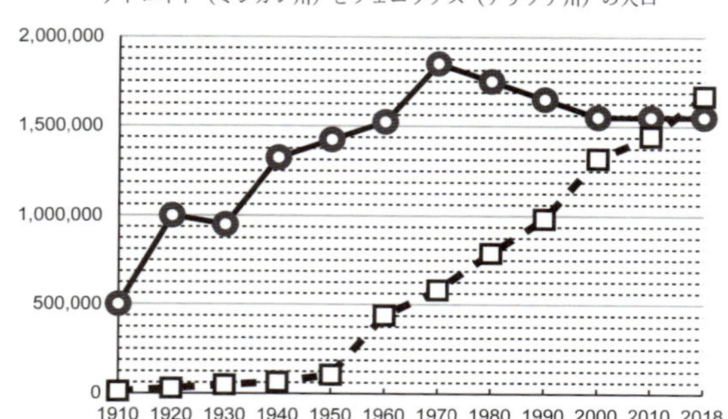

②

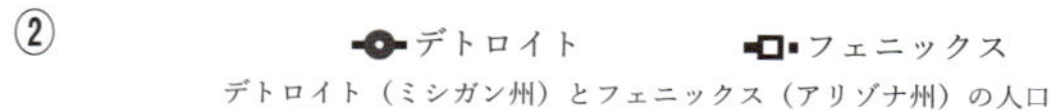

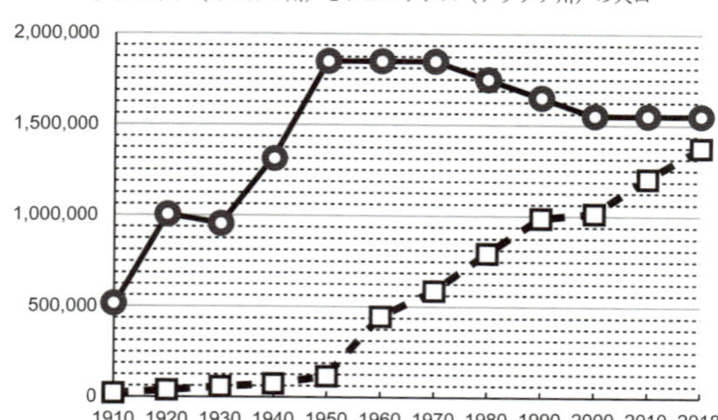

③

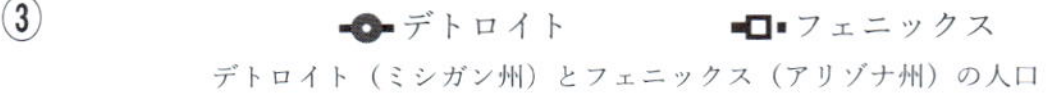

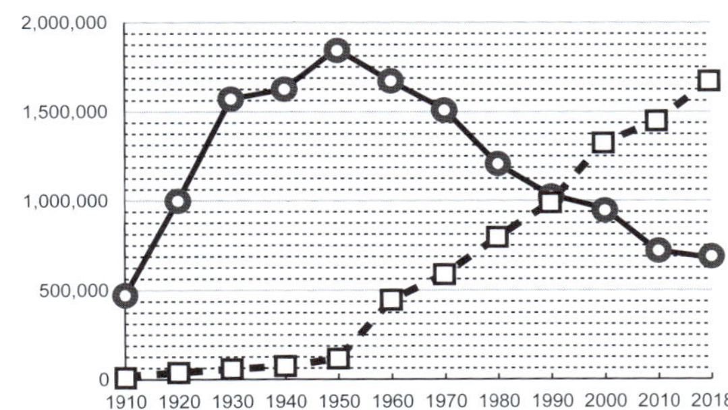

④

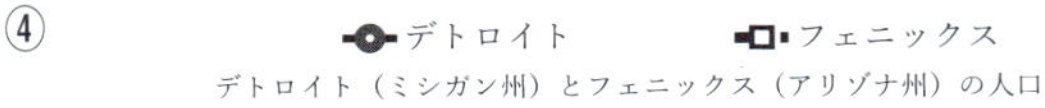

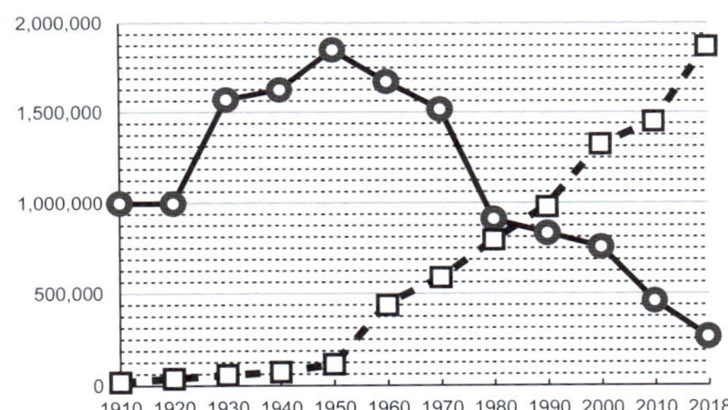

問3　記事によると，現在の状況を最もよく示しているのは次のうちどの2つか。（選択肢を2つ選べ。順番は問わない）［44］・［45］

① 気候変動が人々の移住に影響するようだ。
② 沿岸の都市のほとんどではすでに人口減少が始まっている。
③ 人々はより寒い北東部に移住することを拒否している。
④ ラストベルトの都市のいくつかは移住者にとって魅力的に思われている。
⑤ 気候変動は人口移動を引き起こす可能性が低いことを研究が示している。

問4　この記事に最もふさわしいタイトルは［46］である。

① 南下を続けるアメリカ人
② 寒い気候とともに生活することを学ぶ
③ ラストベルト都市はさらなる衰退に遭遇する
④ アメリカ人は再度移動するのか？

本文の語注

- □ migration　[名] 移住

【第1段落】

- □ refer to A as ～　Aを～と呼ぶ
- □ southern portion　南部
- □ climate　[名] 気候
- □ for the remainder of the century　世紀末までの間
- □ northeastern　[形] 北東部の
- □ decline　[名] 落ち込み
- □ unfavorable　[形] 好ましくない
- □ factory　[名] 工場
- □ stretch　[動] 広がる
- □ migrate　[動] 移住する
- □ economic　[形] 経済的な
- □ manufacturing　[名] 製造
- □ midwestern　[形] 中西部の
- □ rust　[名] 錆
- □ unused　[形] 使われていない

【第2段落】

- □ dramatic　[形] 劇的な
- □ fortune　[名] 運命
- □ automobile　[名] 自動車
- □ peak　[動] ピークを迎える
- □ seek　[動] ～を求める
- □ in contrast　対照的に
- □ northern　[形] 北部の
- □ double　[動] 倍増する
- □ boom　[動] 景気づく
- □ decade　[名] 10年間
- □ elsewhere　[副] 他所に
- □ twice　[副] 2倍に

【第3段落】

- □ sea level　海水面
- □ threaten　[動] ～を脅かす
- □ threat　[名] 脅威
- □ regular　[形] 定期的な
- □ wildfire　[名] 山火事，野火
- □ due to ～　～により
- □ favorable　[形] 好都合な
- □ inhospitable　[形]（環境・機構が）住むのに適さない
- □ relocation　[名] 移住
- □ coastal　[形] 沿岸の
- □ while　[接] ～ではあるが
- □ far off　遠い先の，はるかかなたの
- □ increasingly　[副] ますます
- □ drought　[名] 干ばつ
- □ promote　[動] ～を宣伝する
- □ worsen　[動] 悪化する
- □ potential　[形] 有力な，見込みのある

【第4段落】

- □ predict　[動] ～を予測する
- □ destination　[名] 旅行先，目的地
- □ escape　[動] ～から逃れる
- □ temperature　[名] 気温
- □ comfortable　[形] 快適な
- □ issue　[名] 問題
- □ access to ～　～へのアクセス
- □ attract　[動] ～を引き付ける
- □ bitterly　[副] ひどく
- □ tourist　[名] 観光客
- □ more importantly　さらに重要なことには
- □ relatively　[副] 比較的
- □ what's more　さらに
- □ concern　[名] 懸念
- □ be well located　好立地で
- □ migrant　[名] 移住者

設問・選択肢の語注

- □ no longer ～　もはや～ない
- □ situated　[動] ～を（ある場所に）置く
- □ shortage　[名] 不足
- □ current　[形] 現在の
- □ relocate　[動] 移住する
- □ unlikely to *do*　～する可能性が低い
- □ operate　[動] 稼働する
- □ labor cost　人件費
- □ illustrate　[動] ～を表す，説明する
- □ refuse　[動] 拒否する
- □ location　[名] 場所
- □ further　[形] さらなる

①